立信会计丛书

成本会计(新编)

第三版

U0753875

主 编／张维宾

副主编／马建钢 沈亚香

立信会计出版社

LIXIN ACCOUNTING PUBLISHING HOUSE

图书在版编目(CIP)数据

成本会计：新编/张维宾主编. —3 版. —上海：立信
会计出版社，2013.10
　（立信会计丛书）
ISBN 978-7-5429-4038-4

Ⅰ.①成… Ⅱ.①张… Ⅲ.①成本会计 Ⅳ.①F234.2

中国版本图书馆 CIP 数据核字(2013)第 244743 号

责任编辑　洪梅春
封面设计　周崇文

成本会计(新编)(第三版)

出版发行　立信会计出版社
地　　址　上海市中山西路 2230 号　邮政编码　200235
电　　话　(021)64411389　　　传　真　(021)64411325
网　　址　www.lixinaph.com　　电子邮箱　lxaph@sh163.net
网上书店　www.shlx.net　　　　电　话　(021)61411071
经　　销　各地新华书店

印　　刷　常熟市梅李印刷有限公司
开　　本　850 毫米×1168 毫米　　1/32
印　　张　15
字　　数　364 千字
版　　次　2013 年 10 月第 3 版
印　　次　2016 年 3 月第 3 次
印　　数　6 201—9 300
书　　号　ISBN 978-7-5429-4038-4/F
定　　价　28.00 元

如有印订差错　请与本社联系调换

本书编写分工

主编 张维宾　　**副主编** 马建钢　　沈亚香

章 次	教材编写者	习题编写者
一	张维宾	张维宾
二	张维宾	张维宾
三	周陈莲	李 氟
四	周陈莲	周陈莲
五	周陈莲	周陈莲
六	周陈莲	周陈莲
七	孙 华	吴 涛
八	张维宾	张维宾
九	沈亚香	沈亚香
十	沈亚香	沈亚香
十一	马建钢	马建钢
十二	张维宾	张维宾
十三	刘敬芳	刘敬芳
十四	刘敬芳	刘敬芳
十五	沈亚香	沈亚香
十六	张维宾	张维宾
十七	马建钢	马建钢
十八	马建钢	马建钢
十九	马建钢	马建钢
二十	张维宾	张维宾
二十一	张维宾	张维宾

前　言

《成本会计(新编)》较全面地阐述了成本预测、计划、核算、控制、分析与考核的基本原理和方法。本书对于强化企业内部管理、降低成本、提高效益具有一定现实意义。

本教材具有以下特点:

一、注意吸纳成本会计发展的新成果,既注重体现有关具体会计准则(如《建造合同》)和行业会计制度的要求以及当前企业成本管理实践,又着眼于成本会计的发展变化,如具有现代管理意识的作业成本系统等,在选材上兼顾稳定性和前瞻性。

二、以工业企业的成本核算与分析为重点,又结合商品流通、建筑施工、交通运输等行业特点与实务介绍了若干主要行业的成本核算,使教材具有较强的通用性。

三、在阐述上力求深入浅出,层次清晰,并附有复习题,题型包括判断题、单项选择题、多项选择题、核算题等,以及部分复习题参考答案,便于授课和自学。

本书适用面广,既可作为大专院校财经类专业的教学用书,又可作为自学考试的参考用书。

在第二版中,我们根据 2006 年发布的新企业会计准则对使用该书的教学实践作了相应修改。

在第三版中，我们根据企业会计准则解释公告的要求，对企业制造费用中涉及的修理费的会计处理内容作了相应调整。

由于作者水平有限，书中难免有不当之处，恳请读者批评指正。

编　者

目 录

第一章 总 论

本章介绍了成本的经济内涵、成本概念的多元化发展与成本分类,回顾了成本会计的形成与发展,说明了成本会计的对象和职能,并且阐述了成本会计的组织工作,包括明确企业内部成本会计工作的分工,划分成本控制的责任范围,制定内部成本会计制度等。

第一节 成 本 概 述

一、成本的经济内涵

在市场经济中,企业作为自主经营、自负盈亏的商品生产者和经营者,除了向社会提供商品,满足社会需要外,还应以产品销售收入抵偿自己在产品生产经营中所发生的各种劳动耗费,并取得盈利。在社会主义市场经济中,商品价值、成本、利润等经济范畴,仍然有其存在的客观必然性。

成本作为一个经济范畴,它随着产品交换而产生,又随着商品经济发展而不断改变其表现形式。卡尔·马克思在《资本论》中对资本主义经济的细胞——商品作了透彻剖析,深刻揭示了成本概念的经济内涵。他指出:按照资本主义方式生产的每一个商品 w 的价值,用公式表示为:w＝c＋v＋m。如果我们从这个产品价值中减去剩余价值 m,那么,在商品中剩下的只是一个生产要素上耗费的资本价值 c＋v 的等价物或补偿价值。……商品价值的这个部分,即补偿所消耗的生产资料价格和所使用的劳动力价格的部分,只是补偿商品使资本家自身耗费的东西,所以对资本家来说,这就是商品的成本价格。马克思从耗费和补偿两方面对成本进行了论述。成本从耗费的角度看,是商品生产中所消耗的物化劳动和活劳动中必要劳动的价值,即 c+v 部分,它是成本最基本的经济内涵;成本从补偿的角度看,是补偿商品生产中资本消耗的价值尺度,即成本价格,它是成本最直接的表现形式。成本是已耗费而又必须在价值或实物上得以补偿的支出。这就意味着作为成本的耗费应该是有偿的,企业发生的耗费一旦无法得到补偿就不能作为成本,而只能作为损失。

成本概念中最有典型意义的是产品成本。产品的生产过程,也是物化劳动和活劳动的耗费过程。生产产品所消耗的物化劳动和活劳动,构成产品的价值,它包括:所消耗的生产资料价值(c),即已消耗的材料等劳动对象的价值,以及机器设备等劳动手段所损耗的价值;活劳动耗费所新创造的价值中,以工资等形式分配给劳动者个人用于生活消费的部分(v),即活劳动中必要劳动耗费;活劳动耗费所新创造的价值中,以税金、利息和利润等形式上交国家和分配给企业投资者的部分(m)。从理论上说,产品成本是指企业为生产一定种类和数量的产品所消耗而又必须补偿的物化劳动和活劳动中必要劳动的货币表现。这种由 c+v 构成的成本,称为理论成本。

在实际工作中,为了促使企业加强经济核算,节约资源耗费,减少生产损失,对劳动者为社会创造的某些价值,以及不形成产品价值的损失(例如废品损失等),也允许计入产品成本;为了简化成本核算工作,对于难以按产品归集的某些属于 c 或 v 的耗费,作为期间费用直接计入当期损益。因此,我国由国家通过有关法规制度界定的成本开支范围,与理论成本的内涵有一些差别。但必须对此种背离加以严格限制,否则成本计算就缺乏理论依据。

随着商品经济的不断发展,成本概念的内涵和外延都处于不断的变化发展之中。美国会计学会与标准委员会对成本作了如下定义：成本是为了一定目的而付出的(或可能付出的)用货币测定的价值牺牲。这个定义的外延相当广泛，远远超出了产品成本的概念与内容。按这个定义，劳务成本、工程成本、开发成本、资产成本、资金成本、质量成本、环保成本等都可包括于其中。基于成本管理的不同目的，形成对成本信息的不同需求，使成本有各种各样的组合。同时，由于成本有各种特性，以及影响成本的因素比较复杂，人们的认识也日趋深化。于是，变动成本、固定成本、目标成本、标准成本、可控成本、责任成本、相关成本、可避免成本等新的成本概念源源不断地涌现，组成了多元化的成本概念体系。因此，仅用"成本"一词已很难使人确切理解其含义，只有在"成本"一词前加上定语，说明指的是什么成本，才有可能给予比较科学的回答。可以这样理解：在成本管理中，成本只有当它以特定目标和特定问题来表示时，才有意义。

二、成本的分类

将成本按照不同的标志进行科学的分类，有助于理解各种成本的含义及作用，获取各种有用的成本管理信息，提高成本管理的水平。在成本管理中有如下常见的分类。

(一) 按成本与产品生产的因果关系进行分类

在工业企业，成本按与产品生产的因果关系，划分为产品制造成本和期间成本。

产品制造成本是与产品生产存在明显因果关系的生产费用，包括直接材料费、直接人工费、其他直接费用和间接制造费用。产品制造成本属计入存货的成本，只有当产品实现销售时，才转化为销货成本，并才能与相应的销售收入相配比，从销售实现时期的收入中取得补偿。未销售时则表现为期末存货资产的价值。

期间成本是与产品生产不存在明显因果关系，难以按产品归集的经营管理费用，包括管理费用、财务费用、销售费用等。期间成本不计入产品成本,而计入发生当期的损益,从发生当期的收入中取得补偿。如果将期间成本纳入产品制造成本,不仅使产品成本与其经济内涵发生较大程度背离,而且在企业产品积压时,既虚增当期营业利润,又虚增期末资产价值。

产品制造成本与期间成本的比较见图1-1。

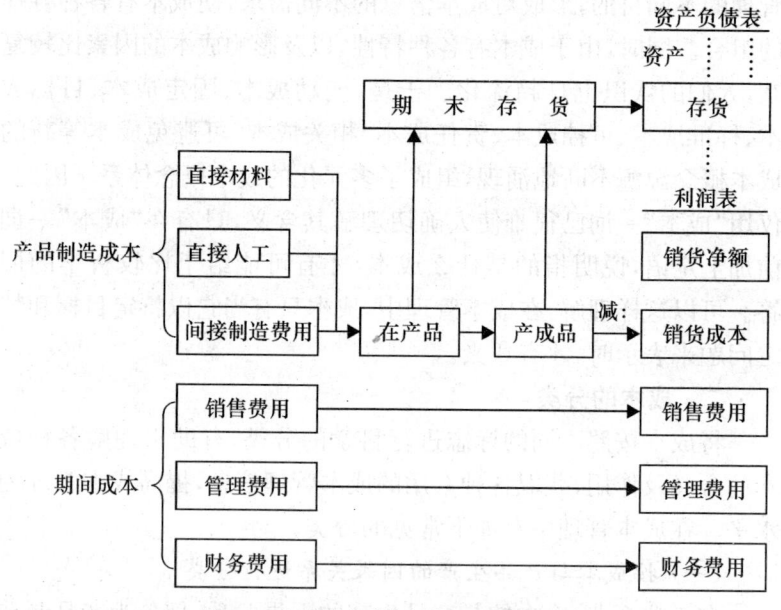

图1-1　产品制造成本与期间成本的比较

划分产品制造成本与期间成本,体现了配比原则和权责发生制的要求,有助于正确反映企业生产经营成果,可从一定程度上解决由于产销不平衡发生潜亏的确认问题。

（二）按费用归属成本计算对象的难易程度进行分类

成本按费用归属成本计算对象的难易程度划分为直接成本和间接成本。

在计算制造一批产品、提供一项服务、完成一件工作的成本时,所制造的产品、提供的服务、完成的工作常被称作成本计算对象。成本计算对象是承担成本的客体,也即费用归集与分配的目标。

直接成本(直接计入费用)是指属于某一特定成本计算对象的可溯成本。直接成本可以根据有关原始凭证或记录比较容易地加以认定。直接成本直接计入有关成本的计算对象。

间接成本(间接计入费用)是指两个或两个以上成本计算对象共同发生的成本。间接成本通常先按一定方式归集,然后选择适当标准分配给各成本计算对象。

划分直接成本与间接成本,对于确定成本计算的程序,正确计算产品成本具有重要意义。在成本计算过程中,能直接计入成本的费用,应尽可能直接计入,这样能减少带有主观假定成分的分配。直接成本在成本中所占比重越大,所反映的成本水平越真实、客观。

(三)按成本计算的时间进行分类

成本按计算的时间(事前或事后)划分为预计成本和实际成本。

预计成本是在成本计算对象的费用发生之前根据有关资料预先计算的成本。如计划成本、定额成本、标准成本等。

实际成本是根据成本计算对象实际发生的费用事后计算的成本。

划分预计成本与实际成本,主要是有利于控制成本。实际成本对于确定利润和计征所得税具有重要意义,但毕竟属于历史的成本。为了有效控制成本,必须制订预计成本,以此作为成本管理的目标;在日常生产经营过程中据此衡量费用的超支和节约,进行反馈性控制,并将其作为考核成本管理业绩的标准。

(四)按成本与产量(或业务量)变动的依存关系进行分类

成本按与产量(或业务量)变动的依存关系划分为变动成本和固定成本。

变动成本是指随产量(或业务量)增减而成正比例升降的那部分费用。例如构成产品实体的主要原材料费用、生产工人的计件工资等。

固定成本是指当产量(或业务量)在一定幅度内变动时不随之增减而基本不变的那部分费用。例如采用直线法按月计提的固定资产折旧费等。还有些费用则同时兼有变动成本和固定成本的习性,它们虽然也随产量的增减而变化,但不成正比例变化,通常称其为混合性成本。

划分变动成本与固定成本,不仅有助于寻求降低成本的途径,而且也能为经营预测和决策提供重要依据。划分变动成本和固定成本是规划和控制企业经济活动的前提条件,有利于充分挖掘内部潜力,争取实现最佳经济效益。

（五）按可控性原则进行分类

成本按可控性原则划分为可控成本和不可控成本。

可控成本是针对特定的责任单位(如分厂、车间、部门、班组)而言的,是指能够由该责任单位预知、计量并控制的成本。

不可控成本是指不能被某责任单位预知、计量或控制的成本。例如,因材料质量问题造成的废品损失,对于材料供应部门属可控成本,而对于生产车间则为不可控成本。

划分可控成本与不可控成本,对于正确计算责任成本,明确经济责任,进行成本考核,建立企业内部激励机制,具有重要意义。

成本还可按其职能划分为纳税成本和管理成本,按其支出的必要性划分为可避免成本与不可避免成本,按其与决策的关系划分为相关成本与无关成本等。

三、成本的作用

成本的经济内涵,成本概念的拓展扩充,决定了成本在经济工作中具有重要作用。

（一）成本是产品生产耗费的补偿尺度

企业要维持简单再生产,进行持续经营的必要条件是必须补偿其在生产中发生的耗费,成本就是生产耗费补偿的价值尺度。

同时,成本也是企业确定经营损益的重要依据,只有抵补了生产经营过程中发生的耗费后,企业才有可能盈利。

(二)成本是制订产品价格的必需信息

企业在制订产品价格时,固然要考虑市场需求、消费水平等因素,以推出具有竞争力的价格;但也必须考虑企业目前的成本水平和可实现的成本目标,不可忽视企业的实际承受能力。

(三)成本是企业经营决策的重要依据

企业为了未来的收益,进行生产、技术和投资决策时,与备选方案相联系的各种形式的未来成本,是进行经营决策,选择最优方案的重要依据。

(四)成本是衡量企业经营管理水平的重要标志

产品成本的高低,是企业生产、技术和经营管理水平的综合反映。企业劳动生产率的高低、原材料的利用程度、固定资产的使用效率、产品质量的优劣、产品产量的多少、企业定额或预算管理工作的好坏等都会通过成本直接或间接地体现,因而成本是衡量企业综合经营管理水平的重要标志。

四、成本会计的对象

成本会计的对象可以概括如下。

(一)各行业企业经营业务的成本

企业经营业务的成本因行业特点而具有不同的内容,例如工业企业的产品制造成本、商业企业的商品购销成本、建筑施工企业的工程施工成本、房地产开发企业的开发成本、交通运输企业的客货运成本、旅游及饮食服务企业的营业成本等。

(二)经营管理费用

经营管理费用属期间成本,包括各行业企业的管理费用、财务费用、销售费用。

(三)各种专项成本

随着成本概念的发展变化,成本会计的对象也扩大到各种专项成本,如质量成本、责任成本等。

第二节　成本会计的职能

一、成本会计的形成和发展

成本会计是随着商品经济的发展而逐步形成和发展起来的。成本计算是为了确定商品价格和经营盈亏而产生的,最初只是对成本进行估计,以后又采用统计方法计算成本,但由于缺乏连续、全面、系统的记录,成本计算的准确性较差。19世纪产业革命后,企业数量日益增多,规模逐渐扩大,企业之间出现了竞争,于是生产成本受到了重视。为了提高成本计算的准确性,会计人员承担起了成本计算的使命,逐步使成本记录与会计账簿一体化,从而形成了成本会计。美国Gittleton教授在其《20世纪以前的会计发展》一书中说:"英国人只是把成本会计科目引入复式会计系统就花了许多年。"大机器生产及其管理的发展促使会计人员解决间接费用的分配问题。为适应纺织、冶金行业和装配式生产企业的需要,分步成本计算法和分批成本计算法相继产生。经过产业革命,会计领域最突出的发展就是成本会计的产生以及成本核算的系统化。

20世纪初资本主义企业推行的泰勒制度,通过动作研究、制定工作标准对生产进行科学管理,不仅推动了生产的发展,而且也促使成本会计作出相应改革。在会计实践中开始事先制定成本标准,据以进行日常的成本控制和定期的成本差异分析。按标准成本控制实际成本,使成本会计的理论和方法进一步发展和完善,成本会计的职能从成本核算扩大到成本预算、成本控制和成本分析。

第二次世界大战后,生产和资本日益集中,企业规模越来越大,企业的生产经营日趋复杂,科学技术的发展加速了产品的更新换代,市场竞争十分激烈。资本主义经济的变化使成本会计不能仅停留于生产过程中的成本控制和事后的成本核算与分析,成本会计又在预测未来和寻求成本最佳配合方面取得了卓有成效的进展。变动成本计算法的产生,为企业进行成本预测和决策开辟了捷径。成本控制也由控制生产过程进而控制未来的经营与损益。制定目标成本不仅从工艺技术上考虑"应当是多少",而且从市场营销角度考虑"必须是多少",通过成本的前馈控制使产品生产适应市场营销。为了确保目标成本的完成,在企业内部又建立了按责任归属考核成本控制业绩的责任成本制度,实施以效绩评价为中心的目标管理。科学技术的发达使成本会计的手段更趋现代化,电子计算机处理数据的广泛运用,与现代数学、数理统计方法的结合使用,有力地推动了成本会计职能的发展。

成本会计的最初阶段,其职能主要是进行成本计算,成本计算在相当长时期内都作为财务会计的一个组成部分。随着成本会计与企业内部管理的结合日益紧密,成本会计在预测、控制、分析、考核、决策等方面的技术方法逐步成熟,采用了更加复杂的数学模式,并扩大到价格、资金、利润等方面,逐渐形成与财务会计平行的一门学科——管理会计。成本的预测、控制、考核与决策又成为管理会计的重要内容。成本会计作为一门学科,则将成本管理的理论与方法集中形成了独立的体系,着重研究成本的计算、预测、控制和考核的理论与方法,为经营决策或理财决策提供所需要的各种成本信息。为了避免重复,对于如何运用成本资料为经营决策提供备选方案不在本书中讨论,留待管理会计进一步探讨。

二、成本会计的职能

成本会计的职能是指成本会计所具有的客观功能。成本会计应当有成本核算、成本预测、成本决策、成本计划(预算)、成本控制、成本分析、成本考核等项职能。

(一)成本核算

成本核算是指对生产经营过程中实际发生的成本、费用进行记录、归集、计算、分配,作出有关的账务处理,并编制成本报表,为成本管理提供客观、真实的成本资料。

（二）成本预测

成本预测是指根据与成本有关的各种数据、企业内外环境的发展变化和可能采取的各项措施，采用一定的专门方法，对未来成本水平及其变化趋势作出科学的估计。成本预测既要在计划期开始之前、成本决策之前进行，又要在成本计划或预算执行过程中进行。它可以减少生产经营管理的盲目性。

（三）成本决策

成本决策是指在成本预测的基础上，根据市场营销和产品功能分析，挖掘潜力，拟定降低成本、费用的各种方案，并采用一定的专门方法进行可行性研究和技术经济分析，选择最优方案，以确定目标成本。目标成本是成本控制的依据。确定目标成本的过程，也是对成本进行事前控制或前馈控制，企业就能未雨绸缪，及早采取降低成本的措施。

（四）成本计划（预算）

成本计划是指根据成本决策所确定的成本目标与成本预测资料，编制成本计划、成本费用的控制标准、责任预算等，并提出为达到规定的成本费用水平应采取的措施。编制成本计划（预算）的过程，是进一步挖掘企业内部潜力的过程。成本计划（预算）是进行成本控制、成本分析和成本考核的依据。

（五）成本控制

成本控制是指根据成本计划（预算），制定各项消耗定额、费用定额、标准成本等，对各项实际发生和将要发生的成本费用进行审核，及时揭示执行过程中的差异，采取措施将成本费用控制在计划、预算之内。通过成本控制可以确保成本目标的实现。成本控制包括事前控制和事中控制。

（六）成本分析

成本分析是指根据成本核算所提供信息和其他有关资料，分析成本水平与构成的变动情况、影响成本费用升降的各种因素及其影响程度、成本超支节约的责任或原因。通过成本分析可以寻求降低成本的途径。

（七）成本考核

成本考核是指在成本分析的基础上，对成本计划（预算）的完成情况或执行结果进行评价，明确责任。成本考核将责、权、利紧密结合，能调动职工控制成本、降低成本的积极性。

在成本会计的各项职能中，成本核算是基础，其他各项职能是在成本核算的基础上，随着商品经济、管理科学的发展和企业经营管理要求的提高，逐步发展形成的。这些职能互相联系，相辅相成，并贯穿于企业生产经营的全过程，构成了现代成本管理的框架。

第三节　成本会计的组织工作

要完成成本会计的任务，合理组织成本会计工作，是重要的前提条件之一。

组织成本会计工作和执行成本会计各项任务的职能单位是成本会计机构。它是在总会计师或会计主管（不设总会计师的企业）领导之下直接从事成本会计工作的。成本会计机构应根据企业规模与成本会计工作量的大小，配备必需的成本会计人员，可以在专设的会计机构中单独设置成本会计科、室、组等，也可以指定专人处理成本会计工作。

合理组织成本会计的工作，必须根据企业内部的管理需要确定成本会计工作的分工，划分成本控制的责任范围，制定各项有关的成本会计制度。

一、确定成本会计工作的分工

确定成本会计工作的分工，有利于明确责任，协调配合，提高工作效率。

成本会计工作的处理方式按内部各级单位的分工,可以分为集中处理方式和分散处理方式。

（一）集中处理方式

成本会计工作的集中处理方式是指成本的预测、预算、核算、控制、考核、成本报表的编制和分析等成本会计工作,都由工厂总部的会计部门集中处理,车间、班组等单位只负责登记有关原始记录和填制有关原始凭证,对它们进行初步的审核、整理和汇总,为会计部门的成本核算和其他成本会计工作提供资料。采用集中处理方式,有利于集中使用电子计算机进行成本会计数据的计算与分析,可适当减少成本核算层次和工作人员,但不利于配合经济责任制的实行,不便于车间、班组及时掌握成本信息和控制成本,影响其关心成本管理业绩的积极性。

（二）分散处理方式

成本会计工作的分散处理方式,也称非集中处理方式,是指在企业内部根据管理需要分级设置成本核算单位,各级成本核算单位配备核算人员,对本单位发生的成本进行明细核算,并编制适应日常管理所需的成本报表,进行成本计划、控制和分析等;厂部会计部门则负责对各级核算单位成本会计工作的指导、监督和考核,处理不便于分散进行的成本会计工作,如进行成本预测与成本决策,对目标成本进行责任分解,编制全厂的成本预算与计划,汇总产品的成本和成本差异,进行成本的综合分析等。采用分散处理方式,虽然会相应增加成本核算层次和会计人员数量,但有利于车间、班组等核算单位及时掌握成本信息和进行成本控制,促进各单位的生产经营管理,也便于配合经济责任制的贯彻,为考核各单位的成本控制业绩提供必要信息。

二、划分成本控制的责任范围

对成本会计工作采取分散处理方式的企业,各级核算单位所核算的成本,并非全部都能由各单位所控制。例如,封闭式生产车间成本核算员所计算的产品成本中,受供应部门采购材料的价格所影响的那部分成本,不能由该车间进行控制,倘若把对这部分成本进行控制的责任强加于该车间,并据以进行考核,显然是不合理的。

为了明确成本责任,按责任归属考核成本控制的业绩,应划分企业内部各有关单位对成本控制的责任范围,即建立成本中心。成本中心是发生成本并能对成本行使控制权的区域,也是可以评价其成本管理业绩的组织机构。成本中心的划分,应与企业的生产经营组织系统相适应。一个企业是一个大的成本中心,其下属的分厂或车间都是二级成本中心,而它们又分别由各该单位下属的若干工段、班组、甚至个人等许多小的成本中心所组成。例如,某炼钢厂本身是一个成本中心,按照其生产工艺特点,可划分为化铁炉、转炉、铸钢、连铸等若干个二级成本中心,每个二级成本中心又可按其生产工艺流程划分为若干个三级成本中心,如化铁炉成本中心又可再划分为料场、配料、生产准备、开炉等成本中心。对于不进行生产而提供一定专业性服务的单位,如会计部门、总务部门、劳动工资部门等,可称为费用中心。成本中心的活动一般可为企业提供一定的物质成果,如生产一定的在产品或半成品,对它们进行货币计量有各种方法和程序;费用中心主要为企业提供一定的专业性服务,一般不能产生可以用货币计量的物质成果。费用中心属于广义的成本中心。成本中心不论层次高低、所负责任大小,都有成本发生,都要对其所能控制的成本负责。通过责任层次和成本中心的划分,形成上下左右纵横连锁的宝塔式责任成本管理体系,使产品成本在发生的每一环节,其经济责任可以辨认,对责任者控制成本的业绩可以考核。

采用分散处理方式时,企业内部的各级成本核算单位本身又都是成本中心,处于按产品归集的成本信息与按责任归属的成本信息之交汇点。产品成本与责任成本虽有本质区别,但两者的信息是相辅相成,可以相互验证的。

三、制订企业内部成本会计制度

成本会计制度是对组织和处理成本会计工作所作的规范,是会计制度的组成部分。企业应该根据会计基本准则、有关具体准则、行业会计制度、企业内部管理的需要和生产经营的特点制订企业内部成本会计制度。其主要内容包括:

1. 关于成本会计工作的组织分工及职责权限。

2. 关于成本定额、成本预算和计划的编制方法。

3. 关于存货的收发领退和盘存制度。

4. 关于成本核算的原始记录和凭证传递流程。

5. 关于成本核算的规定,包括成本计算对象和成本计算方法的确定,成本核算账户和成本项目的设置,生产费用归集与分配的方法,在产品计价方法等。

6. 关于成本预测的制度,包括预测的资料收集要求、一般方法与必要程序等。

7. 关于成本控制的制度,包括有关原始凭证的审核办法,有关成本、费用的开支标准和审批权限,成本差异的计算与分析,差异信息的反馈程序与时间限制,控制成本业绩的考核与奖惩办法等。

8. 关于成本分析的制度,包括成本分析的一般方法、指标种类及计算口径等。

9. 关于成本报表的制度,包括成本报表的种类、格式、编制方法、传递程序、报送日期等。

10. 关于企业内部劳务、半成品、材料转移价格的制订和转账结算的方法。

制订成本会计制度的目的,在于从制度上对成本会计工作进行约束和指导,使企业的成本会计工作有章可循,有利于其规范化和具有协调性,从而提高成本信息的质量和成本管理的水平。

复 习 题

一、名词解释题

1. 产品成本　　　　　　　2. 期间成本
3. 直接成本　　　　　　　4. 间接成本
5. 预计成本　　　　　　　6. 变动成本
7. 固定成本　　　　　　　8. 可控成本
9. 成本核算　　　　　　　10. 成本预测
11. 成本决策　　　　　　　12. 成本计划(预算)
13. 成本控制　　　　　　　14. 成本分析
15. 成本考核

二、思考题

1. 怎样理解成本的经济内涵?
2. 成本有哪些常用的分类? 各有什么作用?
3. 试述产品成本、期间成本与资产负债表、利润表的关系。
4. 成本会计有哪几项职能? 分别说明各项职能的含义。
5. 成本会计的组织工作有哪些主要内容? 各起什么作用?
6. 制订企业成本会计制度主要应包括哪些方面的内容?

三、判断题

1. 为了促使企业加强经济核算,产品成本开支范围可以与理论成本(c+v)有所背离,但应通过法规制度加以限制。　(　　)
2. 产品制造成本在产品未销售时表现为存货成本。(　　)
3. 变动成本的主要作用是为经营预测和纳税提供依据。
　　　　　　　　　　　　　　　　　　　　　(　　)
4. 成本预测只能发生在成本决策之前,或计划期开始之前。
　　　　　　　　　　　　　　　　　　　　　(　　)

5. 任何不构成产品价值的支出都不能列入产品成本。( )

四、单项选择题

1. 成本会计的各项职能中,最基础的职能是( )。

    A. 成本预测　　　　　　　B. 成本计划

    C. 成本决策　　　　　　　D. 成本核算

2. 将成本划分为固定成本和变动成本,是以( )作为划分标准的。

    A. 可控性原则　　　　　　B. 与产量变动的依存关系

    C. 成本计算的时间　　　　D. 与产品生产的因果关系

3. 产品成本的价值构成是( )。

    A. c＋v＋m　　　　　　　B. c＋v

    C. c＋m　　　　　　　　D. v＋m

4. 在实际工作中,工业企业的产品成本包括( )。

    A. 废品损失　　　　　　　B. 产品销售费用

    C. 行政管理费用　　　　　D. 筹集资金费用

5. 下列部门中,属于能产生可以用货币计量的物质成果的狭义成本中心是( )。

    A. 总务科　　　　　　　　B. 财会科

    C. 劳动工资科　　　　　　D. 装配车间

五、多项选择题

1. 下列成本中,属于预计成本的有( )。

    A. 计划成本　　　　　　　B. 实际成本

    C. 定额成本　　　　　　　D. 标准成本

2. 下列内容中,属于成本会计对象的有( )。

    A. 产品成本　　　　　　　B. 工程施工成本

    C. 质量成本　　　　　　　D. 可控成本

    E. 管理费用

3. 下列各项中,属于成本会计职能的有( )。

A. 成本决策 B. 成本分析

C. 成本考核 D. 成本预测

E. 成本控制

4. 企业内部成本会计制度包括的内容有（　　）。

A. 制订成本定额的方法

B. 成本、费用的审批权限

C. 成本计算对象的确定

D. 成本差异信息的反馈程序和时间限制

E. 内部劳务、材料和半成品转移价格的制订

第二章 工业企业成本核算概述

本章集中介绍了工业企业成本核算应当遵循的基本原则、需要重视的基础工作,以及必须具备的基础知识,如费用要素、产品成本项目和产品成本核算的一般流程等,有助于读者理解以后各章的内容。

第一节 工业企业成本核算的原则

产品成本核算作为成本会计的重要内容,既要符合企业会计准则、行业会计制度对会计核算的基本要求,也要符合生产特点和成本管理的特定要求。为了正确计算产品成本,提供有用成本信息,应该严格执行下列成本核算原则。

一、分期核算原则

这里的分期核算是指分期进行成本计算和报告成本信息。

企业的生产经营活动是连续进行的,为了充分发挥会计对生产经营活动过程的控制作用,满足决策者对短期信息的需求,需要人为地把持续不断的企业生产经营活动划分成一个个首尾相接、间隔相等的会计期间。会计期间的假设,是在持续经营假设的基础上人为地规定提供会计信息的期限。成本核算的分期,与会计上月、季、年期间的划分一致,有利于经营成果的确定。需指出的是,产品成本的分期核算,与产品成本计算期是有区别的。产品成本计算期是对产品负担生产费用所规定的起讫期,它受产品生产类型的影响,可以与会计期间一致,也可以与各批或各件产品的生产周期一致。产品成本的分期核算则与产品的生产类型无具体联系,它是指成本的具体核算工作,包括费用的归集和分配,计算和报告产品成本,都必须按会计期间进行,并于期末对成本计算账户的发生额进行加计,及时计算完工产品成本。

二、费用确认的配比原则

企业生产经营所发生的费用可按下列三种方式确认。

(一)按因果关系确认

对于其发生与有关营业收入存在明显因果关系的支出,应在该项营业收入实现时,确认为营业成本,并与之配比;而在该项营业收入尚未实现时,先作为计入存货的成本确认。例如制造产品的材料耗费和人工耗费,应计入产品制造成本,随着产品的销售转为销售成本,并与相关的销售收入配比。

(二)按受益期分配确认

对于支出的效益涉及若干会计年度的资本性支出,应在与支出效益相关的各受益期,按合理而又系统的方式分配确认为费用,分别与各受益期的收入进行配比。例如固定资产的折旧费用。

(三)按发生的时期立即确认

对于既无明显的因果关系,又难以按受益原则进行分摊的支出,在发生的当期立即确认,即作为期间成本与发生当期收入配比。例如广告费用、诉讼费用等。

费用与收入相配比,并非所有的费用只能按一种方式与收入配比。如果把所有费用都计入产品成本,就会影响成本指标的客观性和相关性。

三、划分各种费用界限的原则

为了正确计算产品成本和企业经营成果,必须划清下列五个方面的费用界限。

(一)正确划分生产经营费用和非生产经营费用的界限

企业进行产品成本核算必须划清收益性支出和资本性支出,

购建固定资产、无形资产的支出和对外投资的支出不能计入或不能直接计入产品成本。对于罚款、税收滞纳金、捐赠、赞助费等与生产经营无直接关系的支出,也不能计入产品成本。混淆生产经营费用和非生产经营费用的界限,会影响本期及以后期间产品成本、企业损益的正确计算,也会影响企业利润构成的客观性。

(二)正确划分生产费用和经营管理费用的界限

生产费用计入产品成本,经营管理费用不计入产品成本而直接计入当期损益。由于这两种费用与收入配比的时间不同,混淆两者也会影响成本和利润的真实性。

(三)正确划分各个会计期间的费用界限

企业的成本核算与损益计算是建立在权责发生制基础之上的,应正确核算预付费用和应计费用,以责任的发生或形成对金额较大的跨期费用进行合理摊配,不能利用预付费用或应计费用调节各月的成本、费用,从而调节各月利润。

(四)正确划分各种产品的费用界限

为了考核各种产品的成本计划完成情况或成本定额的执行情况,企业还应分别正确计算各种产品的成本。对于几种产品共同发生的费用,应根据受益原则分配:谁受益谁分摊,多受益多分摊,少受益少分摊。正确计算各种产品的成本,才能对成本分析、考核、预测、决策提供有用的信息。

(五)正确划分完工产品与在产品的费用界限

企业应采取合理而简便的方法,在需要时将累计发生的生产费用在完工产品与在产品之间划分。若不能正确划分完工产品与在产品的费用界限,会使企业的损益计算与资产计价失真,也不利于对各期产品成本水平的分析、考核。

四、一贯性原则

与成本核算有关的会计处理方法应保持前后期一致,使前后期的核算资料衔接,便于相互比较,不能通过任意改变会计处理方法调节各期成本和利润。与成本核算有关的会计处理方法包括计提折旧的方法、发出材料的计价方法、辅助生产费用的分配方法、间接制造费用的分配方法、在产品的计价方法和产品成本计算方法等。如确属必要改变上述会计处理方法，应在有关报表中说明变更情况和原因，并根据需要揭示会计处理方法的改变对企业财务状况和经营成果所产生的影响。

五、实际成本计价原则

在企业对外的会计报表中，必须按实际成本对产成品、自制半成品和劳务计价，例如资产负债表中的存货项目和利润表中的产品销售成本项目。按实际成本计价，可以减少成本计算的随意性，使成本信息保持其客观性和可验证性。

如果按计划成本、定额成本或标准成本进行产品成本核算，对实际成本与预计成本的差异可另设账户归集，但应在会计期末及时分摊，将产品的计划成本、定额成本或标准成本调整为实际成本。企业内部对原材料、燃料按计划成本进行日常核算的，实际成本与计划成本的差异也应在会计期末合理分摊，将生产产品所耗材料、燃料的计划成本调整为实际成本。

六、重要性原则

为了充分发挥成本信息对经营管理的作用，对于产品成本中重要的内容应单独设立项目反映，并力求准确。对于次要的内容则可简化核算，或与其他内容合并反映。例如，构成产品实体的原料及主要材料、生产工人的薪酬一般应直接记入产品成本明细账，在"直接材料"、"直接人工"项目中单独反映；其他制造费用可归集后分配计入产品成本，在综合性项目中合并反映。但是，如果某些费用在产品成本中所占比重较大，例如企业某种产品主要依靠外厂加工，则外部加工费应直接记入产品成本明细账的专设项目单独反映，以便于运用成本信息进行分析、考核，预测和决策。

第二节 产品成本核算的基础工作

要保证成本会计所提供成本信息的质量,必须加强产品成本核算的基础工作。工业企业的成本核算基础工作,主要有以下内容。

一、制订先进而可行的消耗定额

定额是企业根据技术、设备和组织水平,充分考虑企业内部潜力所规定的在产量、质量,以及人力、物力、财力的配备、消耗和利用等诸方面应达到的标准。先进而可行的定额,是对产品成本进行预测、审核、控制和考核的依据。根据定额计算的定额耗用量或定额费用还常常被作为分配实际成本(或费用)的标准。与成本核算有关的消耗定额,主要包括有关劳动消耗的定额(如工时定额、产量定额等);有关材料、燃料、动力、工具消耗的定额;有关费用的定额(如车间经费、厂部经费等间接制造费用预算)等。这些消耗定额作为企业产品生产发生耗费应遵守的标准,服务于不同的成本管理目的,可以表现为不同的消耗水平。编制成本计划,应采用根据计划期内平均消耗水平所制订的定额;作为分配实际成本的标准或计算实际成本的基础,应以体现现行消耗水平的定额为依据;为了实现目标利润而控制成本,应根据企业实现目标利润必须达到的消耗水平作为衡量尺度。成本会计人员应积极配合生产技术、劳动工资、设备动力等部门制订各种消耗定额,参与测算,使定额成为企业实现良好经济效益的有效手段。企业还应根据生产的发展、技术的进步、劳动生产率的提高,不断修订定额,以保持定额的先进、可行,充分发挥定额管理的作用。

二、完善物资的计量、验收、领退和盘存制度

建立和健全物资的计量、验收、领退和盘存制度,是进行成

本控制、正确计算产品成本的重要前提。一切物资的进出、消耗,都要经过计量、验收。对于可利用的废料也要及时回收和计价。各种计量设备、工具和仪表都要配备齐全,并须指定专职机构或专人经常校正和维修。仓库、车间、班组内的物资,包括材料、在产品、半成品等应按规定进行清查盘点,以取得可靠的会计核算资料。做好上述工作,不仅有利于正确计算产品成本,而且还有利于加强生产管理和物资管理,保护企业财产的安全完整。

三、建立成本核算的原始记录和凭证传递流程

产品成本的正确核算离不开可靠的原始记录和凭证。产品生产过程中材料及动力的消耗、工时的消耗、设备的运转、费用的开支、在产品的内部转移、废品的发生与返修、产成品及自制半成品的送检与入库等,都必须有原始记录和填制必要的原始凭证,并制订原始记录与凭证的合理传递流程,及时为产品成本核算提供可靠的依据。采用的各种原始记录应讲求实效,并容易操作。反映工时消耗、材料消耗、在产品等物资流转的原始凭证可采用一式多联的形式,这样,既能满足管理上以各种不同对象归集成本信息的需要,又便于有关单位、部门之间相互核对。原始凭证传递流程的内容,应包括它们传递所流经的部门,以及有关部门及人员对它们的处理程序与期限等。成本会计人员应会同生产技术、劳动工资、设备动力、材料供应等部门,根据企业生产类型和内部管理的需要,制订与成本核算有关的原始凭证传递流程,并可绘制成明晰易懂的示意图,便于执行和检查。合理的凭证传递流程不仅是企业会计制度不可缺少的组成内容,而且也是加强企业内部控制的有效手段。

四、制订费用的开支标准,明确费用的审批权限

成本核算不能仅仅满足于事后的记录和计算,应当在费用发生之前和发生过程之中对其加强审核与控制。企业必须事先制订

各项经常性费用的开支标准,并规定对各项费用的审批权限,即哪一级、哪一部门负责人有权审批何种性质费用及其金额范围,使费用发生有人把关,费用审核有章可循,并在费用分析时便于追究责任,这样才能有效控制成本。

五、确定合适的企业内部结算价格

企业内部各单位之间在生产经营过程中常会相互提供产品、材料、劳务等,例如材料供应部门向各生产车间供应材料;加工步骤将产出的半成品转移到下一步骤继续加工;修理、运输部门向其他生产单位、管理部门提供劳务等。由于相互提供产品、材料和劳务,企业内部各责任单位之间进行相互结算或相互转账所选用的计价标准,称为内部结算价格或内部转移价格。确定合理的内部结算价格,是正确评价企业内部各责任单位工作成果的重要环节。

对于非独立经营的企业内部各单位,应该以预计成本(如标准成本、计划成本等)或预计分配率作为内部结算价格,月末再按一定方法调整或由厂部汇总后集中处理,这样,有利于划清内部各单位的经济责任,也有利于考核和分析它们执行成本计划、预算的业绩。如果以实际成本结转相互提供的产品、劳务,会把提供产品、劳务单位控制成本的功过转嫁给接受产品、劳务的单位,会影响双方控制成本的责任感和积极性。按预计成本或预计分配率结算企业内部转移的产品、劳务,也可以适当简化和加速日常的核算工作。

上述各项基础工作通常可通过制订内部成本会计制度加以规范。

第三节　工业企业的费用分类

工业企业发生的费用可以按照不同的标准分类,其中,费用要素和产品生产成本项目是两种最基本的分类项目。

一、工业企业费用要素

企业在生产经营过程中发生的费用,按经济内容(或性质)所作的分类,称为费用要素。其主要包括劳动对象方面的费用、劳动手段方面的费用和活劳动方面的费用。前两者为物化劳动耗费,即物质消耗;后者为活劳动耗费,即非物质消耗。为了具体反映各种费用的构成和耗费水平,费用要素可进一步划分为下列几项要素:

1. 外购材料。它是指企业为进行生产经营而从外部购入的一切原料及主要材料、半成品、辅助材料、修理用备件、包装物和低值易耗品等。

2. 外购燃料。它是指企业为进行生产经营而从外部购入的各种燃料。

3. 外购动力。它是指企业为进行生产经营而从外部购入的各种动力。

4. 职工薪酬。它是指企业从事生产经营的员工薪酬。

5. 折旧费。它是指企业按规定计提的固定资产折旧费。出租固定资产的折旧费不包括在内,以免重复统计。

6. 利息费用。它是指企业在生产经营期间发生的利息净支出。

7. 税金。它是指企业计入生产经营费用的各种税金,如印花税、房产税、车船税、城镇土地使用税等。

8. 其他费用。它是指不属于以上各要素的费用,例如租赁费、外部加工费、差旅费、邮电通讯费、保险费等。在这一要素中,往往很难严格划清物质消耗与非物质消耗。

费用按经济内容分类的主要作用是:可以反映企业在一定时期发生了哪些消耗,金额各为多少;可以分析与比较企业各个时期各项费用所占比重及耗费水平的变化;可以考核费用计划的执行情况;还可以为计算工业净产值和国民收入提供资料。

二、产品生产成本项目

工业企业发生的费用(广义)可分为生产经营费用和非生产经营费用,生产经营费用又可分为计入产品成本的生产费用和经营管理费用。计入产品成本的生产费用,按经济用途所作的分类,称为产品生产成本项目,简称成本项目。

工业企业的产品生产成本项目一般有下列几项:

1. 直接材料。它是指产品生产过程中直接消耗的原材料和外购半成品,它们或构成产品的实体,或有助于产品的形成。

2. 直接人工。它是指直接从事产品制造的生产工人薪酬。

3. 制造费用(或间接制造费用)。它主要包括间接用于产品生产的各项费用,如车间或分厂组织和管理生产所发生的费用,也包括直接用于产品生产但难以直接计入产品成本的费用,如机器设备折旧费等。这些费用在"制造费用"账户归集后按一定标准分配计入有关产品生产成本的"制造费用"(或"间接制造费用")项目。

企业对于某些可以直接归属于有关产品的费用,若金额较大,或管理上需要单独反映、控制和考核的,可增设有关成本项目,如"燃料及动力"、"外部加工费"、"专用工模具费"、"废品损失"等项目;否则,可并入"制造费用"等项目。

产品生产成本项目中,有的只涉及某一项费用要素,称为单一成本项目,如"直接材料"、"直接人工"项目等;有的则涉及多项费用要素,称为综合成本项目,如"制造费用"、"废品损失"等项目。

生产费用按经济用途分类,有利于反映产品生产成本的具体构成,便于进行成本分析和挖掘降低成本的潜力。

费用按经济用途的分类和按经济内容的分类,是从不同的角度反映企业生产经营过程中的耗费,前者主要反映用到哪里去,后者主要说明发生了哪些耗费。以职工薪酬项目为例进行比较,按经济用途分类的"直接人工"项目中的薪酬,仅指直接从事产品制造的生产工人薪酬;而按经济内容分类的"职工薪酬"项目,则不仅包括生产工人薪酬,而且还包括车间、分厂等部门和总厂(部)管理人员的薪酬。

三、直接(或间接)生产费用和直接(或间接)计入费用

在构成产品成本的各项生产费用中,直接用于生产的费用,通常称为直接生产费用,如产品生产消耗的原料及主要材料、生产工人工资和机器设备折旧费等;间接用于生产的费用,通常称为间接生产费用,如车间厂房折旧费、车间统计员的薪酬等。

在构成产品成本的各项生产费用中,能分清何种产品所耗用的,可直接计入某种产品成本的费用,称为直接计入费用(直接费用);不能分清何种产品所耗用的,难以直接计入某种产品成本的,必须按一定标准分配计入有关产品成本的费用,称为间接计入费用(间接费用)。

直接生产费用大多是直接计入费用,间接生产费用大多是间接计入费用。但也并非全都如此。例如,机器设备折旧费是直接生产费用,但按月计提的折旧费在生产几种产品的情况下属于间接计入费用。又如,在只生产一种产品的工厂或车间中,直接生产费用和间接生产费用都可直接计入该种产品成本,都是直接计入费用。

第四节 产品成本核算的账户设置和一般程序

一、产品成本核算的主要账户

无论采用何种成本计算方法,都有赖于一定的账户归集生产费用和计算产品成本。

进行产品成本核算的主要账户是"生产成本"账户和"制造费用"账户。

（一）"生产成本"账户

"生产成本"账户核算企业生产各种工业产品(包括产成品、自制半成品、工业性劳务等)、自制材料、自制工具、自制设备,以及提供非工业性劳务等所发生的各项生产费用。企业发生的各项生产费用,能够确认为某一成本计算对象所发生的,应记入该账户的借方,不能直接计入成本计算对象成本的制造费用,应先通过"制造费用"账户归集,再按一定标准分配转入该账户的借方。制造完成并验收入库的产成品、自制半成品等的实际成本,以及提供劳务的实际成本,应借记有关账户而贷记该账户。该账户的月末借方余额,反映尚未加工完成的各项在产品的成本。企业可以根据具体情况,在"生产成本"账户下分设"基本生产"和"辅助生产"两个账户,也可以直接把"生产成本"账户分为"基本生产"和"辅助生产"两个总分类账户进行核算。辅助生产账户用以归集动力、修理、运输等为生产单位和其他部门服务的辅助生产所发生的成本,并根据服务对象将服务成本分摊记入"基本生产"、"制造费用"、"管理费用"等账户的借方。

（二）"制造费用"账户

"制造费用"账户核算独立经营企业内各个生产单位为组织和管理生产所发生的各项费用,以及不能直接计入产品成本的机器设备的折旧、租赁等费用。为了正确计算成本,凡能直接计入成本计算对象的费用,则应直接记入"生产成本"账户。平时归集所发生的间接制造费用时,借记"制造费用"账户;月末分配结转时,借记"生产成本"账户而贷记该账户。"制造费用"账户也可根据企业具体需要,分为"车间经费"和"厂部经费"两个账户进行核算。

采用制造成本法进行产品成本核算,需要将间接制造费用和管理费用划分清楚,因为前者计入产品成本,而后者作为期间成本。在会计实务中,划分间接制造费用与管理费用,一般按如下原则进行处理:

1. 按与产品生产的因果关系进行处理。除了直接材料、直接人工外,还有许多费用的发生与产品生产有密切关系。例如,生产车间厂房、机器设备的折旧费、租赁费、保险费,以及劳动保护费、设计制图费、试验检验费等等,它们的发生或者是因为生产工艺本身的需要,或者由于提供了必要的生产条件,或者为了保持一定的生产能力等,这些费用应该列作间接制造费用。与具体产品生产没有明显因果关系的费用,例如工会经费、待业保险费、董事会费、诉讼费等,则作为管理费用。

2. 按企业行政管理的层次进行处理。对于独立生产经营的企业,其最高行政管理层次为组织和管理企业生产经营活动所发生的费用,作为管理费用;最高行政管理机构以下非独立经营的各层次,为组织和管理生产活动所发生的费用,则作为间接制造费用。例如,对于一家钢铁公司,其公司总部的经费,包括公司总部管理人员的工资、福利费、差旅费、办公费等,列作管理费用;各分厂及车间的经费,包括分厂及车间管理人员的薪酬、差旅费、办公费等,则列作间接制造费用。又如,对于一家独立生产经营的钢铁厂,其工厂总部的经费作为管理费用,各车间的经费则作为间接制造费用。

3. 按适当简化核算工作量的原则处理。有些费用可能既包括间接制造费用又包括管理费用,若要细分难度和工作量都较大,例如场地使用费、技术转让费等,为简化核算工作量,就都作为管理费用,直接计入当期损益。

二、产品生产成本明细账

"生产成本"总分类账户提供了生产费用的总括核算资料,为了反映生产费用发生的详细情况并计算各种产品、各批产品或各步骤产品的成本,还必须按产品品种、产品批别和产品的生产步骤设置生产成本明细账。

生产成本明细账又称产品成本明细账,它是按照产品成本计算对象设置,分别成本项目登记和归集生产费用,用以计算产品总成本和单位成本的明细账。产品成本明细账应根据有关原始凭证和各种费用分配表,如材料、职工薪酬、燃料、动力等费用分配表和间接制造费用分配表等进行登记。

产品成本明细账在会计实务中常被称为产品成本计算单,但两者并不完全等同。例如当产品成本的计算比较复杂时,产品成本的汇总还需编制产品成本汇总表,以计算确定产品成本。这种产品成本汇总表也属于产品成本计算单,可作为结转完工产品成本的原始凭证,但不是产品成本明细账。产品成本明细账的具体格式因产品成本计算方法和成本核算组织形式的不同而有所区别,但一般都采用多栏式,按照成本项目设置专栏,其格式举例见表 2-1。

表 2-1

产品成本明细账

产品:甲

年		凭证号数	摘　　　要	成　本　项　目				
月	日			直接材料	直接人工	外部加工费	间接制造费用	合计
			本月生产费用合计					
			生产费用累计					
			本月完工产品总成本					
			本月完工产品单位成本					
			月末在产品成本					

在提供总括资料的生产成本账户和按产品品种、批别、加工步骤等设置的生产成本明细账之间,企业还可根据产品生产的特点和成本管理的需要,设置生产成本的二级明细账,按成本项目汇总反映各种类产品、各批别产品的成本,作为核对有关账簿记录的中介。若按车间和成本项目设置生产成本二级明细账,还可配合车间经济核算,为考核和分析各车间的产品总成本提供资料。

三、产品成本核算的一般程序

1. 根据生产费用的总分类账户设置相应的各种生产费用明细账。"生产成本"明细账按产品成本计算对象设置,并分设成本项目以反映产品或劳务的成本构成。"生产成本"明细账还可根据企业内部的职能分为"基本生产"明细账和"辅助生产"明细账。"制造费用"明细账按生产车间或分厂设置,并分设费用项目以反映产品间接制造费用的构成。

2. 根据生产费用的原始凭证和有关资料,对原材料、燃料、动力、职工薪酬、固定资产折旧等生产费用分别进行汇总,编制各种费用分配表;根据费用发生的用途、归属于特定成本计算对象的难易程度记入"生产成本"、"制造费用"等账户。

3. 根据有关预付费用、应计费用明细账编制预付费用、应计费用分配表,并据以登记"生产成本"、"制造费用"等有关明细账。

4. 将"生产成本——辅助生产"明细账所归集的生产费用,按其所服务的对象,编制辅助生产费用分配表,按一定方法分配记入"生产成本——基本生产"各明细账、"制造费用"明细账等。

5. 将"制造费用"明细账所归集的生产费用,编制制造费用分配表,按一定标准分配记入"生产成本——基本生产"各明细账。

6. 将"生产成本——基本生产"明细账所归集的生产费用在完工产品与在产品之间划分,结转完工产品成本。

产品成本核算的一般程序可用图 2-1 表示。

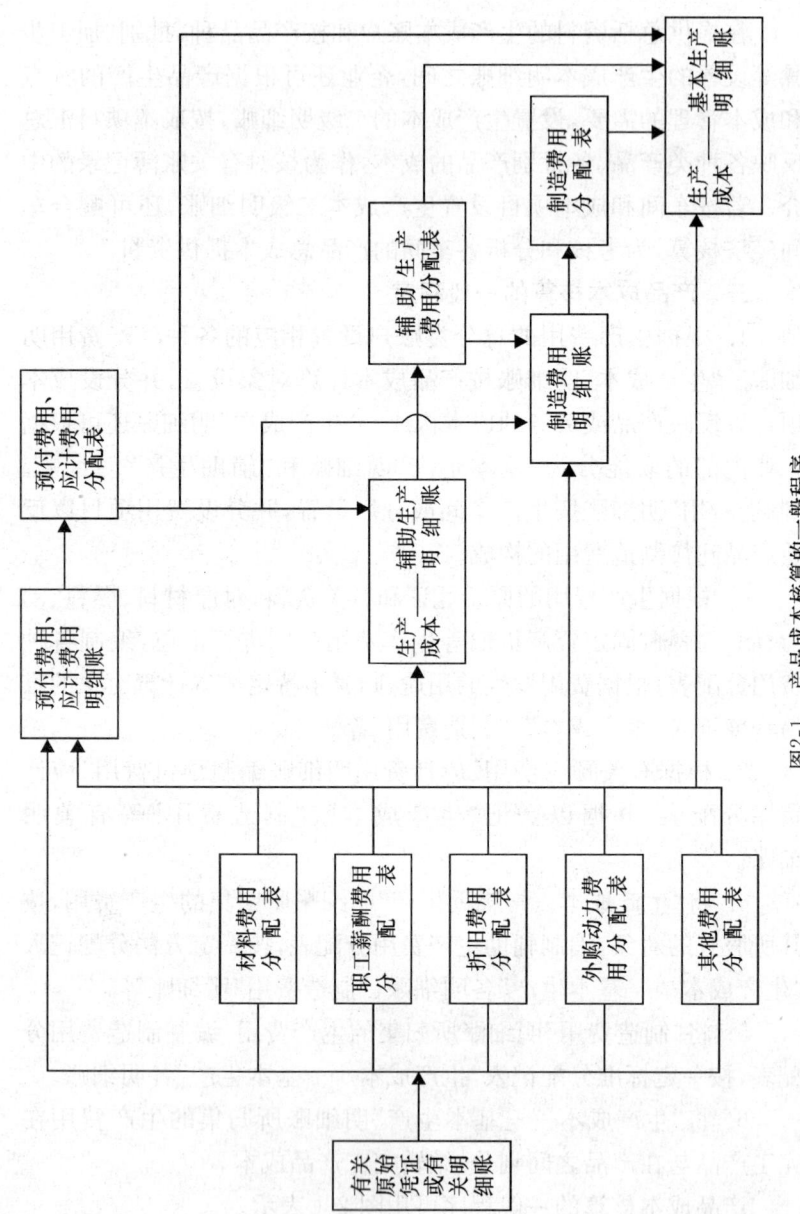

图2-1 产品成本核算的一般程序

复 习 题

一、名词解释题

1. 费用要素　　　　　2. 产品生产成本项目

3. 综合成本项目　　　4. 生产成本明细账

二、思考题

1. 正确计算产品成本应划分哪几种费用界限?

2. 工业企业成本核算的基础工作主要包括哪些方面的内容?

3. 工业企业的费用按经济内容分类有何作用? 一般可分为哪些项目?

4. 生产费用按经济用途分类有何作用? 主要有哪些项目?

5. 请说明"外购材料"费用要素和"直接材料"成本项目的区别。

6. 试述产品成本的分期核算与成本计算期的区别。

7. 如何设置产品成本项目?

8. 简述产品成本核算的一般程序。

三、判断题

1. 企业某一会计期间实际发生的生产费用总和,一定等于该会计期间产成品成本的总和。　　　　　　　　　　　　　( )

2. "制造费用"账户核算企业为生产产品和提供劳务而发生的各种直接费用和间接费用。　　　　　　　　　　　( )

3. 直接生产费用都是直接计入费用,间接生产费用都是间接计入费用。　　　　　　　　　　　　　　　　　　( )

4. 成本计算期就是会计期间。　　　　　　　　　　( )

5. 成本、费用按配比原则确认,就是将生产经营过程中发生的费用计入产品成本,与销售时的收入配比。　　　　( )

四、单项选择题

1. 下列属于产品成本项目的是( )。

A. 外购材料费用   B. 职工薪酬

C. 制造费用   D. 折旧费用

2. 进行应计费用的核算,是为了正确划分(　　)。

    A. 各个月份费用的界限

    B. 各种产品费用的界限

    C. 生产费用和经营管理费用的界限

    D. 生产经营费用和非生产经营费用的界限

3. 下列项目中,属于费用要素的是(　　)。

    A. 直接材料   B. 辅助材料

    C. 税金   D. 燃料及动力

4. 下列成本项目中,属于综合成本项目的是(　　)。

    A. 废品损失   B. 直接材料

    C. 燃料   D. 直接人工

五、多项选择题

1. 产品成本核算的基础工作包括(　　)。

    A. 费用的归集与分配   B. 定额的制订和修订

    C. 划清各种费用的界限   D. 建立成本核算的原始记录

    E. 完善材料的收发、领退和盘存制度

2. 为了正确计算产品成本,必须划清界限的有(　　)。

    A. 生产费用和期间费用   B. 管理费用和财务费用

    C. 各个会计期间的费用   D. 各种产品的费用

    E. 收益性支出和资本性支出

3. "生产成本"账户核算企业生产或提供(　　)所发生的各

项生产费用。

    A. 产成品   B. 自制半成品

    C. 自制材料   D. 自制工具

    E. 工业性劳务

4. 某企业用同一种原材料,同时生产几种产品,其原材料费用包括(　　)。

    A. 直接计入费用　　　　B. 直接生产费用

    C. 间接计入费用　　　　D. 间接生产费用

5. 下列各项中,属于费用要素的职工薪酬有(　　)。

    A. 生产工人薪酬　　　　B. 车间管理人员薪酬

    C. 厂部管理人员薪酬　　D. 学徒薪酬

第三章 工业企业要素费用的核算

企业在生产经营过程中会发生各种各样的耗费,这些耗费有的将最终构成产品成本,有的作为期间费用直接计入当期损益。本章对构成产品成本或期间费用的材料费用、动力费用、薪酬费用、折旧费用、利息、税金等要素费用的核算逐一进行了介绍,并且侧重于从影响成本、费用的角度加以具体阐述。

第一节 材料费用的核算

材料费用(包括耗用的外购材料及自制材料)的核算,主要是指通过对材料发出的核算,将本期发出的材料按其用途计入各种产品成本和经营管理费用。

一、材料发出的原始凭证

材料发出必须办理一定的手续和填制有关的原始凭证,以加强对材料费用的控制,明确有关经济责任。

(一)领料单

这是一种一次性使用的领发料凭证。它适用于不经常领用或未制定消耗定额的材料领发。

领料单一般一式三联,其中一联留存领料单位备查;一联留存发料仓库,据以登记材料明细账;另一联送交会计部门据以进行材料收发和材料费用的核算。

（二）限额领料单

这是一种在规定时期和规定限额内可多次使用的领发料累计凭证。它适用于经常使用、并已制定消耗定额的材料领发。

采用限额领料单是为了有效地控制材料领用。对于超过限额或变更规定材料的领料，应区别情况进行处理。如果是增加产量而超额领料须经有关部门审核批准后，办理追加限额手续；如果是生产操作不当超过限额的领料，应另填领料单，说明原因和责任，经有关部门审核批准后才能据以领料；如果是用另一种材料代替原规定材料，也须经有关部门审核批准后另填领料单据以领料，并填明代用材料的数量，相应减少限额余额。

（三）退料单

这是一种已领用材料多余退库的凭证。

退料单一般一式三联，由退料单位、发料仓库、会计部门分别留存。

月末生产车间多余材料退回有两种情况：

（1）当月末多余材料下月不再使用时，办理退料手续，即，填制本月的退料单或红字领料单，以冲减本月领料数，同时将实物退回仓库。

（2）当月末多余材料但下月还需继续使用时，办理"假退料"手续，即，同时填制本月份的退料单或红字领料单和下月份的领料单，以冲减本月领料数量，而转作下月领料数量，但实物并不退回仓库。

二、材料发出的计价

材料发出的日常核算可按实际成本进行，也可以按计划成本进行。

（一）材料按实际成本核算发出的计价

在实际成本核算下，由于每次购入的材料，其价格并不相同，因此首先必须采用一定的方法确定发出材料的单价，然后根据确定的单价和发出材料的数量,计算出发出材料的成本,并按领用部门及其用途进行账务处理。

1. 先进先出法。先进先出法是假定先购入的材料先发出,并根据这种假定的成本流转次序对发出材料进行计价的方法。

先进先出法的举例如表 3-1 所示。

表 3-1

材料明细账(先进先出法)

计量单位:千克

材料名称:乙材料　　　　　　　　　　　　　　　　　　金额单位:元

2007年		凭证号数	摘　要	收　入			发　出			结　存		
月	日			数量	单价	金额	数量	单价	金额	数量	单价	金额
4	1		期初余额							200	50	10 000
	10	(略)	购入	800	55	44 000				200 800	50 55	54 000
	15		领用				200 700	50 55	48 500	100	55	5 500
	20		购入	500	60	30 000				100 500	55 60	35 500
	25		领用				100 200	55 60	17 500	300	60	18 000
		合　　计		1 300		74 000	1 200		66 000	300	60	18 000

先进先出法的优点是:① 能对发出材料及时计价,有利于均衡核算工作;② 期末库存材料的价值较接近现时成本。缺点是:可能要用两个或两个以上的单价对发出材料计价,计价工作比较复杂。但这一问题可以通过会计电算化解决。

2. 后进先出法。后进先出法是假定后购入的材料先发出,并根据这种假定的成本流转次序对发出材料进行计价的一种方法。

后进先出法的举例如表 3-2 所示。

表 3-2

材料明细账(后进先出法)

计量单位：千克

材料名称：乙材料

金额单位：元

2007 年		凭证号数	摘 要	收 入			发 出			结 存		
月	日			数量	单价	金额	数量	单价	金额	数量	单价	金额
4	1		期初余额							200	50	10 000
	10	(略)	购入	800	55	44 000				200 800	50 55	54 000
	15		领用				800 100	55 50	49 000	100	50	5 000
	20		购入	500	60	30 000				100 500	50 60	35 000
	25		领用				300	60	18 000	100 200	50 60	17 000
合 计				1 300		74 000	1 200		67 000	100 200	50 60	17 000

　　后进先出法的优点是：① 在物价持续上涨的情况下,会使耗用材料的成本、费用较高,而使期末结存材料的成本较低,符合会计上的谨慎性原则和配比性原则；② 其他优点与先进先出法基本相同。缺点是：① 当物价持续下跌时,不符合会计上的谨慎性原则；② 期末库存材料的价值与现时成本不符；③ 其他缺点与先进先出法基本相同。

　　3. 加权平均法。加权平均法是根据月初结存材料和全月收入材料的数量和金额,于月末一次计算出以数量为权数的全月加权平均单价,作为本月发出材料的单价,以求得本月发出材料成本的一种方法。加权平均法又称为全月一次加权平均法。

　　用加权平均法计算材料成本的公式如下：

$$\text{全月一次加权平均单价} = \frac{\text{月初结存材料的金额} + \text{本月收入材料的金额}}{\text{月初结存材料的数量} + \text{本月收入材料的数量}}$$

本月发出材料成本＝发出材料数量×全月一次加权平均单价

加权平均法的举例如表 3-3 所示。

表 3-3

材料明细账(加权平均法)

材料名称：乙材料

计量单位：千克
金额单位：元

2007 年		凭证号数	摘　要	收　入			发　出			结　存		
月	日			数量	单价	金额	数量	单价	金额	数量	单价	金额
4	1		期初余额							200	50	10 000
	10	(略)	购入	800	55	44 000				1 000		
	15		领用				900			100		
	20		购入	500	60	30 000				600		
	25		领用				300			300		
合　　计				1 300		74 000	1 200	56	67 200	300	56	16 800

$$全月一次加权平均单价 = \frac{10\,000 + 74\,000}{200 + 1\,300} = 56(元/千克)$$

加权平均法的优点是：加权平均单价于月末一次计算，不仅计算方法简单，而且可以简化平时的核算工作。缺点是：① 平时不能反映发出材料的成本；② 计价工作集中在月末进行，影响成本计算工作的及时性。

在实际工作中，当购入材料价格比较稳定时，可用上月的加权平均单价作为本月发出材料的单价，这样，不仅方法简便又能及时反映发出材料的成本。

4. 移动加权平均法。移动加权平均法是根据以前结存材料与本次购入材料的数量和金额，计算出以数量为权数的移动加权平均单价，作为其后发出材料的单价，以求得发出材料成本的一种方法。

移动加权平均法与全月一次加权平均法的计算原理基本相同，只是在每次购入材料时需重新计算加权平均单价。

计算公式如下：

$$\frac{移动加权}{平均单价} = \frac{以前结存材料的金额+本次收入材料的金额}{以前结存材料的数量+本次收入材料的数量}$$

发出材料成本＝移动加权平均单价×发出材料数量

移动加权平均法的举例如表 3-4 所示。

表 3-4

材料明细账(移动加权平均法)

材料名称：乙材料

计量单位：千克
金额单位：元

2007 年		凭证号数	摘　要	收　入			发　出			结　存		
月	日			数量	单价	金额	数量	单价	金额	数量	单价	金额
4	1		期初余额							200	50	10 000
	10	(略)	购入	800	55	44 000				1 000	54	54 000
	15		领用				900	54	48 600	100	54	5 400
	20		购入	500	60	30 000				600	59	35 400
	25		领用				300	59	17 700	300	59	17 700
合　　计				1 300		74 000	1 200		66 300	300	59	17 700

$$10\,月移动平均单价 = \frac{10\,000+44\,000}{200+800} = 54(元/千克)$$

$$20\,日移动平均单价 = \frac{5\,400+30\,000}{100+500} = 59(元/千克)$$

移动加权平均法的优点是：① 可随时反映发出材料和期末结存材料的成本；② 计价工作分散在月内进行，可以减轻月末核算工作量。缺点是：每购入一次材料就要重新计算一次单价，因而平时计价工作量比较大。这种方法不适用于实地盘存制。

5. 个别计价法。个别计价法又称为分批计价法。它是以原来购入材料时的单价作为发出材料的单价，以求得各该次(批)发出材料成本的一种方法。

采用这种方法一般须具备两个条件：① 材料的批次可以辨别认定；② 有详细的记录，可了解每次(批)材料的具体情况。因此，这种方法主要适用于能分清批次，品种数量不多，单位成本较高的材料。

个别计价法的优点是：① 从理论上讲，这种方法使材料费用的流转与其实物的流转完全一致；② 便于确定每批材料盘盈或盘亏的数量。缺点是：工作量很大。另外，对存货管理的要求较高。

我国企业会计准则规定材料发出计价方法可以采用先进先出法、加权平均法、移动加权平均法和个别计价法。

（二）材料按计划成本核算发出的计价

对于材料日常核算采用计划成本核算的企业，发出材料的成本平时可先按事先制订的计划单位成本计算确定，月终再通过计算材料成本差异率确定应分摊的材料成本差异额，将发出材料的计划成本调整成实际成本。

有关计算公式如下：

$$\text{本月材料成本差异率}=\frac{\text{月初结存材料成本差异额}+\text{本月收入材料成本差异额}}{\text{月初结存材料计划成本}+\text{本月收入材料计划成本}}\times100\%$$

$$\text{发出材料应分摊的成本差异}=\text{发出材料计划成本}\times\text{材料成本差异率}$$

$$\text{发出材料实际成本}=\text{发出材料计划成本}+\text{发出材料应分摊的成本差异}$$

上述差异率公式中材料成本的超支差异用"＋"表示，节约差异用"－"表示。

材料按计划成本核算发出材料的账务处理，格式举例见图 3-1。

$$\text{图 3-1 中材料成本差异率}=\frac{1\,500+8\,500}{75\,000+425\,000}\times100\%=+2\%$$

若材料成本差异率为负的，则应分摊节约差异，借记"材料成本差异"账户，贷记有关成本费用账户。

三、材料费用分配的核算

材料费用的分配，就是以一定方法将企业一定时期耗用的材料费用计入产品成本及经营管理费用。

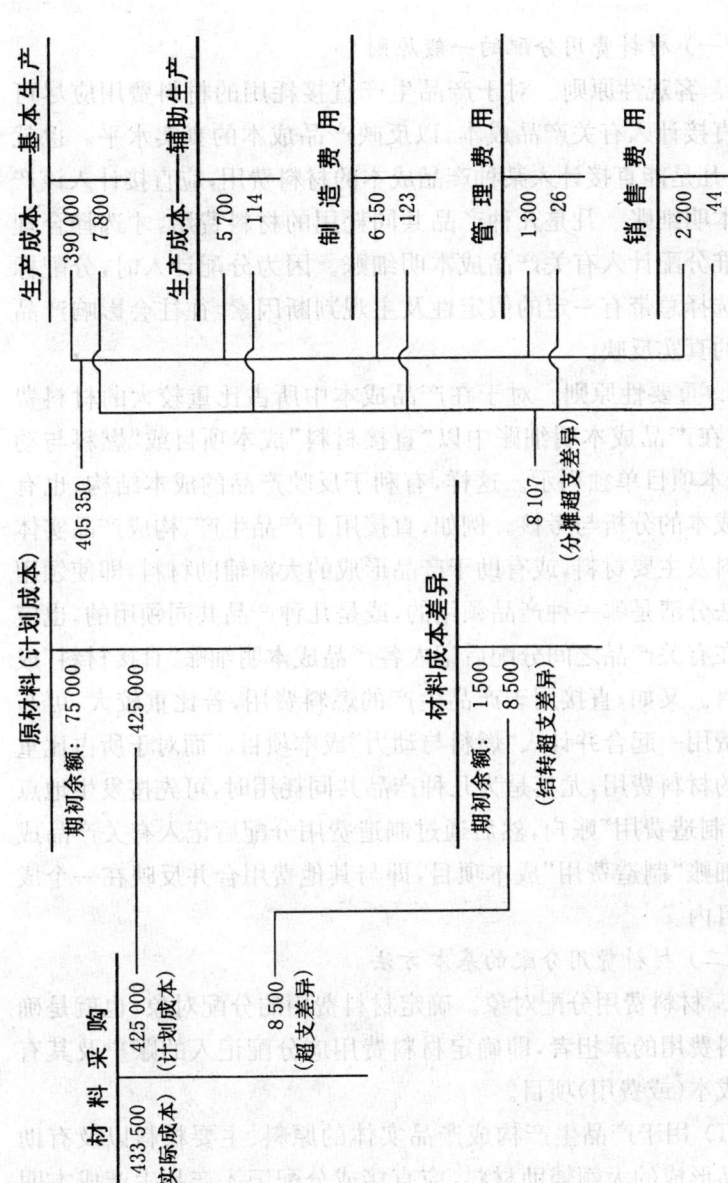

图3-1 材料发出的账务处理(按计划成本核算)

（一）材料费用分配的一般原则

1. 客观性原则。对于产品生产直接耗用的材料费用应尽可能地直接计入有关产品成本，以反映产品成本的真实水平。也就是说，凡是能直接计入某种产品成本的材料费用，应直接计入该产品成本明细账。凡是几种产品共同耗用的材料费用，才选择合理的标准分配计入有关产品成本明细账。因为分配计入时，分配标准的选择总带有一定的假定性及主观判断因素，往往会影响产品成本的真实反映。

2. 重要性原则。对于在产品成本中所占比重较大的材料费用，应在产品成本明细账中以"直接材料"成本项目或"燃料与动力"成本项目单独列示。这样，有利于反映产品的成本结构，也有利于成本的分析与考核。例如，直接用于产品生产、构成产品实体的原料及主要材料，或有助于产品形成的大额辅助材料，即使领用时无法分清是哪一种产品领用的，或是几种产品共同领用的，也应经过在有关产品之间分配后记入各产品成本明细账"直接材料"成本项目。又如，直接用于产品生产的燃料费用，若比重较大，可与动力费用一起合并计入"燃料与动力"成本项目。而对于所占比重较小的材料费用，尤其是为几种产品共同耗用时，可先按发生地点记入"制造费用"账户，然后通过制造费用分配后记入有关产品成本明细账"制造费用"成本项目，即与其他费用合并反映在一个成本项目内。

（二）材料费用分配的基本方法

1. 材料费用分配对象。确定材料费用的分配对象，也就是确定材料费用的承担者，即确定材料费用应分配记入的账户及其有关的成本（或费用）项目。

（1）用于产品生产构成产品实体的原料、主要材料以及有助于产品形成的大额辅助材料，应直接或分配记入产品生产成本明细账"直接材料"成本项目中。

（2）用于产品生产的燃料费用，也应直接或分配记入产品生产成本明细账"燃料及动力"成本项目中。

（3）用于产品生产，有助于产品形成的小额辅助材料以及基本生产车间的机物料消耗应记入"制造费用"明细账"辅助材料"、"机物料消耗"费用项目中。

（4）辅助生产车间的各种材料费用，原则上应比照基本生产车间进行处理，但可采用简化办法，全部计入"生产成本——辅助生产"明细账"原材料"费用项目中。本教材采用简化办法。

（5）行政管理部门管理和组织生产经营活动的各种材料费用记入"管理费用"明细账"其他"费用项目中。

（6）产品销售的各种材料费用，记入"销售费用"明细账"包装费"等有关费用项目中。

2. 间接计入材料费用的分配方法。对于几种产品共同耗用的各种材料费用，应选择适当的标准采用一定的分配方法分配计入各种产品成本。

（1）分配标准。分配间接计入的材料费用，常用的分配标准有：产品重量、产品体积、产品产量、材料定额耗用量或定额费用、主要材料的耗用量或费用等。主要可归为三类：① 成果类，如产品的重量、体积、产量或标准产量等；② 消耗类，如主要材料的耗用量或费用；③ 定额类，如材料定额耗用量或定额费用等。

选择分配标准应力求合理而简便。

所谓合理，是指所采用的分配标准与所分配的费用密切相关，如各种铸件所用的生铁，其耗用量多少与铸件重量密切有关，可以按照铸件重量进行分配；各种木器所用的木材，其耗用量多少与木器的净用材料体积大小密切有关，可以按木器的净用材料体积进行分配。

所谓简便，是指作为分配标准的资料比较容易取得，计算比较简便。

（2）计算公式。

$$分配率=\frac{共同耗用的材料实际费用总额}{各种产品的分配标准数额之和}$$

某种产品应分配的材料费用＝分配率×该种产品分配标准数额

（3）实例。假定众信工厂基本生产车间某年5月份生产A、B两种产品，共耗用甲种原材料18 000千克，每千克实际单位成本5.10元。A产品产量为1 000件，单位消耗定额为6千克；B产品产量为2 000件，单位消耗定额为7千克。

采用定额耗用量为分配标准，分配计算如下：

方法一：以实际材料费用与定额耗用量的比率作为分配率：

$$分配率=\frac{18\,000\times5.10}{1\,000\times6+2\,000\times7}=4.59(元/千克)$$

A产品应分配的材料费用＝4.59×1 000×6＝27 540(元)

B产品应分配的材料费用＝4.59×2 000×7＝64 260(元)

按材料定额耗用量直接分配材料费用，计算分配较简单。

方法二：以实际耗用量与定额耗用量的比率作为分配率：

$$分配率=\frac{18\,000}{6\,000+14\,000}=0.90$$

A产品应分配的材料实际耗用量＝0.90×6 000＝5 400(千克)

B产品应分配的材料实际耗用量＝0.90×14 000＝12 600(千克)

A产品应分配的材料费用＝5.10×5 400＝27 540(元)

B产品应分配的材料费用＝5.10×12 600＝64 260(元)

这种方法可以考核材料定额消耗的执行情况，分析材料用量差异对成本的影响，有利于加强企业的成本管理。

（三）材料费用分配汇总表的编制及账务处理

在实际工作中，材料费用的分配是通过编制材料费用分配汇总表进行的。材料费用分配汇总表应根据领、退料凭证和有关资料编制。在编制材料费用分配汇总表时，退料凭证所列的数额应从相应的领料凭证的数额中扣除。

实际成本计价方式下材料费用分配汇总表，见表3-5。

表3-5

材料费用分配汇总表(实际成本计价)

2007年5月

单位:元

应借账户	应贷账户	成本或费用项目	原材料 直接计入	原材料 分配计入 定额消耗量	原材料 分配计入 分配金额	原材料 合计	成本或费用项目	燃料 直接计入	燃料 分配计入 定额费用	燃料 分配计入 分配金额	燃料 合计
生产成本——基本生产	A产品	直接材料	91 800	6 000	27 540	119 340	燃料与动力		9 500	10 659	10 659
	B产品	直接材料	214 200	14 000	64 260	278 460	燃料与动力		7 500	8 415	8 415
	小 计	—	306 000	20 000	91 800	397 800			17 000	19 074	19 074
生产成本——辅助生产	供电车间	直接材料	3 723			3 723	燃料与动力	11 067			11 067
	供水车间	直接材料	2 091			2 091					
	小 计	—	5 814			5 814		11 067			11 067
制造费用	基本生产车间	机物料消耗	6 273			6 273					
管理费用		其 他	1 326			1 326					
销售费用		包装费	2 244			2 244					
合 计		—	321 657		91 800	413 457		11 067	17 000	19 074	30 141

表 3-6

材料费用分配汇总表

应借账户 \\ 应贷账户	成本或费用项目	直接计入	分配计入 定额消耗量	分配计入 分配金额	计划成本合计	加减差异（差异率+2%）	实际成本
生产成本——基本生产	A产品 直接材料	90 000	6 000	27 000	117 000	2 340	119 340
	B产品 直接材料	210 000	14 000	63 000	273 000	5 460	378 460
	小计 —	300 000	20 000	90 000	390 000	7 800	397 800
生产成本——辅助生产	供电车间 直接材料	3 650			3 650	73	3 723
	供水车间 直接材料	2 050			2 050	41	2 091
	小计 —	5 700			5 700	114	5 814
制造费用	基本生产车间 机物料消耗	6 150			6 150	123	6 273
管理费用	其他	1 300			1 300	26	1 325
销售费用	包装费	2 200			2 200	44	2 244
合 计		—	315 350		90 000	405 350	8 107	413 457

（计划成本计价）

年 5 月 单位：元

| 成本或费用项目 | 直接计入 | 分配计入 | | 计划成本合计 | 加减差异（差异率2%） | 实际成本 |
		定额费用	分配金额			
		燃	料			
燃料与动力		9 500	10 450	10 450	209	10 659
燃料与动力		7 500	8 250	8 250	165	8 415
—		17 000	18 700	18 700	374	19 074
燃料与动力	10 850			10 850	217	11 067
	10 850			10 850	217	11 067
	10 850	17 000	18 700	29 550	591	30 141

根据表 3-5 编制会计分录如下：

借：生产成本——基本生产——A产品 119 340
　　　　　　　　　　　——B产品 278 460
　　生产成本——辅助生产——供电 3 723
　　　　　　　　　　　——供水 2 091
　　制造费用——基本生产车间 6 273
　　管理费用 1 326
　　销售费用 2 244
　　贷：原材料 413 457
借：生产成本——基本生产——A产品 10 659
　　　　　　　　　　　——B产品 8 415
　　生产成本——辅助生产——供电 11 067
　　贷：燃料 30 141

计划成本计价方式下材料费用分配汇总表,见表 3-6。

根据表 3-6 编制会计分录如下：

借：生产成本——基本生产——A产品 117 000
　　　　　　　　　　　——B产品 273 000
　　生产成本——辅助生产——供电 3 650
　　　　　　　　　　　——供水 2 050
　　制造费用——基本生产车间 6 150
　　管理费用 1 300
　　销售费用 2 200
　　贷：原材料 405 350
借：生产成本——基本生产——A产品 2 340
　　　　　　　　　　　——B产品 5 460
　　生产成本——辅助生产——供电 73
　　　　　　　　　　　——供水 41
　　制造费用 123
　　管理费用 26
　　销售费用 44
　　贷：材料成本差异 8 107

借：生产成本——基本生产——A产品   10 450

                  ——B产品   8 250

   生产成本——辅助生产——供电   10 850

  贷：燃料   29 550

借：生产成本——基本生产——A产品   209

                  ——B产品   165

   生产成本——辅助生产——供电   217

  贷：材料成本差异   591

四、低值易耗品摊销的核算

低值易耗品是指不能作为固定资产核算的各种用具物品，如工具、管理用具、玻璃器皿，以及在经营过程中周转使用的包装容器等。

低值易耗品的收入、发出、摊销和结存的核算，应设置"低值易耗品"账户进行核算。低值易耗品在收入时，其核算方法比照原材料一样处理；低值易耗品在领用时，应将其价值摊销计入成本、费用，根据具体情况可分别采用一次摊销法和分期摊销法。

（一）一次摊销法（又称一次转销法或一次计入法）

1. 特点。在领用低值易耗品时，将其全部价值一次计入成本、费用。如果低值易耗品采用计划成本核算，则在领用月份的月末还需分摊差异。报废时，若有残值，则应冲减有关成本、费用。

2. 账务处理。

【例3-1】 某基本生产车间本月领用低值易耗品一批，计划成本1 000元，本月低值易耗品的成本差异率为节约1%，同时，本月又报废一批以前月份领用的低值易耗品，计划成本400元，回收残料50元。其有关账务处理如下：

（1）领用时：

借：制造费用   1 000

  贷：低值易耗品   1 000

（2）月终,分摊差异额:

借:材料成本差异　　　　　　　　　　　　　　10
　　贷:制造费用　　　　　　　　　　　　　　　　10

（3）报废时:

借:原材料　　　　　　　　　　　　　　　　　50
　　贷:制造费用　　　　　　　　　　　　　　　　50

3. 优缺点及适用性。一次摊销法核算简便,但这种方法可能会使各月成本、费用负担不合理。这种方法一般适用于单位价值较低、使用期限较短或容易破损的低值易耗品。

（二）分期摊销法

1. 特点。低值易耗品根据其使用期限的长短将其价值平均摊销,分月摊入成本、费用。如果低值易耗品采用计划成本核算,则差异在报废月份的月终分摊。报废时,若有残值,也应冲减有关成本、费用。

2. 账务处理。采用这种方法,应在"低值易耗品"总账账户下,分设"在库低值易耗品"、"在用低值易耗品"和"低值易耗品摊销"三个二级账户,结构见图 3-2。

低值易耗品——在库低值易耗品		低值易耗品——在用低值易耗品	
入库时 （实际成本 或计划成本）	领用时 （实际成本 或计划成本）	领用时 （实际成本 或计划成本）	报废时 （实际成本 或计划成本）

低值易耗品——低值易耗品摊销	
报废时 （实际成本 或计划成本）	每月摊销时 （实际成本或计划成本） 报废时 （实际成本或计划成本）

图 3-2 "低值易耗品"总账账户结构

"低值易耗品"总账与其三个二级账户之间的关系为：

"低值易耗品"总账借方余额＝"在库低值易耗品"借方余额＋"在用低值易耗品"借方余额－"低值易耗品摊销"贷方余额，即为按实际成本或计划成本反映的摊余价值。

【例 3-2】 某企业机修车间本月领用低值易耗品一批，计划成本 5 000 元，估计可使用 10 个月；同时，本月又报废另一批以前月份领用的低值易耗品，计划成本 2 000 元，回收残料 100 元，本月低值易耗品的成本差异率－1%。假定采用分期摊销法，其有关账务处理如下：

（1）领用时：

借：低值易耗品——在用低值易耗品　　　　　　　　5 000
　　贷：低值易耗品——在库低值易耗品　　　　　　　　5 000

同时，摊销由当月负担的数额：

借：生产成本——辅助生产　　　　　　　　　　　　500
　　贷：低值易耗品——低值易耗品摊销　　　　　　　　500

（2）报废时：

借：低值易耗品——低值易耗品摊销　　　　　　　　2 000
　　贷：低值易耗品——在用低值易耗品　　　　　　　　2 000

借：原材料　　　　　　　　　　　　　　　　　　　100
　　贷：生产成本——辅助生产　　　　　　　　　　　　100

分摊低值易耗品差异：

借：材料成本差异　　　　　　　　　　　　　　　　20
　　贷：生产成本——辅助生产　　　　　　　　　　　　20

3. 优缺点及适用性。分期摊销法可使各月成本、费用负担比较合理，但这种方法核算工作量较大。这种方法一般适用于单位价值较高、使用期限较长的低值易耗品或者单位价值虽不高、使用期限虽不长,但一次领用数量较多的低值易耗品。

第二节　外购动力费用的核算

一、外购动力费用的结算

外购动力主要包括外购电力、蒸汽等动力。支付外购动力费时,一般通过"应付账款"账户核算。

外购动力费根据供应单位抄录的耗用数量和计价标准所开列的账单予以支付。有些地区对企业使用动力规定限额,限额内外按不同标准计价。供应单位开列账单的起讫期与会计期间往往不一致,如果在支付动力费时,直接借记有关成本、费用账户,贷记"银行存款"账户时,可能会影响到当月成本、费用的正确性。根据权责发生制原则,企业可以将实付动力费作为暂付款项处理,记入"应付账款"账户的借方和"银行存款"账户的贷方。月末根据耗用单位自己抄录的本期实耗数量,按照用途分配时,借记有关成本、费用账户,贷记"应付账款"账户。

当供应单位每月抄表日基本固定,且每月从抄表日到月末的耗用数量相差不多时,也可不通过"应付账款"账户,可在支付外购动力费时直接借记有关成本、费用账户,贷记"银行存款"账户。

二、外购动力费用分配的核算

(一)外购动力费用分配的基本方法

1. 外购动力费用分配对象。外购动力有的直接用于产品生产,例如生产工艺用电力;有的间接用于产品生产,例如生产车间照明用电力;有的用于经营管理,例如行政管理部门照明用电力、销售门市部照明用电力等。企业应根据外购动力的不同用途及其发生地点进行分配。

(1)基本生产车间生产产品的动力费用,应直接或分配记入产品生产成本明细账"燃料与动力"成本项目中。

（2）基本生产车间组织、管理生产的动力费用以及用于产品生产但未专设成本项目的动力费用，应记入"制造费用"明细账"水电费"费用项目中。

（3）辅助生产车间的动力费用，原则上应比照基本生产车间进行处理。但用简化办法，可全部记入"生产成本——辅助生产"明细账"燃料及动力"费用项目中。

（4）行政管理部门管理和组织生产经营活动的动力费用，应记入"管理费用"明细账"水电费"费用项目中。

（5）产品销售的动力费用，应记入"销售费用"明细账"水电费"费用项目中。

2. 间接计入的外购动力费用的分配方法。外购动力费在各车间、部门之间的分配，由于各车间、部门一般都分别装有记录动力耗用量的仪表，因此可以根据计量仪表记录的实际耗用数和外购动力的计价标准计算分配；而对于生产车间为生产产品耗用的外购动力，由于一般不能按产品分别安装计量仪表，因此，生产车间的外购动力费在各产品之间的分配应选择适当的标准，采用一定的方法分配计入各种产品成本。

（1）分配标准。分配间接计入的外购动力费，常用的分配标准有：生产工时、机器工时、机器功率时数（机器标牌功率×机器开动时数）、定额耗用量等。

（2）计算公式：

$$\text{分配率} = \frac{\text{共同耗用外购动力费用总额}}{\text{各种产品的分配标准数额之和}}$$

$$\text{某种产品应分配的外购动力费用} = \text{分配率} \times \text{该种产品分配标准数额}$$

（二）外购动力费用分配的账务处理

实际工作中，外购动力费用的分配是通过编制外购动力费用分配汇总表进行的，见表 3-7。

表 3-7

外购动力费用分配汇总表

众信工厂   2007 年 5 月   单位：元

应 借 账 户		成 本 或 费用项目	分配标准（生产工时）	分配率	分配金额
生产成本——基本生产	A 产品	燃料与动力	9 500	0.25	2 375
	B 产品	燃料与动力	19 300	0.25	4 825
	小 计		28 800		7 200
生产成本——辅助生产	供电车间	燃料与动力			500
	供水车间	燃料与动力			300
	小 计				800
制造费用	基本生产车间	水电费			600
管理费用		水电费			750
销售费用		水电费			400
合 计					9 750

根据表 3-7 编制会计分录如下：

借：生产成本——基本生产——A 产品   2 375

                      ——B 产品   4 825

      生产成本——辅助生产——供电   500

                      ——供水   300

      制造费用——基本生产车间   600

      管理费用   750

      销售费用   400

      贷：应付账款或银行存款   9 750

    外购动力若需要变压后才能使用，应通过"生产成本——辅助生产"账户进行核算，将外购动力费用加上变压费用后，作为所供电力成本再进行分配。

第三节　职工薪酬的核算

一、职工薪酬的组成及控制

（一）职工薪酬的组成

职工薪酬是指企业为获取职工提供的服务而给予的各种形式的报酬以及其他相关支出。职工薪酬包括以下几方面。

1. 工资。

（1）计时工资。这是指按计时工资标准和工作时间支付给职工的劳动报酬，包括：

① 对已做工作按计时工资标准支付的工资；

② 实行结构工资制的单位支付给职工的基础工资和职务（岗位）工资；

③ 新参加工作职工的见习工资（学徒工的生活费）等。

（2）计件工资。这是指按职工所完成的工作量和计件单价计算支付的劳动报酬，包括：

① 实行超额累进计件、直接无限计件、限额计件和超定额计件等计件工资形式下，按有关计算规定和计件单价支付给职工的工资；

② 按工作任务包干方法支付给职工的工资；

③ 按营业额提成或利润提成办法支付给个人的工资。

（3）加班加点工资。这是指按职工加班加点的时间和加班加点的工资标准支付给职工的劳动报酬。

2. 奖金。这是指支付给职工的超额劳动报酬和增收节支的劳动报酬，包括：超额完成岗位核定考核指标的奖励、生产奖、节约奖、劳动竞赛奖等。

3. 津贴和补贴。这是指为补偿职工特殊或额外劳动消耗和因其他特殊原因支付给职工的津贴，以及为了保证职工工资水平不受物价上升影响而支付给职工的物价补贴。

（1）津贴包括：

① 补偿职工特殊或额外劳动消耗的津贴，如高空津贴、井下津贴、野外津贴、中夜班津贴；

② 年功性津贴，如工龄津贴等。

（2）补贴包括：为保证职工工资水平不受物价上升影响而支付给职工的物价补贴。

4．职工福利费。

5．医疗保险费、养老保险费、失业保险费、工伤保险费和生育保险费等社会保险费。

6．住房公积金。

7．工会经费和职工教育经费。

8．非货币性福利。

9．辞退福利。

10．股份支付等。

（二）对职工薪酬总额的控制

职工薪酬是产品成本的重要组成部分。为了正确计算薪酬费用和有效控制产品成本，应对薪酬总额进行多方面控制。对薪酬总额的控制主要包括以下几方面：

1．规定职工薪酬总额的组成。

2．控制薪酬的增长幅度，即企业薪酬总额增长幅度应低于经济效益增长幅度；企业职工平均实际收入增长幅度低于劳动生产率增长幅度。

3．股东大会或董事会监督。税后利润是企业所有者获得投资报酬的源泉，为了保护企业所有者的利益，股东大会或董事会要对实际发放的薪酬总额进行监督。

4．接受劳动行政部门监督。

5．向职工征收个人所得税。

二、薪酬费用核算的原始记录

进行薪酬费用核算,必须做好原始记录这项基础工作。薪酬费用核算的原始记录主要有考勤记录、产量记录和董事会或类似机构批准通过的有关职工薪酬标准决议的规范性文件。

(一)考勤记录

考勤记录是登记出勤和缺勤时间和情况的原始记录。它是计算职工薪酬的重要原始记录,同时也是分析、考核职工工作时间利用情况的重要依据。

考勤记录可以采用考勤簿的形式,也可以采用考勤卡的形式。

考勤簿一般按车间、部门或班组设置,每月一张,由考勤员根据职工出、缺勤情况逐日登记。月末统计、审核后,作为计算时工资,病、伤、产假工资等的依据。

考勤卡按每个职工分别设置,一人一卡,每年或每月一张。考勤卡的内容与考勤簿基本相似。可由记工员也可用考勤机记录或打印上职工上、下班时间。

(二)产量记录

产量记录是登记工人或生产班组出勤时间内完成产量和耗用工时的原始记录。它是统计产量和工时的依据,也是计算计件工资和计算产品成本的依据。

产量记录的形式由于各个不同行业企业和企业内部不同生产车间的工艺过程和生产组织的特点不同而各不相同。就制造业而言,在加工产品经常发生变动的生产车间中可采用"工作通知单";在成批生产类型企业的车间中可采用"工序进程单"和"工作班产量记录"。

1. 工作通知单。这是以每个工人或生产小组所从事的各项工作为对象开设的原始记录,当任务完成后,将送检的产品数量和实用工时填入单中,据以计算应得的工资。

2. 工序进程单。这是以加工产品整个工艺过程为对象而开设的原始记录。其特点是跟随零件的加工过程,顺序登记各工序的实际产量和工时,以及工序间零件的交接数量。因此,它是一种具有较强的监督工艺过程执行情况和控制各工序加工产品数量的原始凭证。

3. 工作班产量记录。这是按班组设置,反映在工作班内生产产品数量的原始记录。它通常同"工序进程单"结合起来使用,以满足按班计算工资和统计产量的需要。

三、职工薪酬的计量与结算

(一)职工薪酬的计量

1. 计时工资的计量。计时工资是根据考勤记录登记的每一职工出勤、缺勤日数,按规定的工资标准进行计算的。

在实行计时工资制的企业,职工的计时工资一般采用月薪制,即工资标准是按月计算的。在月薪制下,不论大月小月、休假日与节假日多少,各月的标准工资是相同的,职工只要出全勤,就可以得到固定的月标准工资。但由于每个职工每月出勤、缺勤情况不同,因此还需将月标准工资折算成日工资率,以便于计算职工有缺勤时的应付计时工资。

(1)日工资率的计算。计算公式如下:

$$日工资率=\frac{月标准工资}{平均每月天数(30 天或 21.17 天)}$$

上式中 30 天是固定日历天数,21.17 天 $\left(\dfrac{365-104-7}{12}\approx\right.$

21.17 天 $\Big)$ 是平均法定工作天数。

(2)应付月工资(计时工资)计算的四种方法:

① 按 30 天计算日工资率,按缺勤日数扣月工资;

② 按 30 天计算日工资率,按出勤日数计算月工资;

③ 按 21.17 天计算日工资率,按缺勤日数扣月工资;

④ 按 21.17 天计算日工资率,按出勤日数计算月工资。

上述四种具体方法可由企业自行选择确定,但一旦确定某一方法后,不应任意改变。

(3) 实例。假定众信工厂职工李倩月工资标准为 2 100 元。其 5 月份考勤情况为:病假 1 天,事假 2 天,该月日历天数 31 天,星期休假日 8 天、法定节假日 1 天,实际出勤 19 天。该职工病、事假期间没有休假日与节假日,其病假工资按标准工资的 90% 计算。该职工 5 月份计时工资计算如下:

① 按 30 天计算日工资率,按缺勤日数扣月工资的方法:

日工资率＝2 100÷30＝70(元/天)

计时工资＝2 100－(70×2＋70×1×10%)＝1 953(元)

② 按 30 天计算日工资率,按出勤日数计算月工资的方法:

计时工资＝70×(19＋9)＋70×1×90%＝2 023(元)

上述②法比①法计算结果多 70 元(2 023－1 953),这是因为 5 月份日历天数为 31 天,比固定日历天数多 1 天,因此按②法计算就会多一天的工资 70 元。

③ 按 21.17 天计算日工资率,按缺勤日数扣月工资的方法。

日工资率＝2 100÷21.17≈99.1970

计时工资＝2 100－(99.1970×2＋99.1970×1×10%)＝1 891.69(元)

④ 按 21.17 天计算日工资率,按出勤日数计算月工资的方法:

计时工资＝99.1970×19＋99.1970×1×90%＝1 974.02(元)

上述④法比③法计算结果多 82.33 元(1 974.02－1 891.69),这是因为 5 月份法定工作天数为 22 天,比平均法定工作天数多 0.83 天(82.33÷99.1970),因此按④法计算就会多 0.83 天的工资 82.33 元(误差是由于小数尾差的缘故)。

四种计算方法相比较,第③种方法更能体现按劳分配的原则,并且一般情况下,缺勤天数总比出勤天数少,计算缺勤工资较简便。

2. 计件工资的计量。在实行计件工资制的企业中,职工的计件工资是根据产量记录中登记的产量(包括合格品产量和不是由于生产工人操作不当等本人过失造成的废品数量,如料废品数量),乘以规定的计件单价(根据单位产品工时定额和规定技术级别工人的小时工资率确定)计算的。由于生产工人本人过失造成的废品(简称工废品),不但不能计算工资,有的还应根据具体情况由生产工人赔偿损失。

计件工资的计算分为个人计件工资和集体计件工资的计算两种。

(1) 个人计件工资的计算。假定某工人本月加工完成甲产品180件,其中合格品169件,料废6件,工废5件,其计件单价为10.8元;乙产品147件,其中合格品140件,料废4件,工废3件,其计件单价为9元。其中甲产品的工时定额为54分钟,乙产品的工时定额为45分钟,该工人的小时工资率为12元。则该工人的计件工资计算如下:

$$计件工资=(169+6)\times10.8+(140+4)\times9=3\,186(元)$$

或:

$$计件工资=\left(175\times\frac{54}{60}+144\times\frac{45}{60}\right)\times12=3\,186(元)$$

由于产量记录中有每种产品的定额工时数,这样采用上式加总还可得到每一工人完成的定额工时总数。

(2) 集体计件工资的计算。集体计件工资的计算一般可分为两步进行。

第一步:按生产小组等集体共同生产的产品产量(合格品产量和料废品数量)和计件单价计算出小组等集体计件工资。

第二步:将集体计件工资在集体成员之间按贡献大小进行分配,一般按每人的工资标准(日工资率或小时工资率)和工作时间(工作天数或小时数)的乘积为分配标准。因为它们一般能分别体现工人劳动的质量(或技术水平)与数量。

假定某生产小组有三个工资等级不同的工人组成,本月共同加工完成甲产品 800 件,其中料废 10 件,工废 5 件,其余为合格品,其计件单价为 10.8 元;加工完成乙产品 600 件,其中料废 5件,工废 2 件,其余为合格品,其计件单价为 9 元。

小组应得计件工资＝(800−5)×10.8+(600−2)×9＝13 968(元)

小组每人的日工资标准和实际工作日数如表 3-8 所示。

表 3-8

集体计件工资的计算

姓名	工资等级	日工资标准	实际工作日数	按日工资率和实际工作日数计算的工资额(元)	分配率①	计件工资(元)
甲	3	84.00	18	1 512	3	4 536
乙	2	80.64	20	1 612.80	3	4 838.40
丙	1	69.60	22	1 531.20	3	4 593.60
合计			60	4 656		13 968

① 分配率＝13 968÷4 656＝3。

3."五险一金"及工会经费和职工教育经费等计量。

企业应向社会保险经办机构等交纳的"五险一金"及工会经费和职工教育经费等按国家规定计提基础和计提比例计提。企业为职工向社会保险经办机构交纳的补充社会保险费应根据企业经营情况及相关内部规定计提,但不能违背国家有关规定。

4. 非货币福利计量。

企业以其自产产品或外购商品作为非货币性福利发放给职工、将其所拥有的或租赁的住房等资产无偿提供给职工使用,应当根据受益对象分别按该产品的公允价值、按该住房每期应计提的折旧、或按每期应付租金计量。

辞退福利应根据具体的辞退计划性质确定计量方法。

（二）工资的结算

会计部门应根据算出的职工工资，编制工资结算凭证，凭证中按职工姓名、部门和类别填列应付工资、代扣款项和实发工资，作为与职工进行工资结算的依据。凭证中的应付工资金额也是计算工资费用的依据。工资结算凭证的形式有：

1. 工资结算单。工资结算单（或称工资单）是分别以车间、部门编制的，用以反映企业与每一职工的工资结算情况。企业以各种形式提供给职工，以便查对；劳动工资部门据以进行劳动工资统计；会计部门据以进行工资结算的汇总核算。其一般格式见表3-9。

工资结算单仅反映企业与职工工资、奖金、津贴和补贴等结算，并非全部薪酬。例如，企业为职工承担的福利费、"五险一金"及工会经费和职工教育经费等不包括其中。

2. 工资结算汇总表。工资结算汇总表是根据工资结算单汇总编制的，用以反映全厂工资结算的总括情况，并据以进行工资结算总分类核算。由于它按车间、部门和工资的不同用途汇总了全厂的工资费用，因此它又是进行工资费用分配的依据。其一般格式见表3-10。

四、薪酬费用分配的核算

（一）薪酬费用的分配

薪酬费用分配时，首先，要分清列支渠道，即确定薪酬费用的分配对象；其次，要分清生产工人的薪酬是直接计入费用还是间接计入费用，对间接计入费用如何分配计入各种产品成本。

1. 基本生产车间生产工人的薪酬，应直接或分配记入生产成本明细账的"直接人工"成本项目中。如需分配的，应按生产工时或定额工时比例分配。

表3-9

工资结算单
2007年5月

基本生产车间　　　　　　　　　　　　　　　　　　　　　　　　　　　　　　单位:元

组别	姓名	级别	应付工资						缺勤扣款					应付工资合计	代扣款项				实发工资
			月标准工资	日工资率	计时工资	计件工资	生产奖	津贴和补贴	病假			事假			代扣				
									天数	%	金额	天数	金额		社会保险费	住房公积	工会会费	个人所得税	
2	李菁	3	2 370	79	2 370		790	360						3 520	1 302	246	70.40	84.60	1 817
2	曹平	4	2 610	87	2 610		820	380						3 810	1 410	265	76.20	97.80	1 961
〰️	〰️	〰️	〰️	〰️	〰️	〰️	〰️	〰️	〰️	〰️	〰️	〰️	〰️	〰️	〰️	〰️	〰️	〰️	〰️
合计			172 960		172 960		77 740	6 302						257 002	95 089	17 989	5 140	7 196	131 588

表3-10

工资结算汇总表

2007年5月

单位：元

车间或部门	工作人员类别	应付工资					社会保险费	住房公积金	扣款项		合计	实发工资
		标准工资	生产奖	津贴和补贴	缺勤扣款	合计			工会费	个人所得税		
基本生产车间	生产工人	165 600	73 600	5 520		244 720	90 546	17 130	4 894.40	6 852.60	119 423	125 297
	管理人员	7 360	4 140	782		12 282	4 543	859	245.60	343.40	5 991	6 291
供电车间	全体职工	23 000	10 350	2 365		35 715	13 213	2 450	714.30	1 000.70	17 378	18 337
供水车间	全体职工	15 640	7 038	1 704		24 382	9 021	1 706	487.60	682.40	11 897	12 485
行政管理部门	管理人员	460 000	320 000	120 000		900 000	320 000	63 000	18 000	50 370	451 370	448 630
销售门市部	销售人员	37 000	21 000	3 900		61 900	22 900	4 332	1 238	1 732	30 202	31 698
合　计		708 600	436 128	134 271		1 278 999	460 223	89 477	25 579.90	60 981.10	636 261	642 738

2. 基本生产车间管理人员的薪酬应记入制造费用明细账的"职工薪酬"费用项目中。

3. 辅助生产车间人员的薪酬,原则上应比照基本生产车间进行处理。但为了简化,可全部记入"生产成本——辅助生产"明细账"职工薪酬"费用项目中。

4. 行政管理部门人员的薪酬,应记入"管理费用"明细账"职工薪酬"费用项目中。

5. 企业专设销售部门的,其人员的职工薪酬,应记入"销售费用"明细账"职工薪酬"费用项目中。

6. 从事工程施工建设人员的薪酬,应记入"在建工程"账户。

假定众信工厂所产 A、B 两种产品的生产工人薪酬中,直接计入的薪酬费用分别为 166 328 元和 58 232 元;间接计入的薪酬费用共为 20 160 元,规定按产品的生产工时比例分配。A、B 两种产品的生产工时分别为 950 小时和 1 930 小时。分配计算如下:

$$分配率 = \frac{20\ 160}{950 + 1\ 930} = 7$$

A 产品间接计入薪酬费用 = 950 × 7 = 6 650(元)

B 产品间接计入薪酬费用 = 1 930 × 7 = 13 510(元)

(二) 薪酬费用分配汇总表的编制及账务处理

薪酬费用的分配一般应编制薪酬费用分配汇总表,薪酬费用分配汇总表是根据工资结算汇总表编制的。其一般格式见表 3-11。

根据表 3-11 编制会计分录如下:

借:生产成本——基本生产——A 产品　　　　　172 978

　　　　　　　　　　　　——B 产品　　　　　　71 742

　　生产成本——辅助生产——供电　　　　　　35 715

　　　　　　　　　　　　——供水　　　　　　24 382

　　制造费用——基本生产车间　　　　　　　　12 282

　　管理费用　　　　　　　　　　　　　　　900 000

　　销售费用　　　　　　　　　　　　　　　　61 900

　　　贷:应付职工薪酬　　　　　　　　　　1 278 999

表3-11

薪酬费用分配汇总表

2007年5月

单位：元

应借账户	成本或费用项目	基本生产车间				供电车间	供水车间	行政管理部门	销售门市部	合计
		直接计入	分配计入		合计					
			生产工时	分配金额(分配率7)						
生产成本—基本生产	A产品 直接人工	166 328	950	6 650	172 978					172 978
	B产品 直接人工	58 232	1 930	13 510	71 742					71 742
	小计	224 560	2 880	20 160	244 720					244 720
生产成本—辅助生产	职工薪酬					35 715	24 382			60 097
制造费用	职工薪酬	12 282			12 282					12 282
管理费用	职工薪酬							900 000		900 000
销售费用	职工薪酬								61 900	61 900
合 计		236 842		20 160	257 002	35 715	24 382	900 000	61 900	1 278 999

表3-12

计提职工薪酬费用分配表

2007年5月

单位：元

应借账户		"五险一金"计提额(按上年月平均工资计提)							各项经费计提额(按本月工资计提)			总计
成本或费用项目		养老保险费	医疗保险费	失业保险费	生育保险费	工伤保险费	住房公积金	合计	工会经费	教育经费	合计	
生产成本—基本生产	A产品 直接人工	30 557	16 667	2 779	694	694	11 991	63 382	3 459.56	2 594.67	6 054.23	69 436.23
	B产品 直接人工	23 282	12 699	2 116	529	529	5 139	44 294	1 434.84	1 076.13	2 510.97	46 804.97
生产成本—辅助生产	供电车间 职工薪酬	7 856	4 285	714	179	179	2 450	15 663	714.30	535.73	1 250.03	16 913.03
	供水车间 职工薪酬	5 363	2 926	488	122	122	1 706	10 727	487.64	365.73	853.37	11 580.37
制造费用	职工薪酬	2 702	1 473	246	61	61	859	5 402	245.54	184.23	429.77	5 831.77
管理费用	职工薪酬	190 271	103 784	17 297	4 324	4 324	63 000	383 000	18 000	13 500	31 500	414 500
销售费用	职工薪酬	13 617	7 427	1 238	309	309	4 332	27 232	1 238	928.50	2 166.50	29 398.50
合　计		273 648	149 261	24 878	6 218	6 218	89 477	549 700	25 579.88	19 184.99	44 764.87	594 464.87

五、计提职工薪酬费用的核算

企业按规定基础和比例计提的职工薪酬,包括养老保险费、医疗保险费、失业保险费、生育保险费、工伤保险费、住房公积金("五险一金")及工会经费和职工教育经费等,应根据受益对象计入相关资产成本或当期费用。

计提"五险一金"及各项费用时应编制计提职工薪酬费用分配表,见表 3-12。

根据表 3-12 编制会计分录如下:

借:生产成本——基本生产——A 产品　　　　69 436.23

　　　　　　　　　　　——B 产品　　　　46 804.97

　　生产成本——辅助生产——供电　　　　16 913.03

　　　　　　　　　　　——供水　　　　11 580.37

　　制造费用——基本生产车间　　　　 5 831.77

　　管理费用　　　　　　　　　 414 500.00

　　销售费用　　　　　　　　　　29 398.50

　　贷:应付职工薪酬　　　　　　　 594 464.87

第四节　折旧费用的核算

固定资产由于使用等原因发生损耗而减少的价值称为"固定资产折旧"。固定资产折旧应分期计入产品成本和经营管理费用,分期计入成本、费用的固定资产损耗价值称为"折旧费用"。

折旧费用的核算,包括折旧费用的计算与分配两方面。

一、折旧的计算方法

(一)折旧计提的范围

1. 应计提折旧的固定资产包括:

(1)房屋和建筑物(不论使用与否)。

(2)在用的机器设备、仪器仪表、运输工具。

（3）季节性停用、大修理停用的设备。

（4）融资租入和以经营租赁方式租出的固定资产。

2. 不应计提折旧的固定资产包括：

（1）以经营租赁方式租入的固定资产。

（2）在建工程项目交付使用以前的固定资产。

（3）已提足折旧继续使用的固定资产（提足折旧为固定资产原价减去预计净残值）。

（4）未提足折旧提前报废的固定资产。

（5）国家规定不提折旧的其他固定资产（如土地等）。

（二）折旧的计算方法及其对成本、费用的影响

折旧的计算方法很多，由于折旧方法的选用直接影响到企业成本、费用的计算，也影响企业的利润和纳税，因此企业应选择适当的折旧方法。折旧方法一经确定，不得随意变更。

常用的折旧方法有以下四种：

1. 平均年限法（又称直线法）。平均年限法，是将固定资产的应计折旧额均衡地分摊到预计使用年限各期的一种折旧方法。计算公式如下：

$$年折旧率 = \frac{1 - 预计净残值率}{预计使用年限} \times 100\%$$

$$月折旧率 = 年折旧率 \div 12$$

$$月折旧额 = 固定资产原值 \times 月折旧率$$

或：

$$月折旧额 = \frac{固定资产原值 - 预计净残值}{预计使用年限 \times 12}$$

这种方法各年（月）的折旧费用是相等的，一般适用于经常使用，使用程度较均衡的固定资产。

2. 工作量法。工作量法，是根据实际工作量计提折旧额的一

种折旧方法。计算公式如下：

$$单位工作量折旧额 = \frac{固定资产原值 \times (1 - 预计净残值率)}{预计工作总量}$$

$$某项固定资产月折旧额 = 该项固定资产当月实际工作量 \times 单位工作量折旧额$$

这种方法各期的折旧费用是不相等的，一般适用于各期使用程度不均衡的固定资产。

3. 双倍余额递减法。双倍余额递减法，是根据各年期初固定资产账面净值和双倍的直线法折旧率（不考虑残值）计提各年折旧额的一种折旧方法。计算公式如下：

$$年折旧率 = \frac{2}{预计使用年限} \times 100\%$$

$$年折旧额 = 固定资产期初账面净值 \times 年折旧率$$

$$月折旧额 = 年折旧额 \div 12$$

采用这种方法计提折旧，应在其预计使用年限最后两年内，将应计折旧额与累计已提折旧额的差额平均分摊。

采用这种方法，在固定资产使用的早期多提折旧，后期少提折旧，折旧费用逐年递减，这种方法属于加速折旧法。在我国，加速折旧法一般在电子工业、汽车工业、生产"母机"的机器制造业等行业内使用较多。

4. 年数总和法。年数总和法，是将固定资产的原值减去预计净残值后的净额乘以一个逐年递减的分数（即折旧率）计算各年折旧额的一种折旧方法。这个分数的分子代表固定资产尚可使用年数，分母代表使用年数的各年数字总和。计算公式如下：

$$年折旧率 = \frac{尚可使用年数}{预计使用年限的年数总和} \times 100\%$$

$$或： = \frac{折旧年限 - 已使用年限}{折旧年限 \times (折旧年限 + 1) \div 2} \times 100\%$$

$$年折旧额 = (固定资产原值 - 预计净残值) \times 年折旧率$$

这种方法与双倍余额递减法相似,也属于加速折旧法。

上述四种折旧方法对成本、费用的影响可通过一实例加以说明。

假定某企业某项固定资产的原值为 400 000 元,预计使用年限为 5 年,预计净残值率为 4%,预计能工作 16 000 小时。上述四种折旧方法下折旧费用的计算如表 3-13 所示。

表 3-13

比较四种折旧方法下的折旧费用

单位:元

年份	各年工作小时数	直 线 法		工作量法		双倍余额递减法		年数总和法	
		期初账面净值	折旧费用	期初账面净值	折旧费用	期初账面净值	折旧费用	期初账面净值	折旧费用
1	2 500	400 000	76 800	400 000	60 000	400 000	160 000	400 000	128 000
2	5 000	323 200	76 800	340 000	120 000	240 000	96 000	272 000	102 400
3	3 500	246 400	76 800	220 000	84 000	144 000	57 600	169 600	76 800
4	3 000	169 600	76 800	136 000	72 000	86 400	35 200	92 800	51 200
5	2 000	92 800	76 800	64 000	48 000	51 200	35 200	41 600	25 600
合计			384 000		384 000		384 000		384 000

从表 3-13 看出,采用不同的折旧方法,各期折旧费用相差较大,产品成本及经营管理费用也就大不相同。

(三) 本月应提折旧额的具体计算

企业在具体计提固定资产折旧时,应以月初应提折旧的固定资产账面原值为依据,即,当月增加的固定资产,当月不提折旧,从下月起计提折旧;当月减少的固定资产,当月仍提折旧,从下月起停提折旧。因此,企业各月计提折旧时,可以在上月计提折旧的基础上对上月固定资产的增减变动情况进行调整后计算当月应计提的折旧额。本月应提折旧额的计算用公式表示如下:

$$本月应提折旧额 = 上月计提折旧额 + 上月增加固定资产应计提的折旧额 - 上月减少固定资产应计提的折旧额$$

二、折旧费用分配的核算

（一）折旧费用的分配

折旧费用应按固定资产使用的车间、部门分别记入"制造费用"、"管理费用"、"销售费用"等明细账的"折旧费"费用项目中。

基本生产车间机器设备的折旧费是直接用于产品生产的费用,应直接或分配记入"生产成本——基本生产"账户。但为了简化产品成本计算,不专设成本项目,同基本生产车间间接用于产品生产的折旧费一起记入"制造费用"账户,作为"制造费用"明细账中的一个费用项目。

（二）折旧费用分配的账务处理

折旧费用分配一般通过编制"折旧费用分配汇总表"进行,其格式见表 3-14。

表 3-14

折旧费用分配汇总表

2007 年 5 月

应 借 账 户	费用项目	基本生产车间	供电车间	供水车间	行政管理部门	销售门市部	租出	合计
制造费用	折旧费	2 400						2 400
生产成本——辅助生产			1 900	1 360				3 260
管理费用	折旧费				820			820
销售费用	折旧费					360		360
其他业务成本	折旧费						200	200
合　　计		2 400	1 900	1 360	820	360	200	7 040

根据表 3-14 编制会计分录如下:

```
借:制造费用——基本生产车间              2 400
   生产成本——辅助生产——供电            1 900
                  ——供水            1 360
   管理费用                           820
   销售费用                           360
   其他业务成本                        200
     贷:累计折旧                      7 040
```

第五节　利息、税金及其他费用的核算

一、利息费用的核算

要素费用中的利息费用,是企业财务费用的一个费用项目,不构成产品成本。

利息费用一般是按季结算并于季末支付的。对利息费用的处理一般可采取以下两种方法:

1. 采用按月预提方式。如果利息费用数额较大,为正确划分各月费用界限,贯彻权责发生制原则,可以采用预提办法,即季内各月利息费用按计划预提,每季度实际利息费用与预提利息费用的差额,调整计入季末月份的财务费用。

【例 3-3】　某企业从本年 10 月份起每月按计划预提利息 1 000 元,12 月末接银行通知结算全季利息 3 200 元。则有关的账务处理如下:

(1) 10、11、12 月每月预提利息费用时:

借:财务费用　　　　　　　　　　　　　　　　　1 000
　　贷:应付利息　　　　　　　　　　　　　　　　1 000

(2) 12 月末实际支付利息时:

借:应付利息　　　　　　　　　　　　　　　　　3 200
　　贷:银行存款　　　　　　　　　　　　　　　　3 200

(3) 季末调整实际利息费用与预提利息费用的差额,计入 12 月份的财务费用:

借:财务费用　　　　　　　　　　　　　　　　　200
　　贷:应付利息　　　　　　　　　　　　　　　　200

12 月末实际支付利息时,也可以:

借：财务费用　　　　　　　　　　　　　　　　　　1 200

　　应付利息　　　　　　　　　　　　　　　　　　2 000

　　贷：银行存款　　　　　　　　　　　　　　　　　　3 200

　　2. 不通过预提方式。如果利息费用数额不大，为简化起见，也可以不采用预提的办法，而于季末实际支付时全额计入当月的财务费用。

　　如前例，12 月末支付利息时：

借：财务费用　　　　　　　　　　　　　　　　　　3 200

　　贷：银行存款　　　　　　　　　　　　　　　　　　3 200

企业取得的存款利息收入抵减利息费用，其会计分录如下：

借：银行存款

　　贷：财务费用

二、税金的核算

　　要素费用中的税金，是特指应计入管理费用的各项税金，属于管理费用的一个费用项目，也不构成产品成本。具体包括：房产税、车船税、土地使用税、印花税等。税金计入管理费用主要有以下几种情况。

　　1. 预先计算应交金额的税金。如房产税、车船税、城镇土地使用税，这些税金应该通过"应交税费"账户核算。

　　(1) 预先计算应交的税金时：

借：管理费用

　　贷：应交税费

　　(2) 交纳税金时：

借：应交税费

　　贷：银行存款

　　2. 不需要预先计算应交金额的税金。如印花税，这种税金不通过"应交税费"账户核算。

交纳印花税时：

借：管理费用
　贷：银行存款等

若印花税票是一次大量购买，分月使用时，也可作待摊费用处理。

支付印花税时：

借：预付账款——待摊费用
　贷：银行存款等

分月摊销时：

借：管理费用
　贷：预付账款——待摊费用

三、其他费用的核算

企业要素费用中的其他费用，是指除了前面所述各要素以外的费用，包括邮电费、差旅费、租赁费、办公费、印刷费等，这些费用均没有专设成本项目。因此，在发生时，按发生的车间、部门和用途，分别借记"制造费用"、"管理费用"等账户，贷记"银行存款"等账户。

企业生产经营过程中发生的某些费用，其支付期与归属期不相一致时，根据权责发生制原则，应通过待摊费用和预提费用进行核算。如果跨期费用不大，为了简化核算，可以在实际支付时直接计入支付月份的成本、费用。

预付费用是指企业已经支付，但应由本月和以后各月产品成本和经营管理费用共同负担、分摊期在 1 年以内（包括 1 年）的费用。如预付保险费，预付租金，需要分月摊销的印花税等。

预付费用的支出与摊销，应设置"预付账款——待摊费用"账户进行核算。该账户借方登记预付费用的支出数，贷方登记预付费用的摊销数,余额在借方,表示已经支付、但尚未摊销的费用。该账户应按费用的种类设置明细账户,以分别反映各种预付费用的支付和摊销情况。

预付费用的摊销期限最长为1年,但可以跨年度摊销,超过1年的通过"长期待摊费用"核算。其基本账务处理如下:

发生及支付费用时,编制会计分录:

借:预付账款——待摊费用
　贷:银行存款

摊销费用时,编制会计分录:

借:制造费用
　　管理费用
　　销售费用等
　　贷:预付账款——待摊费用

应计费用是指按规定预先分月计入成本、费用,但尚未实际支付的费用。如应计短期借款利息、应计经营租入固定资产租金等。

对有关费用的计提和支付,应设置"应付利息"、"其他应付款"等有关负债类账户进行核算。该账户贷方登记费用的计提数,借方登记实际支付的费用,余额一般在贷方,表示已经计提但尚未支付的费用。应计费用类账户也应按费用种类分设明细账户进行核算。

应计费用计提数与实际支付数发生差额时,一般应在实际支出期的成本、费用中进行调整。基本账务处理如下:

按月计提时,编制会计分录:

借:制造费用
　　管理费用
　　销售费用等
　　贷:其他应付款

实际支付时,编制会计分录:

借:其他应付款

　　贷:银行存款等

复 习 题

一、名词解释题

1. 限额领料单　　　　2. 假退料

3. 计件工资　　　　　4. 五五摊销法

5. 后进先出法　　　　6. 移动加权平均法

7. 年数总和法　　　　8. 双倍余额递减法

二、思考题

1. 试说明材料领用的凭证和手续,并着重说明限额领料单的运用及其优点。

2. 材料费用的分配有哪些基本方法?

3. 材料费用分配汇总表如何编制?怎样进行账务处理?

4. 工资结算的凭证有哪些?如何编制薪酬费用分配汇总表?

5. 常用的折旧方法有哪几种?试比较各种折旧方法对成本的影响。

6. 外购动力费用应怎样计算和分配?

7. 低值易耗品的摊销有哪些方法?各种方法对成本影响如何?

8. 预付费用与应计费用有何区别与联系?

三、判断题

1. 按工作任务包干法支付给职工的工资,属于计时工资。

　　　　　　　　　　　　　　　　(　　)

2. 工业企业应交的各项税金,均需通过"应交税费"账户

核算。 （　　）

3. 用于企业生产、照明的电费，应记入各产品成本明细账的"燃料和动力"成本项目。 （　　）

4. 某职工的计件工资等于其生产的合格品产量乘以规定的计件单价。 （　　）

5. 办理"假退料"手续，只需填制一张本月的退料凭证即可，材料实物并不发生转移。 （　　）

6. 分期摊销法下，低值易耗品从领用至报废一直在账面上保留其价值，因而便于加强实物管理。 （　　）

7. 预付费用是指先分月计入产品成本，但在以后月份才支付的费用。 （　　）

8. 基本生产车间分摊经营租赁固定资产租赁费应计入产品成本。 （　　）

9. 提前报废的固定资产不补提折旧，其未提足折旧的净损失应计入管理费用。 （　　）

10. 在计件工资下，不合格产品不应计算工资。 （　　）

11. 采用分期摊销法可使各月成本负担比较均衡，但在实务中低值易耗品的预计使用年限易受主观因素影响。 （　　）

12. 个别计价法主要适用于能分清批次、品种数量不多、单位成本较高的材料。 （　　）

13. 固定资产折旧费是产品成本的组成部分，因此，企业发生的折旧费用应该全部计入产品成本。 （　　）

14. 工业企业发生的薪酬费用都是生产经营管理费用。（　　）

15. 金额较大而且受益期限超过1个月的费用，应作为预付账款处理。 （　　）

16. 一次摊销法下，低值易耗品的成本在其报废时全部从账面上注销。 （　　）

17. 分期摊销法下，应在低值易耗品从账面上注销价值时分摊其成本差异。

18. 无论在永续盘存制还是实地盘存制下,采用先进先出法对发出存货计价的结果均相同。　　　　　　　　　　（　　）

四、单项选择题

1. 企业进行工资结算和成本计算的原始凭证是（　　）。

　　A. 产量记录　　　　　　B. 工时记录

　　C. 工资单　　　　　　　D. 考勤记录

2. 月末编制材料费用分配汇总表时,对于退料凭证的数额,应采取的处理方法是（　　）。

　　A. 在下月领料数额中扣除

　　B. 冲减管理费用

　　C. 从当月原定用途的领料数额中扣除

　　D. 作为资产负债表中"存货"项目的抵减项目

3. 在所生产产品不止一种的车间里,下列内容属于直接成本,应直接计入该种产品成本的是（　　）。

　　A. 生产工人的计件工资　　B. 生产产品的主要材料费用

　　C. 车间管理人员的薪酬　　D. 机器设备的折旧费

4. 应作为长期待摊费用处理的是（　　）。

　　A. 数额较大,受益期超过 1 年的费用

　　B. 数额较大,1 年内若干月份受益的费用

　　C. 数额较大,当月受益的费用

　　D. 受益期较长,数额较小的费用

5. 下列应计入产品生产成本的费用是（　　）。

　　A. 利息支出

　　B. 在建工程人员薪酬

　　C. 生产车间管理人员薪酬

　　D. 融资租赁固定资产的租赁费

6. 某企业低值易耗品日常核算采用计划成本计价,5 月份基

本生产车间领用低值易耗品 28 000 元(计划成本),分 4 个月摊销,5 月份低值易耗品差异率为—2%。则 5 月份低值易耗品的摊销额为(　　)元。

    A. 6 650　　　　　　　　B. 6 150

    C. 7 350　　　　　　　　D. 7 000

7. 下列费用中,企业可以采用计提的方法进行核算的是(　　)。

    A. 固定资产的大修理费用　B. 预付保险费

    C. 企业的开办费　　　　　D. 借款利息

8. "材料成本差异"账户是"原材料"账户的(　　)。

    A. 分类核算账户　　　　　B. 明细账

    C. 抵减账户　　　　　　　D. 调整账户

9. 在下列应付月工资的计算方法中,一般情况下(　　)更能体现按劳分配的原则且相对简便。

    A. 按 21.17 日计算日工资率,按出勤日数计算月工资

    B. 按 21.17 日计算日工资率,按缺勤日数扣月工资

    C. 按 30 日计算日工资率,按出勤日数计算月工资

    D. 按 30 日计算日工资率,按缺勤日数扣月工资

10. 某公司 2007 年 1 月初应提折旧的固定资产原值 300 万元。1 月 3 日,该公司租借给外单位一台价值 10 万元的生产用设备;1 月 14 日,报废一台价值 15 万元的旧设备;2 月 1 日,购入一台价值 20 万元的新设备,当即投入使用;2 月 24 日,将去年 11 月份验收的办公大楼投入使用,价值 100 万元。该公司 2 月份应提折旧的固定资产原价应为(　　)万元。

    A. 405　　　　　　　　　B. 275

    C. 395　　　　　　　　　D. 285

11. 对于外购动力费用总额,应根据有关的付款凭证或转账凭证,借记有关账户,贷记(　　)账户。

    A. "生产成本——辅助生产"

B. "其他应付款"

C. "银行存款"或"应付账款"

D. "生产成本——基本生产"

12. 产品成本中的"直接人工"项目不包括(　　　)。

　　A. 直接参加生产的工人薪酬

　　B. 按生产工人工资计提的社会保险费

　　C. 按生产工人工资计提的住房公积金

　　D. 生产车间管理人员的薪酬

五、多项选择题

1. 分配原材料费用,常用的分配方法有(　　　)。

　　A. 重量比例分配法　　　　B. 定额耗用量比例分配法

　　C. 标准产量比例分配法　　D. 定额工时比例分配法

2. 下列固定资产中,当月应计提折旧的有(　　　)。

　　A. 本月新增加并已使用的设备

　　B. 季节性停用的设备

　　C. 本月报废的设备

　　D. 闲置的厂房

　　E. 上月交付使用本月仍未办理竣工决算的设备

3. 下列账户中,按权责发生制要求设置的有(　　　)账户。

　　A. "应付利息"

　　B. "预付账款——待摊费用"

　　C. "管理费用"

　　D. "短期借款"

　　E. "应交税费"

4. 动力费用在各产品之间一般可按产品的(　　　)分配。

　　A. 生产工时比例　　　　　B. 产品重量比例

　　C. 机器工时比例　　　　　D. 定额耗电量比例

5. 属于职工薪酬总额组成内容的有(　　　)。

A. 年功性津贴　　　　　B. 辞退福利

C. 福利费　　　　　　　D. 股份支付

E. 非货币性福利

6. 以下项目中,应计入管理费用的税金有(　　　)。

A. 车船税　　　　　　　B. 印花税

C. 房产税　　　　　　　D. 耗地占用税

E. 土地使用税

六、核算题

核算题(一)

1. 目的　练习存货发出计价方法的核算。

2. 资料　某工业企业2006年12月31日以前对发出存货计价采用后进先出法,2007年1月1日起改为先进先出法。该企业2007年1月1日存货的账面余额为112 500元,结存数量为1 250吨;1月6日购入2 000吨,每吨单价92元;1月14日发出3 000吨存货;1月20日又购入1 300吨存货,单价93元。该企业采用永续盘存制。

3. 要求

(1) 计算该企业2007年1月31日存货账面余额。

(2) 比较由于改变存货计价方法后对期末存货价值的影响。

核算题(二)

1. 目的　练习材料费用的分配。

2. 资料　华昌厂材料按计划成本日常核算,该厂第二生产车间生产甲、乙两种产品。7月份生产甲产品领用A材料120 000元,生产乙产品领用A材料98 000元,领用生产甲、乙两种产品共同耗用的B材料为225 000元。至7月末,当月生产乙产品领用的A材料剩余8 000元,办理了假退料手续。本月第二车间修理领用B材料7 000元,劳动保护领用C材料2 000元,企业管理部门领用C材料1 400元。7月份材料成本差异率为一3%。

本月甲产品投产量240件,单位产品耗用B材料定额为30千克;乙产品投产量 150 件,单位产品耗用 B 材料定额为 12 千克。该企业原材料在生产开始时一次投入。

3. 要求

(1) 按定额比例法分配甲、乙产品耗用 B 材料的费用。

(2) 编制该月材料费用分配的会计分录。

核算题(三)

1. 目的 练习低值易耗品摊销的核算。

2. 资料 天山工厂低值易耗品采用计划成本日常核算,摊销方法:采用分期摊销法,玻璃器皿分 3 个月摊销,一般模具分 2 个月摊销。

该厂 2007 年第一季度发生以下经济业务:

(1) 1 月 3 日,基本生产车间领用玻璃器皿一批,计划成本 27 000 元;领用一般模具 200 件,计划单位成本 80 元。1 月份材料成本差异率为+3%。

(2) 2 月 28 日,上述一般模具报废 80 件,残料价值 200 元,已作废料入库。2 月份材料成本差异率为+4%。

(3) 3 月 1 日,基本生产车间领用一般模具一批,计划成本 8 400 元。3 月份材料成本差异率为-2%。

3. 要求 根据以上经济业务编制有关会计分录,并分析计算第一季度各月"制造费用"账户中"低值易耗品摊销"费用项目的金额。

核算题(四)

1. 目的 练习薪酬费用分配的核算。

2. 资料 某厂生产甲、乙、丙三种产品。11 月份该厂发生的生产工人薪酬总额为52 500元。生产工人为生产甲产品耗用2 200小时,为生产乙产品耗用 2 600 小时,为生产丙产品耗用 1 600 小时,为在建工程提供服务耗用 600 小时。

3. 要求 计算甲、乙、丙三种产品应负担的薪酬费用(按产品的生产工时比例分配)。

核算题(五)

1. 目的　练习薪酬费用分配的核算。

2. 资料　乙企业 2007 年 7 月生产 A、B 两种产品,生产工人、车间管理人员和企业管理人员的薪酬分别占 60%、10% 和 30%,生产 A、B 产品发生生产工时分别为 30 000 小时和 20 000 小时。

(1)月末,根据工资结算单编制的工资结算汇总表见表 3-15。

表 3-15

工资结算汇总表(简化)

单位:万元

| 部门 | 应付薪酬 | 代　扣　款　项 | | | | 实发薪酬金额 |
		各项社会保险费	住房公积金	个人所得税	合计	
合计	90	9.9	6.3	1.8	18	72

(2)根据规定计提的由企业负担的各项保险费、公积金、经费汇总见表 3-16。

表 3-16

各项保险费、公积金、经费汇总表(简化)

单位:万元

部门	企业负担社会保险费	企业负担住房公积金	企业计提工会、教育经费	合计
合计	33.3	6.3	3.15	42.75

3. 要求

(1)根据工资结算汇总表编制职工薪酬费用分配表,并据以编制会计分录。

（2）根据各项保险费、公积金、经费汇总表编制计提职工薪酬费用分配表，并据以编制会计分录。

核算题(六)

1. 目的 练习折旧的计算方法。

2. 资料 某企业于 2006 年 12 月 30 日引进一套生产流水线，价值 2 000 000 元，预计净残值 140 000 元，预计使用年限为 5年。预计 2007 年年产量为 10 万件，以后逐年递减 1 万件。实际产量与预计相符。

3. 要求

（1）分别采用平均年限法、工作量法、年数总和法及双倍余额递减法计算 2007 年及 2010 年的年折旧额。

（2）在其他条件完全相同的情况下，试比较采用何种折旧方法可使 A. 2009 年折旧费最小；B. 2007～2009 年累计折旧费最小。

第四章 辅助生产费用的核算

通过前一章的介绍,我们已经知道了在生产经营过程中耗用的各项要素费用,一部分已记入了"生产成本——基本生产"账户,由各种产品的成本负担,另一部分则记入了"生产成本——辅助生产"、"制造费用"等账户。对于记入"生产成本——辅助生产"、"制造费用"等账户而归集起来的这部分综合性费用,还需要将它们经过分配计入产品成本。本章首先说明辅助生产费用的核算,即辅助生产费用的归集和分配问题。本章在阐述过程中,对辅助生产费用所使用的账户和辅助生产费用分配所采用的方法作了具体的介绍。辅助生产费用分配方法是本章的重点,本章对各种分配方法的特点、优缺点及适用性进行了对照说明。

第一节 辅助生产费用归集的核算

一、辅助生产的特点

工业企业生产车间按生产任务不同,可划分为基本生产车间和辅助生产车间两大类。基本生产车间以直接生产各种对外销售的产品为主要任务。辅助生产车间主要为基本生产车间和行政管理部门等提供劳务或产品。辅助生产车间根据所提供的劳务或产品的品种可以分为两种类型:一类是只提供一种劳务或产品的辅助生产,如供电、供水、运输等;另一类是提供多种劳务或产品的辅助生产,如修理、工模具制造等。尽管辅助生产车间有时也对外提供劳务或产品,但这并不是辅助生产车间的主要任务。

辅助生产车间提供劳务或产品所耗费的各种生产费用之和,构成这些劳务或产品的成本,这称之为辅助生产成本。但从整个企业来说,这些辅助生产车间的劳务或产品成本又是一种费用,故可称之为辅助生产费用。

辅助生产车间提供劳务或产品成本的高低,对于企业产品成本的水平有着直接的影响。同时,也只有在辅助生产的劳务或产品成本确定以后,才能归集出各基本生产车间发生的全部制造费用,从而才能着手基本生产产品成本的计算。因此,正确、及时地组织辅助生产费用的归集和分配,对于节约生产费用、降低产品成本,以及正确、及时地计算产品成本有着重要意义。

二、辅助生产费用的内容

辅助生产费用是辅助生产车间在一定时期内为基本生产车间和行政管理部门等提供劳务或产品而发生的各种耗费。具体包括两个部分的内容:第一部分是该车间自身发生的各项费用,如耗用的各项要素费用,分摊的预付费用等,包括直接材料、直接人工和制造费用等;第二部分是从其他辅助生产车间分进来的费用,这部分费用是当存在多个辅助生产车间时,由于相互提供劳务或产品而从其他辅助生产车间分进来的交互服务费用。

三、辅助生产费用归集的账户设置

辅助生产费用的归集可以通过设置"生产成本——辅助生产"、"制造费用"账户或只设置"生产成本——辅助生产"账户,不设置"制造费用"账户两种方法来进行。

1. 只设置"生产成本——辅助生产"账户,不设置"制造费用"账户。在这种方法下,凡是辅助生产车间发生的各项费用(无论是为提供劳务或产品发生,还是为组织、管理生产而发生的制造费用)全部记入"生产成本——辅助生产"账户。该账户借方归集辅助生产费用,贷方登记结转完工入库的自制材料、工模具的成本以及向其他辅助生产车间、基本生产车间、行政管理部门等受益单位分配转出的劳务费用。期末若有余额应在借方,表示辅助生产车间在产品的成本。该账户一般应按车间别,以及劳务或产品别设置明细账。在只提供一种劳务或产品的辅助生产车间,只需按车间别设置;在提供多种劳务或产品的辅助生产车间,除按车间别设置外,还应按各种劳务或产品设置明细账。账内可按成本项目与制造费用项目相结合设立专栏,其格式见表 4-1。

2. 设置"生产成本——辅助生产"账户,亦设置"制造费用"账户。在这种方法下,比照基本生产车间账户一样处理。对于辅助生产车间提供劳务或产品发生的费用记入"生产成本——辅助生产"及其所属明细账,而对于辅助生产车间为组织和管理生产等发生的制造费用先记入"制造费用——辅助生产车间"账户,月末再分配转入"生产成本——辅助生产"账户,经分配结转后,"制造费用——辅助生产车间"账户应无余额。

如果辅助生产不对外提供商品产品,而且辅助生产车间规模很小,制造费用很少,为了简化核算工作,一般采用第一种方法,即辅助生产发生的制造费用,不通过"制造费用"账户,而直接记入"生产成本——辅助生产"账户。

本教材为简化阐述,采用第一种方法。

第二节 辅助生产费用分配的核算

一、辅助生产费用结转、分配的程序

归集在"生产成本——辅助生产"总账及其明细账借方的辅助生产费用,由于辅助生产提供劳务或产品的种类不同,其费用结转和分配的程序也不同。一般有以下两种处理方法。

表4-1

辅助生产成本明细账

车间：供水车间

单位：元

2007年 月	日	凭证号	摘要	项目 材料	职工薪酬	动力费	折旧费	修理费	水电费	其他	合计	转出	余额
10		(略)	原材料费用	2 400							2 400		
			动力费用			800			150		950		
			工资费用		2 500						2 500		
			计提社会保险费		350						350		
			折旧费用				1 800				1 800		
			支付修理费					500			500		
			待分配费用小计	2 400	2 850	800	1 800	500	150		8 500		0
			分配转出								8 500	8 500	0
			合　计	2 400	2 850	800	1 800	500	150		8 500	8 500	

1. 结转完工产品成本，在实际领用时再转入有关费用、成本。

生产工具、模具、修理用备件的辅助生产费用，在工模具、修理用备件完工入库时，其成本也从有关的辅助生产成本账户的贷方转入"低值易耗品"、"原材料"等账户的借方，其结转过程与基本生产车间完工产品成本的结转基本相同。以后领用时，根据用途按存货发出的各种计价方法，计入有关成本、费用。

2. 按受益单位耗用量比例分配辅助生产劳务费用。提供水、电、运输、修理等劳务发生的辅助生产费用，应按受益单位的耗用量，采用一定的分配方法在受益单位之间进行分配。

二、辅助生产费用的分配方法

辅助生产费用的分配必须分别车间进行，其分配的计算一般是通过编制"辅助生产费用分配表"进行的。该表不仅起到分配计算辅助生产费用的作用，而且也是各受益部门耗用辅助生产费用据以入账的依据。

辅助生产费用的分配方法很多，主要有以下几种。

（一）直接分配法

1. 特点。直接分配法不考虑辅助生产车间之间相互提供劳务或产品的情况，将辅助生产费用直接分配给辅助生产以外的各受益单位。

2. 实例。假定某工业企业设有供电和供水两个辅助生产车间，某年10月份供电车间供电29 000度，全月发生的生产费用为17 400元，每度电计划成本为0.70元；供水车间供水12 500吨，全月发生的生产费用为8 500元，每吨水计划成本为0.80元。水电均为一般消耗用。其有关的受益单位和受益数量如表4-2所示。

根据表4-2等资料，采用直接分配法编制辅助生产费用分配表，见表4-3。

表 4-2

某企业辅助生产劳务提供情况

受 益 单 位	供电数量(度)	供水数量(吨)
供电车间		2 500
供水车间	4 000	
基本生产车间	20 000	9 000
行政管理部门	5 000	1 000
合　　计	29 000	12 500

表 4-3

辅助生产费用分配表(直接分配法)

2007 年 10 月　　　　　　　金额单位:元

辅助生产车间	待分配费用	供应辅助生产以外单位的劳务数量	分配率	基本生产车间		行政管理部门		分配金额合　计
				耗用量	分配金额	耗用量	分配金额	
供电	17 400	25 000	0.696	20 000	13 920	5 000	3 480	17 400
供水	8 500	10 000	0.85	9 000	7 650	1 000	850	8 500
合计	25 900	—			21 570		4 330	25 900

采用直接分配法进行分配时,应先计算费用分配率,然后再按受益量分配。但在计算费用分配率时,必须注意将其他辅助生产车间耗用量从总供应量中扣除。用公式表示如下:

$$费用分配率 = \frac{待分配辅助生产费用总额}{供应辅助生产以外单位的劳务数量}$$

在表 4-3 中,有关费用分配率计算如下:

$$电费分配率 = \frac{17\,400}{29\,000 - 4\,000} = 0.696(元/度)$$

$$水费分配率 = \frac{8\,500}{12\,500 - 2\,500} = 0.85(元/吨)$$

根据表 4-3,编制会计分录如下:

借:制造费用	21 570
管理费用	4 330
贷:生产成本——辅助生产——供电	17 400
——供水	8 500

3. 优缺点及适用性。采用直接分配法,分配计算一次就可完成,计算方法最为简便;但由于在计算费用分配率时,待分配费用没有包括耗用其他辅助生产车间劳务的成本,因此并不是该车间的实际费用,供应劳务数量又剔除了其他辅助生产车间耗用数量,因此分配结果也就不够正确。这种方法一般只适用于辅助生产车间相互提供劳务不多的企业。

(二)顺序分配法

1. 特点。顺序分配法,是将各辅助生产车间按受益多少的顺序依次排列,受益少的排在前,先将费用分配出去,受益多的排在后,后将费用分配出去,排列在前的分配给排列在后的,排列在后的不再分配给排列在前的。但应注意的是:受益多少,是指受益金额的大小,而不是指受益数量的多少。排列在后的进行分配时,应在原发生的费用基础上加上排列在前的辅助生产车间费用分配转入数。

2. 实例。仍沿用前例资料,按顺序分配法编制辅助生产费用分配表,见表 4-4。

表 4-4 分配金额合计(横向)25 900 元与分配金额合计(纵向)28 300 元(17 400+10 900)两者相差 2 400 元,这是由于分配金额合计(纵向)中包括了排列在前的供电车间分配给排列在后的供水车间费用 2 400 元的缘故。即,分配金额合计(纵向)包括了交互分配的金额,而分配金额合计(横向)仅仅为对外分配的金额,没有包括交互分配的金额。

表4-4

辅助生产费用分配表（顺序分配法）

2007年10月

金额单位：元

辅助生产车间		供电车间 劳务数量	供电车间 待分配费用	供电车间 分配率	供水车间 劳务数量	供水车间 待分配费用	供水车间 分配率	基本生产车间 耗用量	基本生产车间 分配金额	行政管理部门 耗用量	行政管理部门 分配金额	分配金额合计
供电	待分配数量及费用	29 000	17 400	0.60				20 000	12 000	5 000	3 000	17 400
	分配费用	−29 000	−17 400									
供水	原发生的费用					8 500						
	待分配数量及费用				10 000①	10 900②	1.09	9 000	9 810	1 000	1 090	10 900
	分配费用				−10 000	−10 900						
分配金额合计									21 810		4 090	25 900

① 供水车间供应劳务数量＝12 500－2 500＝10 000（吨）

② 供水车间待分配费用＝8 500＋2 400＝10 900（元）

根据表 4-4,编制会计分录如下:

借:生产成本——辅助生产——供水　　　　2 400

　　制造费用　　　　　　　　　　　　　12 000

　　管理费用　　　　　　　　　　　　　3 000

　　贷:生产成本——辅助生产——供电　　　　　17 400

借:制造费用　　　　　　　　　　　　　9 810

　　管理费用　　　　　　　　　　　　　1 090

　　贷:生产成本——辅助生产——供水　　　　　10 900

3. 优缺点及适用性。采用顺序分配法,各种辅助生产费用也只分配一次,分配方法简单。由于这种分配方法既分配给辅助生产以外的受益单位,又分配给排列在后的其他辅助生产车间,使得排列在后的辅助生产车间费用归集较全,因而分配结果正确性较直接分配法有所提高。但由于排列在前的辅助生产车间不负担排列在后的辅助生产车间的费用,因此,其分配结果的正确性受到排列顺序的影响。

这种分配方法适宜在各辅助生产车间之间相互受益具有明显差异的企业中采用。

(三)交互分配法

1. 特点。交互分配法将辅助生产费用的分配分两次进行:第一次,根据交互分配前各辅助生产车间发生的费用和提供的劳务总量计算费用分配率,在辅助生产车间之间进行一次交互分配;第二次,将各辅助生产车间交互分配后的实际费用(即交互分配前的费用加上交互分配转入的费用,减去交互分配转出的费用)再按对外提供劳务的数量,在辅助生产车间以外的各受益单位之间进行分配。

2. 实例。仍沿用前例资料,按交互分配法,编制辅助生产费用分配表,见表 4-5。

表4-5

辅助生产费用分配表（交互分配法）

2007年10月

金额单位：元

辅助生产车间		待分配费用	供应劳务量	分配率	供电车间		供水车间		基本生产车间		行政管理部门		分配金额合计
					耗用量	分配金额	耗用量	分配金额	耗用量	分配金额	耗用量	分配金额	
交互分配（第一次）	供电	17 400	29 000	0.60			4 000	2 400					2 400
	供水	8 500	12 500	0.68	2 500	1 700							1 700
	合计	25 900	—	—		1 700		2 400					4 100
对外分配（第二次）	供电	16 700①	25 000	0.668					20 000	13 360	5 000	3 340	16 700
	供水	9 200②	10 000	0.92					9 000	8 280	1 000	920	9 200
	合计	25 900	—	—					—	21 640	—	4 260	25 900

① 供电车间实际费用＝17 400＋1 700－2 400＝16 700（元）
② 供水车间实际费用＝8 500＋2 400－1 700＝9 200（元）

97

根据表 4-5,编制会计分录如下:

(1) 交互分配:

借:生产成本——辅助生产——供电   1 700

        ——供水   2 400

  贷:生产成本——辅助生产——供水   1 700

        ——供电   2 400

(2) 对外分配:

借:制造费用   21 640

  管理费用   4 260

  贷:生产成本——辅助生产——供电 16 700

        ——供水   9 200

3. 优缺点及适用性。采用交互分配法,由于对辅助生产车间之间相互提供劳务进行了交互分配,因此提高了分配结果的准确性。但是,由于各辅助生产费用要进行两次分配,要计算两个分配率,工作量有所增加,并且交互分配时的分配率,由于是根据原发生的费用计算的,费用分配率不够完整,因此分配结果也只具有相对的准确性。

这种分配方法一般适用于各辅助生产车间之间相互提供劳务较多的企业。

(四) 计划成本分配法

1. 特点。计划成本分配法,是先根据劳务的计划单位成本和各受益单位(包括辅助生产车间)的受益量进行分配,然后再将计划成本分配额与"实际"费用(原待分配费用加上按计划成本分入的费用)之间的差额(即辅助生产成本差异)进行调整分配。为简化起见,差异可全部调整计入管理费用。

2. 实例。仍沿用前例资料,按计划成本分配法编制辅助生产费用分配表,见表 4-6。

由于分配转入的费用,是按计划单位成本计算的,所以表中的实际成本还不是纯粹的实际成本。

表 4-6

辅助生产费用分配表（计划成本分配法）

2007 年 10 月 　　　　　　　　　　　　　　金额单位：元

劳务耗用 ＼ 劳务供应	供 电 车 间 数量（度）	供 电 车 间 金　额	供 水 车 间 数量（吨）	供 水 车 间 金　额	费用合计
待分配费用		17 400		8 500	25 900
供应劳务总量	29 000		12 500		—
计划单位成本		0.70		0.80	—
按计划成本分配　供电车间			2 500	2 000	2 000
按计划成本分配　供水车间	4 000	2 800			2 800
按计划成本分配　基本生产车间	20 000	14 000	9 000	7 200	21 200
按计划成本分配　行政管理费用	5 000	3 500	1 000	800	4 300
合　计	29 000	20 300	12 500	10 000	30 300
辅助生产"实际"成本		19 400①		11 300②	30 700
辅助生产成本差异		－900		＋1 300	＋400

① 供电车间"实际"成本＝17 400＋2 000＝19 400（元）

② 供水车间"实际"成本＝8 500＋2 800＝11 300（元）

根据表 4-6，编制会计分录如下：

（1）按计划成本分配：

借：生产成本——辅助生产——供电　　　　　　　　　2 000

　　　　　　　　　　　　　——供水　　　　　　　　　2 800

　　制造费用　　　　　　　　　　　　　　　　　　21 200

　　管理费用　　　　　　　　　　　　　　　　　　　4 300

　　贷：生产成本——辅助生产——供电　　　　　　　20 300

　　　　　　　　　　　　　　——供水　　　　　　　10 000

（2）调整辅助生产成本差异：

借：生产成本——辅助生产——供电　　　　　　　　　　900

　　管理费用　　　　　　　　　　　　　　　　　　　　400

　　贷：生产成本——辅助生产——供水　　　　　　　　1 300

3. 优缺点及适用性。采用计划成本分配法,由于是按照事先确定的计划单位成本进行分配的,不必单独计算费用分配率,而且各辅助生产费用只分配一次,亦无须相互等待,从而简化和加速了计算工作。采用这种分配方法,不仅能反映和考核辅助生产成本计划的执行情况,而且还便于分析和考核各受益单位的成本,便于分清企业内部各单位的经济责任。但是,采用这种方法,计划单位成本与实际误差不能太大,否则会影响分配结果的准确性。

这种方法一般适宜在有比较准确的计划成本资料的企业中采用。

(五)代数分配法

1. 特点。代数分配法,是根据初等代数中解多元一次联立方程的原理,先算出各辅助生产车间劳务的单位成本,然后根据该单位成本和各受益单位(包括辅助生产车间)耗用的数量计算分配辅助生产费用的一种方法。

2. 实例。仍沿用前例资料,按代数分配法计算如下:

设:每度电的单位成本为 x;

每吨水的单位成本为 Y。

应设立的多元一次联立方程式如下:

$$\begin{cases} 17\,400 + 2\,500y = 29\,000x & (1) \\ 8\,500 + 4\,000x = 12\,500y & (2) \end{cases}$$

将(1)式移项:

$$y = \frac{29\,000x - 17\,400}{2\,500}$$

将 y 代入(2)式:

$$8\,500 + 4\,000x = 12\,500 \times \frac{29\,000x - 17\,400}{2\,500}$$

化简：$x = 0.67730496$

将 x 代入(2)式：

$$8\,500 + 4\,000 \times 0.67730496 = 12\,500y$$

化简：$y = 0.89673759$

根据上述计算结果，按代数分配法编制辅助生产费用分配表，见表4-7。

表 4-7

辅助生产费用分配表（代数分配法）

2007 年 10 月　　　　　　　　　金额单位：元

辅助生产车间		供电车间	供水车间	费用合计
待分配费用		17 400	8 500	25 900
供应劳务量		29 000	12 500	—
算出的实际单位成本		0.67730496	0.89673759	—
供电车间	耗用数量		2 500	
	分配金额		2 241.84	2 241.84
供水车间	耗用数量	4 000		—
	分配金额	2 709.22		2 709.22
基本生产车间	耗用数量	20 000	9 000	
	分配金额	13 546.10	8 070.64	21 616.74
行政管理部门	耗用数量	5 000	1 000	—
	分配金额	3 386.52	896.74	4 283.26
分配金额合计		19 641.84	11 209.22	30 851.06

根据表4-7，编制会计分录如下：

借：生产成本——辅助生产——供电   2 241.84

          ——供水   2 709.22

   制造费用   21 616.74

   管理费用   4 283.26

贷：生产成本——辅助生产——供电   19 641.84

          ——供水   11 209.22

表 4-7 分配金额合计及会计分录中借方（或贷方）合计 30 851.06 元，与两个辅助生产车间待分配费用之和 25 900 元不相等，相差 4 951.06 元。这是由于供电车间与供水车间之间交互分配费用的内部转账引起的。

如果将表 4-7 中两个辅助生产车间对外分配的金额加总可得 25 900 元〔(13 546.10＋3 386.52)＋(8 070.64＋896.74)〕即相等于两个辅助生产车间的待分配费用总额。

3. 优缺点及适用性。采用代数分配法，分配结果最准确。但在分配前先要解联立方程，如果辅助生产车间多，未知数也就多，计算工作量就会大大增加，计算亦较复杂，因此，这种方法一般适宜在辅助生产车间不多或已经实现会计电算化的企业中采用。

复 习 题

一、名词解释题

1. 辅助生产费用   2. 直接分配法

3. 顺序分配法   4. 交互分配法

5. 按计划成本分配法   6. 代数分配法

二、思考题

1. 在什么情况下，辅助生产发生的制造费用可以不通过"制造费用"账户核算？

2. 简要说明辅助生产费用分配的特点。

3. 辅助生产费用的分配有哪些分配方法？说明各种分配方法的特点、优缺点及适用性。

4. 辅助生产费用交互分配法与按计划成本法两者在确定各辅助生产车间实际费用时有何不同？为什么？

三、判断题

1. 采用交互分配法算出的辅助生产车间交互分配率，就是该车间提供劳务的实际单位成本。（   ）

2. "生产成本——辅助生产"账户月末可能没有余额。（   ）

3. 采用顺序分配法进行辅助生产费用分配，应按照辅助生产车间受益多少的顺序排列，受益多的排列在前，受益少的排列在后。
（   ）

4. 采用交互分配法分配辅助生产费用时，各辅助生产车间、部门交互分配后的实际费用，应等于交互分配前的费用加上交互分配转出的费用减去交互分配转入的费用。（   ）

5. 采用计划成本分配辅助生产费用时，辅助生产成本差异全部转入管理费用，不再分配给辅助生产以外的各受益单位负担。
（   ）

6. 辅助生产费用的直接分配法，就是将辅助生产费用按照对外提供劳务的数量，直接分配给辅助生产部门以外的各受益单位。
（   ）

7. 辅助生产费用的代数分配法，利用解联立方程的原理，将辅助生产费用直接分配给各受益车间、部门，不需要计算辅助生产劳务单位成本。（   ）

四、单项选择题

1. 结转辅助生产车间完工入库生产工具的成本时，应借记的账户是（   ）。

A. "自制半成品"

B. "生产工具"

C. "低值易耗品"　　　　D. "原材料"

2. 辅助生产费用交互分配法的交互分配是在(　　)之间的分配。

A. 辅助生产车间与基本生产车间

B. 企业内部各生产车间

C. 企业各生产车间、部门

D. 各辅助生产车间、部门

3. 按计划成本分配法分配辅助生产费用时,某辅助生产车间实际总成本的计算方法是(　　)。

A. 该车间待分配费用加上分配转入的费用

B. 该车间待分配费用减去分配转出的费用.

C. 该车间待分配费用加上分配转出的费用减去分配转入的费用

D. 该车间待分配费用加上分配转入的费用减去分配转出的费用

4. 采用交互分配法,辅助生产费用交互分配后的费用分配率是(　　)。

A. 根据交互分配以前的待分配费用计算的,不是各该辅助生产的实际单位成本

B. 根据交互分配以后的待分配费用计算的,不是各该辅助生产的实际单位成本

C. 根据交互分配以前的待分配费用计算的,是各该辅助生产的实际单位成本

D. 根据交互分配以后的待分配费用计算的,是各该辅助生产的实际单位成本

5. 辅助生产费用各种分配方法中,便于分析和考核各受益单位的成本,有利于分清企业内部各单位的经济责任的是(　　)。

A. 交互分配法　　　　B. 直接分配法

C. 计划成本分配法　　　D. 顺序分配法

6. 辅助生产费用采用交互分配法交互分配后的实际费用,应在(　　)。

A. 辅助生产以外的各受益单位之间分配

B. 各受益单位之间分配

C. 各辅助生产单位之间分配

D. 各受益的基本生产车间进行分配

7. 在辅助生产车间、部门较多,计算工作较为复杂,已经实现电算化的企业,分配辅助生产费用的方法宜选择(　　)。

A. 直接分配法　　　B. 代数分配法

C. 交互分配法　　　D. 计划成本分配法

五、多项选择题

1. 采用顺序分配法分配辅助生产费用时,各辅助生产车间费用分配顺序的排列应当为(　　)。

A. 按受益数量多少排列　　B. 按受益金额多少排列

C. 受益金额少的排列在前　D. 受益金额多的排列在后

2. 辅助生产的制造费用在(　　)条件下,可以直接记入"生产成本——辅助生产"账户。

A. 制造费用金额很小

B. 辅助生产车间规模很小

C. 辅助生产车间对外提供商品产品

D. 辅助生产车间不对外提供商品产品

3. 辅助生产费用按计划成本分配法的优点有(　　)。

A. 分配结果最正确

B. 便于考核辅助生产成本计划执行情况

C. 便于考核各受益部门的成本

D. 有利于分清企业内部各单位的经济责任

4. 下列辅助生产费用分配的方法中,考虑辅助生产车间之间相互提供劳务的有(　　　)。

　　A. 交互分配法　　　　　B. 直接分配法

　　C. 代数分配法　　　　　D. 按计划成本分配法

六、核算题

核算题(一)

1. 目的　练习辅助生产费用分配的交互分配法。

2. 资料　某工业企业设有供汽和运输两个辅助生产车间。各辅助生产车间待分配费用为:运输车间4 800元,供汽车间9 400元。供应劳务数量为:运输车间16 000千米,其中供汽车间耗用1 000千米;供汽车间18 800立方米,其中运输车间耗用800立方米。

3. 要求　采用交互分配法分别计算运输车间和机修车间的实际单位成本。

核算题(二)

1. 目的　练习辅助生产费用分配的计划成本分配法。

2. 资料　某工业企业有供水和供电两个辅助生产车间。某年9月份供水车间供水12 000吨,全月发生的生产费用为5 400元,每吨水计划成本为0.65元;供电车间供电48 000度,全月发生的生产费用为21 600元,每度电计划成本为0.50元。水电均为一般消耗用。

本月各车间、部门消耗水电情况见表4-8。

表4-8

消耗水电情况表

耗　用	单位	供水车间	供电车间	基本生产车间	行政管理部门
水	吨	—	3 000	6 500	2 500
电	度	6 000	—	34 000	8 000

辅助生产车间制造费用不通过"制造费用"账户核算。

3. 要求　按计划成本分配法分别计算供水车间和供电车间

的成本差异。

核算题(三)

1. 目的 练习辅助生产费用分配的核算。

2. 资料 假定某厂有运输、供汽两个辅助生产车间,2007 年 10 月份有关辅助生产费用分配的资料见表 4-9。

表 4-9

辅助生产费用分配资料表

辅助生产车间名称		运 输 车 间	供 汽 车 间
待分配费用		13 650 元	14 400 元
供应劳务数量		6 500 吨千米	4 000 立方米
计划单位成本		2.80 元/吨千米	4.80 元/立方米
耗用劳务数量	运输车间		1 000 立方米
	供汽车间	1 500 吨千米	
	基本生产车间	3 000 吨千米	1 800 立方米
	行政管理部门	2 000 吨千米	1 200 立方米

(辅助生产车间不设"制造费用"账户。供汽车间受益少。)

3. 要求

(1)采用直接分配法编制辅助生产费用分配表,并据以编制相应的会计分录。

(2)采用顺序分配法编制辅助生产费用分配表,并据以编制相应的会计分录。

(3)采用一次交互分配法编制辅助生产费用分配表,并据以编制相应的会计分录。

(4)采用计划成本分配法编制辅助生产费用分配表,并编制相应的会计分录。

(5)采用代数分配法编制辅助生产费用分配表,并编制相应的会计分录。

第五章　制造费用的核算

制造费用在产品成本中占有一定的比重,它是构成产品成本的综合性成本项目,由几个要素费用所构成。本章对制造费用如何归集和分配的问题进行了阐述。在介绍制造费用概念的基础上,概括了制造费用包括的内容。对制造费用的分配方法配以具体实例作了有重点的介绍。

第一节　制造费用归集的核算

一、制造费用的内容

制造费用是指各个生产单位(包括车间和分厂)为组织和管理生产而发生的各项费用,以及直接用于产品生产但未专设成本项目和间接用于产品生产的各项费用。

制造费用包括:

1. 间接用于产品生产的费用。这部分费用在制造费用中占绝大部分。具体包括:机物料消耗,车间和分厂生产用房屋及建筑物的折旧费、租赁费和保险费,车间和分厂生产用的照明费、取暖费、运输费和劳动保护费等。

2. 直接用于产品生产,但未专设成本项目的费用。这些费用在管理上不要求单独核算或者核算上不便于单独核算。具体包括:机器设备的折旧费、租赁费和保险费,生产工具摊销费,设计制图费和试验检验费,以及未专设成本项目的生产工艺用动力等。

3. 车间、分厂用于组织和管理生产的费用。具体包括：车间或分厂管理人员的职工薪酬，车间或分厂管理用房屋和设备的折旧费、租赁费和保险费，车间或分厂管理用具摊销费，车间或分厂管理用的照明费、水电费、取暖费、差旅费和办公费等。

二、制造费用的归集

制造费用的归集是通过设置"制造费用"账户进行的。该账户属于集合分配账户，借方归集月份内发生的制造费用，贷方反映费用的分配，除季节性生产企业外，月末一般无余额。为了分别反映各车间、部门各项制造费用的支出情况，该账户还应按不同的车间、部门设置明细账，账内按照费用项目设立专栏或专户，其格式见表5-1。

制造费用明细账中的费用项目，一般是按相同性质的费用合并设立的。如将车间、分厂生产用房屋建筑物的折旧费和机器设备的折旧费，以及车间、分厂管理用房屋、设备的折旧费合并设立一个"折旧费"项目。不论其用途是直接用于产品生产、间接用于产品生产还是用于组织和管理生产。这是为了减少费用项目和简化核算工作。

制造费用的费用项目，一般应包括：机物料消耗、职工薪酬、折旧费、租赁（不包括融资租赁）费、保险费、低值易耗品摊销、水电费、取暖费、运输费、差旅费、办公费、劳动保护费、专利权和专有技术摊销、设计制图费、试验检验费等。

企业也可以根据费用大小及管理要求，另行设立费用项目或对上述费用项目再进行合并或细分，但一经确定，不应任意变更，以利于各期成本费用资料的可比。

由于制造费用大多与产品生产工艺无直接联系（即大多是间接生产费用），而且一般是间接计入费用，因而只能按车间、部门和费用项目编制计划加以控制。

表5-1

制造费用明细账

第一基本生产车间

20××年8月

单位：元

20××年 月	日	凭证号数	摘要	工资	社会保险费	折旧费	机物料消耗	水电费	低值易耗品摊销	其他	合计
8			原材料费用				5 300				5 300
			摊销低值易耗品						300		300
			动力费用					800			800
		(略)	工资费用	3 000							3 000
			计提职工社会保险费		420						420
			折旧费用			1 100					1 100
			转入辅助生产费用					9 080			9 080
			本月合计	3 000	420	1 100	5 300	9 080	300		20 000
			分配转出	−3 000	−420	−1 100	−5 300	−9 080	−300		−20 000

·110·

制造费用归集时,应根据各种记账凭证(付款凭证、转账凭证)和前述第三、第四章所述及的各种费用分配表(包括材料费用、外购动力费、薪酬费用、折旧费用等要素费用分配表,预付、应计费用分配表和辅助生产费用分配表)进行登记。

如果辅助生产车间发生的制造费用是通过"制造费用"账户核算的,则应比照基本生产车间发生的制造费用核算。

第二节 制造费用分配的核算

一、制造费用的分配对象

制造费用分配的对象应是各车间(或分厂)本期所产的各种产品和劳务。如果在本期生产中产生废品,则废品也应负担制造费用。

由于各车间(或分厂)的制造费用水平不同,且绝大部分是由企业的生产单位(车间、分厂)发生的,因此,制造费用的分配应按不同车间(或分厂)分别进行,在该车间(或分厂)所生产的各种产品(或劳务)之间进行分配,而不应将各车间(或分厂)的制造费用汇总起来在全厂范围内统一分配。但对于制造费用中可能有一部分是厂部或总厂发生的,例如设计制图费和试验检验费等,涉及全厂范围内所生产产品及提供劳务的,这部分制造费用发生时由厂部或总厂进行归集(即记入"制造费用——厂部或总厂"账户),并在全厂或整个总厂范围内统一分配。

具体分配时,在只生产一种产品的车间(或分厂)中,其制造费用是直接计入费用,应直接计入该种产品成本。在生产多种产品的车间(或分厂)中,如果各生产班组按产品品种分工,则各班组本身发生的制造费用也是直接计入费用,应直接计入各该产品的成本,而各班组共同发生的制造费用是间接计入费用,应采用适当的方法分配计入各种产品的成本;如果各生产班组按生产工艺分工,则全部制造费用都是间接计入费用,都应采用适当的分配方法,分配计入该车间(或分厂)各种产品的成本。

二、制造费用的分配方法

制造费用的分配方法很多,常用的方法有以下几种:

1. 生产工时(实耗工时或定额工时)比例分配法。

2. 生产工人工资比例分配法。

3. 机器工时比例分配法。

采用上述三种方法,"制造费用"账户月末应无余额。

有关计算公式如下:

$$分配率=\frac{制造费用总额}{各种产品生产工时(生产工人工资、耗用机器工时)总数}$$

$$某种产品应负担的制造费用=分配率×\frac{该\ 产\ 品}{生产工时}\left(\begin{matrix}生产工人工资、\\耗用机器工时\end{matrix}\right)数额$$

【例 5-1】 假定××工厂第一生产车间生产甲、乙两种产品,对发生的制造费用按生产工时比例进行分配。20××年8月,该车间制造费用明细账归集的费用为 20 000 元,本月共耗用生产工时 40 000 小时,其中甲产品耗用 25 000 小时,乙产品 15 000 小时。分配计算如下:

$$分配率=\frac{20\ 000}{25\ 000+15\ 000}=0.5(元/小时)$$

$$甲产品应分配的制造费用=25\ 000×0.5=12\ 500(元)$$

$$乙产品应分配的制造费用=15\ 000×0.5=7\ 500(元)$$

上述计算过程一般是通过编制制造费用分配表进行的,见表5-2。

根据表5-2,编制制造费用分配的会计分录如下:

借:生产成本——基本生产——甲产品   12 500

————乙产品   7 500

贷:制造费用   20 000

表 5-2

制造费用分配表

第一基本生产车间　　　　　　　　　20××年8月

应　借　账　户		生产工时（小时）	分　配　率	分配金额（元）
生产成本——基本生产	甲产品	25 000	0.5	12 500
	乙产品	15 000	0.5	7 500
合　　　　计		40 000		20 000

生产工时比例分配法和生产工人工资比例分配法，资料容易取得，核算比较简便。但采用这两种方法时，各种产品生产的机械化程度不能相差悬殊，否则，制造费用中机器设备的折旧费、修理费，将大部分由机械化程度低的产品来负担，显得不合理，影响对各产品成本水平的真实反映及成本信息的有用性。

机器工时比例分配法适用于机械化、自动化程度较高的车间。因为机器设备的折旧费、修理费等与机器运转的时间密切相关。但制造费用中并非都与机器设备使用有关，一律按机器工时比例分配显得不太合理。

为了提高分配结果的合理性，也可以对制造费用进行分类，分别按照机器工时和生产工时等比例分配。

4. 按年度计划分配率分配法。这种方法，是按照预先确定的全年度内适用的计划分配率分配制造费用，不管各月实际发生多少制造费用，各月各种产品成本中的制造费用均按年度计划分配率分配。假定以定额工时作为分配标准，其计算公式如下：

$$年度计划分配率 = \frac{年度制造费用计划总额}{年度各种产品计划产量的定额工时总数}$$

$$某月某种产品应负担的制造费用 = 该月该种产品实际产量的定额工时数 \times 年度计划分配率$$

【例 5-2】 假定某车间全年制造费用计划发生额为 400 000 元；全年各种产品的计划产量为：甲产品 2 500 件，乙产品 1 000 件。单件产品工时定额为：甲产品 6 小时，乙产品 5 小时。1 月份实际产量为：甲产品 200 件，乙产品 80 件；1 月份实际发生制造费用为35 000 元。则年度计划分配率计算及 1 月份制造费用分配如下：

$$制造费用年度计划分配率=\frac{400\,000}{2\,500\times6+1\,000\times5}=20$$

1 月份甲产品应分配制造费用＝200×6×20＝24 000（元）

1 月份乙产品应分配制造费用＝80×5×20＝8 000（元）

根据上述分配结果，编制会计分录如下：

借：生产成本——基本生产——甲产品　　　　　24 000

　　　　　　　　　　　——乙产品　　　　　 8 000

　　贷：制造费用　　　　　　　　　　　　　 32 000

该月末，"制造费用"账户有借方余额 3 000 元。

采用计划分配率分配制造费用，"制造费用"账户月末可能有借方余额，也可能有贷方余额。借方余额表示超过计划的预付费用，应列作企业的资产项目；贷方余额表示按照计划应付而未付的费用，应列作企业的负债项目。全年制造费用的实际发生额与计划分配额的差额，通常应在年末调整。

【例 5-3】 承上例，假定本年度实际发生制造费用 408 360 元，至年末累计已分配制造费用 415 000 元（其中甲产品已分配 311 250 元，乙产品已分配 103 750 元），则多分配 6 640 元，应按已分配比例调整冲回。计算如下：

$$甲产品应调减制造费用=6\,640\times\frac{311\,250}{415\,000}=4\,980（元）$$

$$乙产品应调减制造费用=6\,640\times\frac{103\,750}{415\,000}=1\,660（元）$$

调整分配的会计分录如下：

借：生产成本——基本生产——甲产品　　　4 980

　　　　　　　　　　——乙产品　　　　1 660

　贷：制造费用　　　　　　　　　　　　　6 640

如果是超支差异（实际发生额大于计划分配的差额），年终进行追加调整分配时，应编制蓝字分录（对应关系同上）。

年终调整分配后，“制造费用”账户应无余额。

采用年度计划分配率分配制造费用，核算工作较为简便，特别适用于季节性生产的企业。因为在这种生产企业中，每月发生的制造费用相差不多，但生产的淡季和旺季产量却相差悬殊，如果按实际费用进行分配，各月单位成本中的制造费用就会忽高忽低，因而不利于成本分析与考核。而采用年度计划分配率分配制造费用，有利于均衡各月产品成本水平。但是，采用这种分配方法，必须有较高的计划管理工作水平，否则年度制造费用的计划数脱离实际数太大，会影响企业成本计算的正确性。

复 习 题

一、名词解释题

1. 制造费用　　　　　　　2. 年度计划分配率分配法

二、思考题

1. 制造费用包括哪些内容？

2. 制造费用有哪些分配方法？说明各种分配方法应用的前提条件。

3. 简要说明年度计划分配率分配法的特点及其优缺点。

4. 在什么分配方法下，“制造费用”账户会有月末余额，其余额表示什么？在资产负债表上应如何列示？

三、判断题

1. 采用年度计划分配率分配制造费用时,"制造费用"账户月末如有借方余额,在编制资产负债表时,应将其列入"存货"项目反映。 ( )

2. 在产品生产机械化程度相差悬殊的企业,应采用生产工人工时比例法分配制造费用。 ( )

3. 生产车间内不论是生产人员、技术人员、检验人员还是管理人员的职工薪酬费用,均应记入"制造费用"账户。 ( )

4. 不论采用何种分配方法,制造费用分配后,"制造费用"账户期末都没有余额。 ( )

5. "制造费用"账户核算企业为生产产品和提供劳务而发生的各种直接生产费用和间接生产费用。 ( )

6. 在产品生产的机械化程度较高的车间,宜采用机器工时比例分配法分配制造费用。 ( )

四、单项选择题

1. 制造费用分配以后,"制造费用"账户一般应无余额,如有余额,则是在( )。

   A. 机械化程度较高的车间

   B. 季节性生产的车间

   C. 各种产品生产的机械化程度相差不多的车间

   D. 工时定额比较准确的产品

2. 按机器工时比例分配制造费用适用于( )。

   A. 各种产品生产的机械化程度相差不多的车间

   B. 季节性生产的车间

   C. 机械化程度较高的车间

   D. 有较正确的产品生产工时的车间

3. 如果企业所生产的各种产品机械化水平大致相同,其制造费用的分配可选择( )。

A. 年度计划分配率分配法

B. 生产工时比例法

C. 机器工时比例法　　　D. 制造费用固定比例法

4. 某企业有甲、乙两个基本生产车间,共同生产 A、B 两种产品。某月甲车间制造费用合计为 60 000 元,生产工时为 A 产品 1 200 小时,B 产品 1 800 小时;乙车间制造费用合计 40 000 元,生产工时为 A 产品 300 小时,B 产品 700 小时,则该月 A 产品应负担的制造费用为(　　)元。

A. 37 500　　　　　　B. 24 000

C. 36 000　　　　　　D. 12 000

5. 某车间按年度计划分配率分配制造费用,年度内每月制造费用计划为 14 600 元,计划 A 产品全年产量为 6 000 件,B 产品全年产量为 2 800 件。单件产品工时定额为 A 产品 6 小时,B 产品 8 小时。20××年 6 月份,该车间生产 A 产品 480 件,生产 B 产品 250 件,则该车间该月制造费用分配转出额为(　　)元。

A. 1 220　　　　　　B. 14 640

C. 2 471.57　　　　　D. 14 533.64

6. 如果生产工艺用动力没有专门设立成本项目,则直接用于产品生产的动力费用,应记入(　　)账户。

A. "生产成本——基本生产"

B. "生产成本——辅助生产"

C. "制造费用"

D. "管理费用"

五、多项选择题

1. 下列属于工业企业制造费用的有(　　)。

A. 车间的机物料消耗　　B. 分厂的管理用具摊销费

C. 机器设备的折旧费　　D. 应付融资租入设备租赁费

2. 制造费用大部分是企业为生产产品和提供劳务而发生的

各项间接生产费用,包括(   )。

    A. 生产车间的办公费

    B. 生产车间厂房的折旧费

    C. 生产车间的劳动保护费

    D. 生产车间使用的无形资产摊销费

3. 制造费用分配计入产品成本的方法有(   )。

    A. 生产工时比例分配法   B. 生产工人工资比例分配法

    C. 机器工时比例分配法   D. 按年度计划分配率分配法

4. "制造费用"总账及其所属明细账户月末(   )。

    A. 可能没有余额   B. 可能有余额

    C. 余额可能在借方   D. 余额可能在贷方

5. 在生产多种产品的企业中,各生产小组按生产工艺分工的情况下,车间的制造费用(   )。

    A. 都是间接计入费用

    B. 一部分是间接计入费用,一部分是直接计入费用

    C. 都应分配计入产品成本

    D. 应将一部分间接计入费用分配计入产品成本

6. 制造费用包括(   )。

    A. 间接用于产品生产的费用

    B. 直接用于产品生产,但没有专设成本项目的费用

    C. 组织和管理车间生产的费用

    D. 分厂用于组织和管理生产的费用

六、核算题

1. 目的   练习制造费用归集与分配的核算。

2. 资料   某工厂20××年4月份有关制造费用归集与分配的资料为:

(1) 4月份发生的制造费用内容如下:

A. 材料费用、薪酬费用,见表5-3。

表 5-3

材料费用、薪酬费用

单位：元

车　间	材　料　费　用			薪　酬　费　用	
	机物料消耗 （计划成本）	低值易耗品摊销 （计划成本）	材料成本差异 （差异率：−2.5%）	工　资	计提的职 工社会保险
一车间	8 000	1 400	−235	6 200	868
二车间	5 000	—	−125	4 000	560

B. 固定资产折旧费、银行存款支付的其他各项费用见表 5-4。

表 5-4

其他各项费用

单位：元

车　间	折旧费	银行存款支付		
		办公费	水电费	其　他
一车间	8 400	1 285	890	792
二车间	4 595	935	428	327

（2）4 月份制造费用分配情况如下：

A. 一车间生产甲、乙、丙三种产品，制造费用在三种产品之间按生产工时比例进行分配。甲、乙、丙三种产品的生产工时分别为：20 600 工时、15 840 工时、9 560 工时。

B. 二车间只生产丙产品，制造费用全部计入丙产品。丙产品的生产工时为 9 825 工时（不包括一车间的生产工时）。

3. 要求

（1）根据上述资料登记制造费用明细账。

（2）编制制造费用分配表，并据以编制有关会计分录。

第六章 废品损失和停工损失的核算

企业生产过程中一旦产生废品,就会增加产品成本,使企业受到一定的损失。本章在介绍废品损失的涵义、有关账户设置的基础上,对废品损失的计算方法及其有关的账务处理进行了具体的阐述。对停工损失的概念、有关账户设置及账务处理作了简要的介绍。

第一节 废品损失的核算

一、废品损失及其内容

(一)废品及其种类

废品是指由于生产原因而造成的质量不符合规定的技术标准,不能按原定用途使用,或者需要经过加工修理后才能按原定用途使用的在产品、半成品和产成品等。其不论是在生产过程中发现的还是入库后发现的,凡是由于生产原因造成的,均应包括在废品之内。

废品按其产生的原因不同,可分为料废和工废两类。料废是由于原材料(或半成品)不符合质量要求而造成的废品;工废是由于人工操作原因造成的废品。分清造成废品的原因,目的在于明确责任。

废品按其可否修复,可分为可修复废品和不可修复废品两种。区分时主要考虑技术上、经济上两方面的因素。可修复废品是指技术上可以修复而且所需的修复费用在经济上是合算的废品。不可修复废品是指技术上不可修复,或者所需的修复费用在经济上是不合算的废品。区分可修复废品与不可修复废品的目的,在于明确造成损失的内容。

（二）废品损失及其内容

由于生产原因而造成的废品所形成的损失称为废品损失。其内容包括在生产过程中发现的和入库后发现的各种废品的报废损失和修复费用。

废品的报废损失,是指不可修复废品的生产成本扣除回收的材料和废料价值后的净损失;废品的修复费用,是指可修复废品在返修过程中所发生的修理费用（耗用的直接材料、直接人工、制造费用等）。

对于应由造成废品（不论可修复废品,还是不可修复废品）的过失单位或个人负担的赔款,应抵减废品损失。

核算中应注意下列内容不列入废品损失核算范围:

（1）可以降价出售的不合格品（等级品）,其降价损失应列入销售损失处理,不应作为废品损失处理。

（2）产成品入库后,由于保管不善而损坏变质的损失,属于管理上的问题,应作为管理费用处理,也不作为废品损失处理。

（3）实行包退、包修、包换"三包"的企业,产品出售以后发现的废品所发生的一切损失,也应计入管理费用,不作为废品损失处理。

二、废品损失核算的账户设置

当发现废品时,由质量检验部门填制"废品通知单",列明废品的种类、数量、产生的原因和过失人等,"废品通知单"经审核后,作为废品损失核算的原始凭证。

1. 单独核算废品损失的企业（对于废品损失时有发生,且数额较大,对产品成本影响较大的企业）可以增设"废品损失"总账及其所属明细账,同时在产品生产成本明细账中增设"废品损失"成本项目。

"废品损失"账户是为了归集和分配废品损失而设立的。该账户借方登记归集可修复废品的修复费用和不可修复废品的生产成本,贷方登记转出废品残料的回收价值和应收的赔款以及分配结转废品净损失。废品净损失应分配转由本月生产的同种或同类产品成本负担。通常情况下,期末在产品不负担废品损失,废品损失全部由本期完工产品负担。"废品损失"账户月末没有余额。现以"T"形账户说明其结构,见图 6-1。

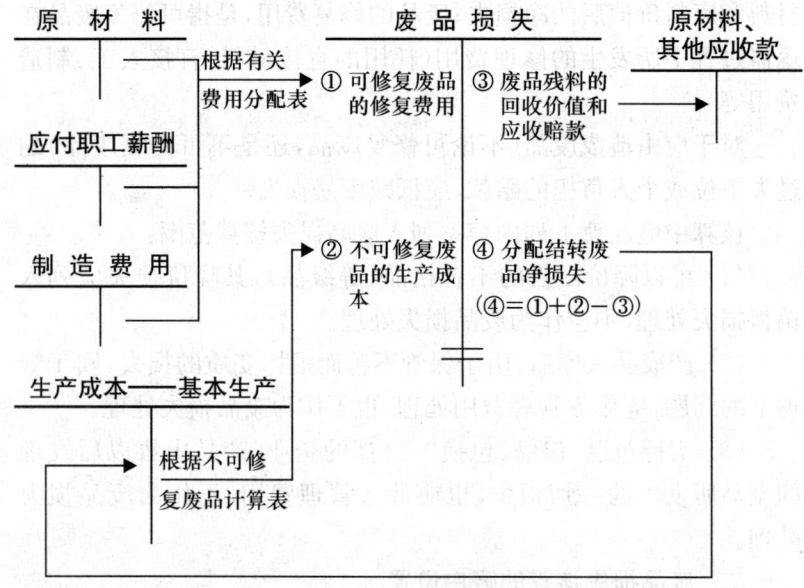

图 6-1 废品损失账务处理

"废品损失"账户应按车间设立明细账,账内按产品品种分设专户,并按成本项目分设专栏或专行,进行明细分类核算。

2. 不单独核算废品损失的企业,不设"废品损失"账户及成本项目。

三、废品损失的计算及账务处理

（一）废品损失的计算

1. 不可修复废品损失的计算。首先要计算截止报废时已经发生的废品生产成本，然后扣除残值和应收赔款，算出废品净损失。

由于不可修复废品生产成本是同合格品成本混在一起发生的，所以必须采用一定的方法加以划分确定。计算方法一般可按所耗的实际费用计算，也可按所耗定额费用计算。计算过程通常是通过编制"废品损失计算表"来进行的。

（1）按所耗的实际费用计算不可修复废品的生产成本。计算公式如下：

$$\text{废品负担的直接材料} = \frac{\text{某产品直接材料总额}}{\text{合格品约当量} + \text{废品约当量}} \times \text{废品约当量}$$

$$\text{废品负担的直接人工} = \frac{\text{某产品直接人工总额}}{\text{合格品约当量（或工时）} + \text{废品约当量（或工时）}} \times \text{废品约当量（或工时）}$$

$$\text{废品负担的制造费用} = \frac{\text{某产品制造费用总额}}{\text{合格品约当量（或工时）} + \text{废品约当量（或工时）}} \times \text{废品约当量（或工时）}$$

如果该产品于月末尚有部分产品未完工，则上式分母中还应包括在产品约当量（或工时）。

所谓约当量，就是指折合成相当于完工产品的数量，具体折合时应根据完工程度（投料程度、加工程度）进行折算。

【例6-1】 假定信达工厂第一车间于20××年6月份投产甲产品500件，在加工程度达到20%时发现不可修复废品10件，当即予以报废，回收残料200元。其余产品继续加工，月终全部完工并验收合格。本月发生的生产费用为：直接材料121 000元，直接人工81 180元，制造费用113 160元。原材料在生产开始时一次投入，其原材料费用按合格品、废品数量比例分配；其他费用按约当量比例分配,其中废品约当量为 2 件,合格品约当量即数量为490 件,约当量合计为 492 件。根据上述资料,编制废品损失计算表,见表 6-1。

表 6-1

废品损失计算表

第一车间　甲产品　　　　　　20××年 6 月　　　　　　　金额单位:元

项　　　目	产量(件)	直接材料	约当量	直接人工	制造费用	合　　计
费用总额	500	121 000	492	81 180	113 160	315 340
费用分配率		242		165	230	
废品成本	10	2 420	2	330	460	3 210
减:残值		200				200
废品损失(报废损失)		2 220	2	330	460	3 010

(2) 按所耗定额费用计算不可修复废品的生产成本。采用这种方法,不考虑废品实际发生的生产费用数额,直接根据废品数量和各项费用定额计算废品成本。

【例 6-2】　假定某工厂 20××年×月在乙产品生产过程中发现不可修复废品 6 件,原材料在生产开始时一次投入,单件原材料费用定额为 250 元,已完成的定额工时为 120 小时,每小时费用定额为:直接人工 4 元,制造费用 5 元。不可修复废品的残料作价300 元入库。按定额费用计算废品损失,见表 6-2。

表 6-2

废品损失计算表

某车间　乙产品　　　　　　20××年×月　　　　　　　金额单位:元

项　　　目	产量(件)	直接材料	定额工时(小时)	直接人工	制造费用	合　　计
费用定额		250		4	5	—
废品成本	6	1 500	120	480	600	2 580
减:回收残值		300				300
废品损失		1 200		480	600	2 280

采用这一方法,计算简便并且可以不受废品实际费用水平高低的影响,便于进行成本的分析与考核,对于具备比较准确的定额资料的企业尤为适用。

2. 可修复废品损失的计算。可修复废品返修以前发生的生产费用不是废品损失,由于可修复废品修复后仍可作为合格品入库待售,因此不必计算原来的生产成本而只需计算其修复费用。修复费用可根据各种费用分配表或直接根据有关原始凭证及记录计算确定。如果应由过失单位或个人赔偿部分修复费用的,则将应收赔偿款抵减废品损失。

假定前例信达工厂第一车间 6 月份在生产甲产品过程中还发现可修复废品 2 件,当即进行修复,其耗用直接材料 200 元,直接人工 40 元,制造费用 50 元。另外,应向过失人索赔 100 元。则有关计算如下:

可修复废品的修复费用=200+40+50=290(元)
可修复废品净损失=290-100=190(元)

(二) 废品损失的账务处理

1. 若设置"废品损失"账户及成本项目的,根据[例 6-1]信达工厂有关资料编制会计分录如下:

(1) 转出不可修复废品生产成本(根据表 6-1):

借:废品损失——甲产品   3 210
 贷:生产成本——基本生产——甲产品(直接材料)   2 420
       ——甲产品(直接人工)   330
       ——甲产品(制造费用)   460

(2) 回收废品残料(根据表 6-1 及残料入库凭证):

借:原材料   200
 贷:废品损失——甲产品   200

(3) 可修复废品发生的修复费用(根据有关费用分配表):

```
借：废品损失——甲产品                                    290
    贷：原材料                                           200
        应付职工薪酬                                      40
        制造费用                                         50
```

（4）反映应收赔款（根据索赔凭证）：

```
借：其他应收款                                           100
    贷：废品损失——甲产品                                 100
```

（5）结转废品净损失，由本月生产的同种产品负担：

```
借：生产成本——基本生产——甲产品                       3 200
    贷：废品损失——甲产品                              3 200
```

对于废品损失的归集与分配，可以通过"废品损失明细账"归集，见表6-3。

表6-3

废品损失明细账

第一车间　甲产品　　　　　　　20××年6月　　　　　　　单位：元

年		凭证号	摘　　要	直接材料	直接人工	制造费用	合　计
月	日						
（略）	（略）	（略）	分配可修复废品负担的材料费用	200			200
			分配可修复废品负担的人工费用		40		40
			分配可修复废品负担的制造费用			50	50
			转入不可修复废品生产成本	2 420	330	460	3 210
			结转交库残料价值	200			200
			结转应收赔款		100		100
			废品净损失	2 420	270	510	3 200
			转出废品净损失	2 420	270	510	3 200

月终根据废品损失明细账归集的可修复废品修复费用,不可修复废品生产成本扣除回收残值和应收赔款,计算出废品净损失,将废品净损失分配记入产品生产成本明细账中专设的"废品损失"成本项目,见表 6-4。

表 6-4

产品生产成本明细账

20××年6月

| 车间:第一车间 | | | 产品:甲产品 | | | | | 金额单位:元 |

年		凭证号	摘　　要	产量(件)	直接材料	直接人工	制造费用	废品损失	合　计
月	日								
(略)	(略)	(略)	耗用直接材料		121 000				121 000
			耗用直接人工			81 180			81 180
			耗用制造费用				113 160		113 160
			减:不可修复废品成本	10	2 420	330	460		3 210
			转入废品净损失					3 200	3 200
			本月完工入库合格品总成本	490	118 580	80 850	112 700	3 200	315 330

2. 若不设置"废品损失"账户及成本项目的,只需对应收赔款及不可修复废品的回收残料进行账务处理。根据前例应编制会计分录如下:

借:原材料　　　　　　　　　　　　　　　　　　　200

　　其他应收款　　　　　　　　　　　　　　　　　100

　　贷:生产成本——基本生产　　　　　　　　　　　　300

同时从产品生产成本明细账"直接材料"成本项目中扣减残料价值;从"直接人工"成本项目中扣减应收赔款额。

对于可修复废品的修复费用,可直接根据有关原始凭证进行账务处理。根据前例编制会计分录如下:

借：生产成本——基本生产　　　　　　　　　　290
　　贷：原材料　　　　　　　　　　　　　　　　200
　　　　应付职工薪酬　　　　　　　　　　　　　 40
　　　　制造费用　　　　　　　　　　　　　　　 50

同时将修复过程中耗用的费用计入产品生产成本明细账有关成本项目。

　　不单独核算废品损失，不利于对废品损失进行分析和控制。所发生废品损失在产品生产成本明细账中的列示方法，见表6-5。

表6-5

产品生产成本明细账

20××年6月

车间：第一车间　　　　　　　　　甲产品　　　　　　　金额单位：元

年		凭证号数	摘　　要	产量(件)	直接材料	直接人工	制造费用	合　计
月	日							
(略)	(略)	(略)	本月生产费用	500	121 000	81 180	113 160	315 340
			可修复废品修复费用		200	40	50	290
			减：不可修复废品回收的残料		200			200
			应收取赔款			100		100
			本月完工入库合格品总成本	490	121 000	81 120	113 210	315 330

第二节　停工损失的核算

一、停工损失及其内容

　　停工损失是指企业生产车间或生产班组由于停电、待料、机器设备发生故障或进行大修理、发生非常灾害以及计划减产而停止生产所造成的损失。停工损失主要包括停工期间发生的工资及福利费、制造费用等。由过失单位或保险公司负担的赔款应冲减停工损失。

企业停工的原因很多,停工的时间有长有短,短则几分钟,长则超过 1 个月,范围亦有大有小,从某台设备、某个生产班组、车间到全厂。为了简化核算工作,对于全车间或班组停工不满一个工作日的,一般不计算停工损失。具体计算停工损失的范围和时间起点,可由企业或主管部门界定。只有超过界定的时间、范围的停工才计算停工损失。

二、停工损失核算的账户设置及账务处理

当发生停工时,由车间填制"停工单",并在考勤记录中登记。在"停工单"中,应详细列明停工的范围、起止时间、原因、过失单位等内容。"停工单"经会计部门审核后,作为停工损失核算的原始凭证。

1. 单独核算停工损失的企业,可以增设"停工损失"账户,在产品生产成本明细账中增设"停工损失"成本项目。

"停工损失"账户是为了归集和分配停工损失而设立的,该账户借方归集本月发生的停工损失,贷方分配结转停工损失,月末一般无余额。该账户应按车间别设置明细账,账内按成本项目分设专栏或专行进行明细分类核算。

停工损失由于产生的原因不同,其分配结转的方法也不同:对于停工损失应向过失单位或保险公司索赔的款项转入其他应收款;对于自然灾害等引起的非正常停工损失应计入营业外支出;其他停工损失,如季节性和固定资产修理期间的停工损失,应计入产品成本即转入"生产成本——基本生产"账户,由该车间生产的产品负担。

其有关的账务处理如下:

(1)发生停工损失时,作会计分录如下:

借:停工损失
　　贷:应付职工薪酬
　　　　制造费用等

（2）应向过失单位或保险公司索赔的款项，作会计分录如下：

借：其他应收款
　　贷：停工损失

（3）对于自然灾害等引起的非正常停工损失，作会计分录如下：

借：营业外支出
　　贷：停工损失

（4）如果是季节性、机器设备修理期间的停工损失，作会计分录如下：

借：生产成本——基本生产
　　贷：停工损失

2. 不单独核算停工损失的企业，不设置"停工损失"账户及成本项目。在停工损失发生较少的企业，为简化核算工作，也可以不单独核算停工损失，停工期间发生的属于停工损失的各种费用，直接记入"制造费用"、"营业外支出"等账户。

复 习 题

一、名词解释题

1. 废品　　　　　　　　　2. 不可修复废品

3. 可修复废品　　　　　　4. 废品损失

5. 停工损失

二、思考题

1. 哪些损失不能列为废品损失的核算范围？

2. 可修复废品损失与不可修复废品损失在核算上有何不同？

3. 简要说明不可修复废品生产成本的计算方法。

4. 单独核算废品损失的企业和不单独核算废品损失的企业，

其废品损失的核算在账户设置及账务处理上有何不同？

5. 为什么废品损失通常由当月完工产品成本负担,月末在产品一般不负担损失？

三、判断题

1. 废品损失是指生产过程中发现的不可修复废品的生产成本与可修复废品的修复费用之和。 （　　）

2. 可修复废品是指所花费的修复费用在经济上是合算的废品。 （　　）

3. "废品损失"账户月末应有余额,其余额表示尚待转出的废品损失。 （　　）

4. 废品损失是指已扣除应收赔款和残值后的废品净损失。
（　　）

5. 不单独核算废品损失的企业,产品实际成本不包括废品损失。 （　　）

6. 废品损失包括实行包退、包换、包修"三包"的企业在产品出售以后发现废品时所发生的一切损失。 （　　）

7. 废品损失包括不需要返修、可以降价出售的不合格品的降价损失。 （　　）

8. 不可修复废品的报废损失就是不可修复废品的净损失。
（　　）

9. 可修复废品返修以前发生的费用,不是废品损失。（　　）

10. 单独核算停工损失的企业,其发生的停工损失最终均从"停工损失"账户转入"生产成本"账户。 （　　）

四、单项选择题

1. 不可修复废品的生产成本减去残值和赔款后的废品净损失,应从"废品损失"账户转入（　　）。

A. "生产成本——基本生产"账户

B. "其他应收款"账户借方

C. "制造费用"账户借方

D. "营业外支出"账户借方

2. 下列各项损失中，不属于废品损失的是( )。

A. 可修复废品的修复费用

B. 生产过程中发现的不可修复废品的净损失

C. 入库后发现的不可修复废品的净损失

D. 可以降价出售的不合格品的降价损失

3. 应计入产品成本的停工损失是( )。

A. 由于暴风雨造成的停工损失

B. 由于火灾造成的停工损失

C. 季节性和固定资产修理期间的停工损失

D. 可以由保险公司赔偿的停工损失

4. 废品净损失，应分配转由( )。

A. 本月的制造费用负担　　B. 本月的管理费用负担

C. 本月的同种产品成本负担 D. 下月的同种产品成本负担

5. 结转不可修复废品生产成本时，应借记"废品损失"账户，
贷记( )账户。

A. "原材料"　　　　　　　B. "应付职工薪酬"

C. "制造费用"　　　　　　D. "生产成本——基本生产"

6. 不可修复废品的生产成本，可按废品所耗实际费用计算，
也可按废品所耗( )计算。

A. 消耗定额　　　　　　　B. 定额消耗

C. 定额费用　　　　　　　D. 费用定额

7. 可修复废品的废品损失是指( )。

A. 返修前发生的生产费用

B. 返修前发生的制造费用

C. 返修过程中发生的修复费用

D. 返修前发生的生产费用加上返修时发生的修理费用

五、多项选择题

1. "废品损失"账户的借方反映( )。

    A. 不可修复废品生产成本

    B. 可修复废品返修的材料费用

    C. 可修复废品返修的人工费用

    D. 废品净损失

2. 计算不可修复废品净损失时,应考虑的内容有( )。

    A. 不可修复废品的生产成本 B. 不可修复废品的残值

    C. 可修复废品的修复费用 D. 不可修复废品的应收赔款

3. "停工损失"账户借方所归集的停工损失,可根据不同情况从该账户的贷方转入借方的有( )。

    A. "应收账款"账户   B. "其他应收款"账户

    C. "营业外支出"账户

    D. "生产成本——基本生产"账户

4. 在不单独核算废品损失的企业中,回收废品残料时应( )。

    A. 借记"原材料"账户   B. 借记"银行存款"账户

    C. 贷记"废品损失"账户

    D. 贷记"生产成本——基本生产"账户

六、核算题

核算题(一)

1. 目的 练习废品损失的核算。

2. 资料 某企业设置"废品损失"账户及成本项目,单独核算废品损失。不可修复废品成本按定额费用计算。某月基本生产车间生产甲产品时产生不可修复废品 20 件,每件直接材料定额为 150 元;20 件废品的定额工时共为 140 小时,每小时的费用定额为:直接人工 6 元,制造费用 7 元。该月该产品的可修复废品的修复费用为:直接材料 300 元,直接人工 240 元,制造费用 400 元。

废品的残料作辅助材料入库,计价120元,应向责任人员索赔250元。废品净损失由当月同种产品成本负担。

3. 要求

(1) 计算不可修复废品的生产成本;

(2) 计算废品净损失;

(3) 编制有关废品损失的各项会计分录(只列示总账账户);

(4) 若该企业不设置"废品损失"账户及成本项目,不单独核算废品损失,编制有关废品损失的会计分录(只列示总账账户)

核算题(二)

1. 目的 练习废品损失的核算。

2. 资料 假定某工业企业某车间20××年10月份投产甲产品共500件,在生产过程中发现不可修复废品5件;其余495件产品于月终均验收合格已入库。合格品与废品共耗用工时8 000小时,其中废品耗用工时为600小时。合格品与废品共同发生的生产费用为:直接材料400 000元,直接人工23 760元,制造费用15 840元,废品回收残料估价367元入库。原材料是在生产开始时一次投入的,直接材料费用按合格品与废品数量比例分配,其他费用按耗用工时比例分配。

假定该车间10月份在生产过程中还发现可修复废品6件,当即进行修复,耗用原材料240元,职工薪酬57元,制造费用30元。

3. 要求

(1) 假定该厂设置"废品损失"账户和成本项目,编制不可修复废品损失计算表,登记废品损失明细账、基本生产成本明细账,并编制有关废品损失的会计分录(只列示总账账户)。

(2) 假定该厂不设置"废品损失"账户和成本项目,编制有关废品损失的会计分录,并登记产品生产成本明细账(只列示总账账户)。

第七章 生产费用在完工产品和
在产品之间的分配

如何将一定时期的生产费用在完工产品和月末在产品之间分配是成本核算的重要环节,它不仅关系到在产品的计价,而且影响产成品成本计算与利润确定的正确性。本章就生产费用在完工产品和在产品之间划分的主要方法及适用范围作具体阐述,并且对在产品收发结存核算的原始记录等基础工作给予简要的介绍。

第一节 在产品收发结存的核算

一、在产品的概念

在产品,也称"在制品",它是指企业已经投入生产,但是尚未最后完工,不能作为商品销售的产品。

在产品有广义和狭义之分。广义的在产品,就整个企业而言,它是指产品生产从投料开始,到最终制成产成品交付验收入库前的一切未完工的产品,包括:正在加工或装配中的在产品;已经完成一个或几个生产步骤但还需继续加工的半成品;尚未验收入库的产成品和等待返修的废品。狭义的在产品是就某一车间或某一生产步骤来说的,仅指本车间或本步骤正在加工或装配中的零件、部件和半成品,以及正处在修复过程中的废品,不包括本车间或本步骤已经完工的半成品。本章所讨论的在产品系指狭义的在产品。

二、在产品计价的意义

生产费用在完工产品和月末在产品之间的合理分配,直接关系到完工产品、在产品计价的正确性。如果费用分配标准不合理,会造成成本计算失真,歪曲在产品、完工产品等存货的实际价值;如果将在产品成本作为调整完工产品成本的手段,就不能客观反映应从收入中取得补偿的成本耗费,也不能正确确定企业的盈亏和计算应纳所得税,无法真实反映企业的财务状况和经营成果,对企业、国家及投资者都可能造成不利影响。

通过前述各章对各要素费用的归集和分配,应计入本月各种产品的费用都已记入了"生产成本——基本生产"账户的借方,并按成本项目分别登记在各自的产品成本计算单(即生产成本明细账)中。如果当月产品全部完工,则生产成本明细账中的生产费用总和即为该产品的完工成本;如果当月全部没有完工,则产品生产成本明细账所归集的生产费用就是该产品的在产品成本。然而,本月投入生产的产品月末不一定全部完工,为了正确计算当期完工产品成本,就必须将生产费用的总和在完工产品和月末在产品之间进行合理分配。

本月完工产品成本、(月初、月末)在产品成本与本月生产费用之间的关系可以通过下列关系式表达:

$$\text{月初在}\atop\text{产品成本} + {\text{本月生}\atop\text{产费用}} = {\text{本月完工}\atop\text{产品成本}} + {\text{月末在}\atop\text{产品成本}}$$

不难看出,在掌握公式前两项资料的情况下,确定完工产品成本的方法有两种:

(1) 先确定月末在产品成本,再计算求得完工产品成本;

(2) 将前两项费用之和按一定的比例在本月完工产品和月末在产品之间分配后,同时求得完工产品成本与月末在产品成本。

无论采用哪一种方法,都必须首先取得在产品收、发、存的数量资料,它是产品成本核算的基础工作。

在产品的数量核算,包括做好在产品收发存的日常记录与在产品定期清查工作两个方面。

三、建立和完善在产品的原始记录和交接手续

反映在产品收发存情况的原始记录,主要形式是在产品台账。由于它通常是在操作的工作台上进行登记的,故称之为"台账"。

在产品台账可分别车间,按产品品种和零部件的名称、类别、批次设置,由车间核算员登记,以反映和提供该车间各种在产品收入、转出和结存动态的业务核算资料。台账还可以结合企业生产工艺特点和内部管理的需要,进一步按照加工工序、工艺流程来组织在产品数量核算。企业应根据在产品的领料凭证、内部转移凭证、废品返修单、产品检验凭证、产成品或自制半成品的交库凭证等及时进行登记。通过在产品台账的记录,不仅可以随时掌握在产品增减的动态,而且也为清查核对在产品数量提供原始依据。

在产品台账的格式,可以根据产品的生产特点和所采用的产量、工时记录的种类进行设计。其格式举例见表 7-1。

表 7-1

在 产 品 台 账

生产车间:锻压车间　　　　　　　　　零件批号:71083502

零件名称:汽缸底盘　　　　　　　　　计量单位:只

日期	摘要	收入毛坯		制成零件			交出零件			备注	未完工
		凭证号数	数量	凭证号数	合格品	废品	凭证号数	数量	使用部门		
	上月结转										250
7/13		♯14102	180	♯15153	360	7	♯17726	360	装配		63
7/15		♯14104	250	♯15202	280	3	♯17802	280	装配		30
	合计		4 100		3 220	60		3 220			1 070

组织在产品收发存数量核算的另一个重要环节是，对于在产品的内部转移、送交检验、毁损报废以及自制半成品的入库、出库等过程都必须填具相应的原始凭证，单随物移。如在产品内部转移时，应填制转移交接单，注明移送在产品的名称、数量、转入转出车间名称，并由经手人签名盖章；加工的自制半成品进出中间仓库时，应有交库单、出库单跟随；发生在产品短缺、毁损、报废时，应及时填具相应的短缺单和报废单，并查明原因，分清责任。

完善在产品收发存日常核算的原始凭证，健全在产品流转过程中的交接手续，对于正确计算产品成本，加强生产管理，有效控制在产品流转，保护在产品安全完整具有重要意义。

四、在产品的清查及账务处理

为了核实在产品实际结存数量，保护在产品安全完整，保证企业财产账实相符，必须进行定期或不定期的清查。

月末结账前一般应组织对在产品进行全面清查，同时，还可以结合实际需要进行不定期的清查。根据清查后的结果填制"在产品盘点表"，并与在产品台账相核对，如有不符，应填制"在产品盘盈盘亏报告表"，说明在产品盘盈盘亏的数量及发生盈亏的原因。对于毁损的在产品，如可以回收利用，还应登记残值。

企业财务人员应对在产品的盘亏数量、原因及处理意见进行认真审核，并报经主管部门审批。在产品清查的账务处理如下：

发生在产品盘盈时：

借：生产成本——基本生产
　　贷：待处理财产损溢

经批准后予以转销：

借：待处理财产损溢
　　贷：管理费用

发生在产品盘亏或毁损时：

借：待处理财产损溢

　　贷：生产成本——基本生产

按税法规定,若在产品发生非常损失,应换算需负担的增值税,借记"待处理财产损溢"账户,贷记"应交税费——应交增值税(进项税额转出)"账户。

经批准后,区分不同的情况,分别按规定核销：

借：原材料　　　　　　　　　（毁损在产品的残值）

　　其他应收款　　　　　　　（由过失人或保险公司赔偿的损失）

　　营业外支出——非常损失　（属于自然灾害造成,扣除了残料价

　　　　　　　　　　　　　　　值和保险公司赔款后的净损失）

　　管理费用　　　　　　　　（无法收回的损失）

　　贷：待处理财产损溢

第二节　生产费用在完工产品和在产品之间分配的方法

如何既合理又简便地在完工产品和月末在产品之间分配生产费用,是产品成本计算工作中的一个重要而复杂的问题,这在产品结构复杂、加工零部件种类和加工工序较多的企业尤其如此。企业应根据月末在产品数量的多少、各月间在产品数量变化的大小、各项费用在产品成本中所占比重的大小、消耗定额制定的准确性和定额管理基础的好坏等具体条件来选择适当的分配方法。

生产成本在完工产品和月末在产品之间分配的常用方法主要有七种,现分述如下。

一、在产品按所耗原材料成本计价法

在产品按所耗原材料成本计价,就是月末在产品只计算所耗用的原材料费用,不计算工资及其他制造费用,即在产品的加工费用全部由完工产品成本负担。全部生产费用减去按所耗原材料费

用计算的在产品成本后的余额,就是完工产品成本。该方法适用于原材料费用在产品成本中所占比重相当大的产品。

在某些生产企业,产品在各道工序加工时都会发生不同程度的损耗,为了正确计算在产品所耗原材料成本,应分别将各道工序的在产品数量按事先测定的折合率折算成加工前的原材料数量后,乘以该原材料单价,得出该在产品所耗的直接材料成本。计算方法如下:

$$\text{某道工序在产品的原材料累计耗用量} = \text{该工序在产品数量} \times \text{该工序的用料折合率}$$

$$\text{某道工序在产品的耗用直接材料成本} = \text{经折合后的原材料累计耗用量} \times \text{原材料单价}$$

某产品各道工序在产品的直接材料成本总和,就是该产品的全部在产品成本。

假定某纺织厂对各道工序在产品的用纱量、用棉量均分别按事先测定的折合率进行换算,以简化核算手续。该厂纺纱步骤各工序在产品的用棉量换算见表 7-2。

表 7-2

纺纱步骤各工序在产品耗棉量换算表

工 序	月末在产品结存数量(千克)	耗用混棉的折合率(%)	耗用混棉数量(千克)
开清棉（清花）	2 928	104	3 045
梳棉	1 313	110	1 444
并条	871	110.61	963
粗纺	781	111.11	868
细纺	880	113	994
合计	6 773		7 314

表 7-2 也可以采用损耗率进行换算,换算公式如下:

$$损耗率＝1-\frac{1}{折合率}$$

$$原材料消耗量＝在产品数量÷(1-损耗率)$$

二、约当产量比例法

约当产量比例法，就是按完工产品数量（也即加工程度为100％的约当产量）和月末在产品约当产量的比例来分配生产费用，以确定完工产品成本和月末在产品实际成本的一种方法。所谓约当产量，是将月末在产品数量按其加工程度或投料程度，折算为相当于完工产品的数量。

约当产量比例法适用于月末在产品数量较多，各月在产品数量变化较大，同时产品成本中直接材料、直接人工及间接制造费用的比重相差不多的产品。

由于在产品的各项费用的投入程度不同，因而需分别不同的成本项目计算约当产量。其中，用以分配直接材料费用的在产品约当产量按投料程度计算；用以分配其他费用（如加工费用）的在产品约当产量按加工程度计算。

按约当产量比例法分配完工产品成本和月末在产品成本的计算公式如下：

在产品约当产量＝在产品数量×加工程度（或投料程度）

$$费用分配率＝\frac{期初在产品成本＋本期生产费用}{完工产品产量＋期末在产品约当产量}$$

完工产品成本＝完工产品产量×费用分配率

月末在产品成本＝在产品约当产量×费用分配率

可见，计算约当产量的关键在于合理测定在产品的加工程度或投料程度，它对于正确计算在产品约当产量，从而准确进行生产费用的分配有着决定性影响。

1. 投料程度的确定。

（1）若原材料系生产开始时一次投入，在产品的投料程度为

100%,此时,无论在产品的完工程度如何,直接材料成本都可以直接按完工产品和月末在产品的数量分配。

(2)若原材料随生产过程陆续、均衡地投入,直接材料的投料程度与生产工时的投入进度基本一致,分配直接材料成本的在产品约当产量可按加工程度折算。

(3)若原材料系分阶段投入,并在每道工序开始时一次投入,月末在产品投料程度的计算公式如下:

$$\text{某道工序上的} \atop \text{投料程度(\%)} = \frac{\text{到本工序为止的累计材料消耗定额}}{\text{完工产品材料耗定额}} \times 100\%$$

【例 7-1】 假定 A 产品的生产经三道工序制成,其原材料分三道工序并在每道工序开始时一次投入,有关该产品原材料消耗定额、在产品数量资料及投料程度、约当产量的计算见表 7-3。若该产品本月完工 2 300 台,月初在产品和本月发生的直接材料成本累计数为 12 348 元,则直接材料成本分配计算结果见表 7-3。

表 7-3

按投料程度折算的在产品约当产量计算表

工序	原材料消耗定额(千克)	各工序月末在产品数量(台)	在产品投料程度(%)	在产品约当产量(台)
Ⅰ	800	200	$\frac{800}{2\,000} \times 100\% = 40\%$	$200 \times 40\% = 80$
Ⅱ	600	300	$\frac{800+600}{2\,000} \times 100\% = 70\%$	$300 \times 70\% = 210$
Ⅲ	600	350	$\frac{800+600+600}{2\,000} \times 100\% = 100\%$	$350 \times 100\% = 350$
合计	2 000	850	—	640

$$\text{直接材料成本分配率} = \frac{12\,348}{2\,300+640} = 4.20$$

完工产品所耗直接材料成本 $= 2\,300 \times 4.20 = 9\,660$(元)

月末在产品所耗直接材料成本 $= 640 \times 4.20 = 2\,688$(元)

2. 加工程度的测定。对于直接材料成本以外的项目(如燃料和动力、直接人工、间接制造费用等加工费用)通常按加工程度计算约当产量。

在产品的加工程度一般可以通过技术测定或用其他方法测定。在生产进度比较均衡,各道工序在产品的加工数量相差不多的情况下,由于后道工序多加工的程度可以抵补前面几道工序少加工的程度,此时,全部在产品的加工程度均可以按50%平均计算;否则,各工序在产品的加工程度应按工序分别测定。

各工序在产品的加工程度是指各工序累计工时定额占完工产品工时定额的比率。为简化计算,在产品前面各道工序已经完工,其工时定额按100%计入,而本道工序工时定额则以50%计入。计算公式如下:

$$某道工序上的在产品加工程度 = \frac{前面各道工序的累计工时定额 + 本道工序工时定额 \times 50\%}{完工产品工时定额} \times 100\%$$

根据各道工序的在产品数量和测定的加工程度,计算出各工序上的月末在产品约当产量,可据以分配计算完工产品和月末在产品的加工费用。

【例7-2】 现仍沿用例1的完工产品和在产品的数量资料,有关A产品在三道工序的工时消耗定额、加工程度及约当产量的计算过程见表7-4。

表7-4

按产品加工程度折算的在产品约当产量计算表

工序	各工序工时消耗定额(工时)	月末在产品数量(台)	各工序加工程度(%)	在产品约当产量(台)
I	8	200	$\frac{8 \times 50\%}{20} \times 100\% = 20\%$	40
II	8	300	$\frac{8 + 8 \times 50\%}{20} \times 100\% = 60\%$	180
III	4	350	$\frac{8 + 8 + 4 \times 50\%}{20} \times 100\% = 90\%$	315
合计	20	850	—	535

若 A 产品月初在产品和本月耗用直接人工成本累计数为 10 773 元,耗用间接制造费用累计数为 7 371 元。

$$直接人工成本分配率 = \frac{10\,773}{2\,300 + 535} = 3.80$$

$$间接制造费用分配率 = \frac{7\,371}{2\,300 + 535} = 2.60$$

则:

完工产品应负担的直接工人成本 $= 2\,300 \times 3.80 = 8\,740$(元)

月末在产品应负担的直接工人成本 $= 535 \times 3.80 = 2\,033$(元)

完工产品应负担的间接制造费用 $= 2\,300 \times 2.60 = 5\,980$(元)

月末在产品应负担的间接制造费用 $= 535 \times 2.60 = 1\,391$(元)

三、在产品按定额成本计价法

在产品按定额成本计价,即根据月末在产品数量及各项费用的定额资料计算出月末在产品的定额成本,将该产品实际发生的全部生产费用,减去按定额成本计算的在产品成本,余额即作为完工产品实际成本。各月生产费用脱离定额的差异全部由完工成本负担。它适用于生产稳定,各类消耗定额资料比较准确,而且各月月末在产品数量波动不大的产品。

【例 7-3】 假定某企业 B 产品的生产分二道工序制成,原材料在各道工序开始时一次投入,各道工序内在产品的平均加工程度为 50%,在产品的产量和定额消耗资料如下:

	原材料消耗定额（千克）	本工序工时消耗定额（工时）	在产品数量（件）
第Ⅰ工序	25	5	300
第Ⅱ工序	15	3	200
合　计	40	8	500

直接材料计划单价 1.20 元,单位产品工时定额 8 小时,计划

每工时费用分配率为：直接人工 2 元/小时，间接制造费用 2.5 元/小时。B 产品月初在产品和本月生产费用累计数为：直接材料 26 500 元，直接人工 9 480 元，间接制造费用 11 875 元。月末在产品按定额成本计价法分配本月完工产品和月末在产品成本的计算过程见表 7-5、表 7-6。

表 7-5
月末在产品定额成本计算表

工序	在产品数量	原材料费用（元）		工　时　（小时）		直接人工（元）	间接制造费用（元）	定额成本合计（元）
		单件定额	定额成本	单件累计定额	定额工时			
Ⅰ	300	25 × 1.20 =30	300×30= 9 000	5×50%=2.5	300 × 2.5 =750	1 500	1 875	12 375
Ⅱ	200	40 × 1.20 =48	200×48= 9 600	5＋3×50%= 6.5	200×6.5= 1 300	2 600	3 250	15 450
合计	500	—	18 600	—	2 050	4 100	5 125	27 825

表 7-6
产品成本计算单

产品名称：B 产品　　　　　　　　　　　　　　　　　　单位：元

摘　　　要	直接材料	直接人工	间接制造费用	合　　　计
本月生产费用累计	26 500	9 480	11 875	47 855
月末在产品成本（按定额成本）	18 600	4 100	5 125	27 825
本月完工产品成本	7 900	5 380	6 750	20 030

在产品按定额成本计价，简化了生产费用在完工产品和月末在产品之间划分的手续，各月生产费用脱离定额差异全部由完工产品成本负担，使完工产品的成本指标能及时反映当期成本管理的工作质量。

由于消耗定额比较准确，月初和月末单位在产品实际成本偏离定额的差异较小，而月初和月末在产品数量变化不大，所以每月月初和月末在产品实际成本脱离定额的差异也相差不多。这就使得月末在产品只按定额成本计价，不负担脱离定额差异，对完工产品成本不会发生多大影响。

四、定额比例法

定额比例法，即按照定额消耗量或定额成本的比例来分配计算完工产品成本和月末在产品成本的一种方法。该方法适用于消耗定额准确、稳定，各月月末在产品数量变化较大的产品。

在定额比例法下，分配标准可以选择定额成本，也可以采用定额消耗量。由于完工产品和月末在产品成本的划分一般是分别成本项目进行的，所以对直接材料成本可按定额消耗量或定额成本的比例划分，直接人工和间接制造费用可按工时的定额消耗量（定额工时）的比例分配。

采用定额比例法计算完工产品和月末在产品成本时，各成本项目的费用分配率计算公式如下：

$$费用分配率 = \frac{月初在产品费用 + 本月生产费用}{完工产品定额消耗量或定额成本 + 月末在产品定额消耗量或定额成本}$$

或：

$$费用分配率 = \frac{月初在产品费用 + 本月生产费用}{月初在产品定额消耗量或定额成本 + 本月发生定额消耗量或定额成本}$$

$$完工产品成本项目实际成本 = 该项目费用分配率 \times 完工产品该项目定额消耗量或定额成本$$

$$月末在产品某成本项目实际成本 = 该项目费用分配率 \times 月末在产品定额消耗量或定额成本$$

【例 7-4】 假定某企业 C 产品由三道工序连续加工制成。本月完工产品 800 件，原材料在生产开始时一次投入，单件产品原材料费用定额为 48 元，每道工序工时定额和在产品数量资料如下：

	工时定额（小时）	在产品数量（件）
第 I 工序	5	120
第 II 工序	4	80
第 III 工序	6	40
合　计	15	240

假定各道工序月末在产品的平均加工程度为 50％,完工产品和月末在产品之间,直接材料成本按定额费用的比例进行划分,直接人工和间接制造费用按定额工时的比例分配,具体计算过程见表 7-7。

$$月末在产品定额工时＝120×5×50％＋80×(5＋4×50％)＋40×$$
$$(5＋4＋6×50％)＝1\ 340(工时)$$

采用定额比例法分配本月生产费用,可将实际费用与定额费用进行比较,便于考核分析定额的执行情况。在产品和完工产品共同负担脱离定额差异,有利于减少月初月末在产品数量波动对成本计算准确性的不利影响。

五、在产品成本按年初固定数计算法

这种方法是将年内各月末在产品成本均按年初在产品成本计算,固定不变。各月发生的生产费用即为该月完工产品成本。年终时,根据实际盘点数和生产耗费重新调整计算确定在产品成本,作为下一年度的各月固定计价的在产品成本,以免在产品成本与实际差距过大,影响成本计算的正确性。它适用于各个月份之间在产品数量波动不大的产品,如炼铁厂、化工厂或其他有固定容器装置的在产品生产,在产品数量都较稳定,其月初月末在产品成本之间的差额对完工成本影响不大,故可以简化核算。

六、在产品按完工成本计算法

如果月末在产品接近完工,只是尚未验收或包装入库,为简化核算,可将其视同完工产品分配生产费用。换言之,完工产品和月末在产品成本按两者的数量比例分配原材料费用和各项加工费用。

七、在产品不计算成本法

这种方法的特点是:生产成本明细账中所归集的生产费用全部由完工产品负担,虽有月末在产品但不计算其成本。也即各月生产费用总和就是该月完工产品成本。它适用于在产品数量很少

表7-7

产品成本计算单

金额单位：元

成本项目 ①	月初在产品成本 ②	本月生产费用 ③	生产费用累计 ④=②+③	费用分配率 ⑤=④÷(⑥+⑧)	完工产品成本 定额 ⑥	完工产品成本 实际 ⑦=⑤×⑥	月末在产品成本 定额 ⑧	月末在产品成本 实际 ⑨=⑤×⑧
直接材料	10 457	31 975	42 432	$\dfrac{42\,432}{38\,400-11\,520}=0.85$	800×48=38 400	32 640	240×48=11 520	9 792
直接人工	1 204	4 132	5 336	$\dfrac{5\,336}{12\,000+1\,340}=0.4$	12 000（工时）	4 800	1 340（工时）	536
间接制造费用	2 900	4 437	7 337	$\dfrac{7\,337}{12\,000+1\,340}=0.55$	12 000（工时）	6 600	1 340（工时）	737
合计	14 561	40 544	55 105	—		44 040		11 065

且稳定的产品,因为计算不计算在产品成本,对完工成本的影响很小,故可简化核算。

不管采用何种分配方法,结转完工产品成本时,均借记"库存商品"账户,贷记"生产成本——基本生产"账户,"生产成本"账户月末借方余额表示月末在产品成本。

生产费用在完工产品和月末在产品之间分配的方法有多种,企业应结合生产的特点和管理上的要求选择合适的分配方法,一旦选定,不应随意变动,使不同时期的产品成本具有可比性。

复 习 题

一、名词解释题

1. 在产品　　　　　　　2. 广义在产品

3. 约当产量比例法　　　4. 在产品按定额成本计价法

5. 定额比例法

二、思考题

1. 生产费用在完工产品和在产品之间的分配方法有哪几种?如何根据企业的具体情况选择适当的分配方法?

2. 试说明定额比例法与在产品按定额成本计价法的区别。

3. 在约当产量比例法下,如何测定在产品生产过程中的投料和加工程度?

4. 简述在产品清查结果的账务处理。

三、判断题

1. 某工序在产品完工率等于到该工序为止的累计工时定额之和与完工产品工时定额的比率。　　　　　　　　(　　)

2. 人为提高月末在产品成本,会使当月完工产品成本虚增。

(　　)

3. 已经完工但尚未验收入库的在产品,其成本可以视同完工

产品计算。　　　　　　　　　　　　　　　　　　　（　　）

4. 在产品按定额成本计价法适用于各项消耗定额或费用定额比较准确、稳定，而且各月末在产品数量变动较大的产品。
　　　　　　　　　　　　　　　　　　　　　　　　（　　）

5. 在产品按定额成本计价，各月生产费用脱离定额的差异，全部由完工产品成本负担。　　　　　　　　　　　（　　）

6. 在原材料费用占产品成本比重较大，而且单位材料消耗定额比较准确、稳定的情况下，在产品按所耗原材料成本计价法和在产品按定额成本计价法可以结合运用。　　　　（　　）

7. 生产费用在完工产品和月末在产品之间分配时，按两者的定额费用比例分配，有利于分析和考核定额的执行情况。（　　）

8. 在产品按年初固定数计算法，适用于全年各月在产品计价。　　　　　　　　　　　　　　　　　　　　　　　（　　）

9. 采用约当产量比例法时，分配原材料费用与分配加工费用所用的完工率是一致的。　　　　　　　　　　　　（　　）

四、单项选择题

1. 财产清查中发现在产品盘盈，在进行账务处理时应借记（　　）账户。

　　A.“生产成本”　　　　　B.“产成品”

　　C.“在产品”　　　　　　D.“营业外收入”

2. 在完工产品和月末在产品之间分配生产费用时，完工产品成本可能出现负数，这是由于采用（　　）计价的结果。

　　A. 定额比例法

　　B. 在产品按所耗原材料成本计价法

　　C. 约当产量比例法　　　D. 在产品按定额成本计价法

3. 原材料费用按完工产品与在产品的数量比例进行分配，应具备的条件是（　　）。

　　A. 原材料费用在产品成本中所占比重较大

B. 原材料消耗定额较准确

C. 原材料在生产开始时一次投入

D. 原材料按工序逐步投入

4. 对于定额管理基础较好,各项消耗定额较准确、稳定,且各月末在产品数量变化较大的企业,生产费用在完工产品与在产品之间的分配方法适宜采用(　　)。

A. 约当产量比例法

B. 在产品按所耗原材料成本计价法

C. 在产品按定额成本计价法

D. 定额比例法

5. 在产品按所耗原材料成本计价法,适用于(　　)。

A. 原材料费用在产品成本中比重较大

B. 各月末在产品数量变化较小

C. 各月末在产品数量较小

D. 原材料在生产开始时一次投料

6. 某产品经过三道工序连续加工制成,三道工序的工时定额分别为 5 小时、3 小时和 2 小时,则该种产品在第二道工序在产品的完工率为(　　)。

A. 80%   B. 65%

C. 40%   D. 90%

7. 在产品不计算成本法适用于以下(　　)情况。

A. 月末在产品数量很少

B. 月末在产品数量较大

C. 各月在产品数量变化较大

D. 各月在产品数量基本没有变化

8. 采用在产品成本按年初固定数计算法,则平时各月的完工产品成本为(　　)。

A. 各月发生的生产费用

B. 各月的生产费用加上各该月初在产品成本

C. 各月生产费用加上各该月初在产品成本减去各该月末在产品成本

D. 各月的生产费用在完工产品和在产品之间分配后,由完工产品负担的部分

9. 如果产品的消耗定额准确、稳定,各月末在产品数量变化不大,产品成本中原材料费用所占比重较大,为简化成本计算,月末在产品可以( )。

A. 按定额原材料费用计价　　B. 按定额比例法计价

C. 按所耗原材料成本计价　　D. 按定额成本计价

五、多项选择题

1. 约当产量比例法适用于( )的分配。

A. 每道工序开始时一次投料的原材料费用

B. 随生产进度陆续均衡投料的原材料费用

C. 各种费用　　　　　　D. 薪酬等其他加工费用

2. 广义的在产品是指( )。

A. 尚在本步骤加工中的在产品

B. 等待返修的废品

C. 转入各半成品库等待继续加工的半成品

D. 对外销售的自制半成品

E. 未经验收入库的成品

3. 约当产量比例法适用于( )的产品。

A. 月末在产品数量较大

B. 月末在产品接近完工

C. 各月末在产品数量变化较大

D. 产品成本中原材料费用和工资等其他费用所占比重相差不大

E. 产品成本中原材料费用所占比重较大

4. 计算在产品完工率应考虑的因素有（　　）。

　　A. 所在工序工时定额　　B. 完工产品工时定额

　　C. 在产品数量

　　D. 到上道工序为止累计工时定额

　　E. 完工产品数量

5. 确定生产费用在完工产品与在产品之间的分配方法,应考虑的因素有（　　）。

　　A. 各月末在产品数量的变化大小

　　B. 产品成本中各项费用所占比重多少

　　C. 产品的各项消耗定额是否准确、齐全

　　D. 企业定额管理基础工作好坏

　　E. 月末在产品数量的多少

6. 采用在产品按定额成本计价法应具备的条件包括（　　）。

　　A. 产品的消耗定额比较准确

　　B. 产品生产比较稳定

　　C. 各月末在产品数量变化较大

　　D. 各月末在产品数量变化较小

　　E. 原材料费用在产品成本中所占比重较大

7. 生产费用在完工产品和在产品之间进行分配,会使本月发生的生产费用全部由本月完工产品成本负担的方法有（　　）。

　　A. 在产品不计算成本法

　　B. 在产品按定额成本计价法

　　C. 在产品成本按年初固定数计算法

　　D. 在产品按所耗原材料成本计价法

　　E. 约当产量比例法

六、核算题

核算题(一)

1. 目的　练习在产品按所耗原材料成本计价法。

2. 资料 某企业只生产 A 产品一种产品,所耗原材料在生产开始时一次投足。产品成本中原材料费用所占比重较大,月末在产品按所耗原材料成本计价。8 月初在产品成本为 13 000 元。8 月份发生生产费用如下:直接材料 147 000 元,燃料和动力费用 15 000 元,直接人工 10 000 元,制造费用 18 200 元。本月完工产品 600 件,月末在产品 200 件。

3. 要求

(1) 分配计算 A 产品完工产品成本和月末在产品成本。

(2) 登记 A 产品生产成本明细账。

核算题(二)

1. 目的 练习在产品按定额成本计价法及定额比例法。

2. 资料 某企业生产丙产品,经过两道工序连续加工制成,本月完工 752 件,原材料在生产开始时一次投入。单件产品原材料费用定额为 93 元,工时定额 10 小时。每工时直接人工费用定额 4.90 元,制造费用定额 1.70 元。各工序工时定额及在产品数量如下:

工　　序	工时定额	月末在产品数量
第Ⅰ工序	6 小时	100 件
第Ⅱ工序	4 小时	80 件
	10 小时	180 件

各工序月末在产品平均加工程度为 50%。丙产品月初及本月生产费用合计 150 333.60 元,其中:直接材料 95 343.60 元,直接人工 42 300 元,制造费用 12 690 元。

3. 要求 分别采用在产品按定额成本计价法及定额比例法分配计算完工产品成本和月末在产品成本。试分析两种方法的计算结果为何不同。

核算题(三)

1. 目的　练习约当产量比例法。

2. 资料

(1) 某企业只生产丙产品一种产品,该产品月初在产品及本月发生生产费用资料见表7-8。

表7-8

生产费用资料表

单位:元

项　　目	直接材料	直接人工	制造费用	合　　计
月初在产品成本	55 287	5 272	7 051	67 610
本月生产费用	91 753	32 648	36 399	160 800
合　　计	147 040	37 920	43 450	228 410

(2) 生产丙产品所耗原材料在生产开始时投入 50%,在加工程度达 40% 时再投料 30%,其余的 20% 在加工程度达 60% 时投入。工费成本随加工程度逐渐发生。

(3) 丙产品有关的产量资料见表7-9。

表7-9

产量资料表

项　　目	产成品	月　末　在　产　品		
		加工程度20%	加工程度50%	加工程度70%
实际产量(件)	6 000	1 500	1 800	1 000

3. 要求　按约当产量比例法划分本月完工产品和月末在产品的成本。

核算题(四)

1. 目的　练习约当产量比例法。

2. 资料 某企业生产甲产品,经三道工序连续加工制成。原材料在各道工序开始时一次投入。甲产品的原材料消耗定额、工时定额和在产品数量、废品数量如下:

工序	材料消耗定额（千克）	工时定额（小时）	月末在产品数量（件）	不可修复废品数量（件）
①	200	4	20	—
②	100	6	70	10（残值 250.85 元入库）
③	100	10	100	—
合计	400	20		

本月完工甲产品 500 件,各工序月末在产品加工程度均为本工序的 50%,不可修复废品在第二道工序的平均加工程度也为 50%。月初及本月甲产品生产费用资料见表 7-10。

表 7-10

生产费用资料表

单位:元

成 本 项 目	直接材料	直接人工	制造费用	合　计
月初及本月生产费用	268 000	91 960	55 115. 5	415 075. 5

3. 要求 采用约当产量比例法计算分配完工产品和月末在产品的成本。假定该企业单独设置"废品损失"成本项目。

第八章　产品成本计算方法概述

本章从经济发展和经济体制改革演变的角度简要分析了产品成本核算范围的变化及其原因；又具体说明了生产特点和管理要求对产品成本计算方法的影响；并对各种成本计算方法作了总括介绍。

第一节　制造成本法与完全成本法、变动成本法之比较

一、产品成本核算范围的比较

无论何种成本计算方法都必然要涉及成本核算的范围，产品成本计算根据成本核算的范围不同，分为完全成本法、制造成本法与变动成本法。三者对产品成本核算范围的主要区别见表8-1。

从表8-1可看出，完全成本法将企业全部生产费用和管理、财务费用都计入产品成本；制造成本法将生产过程中的全部费用作为产品成本，而把管理费用和财务费用作为期间成本；变动成本法只是将生产过程中的变动费用，包括直接材料、直接人工和变动性间接制造费用作为产品成本，至于固定性间接制造费用、管理费用和财务费用，则都作为期间成本，使期间成本的外延进一步扩大。需要说明的是，在管理会计中提及的完全成本法，就是表8-1介绍的制造成本法，它与表8-1介绍的完全成本法相比，显然还不够完全。

表 8-1

产品成本核算范围的比较

项　　目	完全成本法	制造成本法	变动成本法
直接材料	√	√	√
直接人工	√	√	√
间接制造费用：			
变动费用部分	√	√	√
固定费用部分	√	√	
管理费用	√		
财务费用	√		

注：项目作"√"记号表示列入产品成本核算范围。

二、各种成本法对损益影响的比较

完全成本法、制造成本法和变动成本法，由于对期间成本的处理不同，不仅影响产品成本的构成，还波及对损益的计量。从长远看，不论是产品成本还是期间成本，都要减少收入的，但从某一特定时期看，如果产品存货有波动，则期间成本计入产品成本与否和多少，都会影响损益的确定。试举一简例说明之。

假定某企业某月只生产甲产品，月初、月末均无在产品，月初也无库存产成品，该月生产和销售的有关资料如表 8-2 所示。

表 8-2

甲产品某月生产和销售情况

投产量	完工量	单位变动成本	固定制造费用总额	管理费用总额	财务费用总额	销售量	单位售价
400 件	400 件	80 元	12 000 元	9 600 元	2 400 元	200 件	180 元

根据表 8-2 所列资料，分别按完全成本法、制造成本法和变动成本法计算产品成本和销售利润。计算结果见表 8-3。

表 8-3

各种成本法对损益的不同影响

单位：元

项　　目	方　　法		
	完全成本法	制造成本法	变动成本法
产品销售收入	36 000(180×200)	36 000	36 000
产品销售成本	28 000(140×200)	22 000(110×200)	16 000(80×200)
期间成本	——	12 000	24 000
营业利润或亏损	8 000	2 000	—4 000

三、各种成本法作用的比较

完全成本法、制造成本法与变动成本法对产品成本核算的范围不同，所发挥的作用也不一样。

完全成本法适用于高度集中的计划经济体制下的产品成本核算。在这种经济体制下，工业企业的主要任务是生产，缺乏独立经营的自主权和其他条件。对企业考核的主要指标是成本，为了便于国家和上级主管部门对企业成本直接进行考核，所以采用完全成本法，强调成本概念的完整性和综合性，试图以包罗万象的成本指标全面反映企业的生产耗费与管理水平。而且管理费用等支出在企业全部耗费中所占比重较小，没有必要与产品的制造费用划分而单独核算。企业不能直接从社会上多渠道筹措资金，也无须考虑投资者对经营成果计量和资产计价的要求。采用完全成本法，还便于国家物价管理机构按照成本加成对产品定价。

随着市场经济的发展，政府部门经济管理职能和企业经营机制发生了重要转变。国家不再对企业的成本进行直接考核，而企业作为商品生产经营的独立主体，发生的管理费用、财务费用也大为增加。会计报表的使用者包括外部投资者，又对企业的损益计算和存货计价提出了更高的要求。完全成本法发挥作用的环境和条件起了根本变化，使它的弊端明显扩大。如果仍然将与具体产品生产没有直接因果关系的管理费用、财务费用,按种种假设分摊到在产品、库存产成品和销售产品成本中,则可能在产量大于销量的情况下发生虚盈实亏的不正常现象。因为大量的期间成本没有计入当期损益而被转移到存货成本之中。为了克服这一弊端,也为了增强成本指标的客观性和真实性,减少成本核算的工作量,于是制造成本法取而代之。此种方法比较强调成本发生与产品生产的相关性,它将管理费用、财务费用与发生期相联系而直接计入当期损益。采用制造成本法,更有利于收入与费用配比,使利润指标能够更敏感地反映企业当期的经营成果。

社会生产和经济的日益发展,使企业处于市场竞争十分激烈的外部环境之中,要求成本会计为强化企业内部管理提供有助于预测、决策和控制的各种成本资料,于是变动成本法应运而生。变动成本法不仅将管理费用、财务费用作为期间成本处理,而且把制造费用划分为变动费用和固定费用两大部分:对于在生产过程中发生并随产量变动而变动的费用,作为产品生产的真正耗费;对于固定费用则作为在一定时期为企业提供一定生产经营条件而发生的耗费,直接计入费用发生当期的损益,不递延到下一会计期。变动成本法揭示了业务量与成本变动的内在规律,从理论上讲,它最符合收入与费用相配比的要求。当然,变动成本法提供的成本资料也有局限性,例如不能满足长期经营决策和产品定价决策的信息需求,因为从长期的观点看,单位变动成本和固定成本总额很难固定不变,而产品的定价则应考虑使变动成本和固定成本都得到补偿。变动成本法对于变动成本和固定成本的划分,在较大程度上依靠人为的假设。但是,变动成本法的产生和运用,有利于分清责任和寻求降低成本的途径,为强化企业内部的经营管理开创了新路,为预测前景、参与短期决策和规划未来提供了极为有用的信息。

制造成本法与变动成本法在现阶段两者并存,分别在企业经营管理活动中发挥不同的作用。在企业对外报告中广泛地运用按制造成本法所提供的信息，例如在资产负债表上对产成品、在产品等存货的计价，在利润表上对销货成本的计算等。使会计报告具有合法性和对企业外部提供公认的会计资料，是制造成本法最大的作用。在企业内部经营管理中，则越来越多地运用按变动成本法提供的信息，例如对于接受追加订货的决策、最优生产批量的决策等。为企业内部各级管理人员提供有助于他们对生产经营活动进行预测、决策和控制的成本信息，是变动成本法的重要作用。本书在阐述产品成本核算时均采用制造成本法。

第二节 生产特点与管理要求对成本计算方法的影响

一、产品生产的分类

产品成本的计算，就是系统地记录生产产品所发生的费用，按照一定的对象和标准进行归集与分配，确定各种产品的总成本和单位成本。计算产品成本有各种不同的方法，这些方法的产生与运用，在很大程度上取决于企业生产的类型和内部职能。企业生产的类型又可以根据工艺过程特点和组织方式进行划分。生产的工艺过程特点、组织方式、内部职能不同，产品成本的计算方法也不同或会受到影响。

（一）生产按工艺过程的特点分类

生产按工艺过程是否能间断划分为单步骤生产和多步骤生产。

单步骤生产是指生产过程在工艺上不可间断的生产。例如发电、供水、煤气生产等。单步骤生产的工艺过程"一气呵成"，过程中间没有自制半成品产出，产品的生产周期一般较短。

多步骤生产是指生产过程由若干个在工艺上可以间断的加工

步骤所组成的生产。多步骤生产又可以按劳动对象的加工程序划分为连续加工式生产和平行加工式生产。

连续加工式生产是指原材料投入后逐步经过若干步骤的连续加工制成产成品的生产。连续加工式生产除了最后步骤生产出完工产品外,其余步骤完工的产品都是自制半成品,它们往往又是后续步骤的加工对象,例如纺织、冶金等生产。在纺织生产过程中,棉花需经过清棉、梳棉、并条、粗纺、细纺等步骤制成棉纱,棉纱经过络筒、整经、浆纱、穿经、织造等步骤,织成棉布。

平行加工式生产(又称装配式生产)是指各种原材料投入后分别加工制成各种零部件,再将零部件装配成产成品的生产。例如手表、自行车、缝纫机等生产。在自行车厂,金属材料分别经过冲压、切削、电焊、电镀等加工步骤,制成车把、把立管、前叉、车架、安全闸、灯架等零部件,然后与其他材料构成的部件装配成自行车。

(二)生产按组织方式分类

生产按组织方式划分为大量生产、成批生产和单件生产。生产的组织方式是指生产的专业化程度,即一定时期内产品生产的重复性。

大量生产是指不断重复相同品种的产品生产。例如纺织、冶金、啤酒生产等。其所生产的产品品种稳定,产量大。由于生产专业化程度高,可采用专用设备进行生产。例如,纺织厂所用的混棉机、梳棉机、粗纱机、细纱机、织机等都属于专用设备。

成批生产是指按规定数量和规格,隔一段时期重复生产某种产品的生产。例如服装、电梯、印刷等生产。成批生产的各种产品,按每批数量多少不等,又可划分为大批生产与小批生产。大批生产的特点与大量生产相类似,小批生产的特点与单件生产相类似。

单件生产是指根据购买者定单制造特定品种与规格的个别产品的生产。例如造船、大型组装仪表等。其在较长时期内一般不重复生产相同品种的产品,产品的稳定性差,大多采用通用设备如机床、测试设备等进行生产。

（三）生产按其内部职能的分类

生产按其内部职能划分为基本生产和辅助生产。

基本生产是指为了直接完成主要生产目的而进行的产品生产。例如机器制造厂的铸造、锻压、金工、装配等生产。从事基本生产的车间可以按工艺专业化形式组成，就是将同类工艺设备、相同工种工人和同一工艺加工方法集中于一个车间，此类车间只完成产品生产过程的某一阶段任务。例如电镀车间，它主要对各种零件的表面进行处理，镀上一层薄薄的金属层。基本生产车间也可以按对象专业化形式组成，即以产品（或零件、部件）为对象设置，它将制造某种产品所需各种类型的设备和不同工种的工人集中于一个车间，对该产品（或零件、部件）进行不同工艺的加工。此类车间能基本独立完成该产品（或零件、部件）的全部工艺过程，所以也称封闭式车间。例如在食品厂的冷饮车间，紫雪糕从配料、混合、均质乳化、预热、灌注、冻结、脱模、巧克力涂层，直至包装入库，都可在这个车间内完成。

辅助生产是指为企业基本生产服务而进行的生产。它主要为基本生产提供产品和劳务。例如保温瓶厂的机器修理、模具制造等。从事辅助生产的车间称为辅助生产车间。

应该指出，在一个工厂、一个车间内的产品生产并非都是一种生产类型。例如，一家洗衣机厂的生产，从整个工厂来看，洗衣机的外壳、洗缸、叶轮总成和微型电动机等部件都是平行加工制成的，然后组装整台洗衣机，属于装配式的大量生产，但其锻压车间、金工车间对外壳等部件的生产，则可以是连续式的成批生产。又如，洗衣机厂中的车间组织形式，既可以有按工艺专业化建立的生产车间（如锻压车间、金工车间、装配车间等），也可以有按对象专业化建立的生产车间（如电动机生产车间）。在一个车间内部，也可以将两种专业化形式结合运用。

二、生产类型对成本计算方法的影响

企业采用何种方法计算产品成本,在很大程度上取决于产品的生产类型,而生产类型对成本计算方法的影响主要表现在成本计算对象的确定上,此外,还对生产费用计入产品成本的程序、成本计算期的确定、生产成本在产成品和在产品之间的划分等诸方面产生影响。

(一)生产类型对成本计算对象的影响

成本计算对象是承担成本的客体,也即费用归集与分配的目标。确定成本计算对象是设置成本明细账、归集与分配生产费用、正确计算产品成本的重要前提。

在大量大批单步骤生产中,由于不断地重复生产同种产品,生产过程中又没有自制半成品产出,只能以产品的品种作为成本计算对象。

在大量大批多步骤生产中,一般以各加工步骤的产品作为成本计算对象,或计算各步骤半成品(最后步骤为产成品)的成本,或计算产成品在各步骤分别发生的耗费。

在单件小批生产中,由于产品是按客户定单或批别组织生产的,所以有必要也有条件以产品的定单或批别作为成本计算对象。

(二)生产类型对生产费用计入产品成本的程序的影响

生产费用计入产品成本的程序,是指产品生产过程所消耗的原材料、燃料、动力、薪酬、固定资产折旧等费用,经过一系列的归集与分配,最后汇总成产品成本的步骤和方法。

产品的生产类型不同,生产费用计入产品成本的程序也有所区别。

在大量生产单一产品的企业或车间,成本计算对象只有一个,产品生产所发生的全部生产费用可以直接计入该产品成本。

在单件小批生产情况下,由于产品的品种、批别较多,产品生产所发生的生产费用,若能确定为生产某一批产品所发生,应直接计入该批产品成本;若不能直接计入,则应先归集后按一定标准分配计入各有关批别产品成本。

在大量大批多步骤生产情况下,生产费用计入产品成本的过程,往往也就是计算各步骤半成品成本并随其实物转移而逐步结转的过程。产品在各加工步骤的生产费用,好像"滚雪球"似的累积成完工产品成本。如果不需要计算各步骤半成品成本,也可将完工产品在各步骤加工所发生的费用,如"拼盘"式地组合成完工产品成本。

(三)生产类型对成本计算期的影响

成本计算期,是指对生产费用计入产品成本所规定的起讫日期。

在大量大批生产情况下,一种产品连续不断或经常重复地生产出来,为了计算损益的需要,只能定期按月计算产成品的成本。

在单件小批生产情况下,各批产品的生产周期往往不同,而且批量小,生产不重复或重复少,有条件按照各批产品的生产周期计算产品成本。在工业生产中,产品生产周期是指从原材料投入到产品制成并验收为止所经过的时间,它通常与日历月份不相吻合。所以,单件小批生产的成本计算期与会计报告期往往不一致。

(四)生产类型对在产品计价的影响

在产品计价实质上是将产品成本在完工产品与在产品之间进行划分。

产品生产周期很短的单步骤生产,月末一般没有在产品,或者虽有在产品,但数量、金额较小,不计算在产品成本影响不大,当月归集的生产费用即为当月完工产品成本。

在单件小批生产情况下,由于成本计算期与产品生产周期一致,一般不需要将产品成本在完工产品与在产品之间划分。当某件或某批产品完工时,所归集的生产费用全部为完工产品成本;当某件或某批产品尚未完工时,所归集的生产费用全部为在产品成本。

在大量大批多步骤生产情况下,产品生产周期较长,且与成本计算期不一致,各步骤往往存在多少不等的在产品,需要采用适当的方法,将产品成本在完工产品与在产品之间划分。

三、管理要求对成本计算方法的影响

成本计算对象的确定,不完全取决于企业生产类型的特点,还受到企业内部管理要求的影响。例如,确定单件小批生产的成本计算对象时,可以根据经济、合理地组织生产和便于管理的需要,对客户的定单作适当合并或再划小批别,按重新组织的生产批别作为成本计算对象。又如,确定大量大批多步骤生产的成本计算对象时,对管理上不需要计算半成品成本的加工步骤可作适当归并,以减少成本计算对象和简化核算。

第三节　产品成本计算的方法

一、产品成本计算的基本方法

综上所述,生产特点和管理要求在多方面对产品成本计算发生影响。不同的成本计算对象、生产费用计入产品成本的程序、成本计算期、在产品计价方法相互结合,形成各种不同的成本计算方法。一般认为,在构成成本计算方法的各要素中,成本计算对象是决定性因素,是区分不同成本计算方法的主要标志。产品成本计算对象不外乎产品品种、批别、生产步骤三种,产品成本计算的基本方法也有如下三种:品种法、分批法、分步法。由于这三种方法与生产类型的特点有直接联系,而且涉及成本计算对象的确定,是计算产品实际成本必不可少的方法,所以是归属于产品成本计算的基本方法。生产特点和管理要求对三种基本方法的影响,见表8-4。

表 8-4

生产特点和管理要求对产品成本计算的影响

产品成本计算方法	成本计算对象	生产组织	生产工艺过程特点和成本管理要求
品种法	产品品种	大量大批生产	单步骤生产或管理上不要求分步骤计算成本的多步骤生产
分批法	产品批别	单件小批生产	单步骤生产或管理上不要求分步骤计算成本的多步骤生产
分步法	产品生产步骤	大量大批生产	管理上要求分步骤计算成本的多步骤生产

二、产品成本计算的辅助方法

除了以上三种基本的产品成本计算方法外,在实际工作中还有一些辅助的产品成本计算方法,如分类法、定额法等。它们与生产类型并无固定联系,对成本计算对象也无特定要求,而且必须与前述三种基本方法结合运用。例如,在定额管理较好,消耗定额比较准确、稳定的多步骤生产机械制造企业,可在分步法的基础上采用定额法计算产品成本。又如,对于产品品种、规格繁多的企业,可采用品种法与分类法相结合计算产品成本,以简化核算。

在实务中,生产情况是复杂的,管理上要求也是多方面的,可以根据具体条件将几种成本计算方法结合运用于一种产品的成本计算,而在一个工厂或生产车间,也可以同时应用若干种成本计算方法。

复 习 题

一、名词解释题

1. 完全成本法   2. 制造成本法
3. 变动成本法   4. 成本计算对象
5. 成本计算期

二、思考题

1. 试比较完全成本法、制造成本法、变动成本法下产品成本构成的区别。试说明成本核算范围不同对损益的影响。

2. 试分析完全成本法、制造成本法、变动成本法的不同作用。

3. 产品成本计算方法一般由哪些要素构成？

4. 试分析生产类型对产品成本计算方法的影响。

5. 产品成本计算有哪些基本方法和辅助方法？

三、判断题

1. 成本计算对象是区分产品成本计算基本方法的主要标志。
（　　）

2. 产品成本计算的辅助方法与成本计算对象没有一定关系。
（　　）

3. 企业的产品生产按照工艺技术过程可分为大量生产、成批生产和单件生产。（　　）

4. 纺织、机械制造等企业一般采用分步法计算成本。（　　）

5. 发电、采掘企业属于大量大批的多步骤生产。（　　）

6. 产品成本计算方法分为基本方法和辅助方法，是从计算产品实际成本是否必不可少的角度划分的。（　　）

7. 变动成本法下的产品成本，包括全部成本中的变动成本。
（　　）

8. 在生产量大于销售量的情况下，一般来说，按变动成本法确定的营业利润大于按制造成本法、完全成本法所确定的营业利润。（　　）

9. 在一个工厂内可以同时采用几种产品成本计算方法，但对同一种产品只能采用一种产品成本计算方法。（　　）

10. 进行产品成本核算，都必须划分完工产品与月末在产品的费用界限。（　　）

11. 产品成本计算的基本方法可以在成本计算中单独使用，

也可以结合使用。产品成本计算的辅助方法亦如此。 （   ）

四、单项选择题

1. 下列属于产品成本计算辅助方法的是（   ）。
   A. 品种法   B. 分批法
   C. 分类法   D. 分步法

2. 工业企业的生产按其组织方式不同,可分为（   ）。
   A. 大量生产、成批生产和单件生产
   B. 单步骤生产和多步骤生产
   C. 简单生产和复杂生产
   D. 连续式生产和装配式生产

3. 在采用变动成本法的情况下,计入产品成本的是（   ）。
   A. 变动生产成本   B. 全部变动成本
   C. 直接材料和直接人工   D. 全部生产成本

4. 划分产品成本计算的基本方法和辅助方法的标准
   是（   ）。
   A. 生产工艺的复杂程度   B. 成本计算工作的繁简
   C. 成本计算是否及时
   D. 对于计算产品实际成本是否必不可少

五、多项选择题

1. 产品成本计算的基本方法有（   ）。
   A. 分步法   B. 分批法
   C. 品种法   D. 定额法

2. 生产特点和管理要求对产品成本计算的影响表现
   在（   ）方面。
   A. 确定成本计算对象   B. 在产品计价
   C. 成本计算期
   D. 生产费用归集与分配的程序

3. 企业在选择产品成本计算的基本方法时,应考虑的因素有( )。

    A. 产品的生产组织   B. 产品品种规格多少

    C. 成本管理要求   D. 产品的工艺过程特点

4. 变动成本法与完全成本法的区别有( )。

    A. 损益计算的结果不同

    B. 存货成本的构成内容不同

    C. 产品成本核算的范围不同

    D. 生产费用在完工产品与在产品之间分配方法不同

六、核算题

1. 目的   比较成本核算范围不同对损益和存货的影响。

2. 资料   某厂只生产一种产品,当年投产当年全部完工。2007 年年初库存产品为 0。2007 年和 2008 年两年的生产量分别为 60 000 件和 48 000 件,销售量分别为 40 000 件和 60 000 件。该厂存货发出的计价采用先进先出法。单件产品变动成本为 10元,固定制造费用每年发生额为 240 000 元;管理费用与财务费用假定全部为固定费用,每年发生额分别为 180 000 元与 6 000 元。单件产品售价为 20 元。为简化,本题不考虑流转税。

3. 要求

(1) 根据上述资料,分别采用完全成本法、制造成本法和变动成本法计算:

    A. 2007 年度营业利润 2007 年年末产品存货金额;

    B. 2008 年度营业利润 2008 年年末产品存货金额。

(2) 试分析采用不同成本法所确定营业利润和存货金额产生差异的原因。

第九章　产品成本计算的品种法

企业应根据生产特点,包括生产组织的特点和生产工艺的特点以及成本管理的要求,选择适当的成本计算方法。但不论采用何种成本计算方法,最终都必须按产品品种计算出产品成本,这是成本计算最一般的要求。品种法是产品成本计算的最基本方法。本章是在前面各章阐述费用计入产品成本基本程序的基础上,进一步介绍品种法的适用范围和特点。对品种法的特例——简单法,主要介绍其特点,对品种法的延伸——分类法,主要介绍影响分类法成本计算的关键因素。

第一节　品种法概述

产品成本计算的品种法,是按产品品种归集生产费用和计算产品成本的一种成本计算方法。采用品种法,不要求按产品批别、产品生产步骤计算产品成本,只要求计算出最终各种产品成本。

一、品种法的适用范围

品种法主要适用于大量大批单步骤生产的成本计算。单步骤生产,其工艺过程不能间断,大量大批生产的企业,不断地重复生产相同品种的产品,因而成本计算不可能按产品生产步骤、产品批别进行,只能按产品品种计算成本,如供电、煤气等企业。

品种法还适用于大量大批多步骤生产,但管理上不要求分步骤计算产品成本的企业。在大量大批多步骤生产的企业中,如果生产规模较小,各步骤生产的半成品只能满足本企业连续加工的需要,直到产品加工完毕,因此管理上不要求分步骤计算产品成本,只要求按照产品品种计算成本,如饼干厂、制砖厂等。

二、品种法的特点

(一)成本计算对象

品种法以各种产品作为成本计算对象,并据以设置产品成本明细账归集生产费用和计算产品成本。如果企业生产的产品不止一种,就需要以每种产品作为成本计算对象,分别设置产品成本明细账。

(二)产品成本的计算程序

前面各章所述的费用计入产品成本的程序,就是品种法下产品成本的计算程序,见图 9-1。

(三)成本计算期

由于大量大批生产的企业,其生产是连续不断地进行的,为了按月计算损益,因而产品成本是定期按月计算的,与会计期间一致,与产品生产周期不一致。

(四)在产品计价

如果产品生产周期较短,月末没有在产品或在产品数量很少,算不算在产品成本对产品成本影响不大,因而可以不计算在产品成本。各种产品成本明细账中所归集的生产费用,全部是各该种完工产品的总成本,将总成本除以产量就是各该种完工产品的单位成本。如果月末有在产品,而且数量较多,可以根据具体情况采用第七章所述的各种方法,将所发生的生产费用在完工产品和月末在产品之间分配。

三、品种法举例

某厂为大量大批单步骤生产的企业,采用品种法计算产品成本。企业设有一个基本生产车间,生产甲、乙两种产品,还设有一个辅助生产车间——运输车间。该厂 20××年 5 月份有关产品成本核算资料如下。

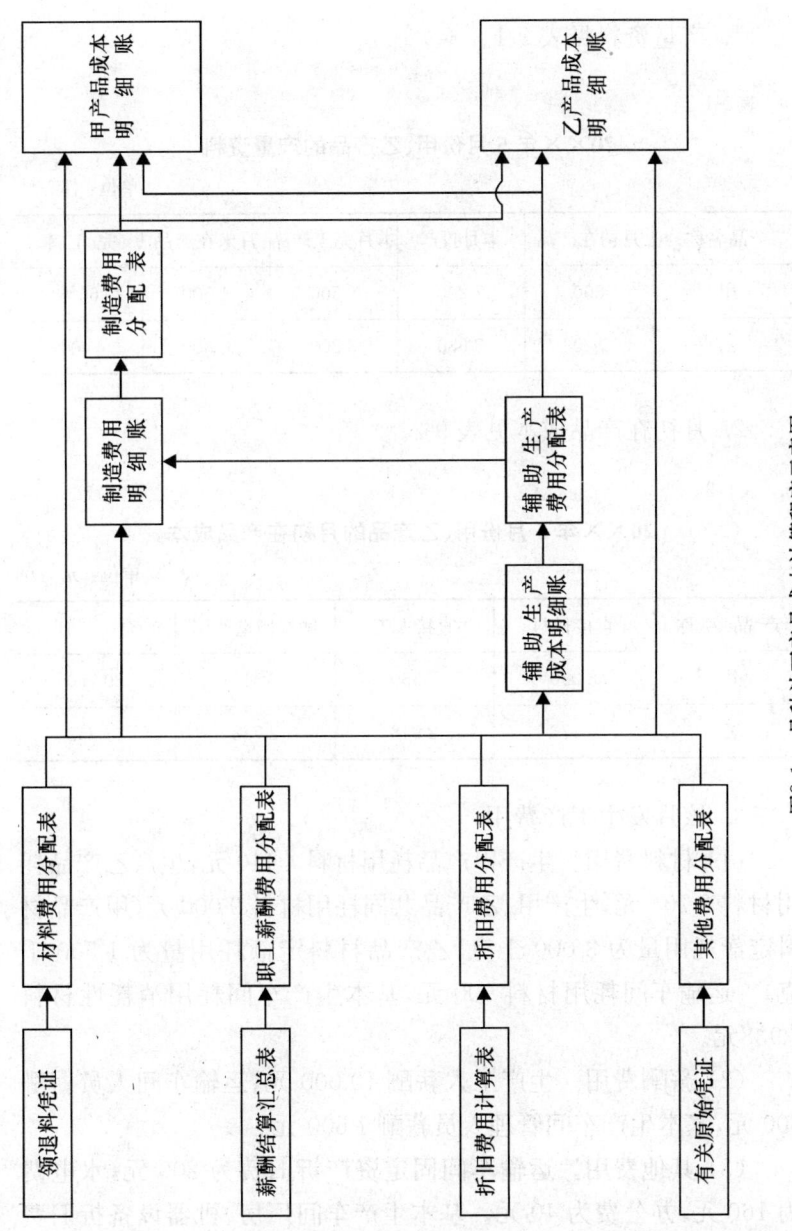

图9-1 品种法下产品成本计算程序示意图

1. 产量资料见表9-1。

表9-1

20××年5月份甲、乙产品的产量资料

单位：件

产品名称	月初在产品	本月投产	本月完工产品	月末在产品	完 工 率
甲	800	7 200	6 500	1 500	60%
乙	320	3 680	3 200	800	40%

2. 月初在产品成本见表9-2。

表9-2

20××年5月份甲、乙产品的月初在产品成本

单位：元

产品 名 称	直接材料	直接人工	间接制造费用	合 计
甲	8 090	5 860	6 810	20 760
乙	6 176	2 948	2 728	11 852

3. 该月发生生产费用。

（1）材料费用。生产甲产品耗用材料4 410元，生产乙产品耗用材料3 704元，生产甲、乙产品共同耗用材料9 000元（甲产品材料定额耗用量为3 000千克，乙产品材料定额耗用量为1 500千克）。运输车间耗用材料900元，基本生产车间耗用消耗性材料1 938元。

（2）薪酬费用。生产工人薪酬10 000元，运输车间人员薪酬800元，基本生产车间管理人员薪酬1 600元。

（3）其他费用。运输车间固定资产折旧费为200元，水电费为160元，办公费为40元。基本生产车间厂房、机器设备折旧费为 5 800 元,水电费为 260 元,办公费为 402 元。

4. 工时记录。甲产品耗用实际工时为 1 800 小时,乙产品耗用实际工时为 2 200 小时。

5. 本月运输车间共完成 2 100 公里运输工作量,其中:基本生产车间耗用 2 000 公里,企业管理部门耗用 100 公里。

6. 该厂有关费用分配方法。

(1) 甲、乙产品共同耗用材料按定额耗用量比例分配。

(2) 生产工人薪酬按甲、乙产品工时比例分配。

(3) 辅助生产费用按运输公里比例分配。

(4) 制造费用按甲、乙产品工时比例分配。

(5) 按约当量比例法分配计算甲、乙完工产品成本和月末在产品成本。甲产品耗用的材料随加工程度陆续投入,乙产品耗用的材料于生产开始时一次投入。

采用品种法对该厂产品成本计算见表 9-3 至表 9-11。

表 9-3

材料费用分配表

单位:元

应 借 账 户		成本或费用项目	直接计入	分配计入(分配率2)	合 计
生产成本——基本生产	甲产品	直接材料	4 410	6 000	10 410
	乙产品	直接材料	3 704	3 000	6 704
	小 计		8 114	9 000	17 114
生产成本——辅助生产——运输		机物料消耗	900		900
制造费用		机物料消耗	1 938		1 938
合 计			10 952	9 000	19 952

表 9-4

薪酬费用分配表

单位：元

应 借 账 户		成本或费用项目	直接计入	分配计入(分配率2.5)	合 计
生产成本——基本生产	甲产品	直接人工		4 500	4 500
	乙产品	直接人工		5 500	5 500
	小 计			10 000	10 000
生产成本——辅助生产——运输		薪酬	800		800
制造费用		薪酬	1 600		1 600
合 计			2 400	10 000	12 400

表 9-5

其他费用汇总表

单位：元

应 借 账 户	费用项目	金 额
生产成本——辅助生产——运输	折旧费	200
	水电费	160
	办公费	40
	小 计	400
制造费用	折旧费	5 800
	水电费	260
	办公费	402
	小 计	6 462
合 计		6 862

表 9-6

辅助生产成本明细分类账

单位：元

月	日	摘 要	燃料及动力	薪 酬	折旧费	水电费	办公费	合 计
5	31	材料费用分配表	900					900
		薪酬费用分配表		800				800
		其他费用汇总表			200	160	40	400
		合 计	900	800	200	160	40	2 100
		分配转出	900	800	200	160	40	2 100

表 9-7

辅助生产费用分配表

金额单位:元

应借账户	费用项目	耗用劳务数量	分配率	分配额
制造费用	运输费	2 000	1	2 000
管理费用	运输费	100	1	100
合　计		2 100		2 100

表 9-8

制造费用明细分类账

单位:元

月	日	摘　要	机物料消耗	薪酬	折旧费	水电费	办公费	运输费	合　计
5	31	材料费用分配表	1 938						1 938
		薪酬费用分配表		1 600					1 600
		其他费用汇总表			5 800	260	402		6 462
		辅助生产费用分配表						2 000	2 000
		合　计	1 938	1 600	5 800	260	402	2 000	12 000
		分配转出	1 938	1 600	5 800	260	402	2 000	12 000

表 9-9

制造费用分配表

金额单位:元

应　借　账　户		成本项目	生产工时(小时)	分配率	分配额
生产成本——基本生产	甲产品	间接制造费用	1 800	3	5 400
	乙产品	间接制造费用	2 200	3	6 600
合　计			4 000		12 000

表 9-10

产品成本明细账

产品名称：甲产品　　　　　　　　　　　　　　　　　　　　单位：元

月	日	摘　　要	直接材料	直接人工	间接制造费用	合　　计
5	1	月初在产品成本	8 090	5 860	6 810	20 760
	31	本月生产费用	10 410	4 500	5 400	20 310
		生产费用累计	18 500	10 360	12 210	41 070
		约当产量	7 400	7 400	7 400	
		分配率(单位成本)	2.5	1.4	1.65	5.55
		产成品成本	16 250	9 100	10 725	36 075
		月末在产品成本	2 250	1 260	1 485	4 995

表 9-11

产品成本明细账

产品名称：乙产品　　　　　　　　　　　　　　　　　　　　单位：元

月	日	摘　　要	直接材料	直接人工	间接制造费用	合　　计
5	1	月初在产品成本	6 176	2 948	2 728	11 852
	31	本月生产费用	6 704	5 500	6 600	18 804
		生产费用累计	12 880	8 448	9 328	30 656
		约当产量	4 000	3 520	3 520	
		分配率(单位成本)	3.22	2.4	2.65	8.27
		产成品成本	10 304	7 680	8 480	26 464
		月末在产品成本	2 576	768	848	4 192

第二节　品种法的特例——简单法

在单步骤大量生产的企业中，如果产品品种单一，全部生产费用都是直接计入费用，不需要将生产费用在各种产品之间分配；如果产品的生产周期比较短，没有在产品，或者在产品数量很少，全部生产费用都是完工产品成本,不需要将生产费用在完工产品和月末在产品之间分配,其所采用的品种法在实务上称简单法。由此可见,简单法是品种法的特例。

一、简单法的适用范围

简单法适用于产品品种单一,生产周期较短的单步骤大量生产。例如发电厂,其生产工艺过程在技术上不可间断,没有在产品和半成品,只有一种产品:电力,其生产组织为大量生产,不断重复生产同一种产品。

二、简单法的特点

（一）成本计算对象

只有一个成本计算对象。设置一个产品成本明细账,并按生产费用要素适当结合用途设置成本项目。

（二）产品成本的计算程序

全部生产费用都是直接计入费用,在费用发生时,直接计入产品成本明细账的有关成本项目。

（三）成本计算期

生产周期较短的大量生产企业,产品成本的计算是定期按月进行的,不可能与生产周期一致。

（四）在产品计价

一般月末没有在产品,不需将生产费用在完工产品和月末在产品之间分配。

在简单法下:

$$本期生产费用 = 本期完工产品总成本$$

$$本期完工产品单位成本 = \frac{本期生产费用}{本期产品产量}$$

三、简单法举例

某发电厂专门生产电力,除对外供应外,还有部分本厂自用。其产品成本明细账中设有生产用燃料、生产用水、职工薪酬、折旧

表9-12

产品成本明细账

单位:元

19×8年		摘 要	生产用燃料	生产用水	职工薪酬	折 旧 费	修 理 费	其他费用	合 计
月	日								
5	31	燃料费用分配表	1 440 000						1 440 000
		水费分配表		810 000					810 000
		薪酬费用分配表			158 000				158 000
		计提职工薪酬费用分配表			22 120				22 120
		折旧费用分配表				360 000			360 000
		支付修理费					270 000		270 000
		其他费用分配表						90 000	90 000
		合 计	1 440 000	810 000	180 120	360 000	270 000	90 000	3 150 120
		产成品总成本 (9 000 000千瓦时)	1 440 000	810 000	180 120	360 000	270 000	90 000	3 150 120
		产成品单位成本	0.16	0.09	0.02	0.04	0.03	0.01	0.35
		结转产成品成本	1 440 000	810 000	180 120	360 000	270 000	90 000	3 150 120

① 在计算电力单位成本时，应按对外供电的数量计算。

费、修理费和其他费用等成本项目。

该厂19×8年5月份产量资料为:发电量9 850 000千瓦时,其中本厂自用850 000千瓦时,其余对外供应。该厂电力成本计算见表9-12。

第三节 品种法的延伸——分类法

成本计算分类法是按产品类别归集生产费用,在计算出各类产品成本的基础上,再按一定标准在类别内部各种产品之间分配费用的一种成本计算方法。在产品品种繁多,但可以按照一定标准分类的生产企业,采用分类法可以简化成本计算工作。

一、分类法的适用范围

1. 适用于用同样原材料、经过同样工艺过程生产出来的不同规格的产品。例如灯泡厂生产各种不同类别和瓦数的灯泡,针织厂生产各种不同类别和规格的针织品等。

2. 适用于用同一种原材料进行加工而同时生产出几种主要产品——联产品的成本计算。联产品耗用的原材料和生产工艺过程相同,只能归为一类计算成本。

3. 适用于除主要产品之外的零星产品生产。虽然零星产品所耗原材料、生产工艺过程不同,品种、规格较多,但由于数量比较少,费用比较小,为了简化成本计算,可以归类计算产品成本。

4. 适用于在生产主要产品的生产过程中,附带生产一些非主要产品——副产品(例如炼钢厂的炉渣;煤气厂的水柏油等)的生产。将主副产品归为一类计算成本,然后将副产品成本按一定方法计价从总成本中扣除,余额即为主产品成本。

5. 适用于由于内部结构、所耗原材料质量或工艺技术等客观因素发生变化而造成的不同等级的产品。但如果不同等级的产品是由于工人操作失误造成的,不能采用分类法计算成本。

二、分类法的成本计算程序

1. 将产品划分为不同的类别,并以产品类别作为成本计算对象,设置产品成本明细账,归集生产费用,计算出各类完工产品总成本。

2. 选择一定标准将各类完工产品总成本在类别内部的各种产品之间进行分配,计算出各种产品的总成本和单位成本。分类法的成本计算程序如图 9-2 所示。

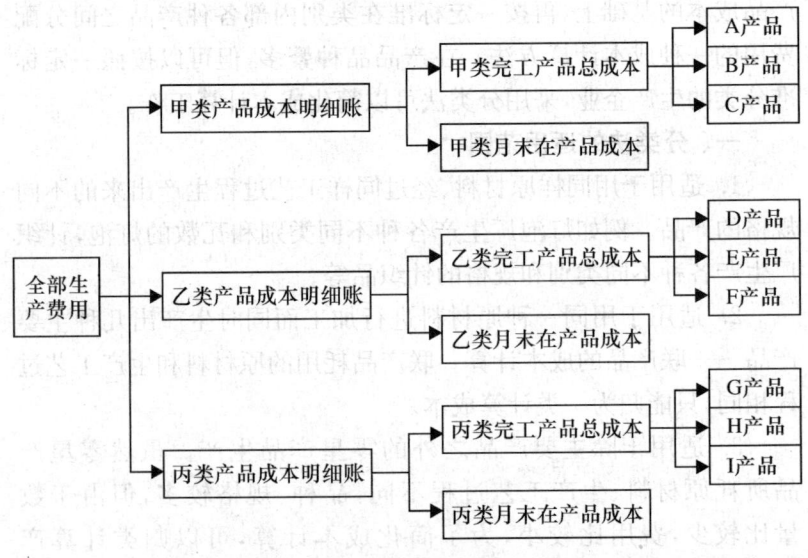

图 9-2 分类法成本计算程序示意图

三、影响分类法成本计算正确性的因素

合理划分产品类别,选择适当的类内成本分配标准,是影响分类法成本计算的关键。

（一）确定产品类别

产品类别的确定是否适当,是采用分类法时能否做到既简化成本计算工作,又使各类产品成本计算相对正确的关键。一般应将产品的结构、生产工艺技术和所耗原材料基本相同或相近的产品归为一类。类距定得太大，会影响成本计算正确性；类距定得太小，起不到简化成本计算工作的作用。

（二）选择类内产品费用分配标准

类内产品费用分配标准是否合理，是影响各种产品成本计算相对正确的关键。类内产品费用分配标准有：定额消耗量、定额费用、售价，以及产品的重量、体积和长度等。选择分配标准时，必须尽可能选择与产品成本的高低关系较大的分配标准。各成本项目可采用同一分配标准，也可采用不同的分配标准，以便使分配结果更加合理。

四、类内产品成本的分配方法及其举例

（一）定额比例法

如果企业定额基础比较好，各项消耗定额比较齐全、准确和稳定，某类完工产品总成本可按该类内各种产品的定额消耗指标比例进行分配，这种方法称定额比例法。

$$\frac{\text{某类产品某项}}{\text{费用分配率}} = \frac{\text{该类完工产品该项费用总额}}{\text{该类内各种产品该项费用的定额成本（或定额耗用量）之和}}$$

$$\frac{\text{类内某种产品某项}}{\text{费用的实际成本}} = \frac{\text{类内该种产品该项费用的}}{\text{定额成本（或定额消耗量）}} \times \frac{\text{该类产品该项}}{\text{费用分配率}}$$

（二）系数法

系数法是将分配标准折算成相对固定的系数，按照系数在类别内部各种产品之间分配费用，计算产品成本。确定系数时，在同类产品中选择一种产品为标准产品。作为标准产品必须具有代表性，一般具有产量大、生产比较稳定和规格适中的特点。将单位标准产品的分配标准数量的系数定为1，再将类内其他各种产品的分配标准数量与标准产品的分配标准数量相比，其比率即为类内其他各种产品系数。将各种产品的实际产量按系数折算为标准产品产量。

某产品标准产量＝该产品实际产量×该产品系数

计算费用分配率：

$$某类产品某项费用分配率＝\frac{该类完工产品该项费用总额}{该类内各种产品标准产量之和}$$

计算类内各种产品成本：

$$某种产品应负\atop 担的某项费用＝该种产品\atop 标准产量×该类产品该项\atop 费用分配率$$

（三）分类法举例

假定某企业产品品种繁多，成本计算采用分类法，将产品结构、所耗原材料和工艺过程相近的 A、B、C 三种产品合为一类——甲类计算成本。该类产品的月末在产品成本按所耗原材料费用计算，其 5 月初在产品成本、5 月份生产费用和 5 月末在产品成本资料见表 9-13。

表 9-13

月初在产品成本、本月生产费用和月末在产品成本

单位：元

成本项目	直接材料	直接人工	间接制造费用	合　　计
月初在产品成本	7 500			7 500
本月生产费用	19 680	5 390	3 388	28 458
月末在产品成本	1 180			1 180

该类产品的直接材料费用按各种产品的直接材料费用系数进行分配，直接材料费用系数按直接材料消耗定额确定。该企业规定 B 产品为标准产品。该类产品的直接人工和间接制造费用均按各种产品的定额工时比例分配。各种产品的产量、单位产品直接材料消耗定额和工时定额见表 9-14。

表 9-14

产品产量、单位产品直接材料消耗定额和工时定额

产品名称	产量(件)	单位产品直接材料消耗定额(千克)	工时定额
A	450	8	14
B	500	10	15
C	100	14	16

直接材料费用系数计算见表 9-15。

表 9-15

直接材料费用系数计算表

产品名称	单位产品直接材料消耗定额(千克)	系　数
A	8	0.8
B	10	1
C	14	1.4

　　根据该类月初在产品成本、本月生产费用和月末在产品成本登记该类产品成本明细账,计算该类完工产品成本。该类产品成本明细账见表 9-16。

表 9-16

产品成本明细账

产品类别:甲类　　　　　　　　　　　　　　　　　　　　单位:元

月	日	摘　　要	直接材料	直接人工	间接制造费用	合　　计
5	1	月初在产品成本	7 500			7 500
	31	本月生产费用	19 680	5 390	3 388	28 458
		合　　计	27 180	5 390	3 388	35 958
		完工产品成本	26 000	5 390	3 388	34 778
・		月末在产品成本	1 180			1 180

　　根据各种产品的产量、直接材料费用系数、工时定额以及该类

产品成本明细账中完工产品成本资料,编制该类各种完工产品成本计算表,见表 9-17。

表 9-17

类内各种完工产品成本计算表

产品类别:甲类   金额单位:元

产品名称	产量(件)	直接材料费用系数	直接材料费用总系数	工时定额	定额工时(小时)	直接材料(分配率26)	直接人工(分配率0.35)	间接制造费用(分配率0.22)	总成本	单位成本
A	450	0.8	360	14	6 300	9 360	2 205	1 386	12 951	28.78
B	500	1	500	15	7 500	13 000	2 625	1 650	17 275	34.55
C	100	1.4	140	16	1 600	3 640	560	352	4 552	45.52
合计	—	—	1 000	—	15 400	26 000	5 390	3 388	34 778	—

表 9-17 中各种费用分配率的计算列示如下:

$$直接材料费用分配率 = \frac{26\ 000}{1\ 000} = 26$$

$$直接人工分配率 = \frac{5\ 390}{15\ 400} = 0.35$$

$$间接制造费用分配率 = \frac{3\ 388}{15\ 400} = 0.22$$

各种产品单位成本是根据各种产品的总成本除以其实际产量计算的。

根据表 9-17,编制结转甲类各种完工产品成本的会计分录如下:

    借:库存商品——A 产品   12 951

              ——B 产品   17 275

              ——C 产品   4 552

     贷:生产成本——基本生产——甲类   34 778

五、分类法的优缺点

分类法在产品品种繁多,但可以按一定标准分类的情况下,减少了成本计算对象,从而简化了成本计算工作;而且分类法不仅提供了各种产品的成本水平信息,还提供了各类产品的成本水平信息,从而便于企业对各类产品成本进行考核和分析。但是分类法按产品类别归集生产费用,类内各种产品是按一定标准分配成本的,分配结果具有一定的假定性;而且如果类别成本增加或减少,那么该类内各种产品成本就同增或同减相应幅度,这就形成了类内产品之间成本的平均化,在一定程度上影响了成本计算的正确性。

六、副产品的成本计算

主副产品是耗用相同的原材料,经过同一生产过程生产出来的。如果联合生产过程结束,副产品即可验收入库并对外销售,可视副产品比重大小,进行成本计算。如果副产品比重较小,为了简化成本计算,可不计算副产品成本。如果副产品比重较大,为了正确计算主、副产品的成本,副产品应按照一定方法计价后从联合成本"直接材料"成本项目中一笔扣除,或按比例从各成本项目中分别扣除。扣除后的成本就是主产品成本。副产品的计价方法,可以以售价为基础,减去销售税金、销售费用和正常销售利润后的余额计价;也可以按计划单价计价。

如果联合生产过程结束后,副产品还需继续加工,其成本计算可以根据生产情况和管理要求,采用以下两种方法。

1. 副产品只负担分离后发生的可归属成本,不负担分离前联合成本。例如:某厂生产甲产品过程中附带生产出可以加工成乙副产品的材料,该材料需继续加工后才能对外销售。某月生产甲产品 4 000 千克,乙副产品的材料 1 000 千克,发生联合成本 96 000元,用乙副产品的材料进一步加工成乙副产品 800 千克,加工成本为 2 480 元。则甲产品的总成本为 96 000 元,单位成本为 24 元;乙副产品的总成本为 2 480 元,单位成本为 3.10 元。

2. 副产品既负担分离后发生的可归属成本,也负担分离前联合成本。仍以上列资料为例,假定乙副产品材料的计划单价为

2元/千克。那么：

$$乙副产品应负担的联合成本＝1\,000×2＝2\,000(元)$$

$$乙副产品总成本＝2\,000＋2\,480＝4\,480(元)$$

$$乙副产品单位成本＝\frac{4\,480}{800}＝5.6(元/千克)$$

$$甲产品总成本＝96\,000－2\,000＝94\,000(元)$$

$$甲产品单位成本＝\frac{94\,000}{4\,000}＝23.5(元/千克)$$

复 习 题

一、名词解释题

1. 产品成本计算的品种法　　2. 简单法

3. 产品成本计算的分类法　　4. 定额比例法

5. 系数法

二、思考题

1. 简述品种法的适用范围及其特点。

2. 简单法有哪些特点？

3. 分类法适用于哪些范围？采用这种方法影响成本计算正确性的关键因素有哪些？

4. 简述分类法的优缺点。

三、判断题

1. 品种法只适用单步骤生产的产品成本计算。　　（　　）

2. 品种法是只按产品品种、不按产品批别和生产步骤计算成本的方法。　　（　　）

3. 采用分类法计算产品成本，每类产品内各种产品的直接计入费用和间接计入费用，均采用分配方法分配计算。　　（　　）

4. 若副产品的销售价值很小，主、副产品的联合成本可以全

部由主产品负担。　　　　　　　　　　　　　　　（　　）

5. 只要产品的品种、规格繁多,就可以采用分类法计算产品成本。　　　　　　　　　　　　　　　　　　（　　）

6. 主、副产品在分离前作为同一类产品归集生产费用。（　　）

7. 由于每个工业企业最终都必须按照产品品种计算产品成本,因此品种法是成本计算方法中最基本的方法。　（　　）

8. 由于产品内部结构、所耗原材料质量或工艺技术上的要求不同而造成的等级品,可以采用分类法计算成本。　（　　）

四、单项选择题

1. 采用分类法的目的是(　　　)。

A. 简化各类产品成本的计算工作

B. 分类计算产品成本

C. 简化各种产品成本的计算工作

D. 分品种计算产品成本

2. 必须采用分类法计算成本的产品是(　　　)。

A. 等级品　　　　　　　B. 主产品

C. 副产品　　　　　　　D. 联产品

3. 产品成本计算分类法的特点是(　　　)。

A. 按照产品品种计算成本

B. 按照产品类别计算成本

C. 按照产品类别归集生产费用,同类产品内各种产品的各种费用均采用分配方法分配计算

D. 按照产品类别归集生产费用,同类产品内各种产品的直接计入费用直接计入,间接计入费用采用分配方法分配计入

4. 联产品与副产品的区别主要在于(　　　)。

A. 成本的计算方法不同　　B. 投入的原材料不同

C. 生产工艺流程不同　　　D. 出售的价值大小不同

5. 下列产品成本计算方法具有一定假定性的是（　　）。

    A. 品种法   B. 分类法

    C. 分步法   D. 分批法

6. 某工业企业投入原材料经过同一生产过程生产 A、B 两种产品，其中 A 产品为主产品，B 产品为副产品，两种产品作为一类归集生产费用后，计算出的总成本为 36 800 元。本月副产品的实际产量为 500 千克，每千克计划价为 2 元，主产品的实际产量为 2 000 千克，则主产品的单位成本为（　　）元。

    A. 18.4   B. 17.9

    C. 18.9   D. 23.8

7. 简单法适用的生产组织是（　　）。

    A. 成批生产   B. 大量生产

    C. 大量成批生产   D. 单件小批生产

8. 成本计算的品种法，是按（　　）归集生产费用和计算产品成本的一种方法。

    A. 产品批别   B. 产品生产步骤

    C. 产品品种   D. 产品类别

五、多项选择题

1. 大量大批多步骤生产的企业，如果其规模较小，管理上不要求按生产步骤考核生产费用，计算产品成本，在这种情况下可以（　　）。

    A. 不按生产步骤计算产品成本

    B. 只按产品品种计算产品成本

    C. 不按产品批别计算产品成本

    D. 既按生产步骤，又按产品品种计算产品成本

2. 在采用分类法的情况下，做到既简化成本计算工作，又使成本计算相对正确的关键是（　　）。

    A. 产品类距越小越好

B. 适当地进行产品分类

C. 必须对各成本项目采用同一费用分配标准

D. 恰当地选择费用分配标准

3. 采用分类法计算产品成本时,同类产品内各种产品之间分配费用的标准有( )。

A. 定额消耗量　　　　　　B. 定额费用

C. 产品体积、长度或重量　D. 售价

4. 采用分类法计算产品成本时,同类产品内各种产品之间分配费用的方法,主要有( )。

A. 按定额消耗量或定额费用比例分配

B. 将分配标准折合成相对固定的系数,按系数分配

C. 按不同的成本项目分别采用不同的标准分配

D. 按标准产品产量比例分配

5. 副产品的计价,可以采用( )。

A. 按售价减去销售税金、销售费用和销售利润后的余额计价

B. 按标准产品单位成本计价

C. 计划单价计价

D. 按主产品单位成本计价

6. 采用分类法计算产品成本的优点有( )。

A. 可以简化各类产品的成本计算工作

B. 可以简化各种产品的成本计算工作

C. 可以分类掌握产品成本水平

D. 可以使类内各种产品成本的计算结果更为准确

7. 采用分类法计算产品成本的缺点有( )。

A. 减少了成本计算对象,简化了成本计算工作

B. 类内各种产品成本具有一定假定性

C. 类内各种产品成本平均化

D. 只能在大量大批生产的企业采用

六、核算题

核算题(一)

1. 目的 练习产品成本计算的品种法。

2. 资料 某工业企业生产甲、乙、丙三种产品,20××年5月份有关成本核算资料如下:

(1) 月初在产品成本见表9-18。

表9-18

月初在产品成本

单位:元

产 品	直接材料	直接人工	间接制造费用	合　　计
甲	5 420	2 832	2 364	10 616
乙	3 276	1 296	1 120	5 692
丙	800	400	500	1 700

(2) 本月发生的生产费用和生产工时见表9-19。

表9-19

车间发生的成本资料

金额单位:元

产品	直　接　材　料		生产工时(小时)	生产工人薪酬(分配率　)	制造费用(分配率　)	合计
	计划成本	材料成本差异(率:−2%)				
甲	11 000		6 500			
乙	13 800		2 400			
丙	2 000		1 000			
乙产品返修	300		100			
合　计	27 100		10 000	9 600	12 000	

（3）本月完工产品和月末在产品数量见表9-20。

表9-20

本月产品数量

产　品	完工产品数量(件)	月　末　在　产　品	
		数量（件）	完　工　率
甲	300	200	60％
乙	500	600	50％
丙	100	100	40％

甲产品原材料在生产开始时一次投入，乙产品、丙产品原材料随加工程度逐步投入。

（4）甲产品、丙产品单位产品定额资料见表9-21。

表9-21

单位产品定额资料

金额单位：元

项目	直　接　材　料			直　接　人　工			间　接　制　造　费　用			合计
	消耗定额（千克）	计划单价	费用定额	工时定额	计划小时人工率	费用定额	工时定额	计划小时制造费用率	费用定额	
甲	15	1.8	27	4	6	24	4	5.5	22	73
丙	10	1.8	18	2	6	12	2	5.5	11	41

3. 要求

（1）按生产工时比例分配生产工人工资、制造费用。

（2）分别品种登记产品成本明细账并计算完工产品总成本、单位成本和月末在产品成本。假定该企业单独设置"废品损失"成本项目。

A. 甲产品按定额比例法分配完工产品和在产品成本；

B. 乙产品按约当量比例法分配完工产品和在产品成本；

C. 丙产品采用在产品按定额成本计价法分配计算。

核算题(二)

1. 目的 练习产品成本计算分类法(定额比例法)。

2. 资料 某工业企业生产 A、B、C 三种产品,这三种产品耗用原材料和生产工艺相近,归为一类(甲类)计算成本。该类在产品按定额成本计价,类内各种产品之间成本按定额比例法分配。20××年 7 月有关成本的资料如下:

(1) 甲类产品月初在产品定额成本为:直接材料 5 120 元,直接人工 3 600 元,间接制造费用 3 800 元,合计 12 520 元。

(2) 甲类产品本月生产费用为:直接材料 27 160 元,直接人工 12 390 元,间接制造费用 14 558 元,合计 54 108 元。

(3) 甲类产品月末在产品定额成本为:直接材料 4 980 元,直接人工 3 750 元,间接制造费用 3 670 元,合计 12 400 元。

(4) 材料消耗定额为:A 产品 10 千克,B 产品 5 千克,C 产品 7 千克。

(5) 工时消耗定额为:A 产品 12 小时,B 产品 16 小时,C 产品 20 小时。

(6) 本月各种产品产量为:A 产品 80 件,B 产品 120 件,C 产品 60 件。

3. 要求 分别计算 A、B、C 三种产品完工产品总成本和单位成本,并编制结转完工产品成本的会计分录。

核算题(三)

1. 目的 练习产品成本计算分类法(系数法)。

2. 资料 某工业企业 20××年 6 月耗用相同原材料同时生产出甲、乙、丙三种产品,归为一类(A 类)计算成本,类内各完工产品和在产品之间的费用均按标准产品产量系数进行分配,原材料在生产开始时一次投入。

(1) 月初在产品成本和本月生产费用见表 9-22。

表 9-22

月初在产品成本和本月生产费用

单位：元

项 目	直接材料	直接人工	间接制造费用	合 计
月初在产品成本	23 000	2 318	3 064	28 382
本月生产费用	100 000	52 000	52 900	204 900

（2）标准产品系数见表 9-23。

表 9-23

标准产品系数表

产 品 名 称	系 数
甲	0.9
乙	1
丙	1.1

（3）完工产品和在产品数量见表 9-24。

表 9-24

完工产品和在产品数量

产品名称	完工产量（只）	在 产 品	
		数量（只）	完 工 率
甲	2 000	1 000	70%
乙	3 000	1 500	40%
丙	1 600	800	50%

3. 要求 分别计算甲、乙、丙三种完工产品总成本和在产品成本。

核算题(四)

1. 目的 练习主、副产品的成本计算。

2. 资料 某工业企业在生产主产品——甲产品的过程中,还生产出副产品——乙产品的材料,对该种材料进一步加工后,制造成乙产品。甲产品的生产和乙产品的加工在同一车间进行,甲产品和乙产品都是大量大批单步骤生产。20××年7月,甲、乙产品成本计算的有关资料如下:

(1) 甲产品的月初在产品定额成本为 50 000 元,其中直接材料 26 000 元,直接人工 10 000 元,间接制造费用 14 000 元。

(2) 本月发生的生产费用为:

生产甲产品领用材料 175 000 元;

该车间生产工人薪酬费用 54 000 元;

该车间制造费用 62 000 元。

(3) 本月甲、乙产品耗用的生产工时分别为 9 000 小时和 1 000 小时;本月甲、乙完工产品的产量分别为 5 000 件和 4 000 件。

(4) 本月生产甲产品过程中生产出乙产品的材料 1 500 千克,每千克计划单价 2 元,全部被乙产品耗用。

(5) 甲产品的月末在产品定额成本为 47 000 元,其中直接材料 25 000 元,直接人工 10 500 元,间接制造费用 11 500 元。

3. 要求

(1) 按生产工时比例分配计算甲、乙产品应负担的薪酬费用和制造费用。

(2) 登记甲、乙产品成本明细账并计算甲、乙完工产品的总成本和单位成本。甲产品定额比较准确、稳定,而且各月末在产品数量变化不大,在产品按定额成本计价;乙产品月末在产品数量很少,不计算在产品成本。

第十章　产品成本计算的分步法

在大量大批多步骤生产的企业中,为了加强对各加工步骤的成本管理,不仅要求按产品品种计算成本,而且还要求按照产品加工步骤计算成本。如何归集各加工步骤的生产费用和计算各加工步骤的产品成本,这是本章所要阐述的内容。本章在介绍分步法一般特点之后,进一步阐述了逐步结转分步法和平行结转分步法的核算程序、特点及适用范围。本章还简介了会计实务工作中运用较广的"定额成本逐步结转及成本差异平行汇总法"。为帮助理解,对分步法的各种具体方法分别举例说明。

第一节　分步法概述

产品成本计算的分步法是按各加工步骤的各种产品归集生产费用,计算产品成本的一种方法。它适用于大量大批、管理上要求分步骤计算产品成本的多步骤生产,如冶金、纺织、造纸等连续加工式生产以及机械制造等行业。

一、分步法的一般特点

(一)成本计算对象

分步法以各个加工步骤的各种产品作为成本计算对象,并据以设置产品成本明细账归集生产费用和计算产品成本。大量大批多步骤生产的企业,从原材料的投入到产成品制成完工,要经过一系列的加工步骤,如钢铁厂须经过炼铁、炼钢、轧钢等加工步骤,每经过一个加工步骤,就生产出形态、性质不同的半成品,其计量单位也可能不尽相同,各步骤生产的半成品可能转入后续步骤加工成不同的产成品,也可能对外销售。因此,成本计算必须按各步骤的各种产品进行。但应该注意的是,成本计算的各步骤划分要考虑成本管理的需要,不一定与实际的生产步骤完全一致。若管理上不要求对某些加工步骤单独计算成本,为了简化成本计算工作,可将若干生产步骤归并作为一个步骤计算成本。如造纸厂制浆车间有备料、蒸煮、漂白、抄浆、打浆等实际加工步骤,造纸厂通常将上述生产步骤合并为制浆步骤,归集生产费用和计算产品成本。

（二）成本计算期

大量大批生产的情况下,产品生产连续不断进行,产品成本定期按月计算,与会计报告期一致,与生产周期不一致。

（三）生产费用在完工产品与在产品之间划分

在大量大批多步骤生产的情况下,原材料不断投入,产品不断产出,而且其生产周期比单步骤生产长,月末通常有一定数量在产品,因此必须将按加工步骤所归集的生产费用,运用第七章所介绍的有关方法在完工产品与在产品之间进行分配。

二、分步法的种类

分步法按是否需要计算和结转各步骤半成品成本分为逐步结转分步法和平行结转分步法两种。如果成本管理要求计算和结转各步骤半成品成本,可以采用逐步结转分步法计算产品成本。如果成本管理不要求计算各步骤半成品成本,为了简化成本计算工作,可以采用平行结转分步法计算产品成本。

第二节 逐步结转分步法

逐步结转分步法,是指按各加工步骤归集生产费用,计算各加工步骤半成品成本,而且半成品成本随半成品实物转移在各加工步骤之间顺序结转,最后计算出产成品成本的一种成本计算方法。

逐步结转分步法也称计算半成品成本的分步法或顺序结转分步法。

一、逐步结转分步法的核算程序

逐步结转分步法的核算程序取决于半成品实物的流转程序，半成品实物的流转程序有两种，一种是半成品不通过仓库收发，另外一种是半成品通过仓库收发。

1. 半成品不通过仓库收发的情况下，逐步结转分步法的产品成本核算程序是：先计算第一步骤半成品成本，然后随半成品实物转移，将其成本转入第二步骤产品成本明细账，再加上第二步骤所发生的费用，计算出第二步骤半成品成本，依次逐步累计结转，直到最后步骤计算出产成品成本为止。其成本核算程序如图 10-1 所示。

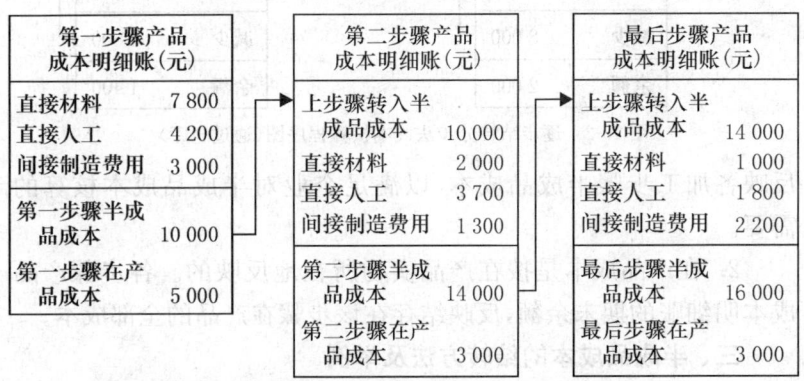

图 10-1 逐步结转分步法成本核算程序图(不通过仓库)

2. 如果各步骤半成品完工后须通过仓库收发，那么应设置自制半成品明细账进行核算。其成本核算程序如图 10-2 所示。

二、逐步结转分步法的特点

1. 各加工步骤的半成品成本，随着半成品实物的转移，在各加工步骤之间顺序结转。该方法不仅反映最终产品成本，而且也

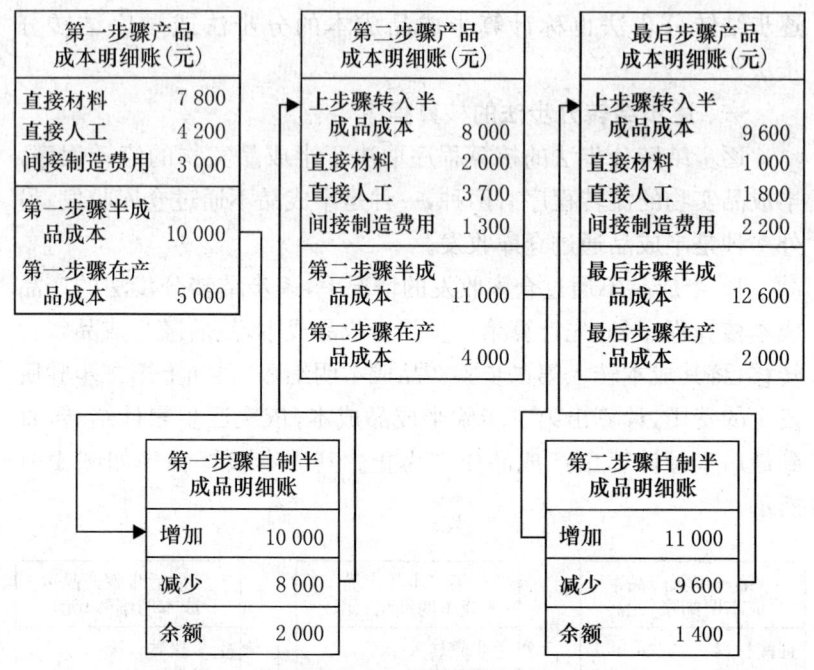

图 10-2　逐步结转分步法成本核算程序图(通过仓库)

反映各加工步骤半成品成本,以满足企业对半成品成本核算的需要。

2. 在产品成本是按在产品实物所在地反映的。各步骤产品成本明细账的期末余额,反映结存在该步骤在产品的全部成本。

三、半成品成本的结转方法及举例

逐步结转分步法按照半成品成本在下一加工步骤成本明细账中的反映方法不同,分为综合结转和分项结转两种方法。

(一)综合结转法

综合结转,就是将各加工步骤所耗上一步骤的半成品成本不分直接材料、直接人工、间接制造费用等成本项目,而是以一个综合金额记入各该步骤产品成本明细账中的"自制半成品"成本项目。半成品实物如果不通过仓库收发,上一步骤的半成品成本等额转入下一步骤产品成本明细账中的"自制半成品"成本项目。半成品实物如果通过仓库收发,可以按实际成本计价,也可按计划成本计价。在按实际成本计价时,由于各月所产半成品的实际单位成本往往不等,因此所耗半成品的实际单位成本要采用加权平均、先进先出等方法计算。半成品成本按计划成本计价时,半成品的日常收发核算均按计划成本进行,期末计算半成品成本差异率后,再调整所耗半成品的成本。

假定某工业企业生产 A 产品连续经过第一、第二两个步骤,第一步骤生产半成品,交半成品库验收,第二步骤按需要量向半成品库领用。各步骤完工产品与月末在产品之间费用的分配采用约当产量比例法。该企业 20××年 5 月份有关成本计算资料如下。

1. 产量资料见表 10-1。

表 10-1

A产品产量资料

单位:件

项　目	月初在产品	本月投入	本月完工	月末在产品
第一步骤	180	420	500	100
第二步骤	200	700	600	300

假定材料在第一步骤开始加工时一次投入,各加工步骤的在产品完工程度度均为 50%。

2. 月初在产品成本资料见表 10-2。

表 10-2

A产品月初在产品成本

单位:元

项　目	直接材料	自制半成品	直接人工	间接制造费用	合　计
第一步骤	1 900		1 100	2 300	5 300
第二步骤		6 300	1 200	2 550	10 050

3. 月初库存 A 半成品 400 件,其实际成本为 10 300 元。

4. 本月发生费用(第二步骤不包括第一步骤转入的费用)见表 10-3。

表 10-3

A 产品本月生产费用

单位:元

项　　目	直接材料	直接人工	间接制造费用	合　　计
第一步骤	6 260	3 025	1 495	10 780
第二步骤		4 050	8 700	12 750

5. 假定半成品成本按加权平均法计算,各步骤成本计算如下。

(1)第一步骤产品成本明细账见表 10-4。

表 10-4

第一步骤产品成本明细账

A 半成品

单位:元

项　　目	直接材料	直接人工	间接制造费用	合　　计
月初在产品成本	1 900	1 100	2 300	5 300
本月生产费用	6 260	3 025	1 495	10 780
合　　计	8 160	4 125	3 795	16 080
约当量	600	550	550	
分配率(单位成本)	13.6	7.5	6.9	28
完工半成品成本	6 800	3 750	3 450	14 000
月末在产品成本	1 360	375	345	2 080

根据第一步骤 A 半成品入库单,应编制会计分录如下:

借:自制半成品——A 半成品　　　　　　14 000

　　贷:生产成本——基本生产——第一步骤　　14 000

(2)根据第一步骤 A 半成品入库单和第二步骤 A 半成品领用单,登记 A 半成品明细账,见表 10-5。

表 10-5

自制半成品明细账

半成品：A 半成品   数量单位：件，金额单位：元

月份	月初结存		本月增加		累　计			本月减少	
	数量	实际成本	数量	实际成本	数量	实际成本	单位成本	数量	实际成本
5	400	10 300	500	14 000	900	24 300	27	700	18 900
6	200	5 400							

表中加权平均单位成本计算：$\dfrac{24\,300}{900}=27$（元）

表中发出半成品成本计算：$700\times27=18\,900$（元）

根据第二步骤半成品领用单，应编制会计分录如下：

借：生产成本——基本生产——第二步骤　　　　　18 900

贷：自制半成品——A 半成品　　　　　　　　　　　18 900

（3）第二步骤产品成本明细账见表 10-6。

表 10-6

第二步骤产品成本明细账

A 产成品   单位：元

项　目	自制半成品	直接人工	间接制造费用	合　计
月初在产品成本	6 300	1 200	2 550	10 050
本月生产费用	18 900	4 050	8 700	31 650
合　计	25 200	5 250	11 250	41 700
约当量	900	750	750	—
分配率（单位成本）	28	7	15	50
产成品成本	16 800	4 200	9 000	30 000
月末在产品成本	8 400	1 050	2 250	11 700

根据第二步骤产成品入库单，应编制会计分录如下：

借：库存商品——A产品   30 000

  贷：生产成本——基本生产——第二步骤   30 000

  6. 假定半成品成本按计划单价计算，A半成品计划单位成本为30元。有关半成品成本的调整和自制半成品明细账的登记见表10-7。

表10-7

自制半成品明细账

半成品：A半成品   计划单位成本：30元

                         数量单位：

月份	月 初 结 存			本 月 增 加			
	数量 (1)	计划成本 (2)	实际成本 (3)	数量 (4)	计划成本 (5)	实际成本 (6)	数量(7)= (1)+(4)
5	400	12 000	10 300	500	15 000	14 000	900
6	200	6 000	5 400				

月份	累 计				本 月 减 少		
	计划成本 (8)= (2)+(5)	实际成本 (9)= (3)+(6)	成本差异 (10)= (9)-(8)	成本差异率 $(11)=\frac{(10)}{(8)}$	数量 (12)	计划成本 (13)= (12)×30	实际成本 (14)=(13)+ (13)×(11)
5	27 000	24 300	-2 700	-10%	700	21 000	18 900
6							

  采用综合结转法结转半成品成本，在加工步骤较多的情况下，产成品成本中"自制半成品"项目成本所占的比重很大，其综合了以前各加工步骤生产产品发生的各项费用，而工、费等成本项目中只反映最后一个步骤的费用，其在产成品成本中所占比重很小，这不符合产成品成本构成的实际情况，不利于从整个企业角度考核与分析产成品成本的结构，因此还必须对产成品成本中的"自制半成品"成本项目进行还原，将产成品成本还原为按原始成本项目反映的成本，以满足企业考核和分析产成品成本构成的需要。

  成本还原通常采用的方法是：从最后一个加工步骤开始，将产成品中所耗上一步骤自制半成品的综合成本，按上一加工步骤所产自制半成品成本结构进行分解,依次从后往前逐步分解,直至第一加工步骤为止,再汇总各加工步骤相同成本项目的金额,从而计算出按原始成本项目反映的产成品成本。

仍以本节例题说明产成品成本的还原方法。例中产成品成本30 000元中所耗自制半成品成本为16 800元,按其占第一步骤产品成本明细账中本月所产该种自制半成品总成本14 000元的比例,分解还原成按原始成本项目反映的产成品成本,其计算公式如下:

$$成本还原分配率 = \frac{本月产成品所耗上一步骤自制半成品成本}{本月所产该种自制半成品总成本} =$$

$$\frac{16\ 800}{14\ 000} = 1.2$$

$$\begin{array}{l}自制半成品成本还原 \\ 为各成本项目金额\end{array} = \begin{array}{l}本月所产自制半成品成本 \\ 中的各该成本项目金额\end{array} \times \begin{array}{l}成本还原 \\ 分\ \ 配\ \ 率\end{array}$$

自制半成品成本还原为直接材料=6 800×1.2=8 160(元)

自制半成品成本还原为直接人工=3 750×1.2=4 500(元)

自制半成品成本还原为间接制造费用=3 450×1.2=4 140(元)

合　　计　　　　　　　　　　　16 800(元)

还原后各成本项目金额之和为16 800元,与产成品所耗自制半成品成本抵销。然后将还原前产成品成本与产成品成本中自制半成品成本的还原额,按照相同的成本项目汇总,计算出还原后产成品成本。还原后产成品成本如下:

直接材料　　　　　　= 8 160(元)

直接人工=4 200+4 500= 8 700(元)

间接制造费用=9 000+4 140=13 140(元)

合　　计　　　　　　30 000(元)

在实际工作中,成本还原一般是通过编制成本还原计算表进行的,成本还原计算表见表10-8。

表 10-8

产成品成本还原计算表

20××年 5 月 单位：元

项 目	成本还原分配率	自制半成品	直接材料	直接人工	间接制造费用	成本合计
还原前产成品成本		16 800		4 200	9 000	30 000
本月所产半成品成本			6 800	3 750	3 450	14 000
产成品成本中半成品费用还原	1.2	—16 800	8 160	4 500	4 140	0
还原后产成品总成本			8 160	8 700	13 140	30 000

应该注意的是，如果产品的加工步骤不止两步，在进行一次还原后，还有自制半成品成本项目，应继续还原，直至自制半成品成本项目全部分解成按原始成本项目反映为止。

上例本月产成品中所耗自制半成品费用为 16 800 元，而本月所产该自制半成品成本为 14 000 元，其中 16 800－14 000＝2 800 元是以前月份所产的自制半成品成本。以前月份所产的自制半成品结构不可能与本月份所产自制半成品结构完全一致。如果产成品中所耗的自制半成品以前月份所产的部分比较小，或者各月所产自制半成品的成本结构变动不大，为了简化成本还原工作，在对产成品成本进行还原时可以不考虑以前月份所产自制半成品的成本结构对本月产成品成本所耗自制半成品成本结构的影响。但如果产成品中所耗的自制半成品以前月份所产的部分比较大，而且各月所产自制半成品的成本结构变动比较大，为了提高成本还原的正确性，应考虑以前月份所产自制半成品的结构对本月产成品中所耗自制半成品的成本结构的影响。本例不考虑以前月份所产自制半成品对本月产成品所耗自制半成品成本结构的影响。

（二）分项结转法

分项结转，就是将各加工步骤所耗上一步骤的半成品成本，按原始成本项目记入各该步骤产品成本明细账中的各有关成本项目。在这种结转方法下，不需要进行成本还原。产成品成本直接按原始成本项目反映，有利于从整个企业角度分析产成品成本构成。但分成本项目结转比较麻烦，特别是在半成品通过仓库收发时，分项结转半成品成本的核算工作量较大，而且各加工步骤完工产品成本中看不出其所耗上一加工步骤半成品成本是多少，本步骤加工费用是多少，不便于对各加工步骤完工产品的成本进行分析和考核。因此，分项结转法一般适用于只要求按原始成本项目计算产品成本、对各加工步骤成本管理要求不高的企业。

假定某企业 C 产品连续经过第一、第二两个步骤，第一步骤生产 C 半成品，直接转入第二步骤继续加工成 C 产品。成本计算采用分项结转分步法。各步骤在产品采用定额成本计价。该企业 20××年 5 月各步骤月初在产品定额成本、本月生产费用（不包括上步骤转入）和月末在产品定额成本见表 10-9。

表 10-9
月初在产品定额成本、本月生产费用和月末在产品定额成本资料

单位：元

项　　　　目		直接材料	直接人工	间接制造费用	合　　计
第一步骤	月初在产品定额成本	2 700	1 400	1 600	5 700
	本月生产费用	12 000	8 900	9 700	30 600
	月末在产品定额成本	2 900	1 450	1 700	6 050
第二步骤	月初在产品定额成本	3 200	2 500	2 800	8 500
	本月生产费用	16 700	11 600	13 200	41 500
	月末在产品定额成本	4 000	3 300	3 900	11 200

（1）第一步骤产品成本明细账见表 10-10。

表 10-10

第一步骤产品成本明细账

C 半成品   20××年5月   单位：元

项　　目	直接材料	直接人工	间接制造费用	合　　计
月初在产品定额成本	2 700	1 400	1 600	5 700
本月生产费用	12 000	8 900	9 700	30 600
合　　计	14 700	10 300	11 300	36 300
完工半成品成本	11 800	8 850	9 600	30 250
月末在产品定额成本	2 900	1 450	1 700	6 050

（2）第二步骤产品成本明细账见表10-11。

表 10-11

第二步骤产品成本明细账

C 产成品   20××年5月   单位：元

项　　目	直接材料	直接人工	间接制造费用	合　　计
月初在产品定额成本	3 200	2 500	2 800	8 500
本月本步骤发生费用	16 700	11 600	13 200	41 500
本月上一步骤转入半成品成本	11 800	8 850	9 600	30 250
合　　计	31 700	22 950	25 600	80 250
完工产品成本(1 000 件)	27 700	19 650	21 700	69 050
单位成本	27.70	19.65	21.70	69.05
月末在产品定额成本	4 000	3 300	3 900	11 200

四、逐步结转分步法的优缺点及适用范围

逐步结转分步法的优点是：① 不仅提供产成品成本资料，而且还提供各步骤半成品成本资料；② 由于半成品成本随着实物转移而结转，因此有利于加强半成品和在产品的实物管理和资金管理；③ 在综合结转分步法下，还有利于对各加工步骤完工产品成本进行分析、考核。

逐步结转分步法的缺点是：① 各加工步骤的半成品成本按加工顺序逐步结转，影响了成本计算工作的及时性；② 在综合结转分步法下，如果要从整个企业角度分析产成品成本构成，成本还

原工作量较大;在分项结转分步法下,各步骤半成品成本结转的工作量较大;③ 在分项结转分步法下,不利于对各加工步骤完工产品成本进行分析、考核。

在大量大批多步骤生产的企业中,某一步骤半成品可能加工成几种不同产品,还可能作为商品产品对外销售。为了满足计算半成品销售成本,计算各种产品成本以及企业内部进行成本考核和分析的需要,一般采用逐步结转分步法计算成本。

五、定额成本逐步结转及成本差异平行汇总法

在逐步结转分步法下,由于半成品成本随半成品实物转移而逐步顺序结转,从而影响了成本计算的及时性。为了及时计算产品成本,明确各加工步骤的经济责任,便于对各加工步骤的成本进行考核和分析,在实际工作中,产生了结转半成品成本的一种新方法,即"定额成本逐步结转及成本差异平行汇总法"。其基本核算程序如下。

(一)制定定额成本

企业会计部门分别对各加工步骤的半成品和产成品制定定额成本,作为分步结转半成品成本的依据。

(二)半成品成本随半成品实物按定额成本逐步顺序结转

某一加工步骤半成品入库或转入下一加工步骤时,都按其定额成本结转至自制半成品明细账或下一加工步骤产品成本明细账,其实际成本与定额成本之间的差异由企业会计部门通过设置"半成品成本差异"账户归集,最后加工步骤的产成品成本也按其定额成本结转。

(三)平行汇总各加工步骤完工产品成本差异

将各加工步骤完工产品成本差异平行汇总,全部计入产成品成本,将产成品定额成本调整为实际成本。

定额成本逐步结转及成本差异平行汇总法的基本核算程序如图 10-3 所示。

单位：元

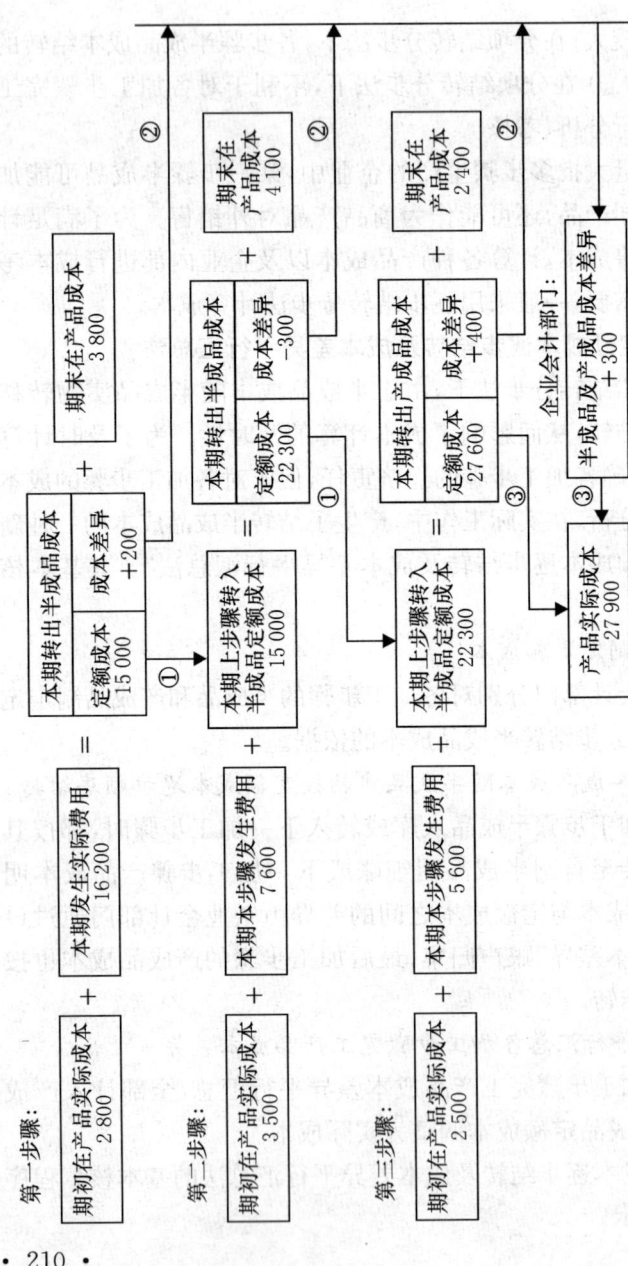

图10-3 定额成本逐步结转及成本差异平行汇总法结算程序图

说明：①各步骤半成品的定额成本随其实物转移顺序逐步结转。
②各步骤完工产品的成本差异平行汇总到企业会计部门。
③将产品成本定额成本，加减所汇总的各步骤完工产品成本差异，计算出产品实际成本。

第三节 平行结转分步法

平行结转分步法,是指各加工步骤只计算本步骤发生的生产费用和这些生产费用中应计入产成品成本的"份额",不计算各步骤所产半成品成本,也不计算各步骤所耗上一步骤半成品成本,将相同产品各步骤份额平行结转、汇总,计算出产成品成本的一种成本计算方法。平行结转分步法也称不计算半成品成本的分步法。

一、平行结转分步法的核算程序

1. 按各加工步骤的各种产品设置产品成本明细账,归集其在本步骤加工发生的各项费用,但不包括其所耗上一步骤半成品成本。

2. 月末采用一定的方法将各加工步骤所归集的生产费用在最终完工产品和在产品之间分配,计算出产成品成本在各加工步骤的份额。

3. 将各加工步骤生产费用中产成品成本的份额平行结转、汇总,计算出产成品成本。其成本核算程序见图 10-4。

单位:元

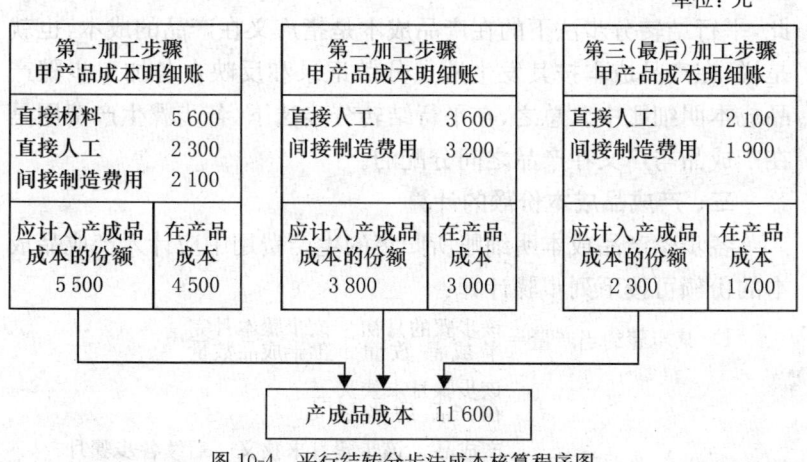

图 10-4 平行结转分步法成本核算程序图

在平行结转分步法下,不管半成品实物是否通过半成品仓库收发,由于不计算各加工步骤半成品成本,因此都不需要设置"自制半成品"账户进行核算。

二、平行结转分步法的特点

1. 平行结转分步法下,各加工步骤明细账仅归集在本步骤发生的费用,不反映耗用上一步骤半成品成本,所以各步骤产品成本明细账中不设置"自制半成品"成本项目。各步骤半成品成本不随实物转移而结转,半成品成本留在其所经过加工的各步骤产品成本明细账中,半成品成本与实物相脱节。

2. 平行结转分步法下,各个加工步骤所归集的生产费用也要在完工产品和月末在产品之间分配,但与逐步结转分步法所不同的是,平行结转分步法下的完工产品是指最终完工的产成品,不是指各步骤完工的半成品,因而某步骤产品成本明细账中转出的完工产品费用,仅是指该步骤生产费用中应由产成品负担的份额。

3. 平行结转分步法下的在产品,不仅包括正在本步骤加工的产品,而且还包括本步骤已完工转入半成品仓库的半成品、本步骤已加工完毕但正在以后步骤进一步加工尚未验收入库的产品。因此,平行结转分步法下的在产品成本是指广义在产品的成本,也就是说,在产品成本按其发生地点分散记录和反映在各加工步骤产品成本明细账中。总之,在平行结转分步法下,各步骤生产费用是在产成品与广义在产品之间分配的。

三、产成品成本份额的计算

各步骤产品成本明细账所归集的生产费用中应计入产成品成本的份额可按下列步骤计算:

1. 某步骤约当产量 = 该步骤的月初半成品数量 + 该步骤本月完工半成品数量 +

该步骤月末狭义在产品约当量 =

产成品数量 + 该步骤月末狭义在产品约当量 + 后续各步骤月末在产品数量

式中"该步骤的月初半成品数量"是指月初在产品中经过该步骤加工完毕而留存在半成品仓库和后续各步骤需要继续加工的在产品数量之和。由于这部分半成品在该步骤加工的费用已归集在该步骤月初在产品成本中,因而其数量应计入某步骤分配成本的约当量中。

2. $\dfrac{\text{某步骤完工}}{\text{产品的单位成本}} = \dfrac{\dfrac{\text{该步骤月初广}}{\text{义在产品成本}} + \dfrac{\text{该步骤本月}}{\text{生 产 费 用}}}{\text{该步骤约当产量}}$

3. $\dfrac{\text{某步骤应计入}}{\text{产成品成本的份额}} = \dfrac{\text{产成品}}{\text{数 量}} \times \dfrac{\text{单位产成品所耗}}{\text{该步骤半成品数量}} \times \dfrac{\text{该步骤完工}}{\text{产品单成本}}$

四、平行结转分步法举例

某工业企业生产 C 产品连续经过三个加工步骤,第一步骤生产 A 半成品,直接转至第二步骤加工成 B 半成品,B 半成品再直接转至第三步骤加工成 C 产成品。20××年 5 月份有关产量和成本资料如下。

1. 产量记录见图 10-5(单位:件)。

第一步骤		第二步骤		第三步骤	
月初在产品	100	月初在产品	200	月初在产品	200
本月投入	300	本月投入	250	本月投入	400
本月完工	250	本月完工	400	本月完工	500
月末在产品	150	月末在产品	50	月末在产品	100

图 10-5　各加工步骤产量资料

各加工步骤月末在产品的加工程度均为 50%,原材料在生产开始时一次投入。

2. 各加工步骤月初在产品成本及本月生产费用见表 10-12。

表 10-12

各加工步骤月初在产品成本及本月生产费用

单位：元

项　　目	第一步骤				第二步骤			第三步骤		
	直接材料	直接人工	间接制造费用	合计	直接人工	间接制造费用	合计	直接人工	间接制造费用	合计
月初在产品成本	1 900	913	1 010	3 823	391	400	791	211	120	331
本月生产费用	9 700	3 147	4 500	17 347	2 984	2 475	5 459	2 814	1 475	4 289
合　　计	11 600	4 060	5 510	21 170	3 375	2 875	6 250	3 025	1 595	4 620

3. 采用约当量比例法在产成品与在产品之间分配生产费用
见表 10-13、表 10-14 和表 10-15。

表 10-13

第一步骤产品成本明细账

单位：元

项　　目	直接材料	直接人工	间接制造费用	合　　计
月初在产品成本	1 900	913	1 010	3 823
本月生产费用	9 700	3 147	4 500	17 347
合　　计	11 600	4 060	5 510	21 170
约当量	800	725	725	—
分配率	14.50	5.60	7.60	27.70
计入产成品成本份额	7 250	2 800	3 800	13 850
月末在产品成本	4 350	1 260	1 710	7 320

直接材料约当产量：$200+200+250+150=800$（件）

或　$500+100+50+150=800$（件）

直接人工约当产量：$200+200+250+150×50\%=725$（件）

或　$500+100+50+150×50\%=725$（件）

间接制造费用约当产量：$200+200+250+150×50\%=725$（件）

或　$500+100+50+150×50\%=725$（件）

表 10-14

第二步骤产品成本明细账

单位：元

项　　目	直接人工	间接制造费用	合　　计
月初在产品成本	391	400	791
本月生产费用	2 984	2 475	5 459
合　　计	3 375	2 875	6 250
约当量	625	625	——
分配率	5.40	4.60	10
计入产成品成本份额	2 700	2 300	5 000
月末在产品成本	675	575	1 250

直接人工约当产量：$200+400+50×50\%=625$（件）

或　　　　　　　　　　　$500+100+50×50\%=625$（件）

间接制造费用约当产量：$200+400+50×50\%=625$（件）

或　　　　　　　　　　　$500+100+50×50\%=625$（件）

表 10-15

第三步骤产品成本明细账

单位：元

项　　目	直接人工	间接制造费用	合　　计
月初在产品成本	211	120	331
本月生产费用	2 814	1 475	4 289
合　　计	3 025	1 595	4 620
约当量	550	550	——
分配率	5.50	2.90	8.40
计入产成品成本份额	2 750	1 450	4 200
月末在产品成本	275	145	420

直接人工约当产量：$500+100×50\%=550$（件）

间接制造费用约当产量：$500+100×50\%=550$（件）

4. 平行汇总产成品成本见表 10-16。

表 10-16

产成品成本汇总计算表

产品名称：C产品 单位：元

项　　目	直接材料	直接人工	间接制造费用	合　　计
第一步骤	7 250	2 800	3 800	13 850
第二步骤	—	2 700	2 300	5 000
第三步骤	—	2 750	1 450	4 200
总成本（500 件）	7 250	8 250	7 550	23 050
单位成本	14.50	16.50	15.10	46.10

根据产成品入库单，应编制会计分录如下：

借：库存商品——C 产品　　　　　　　　　　　23 050

　　贷：生产成本——基本生产——第一步骤　　　　13 850

　　　　　　　　　　　　　——第二步骤　　　　　5 000

　　　　　　　　　　　　　——第三步骤　　　　　4 200

五、平行结转分步法的优缺点及适用范围

平行结转分步法的优点是：① 各步骤可以同时计算产成品应负担的本步骤费用，平行汇总计算产成品成本，不必等待上一步骤半成品成本的结转，因而加速了成本计算工作；② 产成品成本直接按照原始成本项目反映，不必进行成本还原，因而简化了成本计算工作；③ 由于各步骤成本水平不受上一步骤的影响，因而有利于控制和分析各步骤成本水平。

平行结转分步法的缺点是：① 不能提供各步骤半成品成本资料；② 在产品成本的反映与在产品实物所在地的不相一致，不利于加强对在产品实物和资金管理；③ 由于半成品成本不随实物转移而结转，因而不能完整地反映各加工步骤产品的实际生产耗费水平（除第一步骤外）。

在半成品种类比较多，计算和结转各步骤半成品成本工作量

比较大,而且管理上不要求提供各步骤半成品成本资料的大量大批多步骤生产企业,包括连续加工式生产和平行装配式生产的企业,可以采用平行结转分步法。但在平行结转分步法下,为了弥补在产品成本和在产品实物脱节这一缺陷,必须加强在产品收发结存的数量核算,及时反映在产品报废和短缺、毁损造成的损失。

复 习 题

一、名词解释题

1. 产品成本计算的分步法   2. 逐步结转分步法

3. 逐步综合结转分步法   4. 逐步分项结转分步法

5. 定额成本逐步结转及成本差异平行汇总法

6. 平行结转分步法

二、思考题

1. 简述逐步结转分步法的核算程序。

2. 在逐步综合结转分步法下,为什么要进行成本还原?

3. 简述逐步结转分步法的优缺点及其适用范围。

4. 简述平行结转分步法的核算程序。

5. 平行结转分步法有哪些特点?

6. 简述平行结转分步法的优缺点及其适用范围。

7. 试比较逐步结转分步法与平行结转分步法的区别。

三、判断题

1. 采用分步法计算产品成本,产品成本计算的分步应与实际的生产步骤完全一致。   (   )

2. 采用逐步结转分步法时,无论是综合结转还是分项结转,第一个生产步骤的产品成本明细账的登记方法相同。 (   )

3. 采用逐步分项结转分步法,产成品成本中没有"自制半成品"成本项目,亦不设"自制半成品"账户。   (   )

4. 产品成本计算的分步法均应顺序结转半成品成本,在最后步骤计算出产成品成本。　　　　　　　　　　　　　　　（　　）

5. 在平行结转分步法下,如果半成品通过仓库收发,应设置"自制半成品"账户核算。　　　　　　　　　　　　　　（　　）

6. 采用平行结转分步法时,各生产步骤都不能全面地反映其生产耗费水平。　　　　　　　　　　　　　　　　　　（　　）

7. 在平行结转分步法下,各步骤完工产品与在产品之间的费用分配,是指产成品与广义在产品之间的费用分配。　（　　）

8. 在逐步结转分步法下,各步骤在产品成本是按其费用发生地反映的;在平行结转分步法下,各步骤在产品成本是按其实物所在地反映的。　　　　　　　　　　　　　　　　　　　（　　）

四、单项选择题

1. 采用逐步结转分步法时,完工产品与在产品之间的费用分配,是(　　)之间的费用分配。

A. 产成品与月末在产品

B. 产成品与广义在产品

C. 完工半成品与月末加工中在产品

D. 前面生产步骤的完工半成品与加工中在产品、最后生产步骤的产成品与加工中在产品

2. 采用逐步结转分步法时,自制半成品入库应借记的账户是(　　)。

A. "自制半成品"　　　　　　B. "生产成本——基本生产"

C. "制造费用"　　　　　　　D. "生产成本——辅助生产"

3. 某种产品经过三个生产步骤加工而成,采用逐步结转分步法计算成本。本月第一生产步骤转入第二生产步骤的生产费用为2 600元,第二生产步骤转入第三生产步骤的生产费用为5 100元。本月第三生产步骤发生的费用为2 900元(不包括第二生产步骤转入的费用),第三生产步骤月初在产品成本为1 200元,月

末在产品成本为 1 500 元。本月该种产品的产成品成本为( )元。

    A. 10 300   B. 7 700   C. 5 100   D. 2 600

    4. 某产品采用逐步综合结转分步法,第一步骤本月发生的费用为 15 000 元,完工半成品成本为 20 000 元;第二步骤本月发生的半成品费用为 10 000 元,完工产成品成本中半成品项目金额为 18 000 元。该种产品成本还原率为( )。

    A. 0.5   B. 0.9   C. 1.2   D. 1.8

    5. 企业将各生产步骤所耗用的半成品成本全部记入各该步骤产品成本明细账的"自制半成品"成本项目,这种结转方式称( )。

    A. 平行结转   B. 逐步结转

    C. 半成品成本的综合结转   D. 半成品成本的分项结转

    6. 采用分步法计算产品成本的企业,如果不需要分步骤计算半成品成本,应采用( )计算产品成本。

    A. 综合结转法   B. 平行结转分步法

    C. 逐步结转分步法   D. 分项结转法

    7. 采用平行结转分步法时,完工产品与在产品之间的费用分配,是( )之间的费用分配。

    A. 产成品与月末狭义在产品

    B. 各生产步骤完工半成品与月末加工中在产品

    C. 产成品与月末广义在产品

    D. 产成品与月末加工中在产品

    8. 采用平行结转分步法( )。

    A. 能够全面地反映各个生产步骤产品的生产耗费水平

    B. 不能全面地反映各个生产步骤产品的生产耗费水平

    C. 能够全面地反映最后一个生产步骤产品的生产耗费水平

D. 能够全面地反映第一生产步骤产品的生产耗费水平

五、多项选择题

1. 逐步结转分步法的主要特点有(　　)。

　　A. 各步骤的在产品成本是狭义在产品的成本

　　B. 各步骤的在产品成本是广义在产品的成本

　　C. 需要计算各步骤半成品成本

　　D. 半成品成本随半成品实物的转移而结转

2. 采用逐步结转分步法,按照半成品成本在下一步骤产品成本明细账中的反映方法不同,分为(　　)。

　　A. 按实际成本结转　　　　B. 按计划成本结转

　　C. 综合结转法　　　　　　D. 分项结转法

3. 采用分项结转法结转半成品成本的缺点有(　　)。

　　A. 能够按原始成本项目反映产品成本

　　B. 半成品成本结转工作量大

　　C. 各步骤完工产品成本中看不出所耗上一步骤半成品费用和本步骤加工费用

　　D. 不便于加强各生产步骤的成本管理

4. 企业为了(　　),需要计算各生产步骤的半成品成本。

　　A. 计算对外销售半成品的损益

　　B. 获取各种产成品所耗用的同一种半成品的费用数据

　　C. 全面地分析和考核各生产步骤的生产耗费水平和资金占用水平

　　D. 简化成本核算工作量

5. 平行结转分步法的主要特点有(　　)。

　　A. 各步骤的在产品成本是广义在产品成本

　　B. 各步骤月末在产品成本按费用发生地反映

　　C. 半成品成本不随半成品实物转移而结转

　　D. 完工产品是指最终完工的产成品

6. 平行结转分步法下的在产品包括( )。

　　A. 正在本步骤加工的在产品

　　B. 本步骤已完工转入半成品仓库的半成品

　　C. 已从半成品仓库转入到以后各步骤进一步加工,但尚未最终完成的在产品

　　D. 最后步骤完工入库的产成品

7. 平行结转分步法适用于( )的企业。

　　A. 产品种类多,计算和结转半成品成本工作量大

　　B. 管理上不要求提供各步骤半成品成本资料

　　C. 管理上不要求提供按原始成本项目反映产成品成本资料

　　D. 管理上要求全面反映各步骤生产耗费水平

六、核算题

核算题(一)

1. 目的　练习产品成本计算的逐步综合结转分步法(半成品按实际成本计价)。

2. 资料

(1) 某厂生产 A 产品,分两个步骤分别在两个车间进行加工,第一步骤生产半成品甲,通过半成品仓库收发;第二步骤将半成品甲加工成 A 产成品。

(2) 20××年 2 月份第一步骤有关成本核算资料见表 10-17。

表 10-17

成本核算资料表

单位:元

项　　目	直接材料	直接人工	间接制造费用	合　　计
月初在产品定额成本	1 650	650	2 025	4 325
本月生产费用	6 500	4 100	7 625	18 225
月末在产品定额成本	1 400	750	1 900	4 050

（3）月初半成品库存为 250 件,其实际总成本为 18 400 元,本月第一步骤完工入库半成品 250 件,第二步骤从半成品库领用半成品 240 件,本月完工入库的产成品 270 件,月末在产品 30 件,完工程度为 40%。

（4）第二步骤月初在产品成本、本月生产费用(不包括所耗半成品费用)见表 10-18。

表 10-18

月初成本资料

单位:元

项　　目	自制半成品	直接人工	间接制造费用	合　　计
月初在产品成本	4 380	800	640	5 820
本月生产费用		6 250	5 000	

（5）第一步骤在产品按定额成本计算;半成品甲发出采用一次加权平均法计价;第二步骤费用按约当量比例法在完工产品与在产品之间分配。

3. 要求

（1）计算半成品甲和产成品 A 的成本。

（2）编制有关完工产品入库、领用半成品的会计分录。

核算题(二)

1. 目的　练习产品成本计算的逐步综合结转分步法(半成品按计划成本计价)。

2. 资料

（1）见核算题(一)。

（2）半成品甲计划单位成本为 75 元。

3. 要求

（1）登记半成品甲明细账及计算产成品 A 成本。

（2）编制有关完工产品入库、领用半成品的会计分录。

核算题(三)

1. 目的　练习逐步综合结转分步法成本还原。

2. 资料

（1）某工业企业乙产品经过三个步骤加工制成，第一步骤生产 A 半成品，经第二步骤加工生产 B 半成品，经第三步骤生产乙产成品。

（2）本月各步骤完工产品有关成本资料见表 10-19。

表 10-19

完工产品有关成本资料

单位：元

项 目		A 半成品单位成本	B 半成品单位成本	乙产成品总成本（2 000 件）
直接材料		200		
自制半成品	A		300	
	B			9 000
直接人工		100	150	3 000
间接制造费用		60	50	2 000
合 计		360	500	14 000

3. 要求 对乙产品进行成本还原。

核算题（四）

1. 目的 练习产品成本计算的逐步分项结转分步法。

2. 资料

（1）某厂生产 B 产品，分两个步骤分别在两个车间进行加工，第一步骤生产半成品乙，通过半成品仓库收发；第二步骤将半成品乙加工成 B 产成品。

（2）20××年 6 月份各步骤有关成本核算资料见表 10-20。

（3）月初半成品库存为 200 件，其实际总成本为 25 400 元，其中直接材料 12 400 元，直接人工 6 300 元，间接制造费用 6 700 元。本月第一步骤完工入库半成品 300 件，第二步骤从半成品库领用半成品 400 件，本月完工入库的产成品 100 件。

（4）各步骤在产品按定额成本计算，半成品乙采用一次加权平均法计价。

表 10-20

有关成本核算资料

单位：元

	项　　目	直接材料	直接人工	间接制造费用	合　　计
第一步骤	月初在产品定额成本	2 700	1 200	1 400	5 300
	本月生产费用	19 490	9 430	10 280	39 200
	月末在产品定额成本	2 900	1 150	1 480	5 530
第二步骤	月初在产品定额成本	11 200	6 180	6 798	24 178
	本月生产费用(本步骤)	16 240	10 110	11 121	37 471
	月末在产品定额成本	10 800	5 970	6 567	23 337

3. 要求　计算半成品乙和产成品 B 的成本。

核算题(五)

1. 目的　练习产品成本计算的平行结转分步法。

2. 资料　某厂生产 A 产品,经过第一、第二、第三三个加工步骤连续加工,材料在第一步骤生产开始时一次投入。20××年1月产量资料见表 10-22。

表 10-22

产量资料表

单位：件

步　骤	月初在产品	本月投入	本月完工转出	月末在产品	月末在产品完工程度
第一步骤	3 200	9 700	9 500	3 400	60%
第二步骤	2 100	9 500	8 900	2 700	50%
第三步骤	4 300	8 700	8 200	4 800	40%

3. 要求　分别成本项目计算各步骤费用分配的约当量。

核算题(六)

1. 目的　练习产品成本计算的平行结转分步法。

2. 资料　某工业企业第一步骤生产 A 半成品,第二步骤生产 B 半成品,将 A 半成品和 B 半成品交第三步骤装配成 C 产成品。

第一步骤材料在生产开始时一次投入,第二步骤材料随加工程度的深化逐步投入。每件产成品由1件A半成品和1件B半成品装配而成。各步骤月末在产品的完工程度均为50%,各步骤生产费用采用约当量比例法在在产品和广义在产品之间分配。20××年10月有关成本计算资料如下。

(1)产量记录见表10-23。

表10-23

产量记录表

单位:件

项　目	第一步骤	第二步骤	第三步骤
月初在产品	2 100	3 200	4 000
本月投入	12 400	14 600	10 000
本月完工转出	10 000	10 000	8 000
月末在产品	4 500	7 800	6 000

(2)月初在产品成本及本月生产费用见表10-24。

表10-24

月初在产品成本及本月生产费用

单位:元

项　目	直接材料	直接人工	间接制造费用	合　计
月初在产品成本				
第一步骤	52 800	13 900	17 250	83 950
第二步骤	25 500	22 300	27 020	74 820
第三步骤		19 500	22 400	41 900
本月生产费用				
第一步骤	317 200	125 850	129 000	572 050
第二步骤	243 000	110 160	119 760	472 920
第三步骤		48 700	52 400	101 100

3. 要求

(1)计算各步骤应计入产成品成本份额和月末在产品成本;

(2)编制产成品成本汇总计算表。

第十一章 产品成本计算
的分批法

本章主要阐述在单件小批的生产条件下,如何归集生产费用和计算产品成本。在阐述分批法的适用范围、基本特点及其核算程序之后,本章还介绍了一种简化的分批法——不分批计算在产品成本的分批法,并对其账簿体系及核算特点作了较详细的说明。

第一节 分批法概述

成本计算的分批法是按产品的批别归集生产费用,计算产品成本的一种方法。在单件小批生产的企业中,产品的品种和每批产品的批量往往根据用户的定单确定,因而按照产品批别计算产品成本,往往也就是按照定单计算产品成本,因此产品成本计算的分批法,又被称为定单法。

一、分批法的适用范围

分批法通常适用于小批单件生产,这种小批单件的生产企业往往根据客户的要求生产特殊规格、规定数量的产品,比如造船厂的船舶制造、重型机器厂的专用设备、重型机械的制造,它们可以是单件,也可以是几件;有些企业的生产必须根据市场的需要不断改变产品品种和数量,一般不可能大批量生产,如高档时装的生产;又如机械修理厂,通常按每项修理业务计算产品成本;另外还适用于新产品的试制和辅助生产的工具模具的制造等。

二、分批法的特点

(一)成本计算对象

分批法下,成本计算对象是购买者的定单或企业事先规定的产品批别。企业一般根据定单开设生产令号,车间则根据生产令号组织生产,仓库根据生产令号准备材料,会计部门根据生产令号开设生产成本明细账,计算产品成本。

生产令号通常是根据定单开设的,如果在一张定单中规定的产品不止一种,为了分别计算不同产品的生产成本和便于生产管理,还可以按照产品的品种划分批别组织生产,计算成本。如果在一张定单中只规定一种产品,但这种产品数量较大,不便于集中一次投产,或者需用单位要求分批交货,也可以分几批组织生产,计算成本。如果在一张定单中只规定一件产品,但这件产品是由许多部件装配而成的大型复杂产品,如订购一艘万吨以上的轮船,它的生产周期长,结构复杂,则可按生产进度或构成部件分别开设生产令号组织生产,计算成本。

由于各批产品往往耗用相同的原材料和半成品,因此在组织生产过程中,如果是直接费用,都须标明生产令号,防止串工串料。产品完工时,这个生产令号就不能再开支任何费用。如有余料、废料、废品,都要办理退库手续或作价交库。

(二)成本计算期

分批法下,产品成本负担的起讫期是从定单开工至定单完工,所以成本计算是非定期的,其成本计算期与生产周期相同,而与会计报告期不一致。

(三)在产品与完工产品之间的划分

在单件生产下,某张定单完工以前,其产品成本明细账所归集的生产费用,即为在产品成本;完工以后,其产品成本明细账所归集的生产费用,就是该定单完工产品的成本,因而在月末计算成本时,不存在生产费用在完工产品与在产品之间分配的问题。

如果是小批生产,批内产品往往同时完工,在月末计算产品成本时,或是全部已经完工,或是全部没有完工,因而一般也不存在生产费用在完工产品与在产品之间分配的问题。但在批内产品跨月陆续完工并且出售的情况下,月末计算成本时,一部分产品已完工,另一部分尚未完工,这时就要在完工产品与在产品之间分配生产费用,以便计算完工产品成本和月末在产品成本。

（四）分批出货情况下的简化处理

由于小批生产的批量不大,批内产品跨月陆续完工的情况不多,因而可采用简化的分配方法,如可用计划成本、定额成本代替实际成本对完工产品计价,或以最近一期相同产品的实际成本对完工产品进行计价。然后将所确定的完工产品成本,从成本明细账中转出,余额即为在产品成本。不管采用上述哪一种方法,在该定单全部完工之后,为了正确分析和考核该批产品成本计划的执行情况,还应计算该批全部产品的总成本和单位成本,但对已经转账的完工产品成本,不作账面调整。

为了减少完工产品与月末在产品之间分配费用的工作量,提高成本计算的正确性和及时性,在合理组织生产的前提下,也可以适当缩小产品批量,以较小的批量分批投产,尽量使同一批的产品能够同时完工,避免发生跨月陆续完工的情况。但是缩小产品批量应有一定限度,如果批量过小,不仅会使生产组织不合理、不经济,而且会使设立的产品成本明细账过多,加大核算工作量。

三、分批法成本计算的一般程序

（一）按批别开设成本明细账

会计部门根据生产计划部门签发的生产令号所规定的产品批

别,为每批产品开设成本明细账户(即产品成本计算单)。为了分析、考核车间的工作成绩,加强车间成本管理,成本明细账也可以车间别再按每一定单或每一批产品开设,计算每一定单在车间 发生的费用。

（二）归集与分配生产费用

月份内,将各批产品的直接费用,按批号或工作令号直接汇总计入各批产品的成本明细账内,将发生的间接费用按照一定的标准在各批产品之间进行分配,记入有关各批产品的成本明细账内。

（三）计算完工产品成本

月末加计完工批别成本明细账中所归集的生产费用,求得完工产品的实际总成本和单位成本;月末各批未完工成本明细账内所汇集的生产费用,即为月末在产品成本。

四、分批法举例

假定某厂根据客户的定单组织生产,采用分批法计算产品成本。该厂设有机械加工和装配两个基本生产车间。200×年12月有关资料如下。

1. 各批产品的生产情况如表 11-1 所示。

表 11-1

200×年 12 月份某厂各批产品的产量和工时

产品批别	产品名称	开工时期	批量(台)	完工产量(台)		本月耗用工时(小时)	
				11 月	12 月	机械加工	装 配
2007	甲	11 月份	30	10	20	5 000	4 600
2008	乙	12 月份	20		20	3 500	2 400
2009	丙	12 月份	15			2 500	1 000

2. 12月份各批产品耗用材料情况如下。

2007 批甲产品耗用原材料 20 580 元;2008 批乙产品耗用原

材料 60 400 元;2009 批丙产品耗用原材料 16 900 元。

3. 12 月份根据"工作通知单"和"工序进程单"计算的直接人工费用为 51 360 元,具体如下。

2007 批甲产品:机械加工车间 10 500 元,装配车间 6 000 元;

2008 批乙产品:机械加工车间 8 860 元,装配车间 9 500 元;

2009 批丙产品:机械加工车间 12 000 元,装配车间 4 500 元。

4. 12 月份根据制造费用明细账归集的制造费用为:机械加工车间 13 750 元,装配车间 13 200 元。制造费用按生产工时比例在各批产品之间进行分配。

5. 该厂对于定单内跨月分次出货、先完工的产品按计划成本转出,待定单产品全部完工后再重新计算完工产品的实际总成本和单位成本。本例中,2007 批甲产品 11 月份投产 30 台,11 月份先完工 10 台按计划成本进行结转,其中原材料单位计划成本为 3 000 元,直接人工单位计划成本为 2 000 元,制造费用单位计划成本为 750 元。

该厂 12 月份编制的制造费用分配表见表 11-2。

表 11-2

制造费用分配表

| 产品批号 | 机械加工车间分配率 1.25 | | 装配车间分配率 1.65 | | 分配制造费用 |
	工时(小时)	金额(元)	工时(小时)	金额(元)	合计(元)
2007 批	5 000	6 250	4 600	7 590	13 840
2008 批	3 500	4 375	2 400	3 960	8 335
2009 批	2 500	3 125	1 000	1 650	4 775
合　计	11 000	13 750	8 000	13 200	26 950

根据上述资料及制造费用分配表,登记各批产品成本明细账。各批产品成本明细账如表 11-3、表 11-4 和表 11-5 所示。

表 11-3

产品成本明细账

批号：2007 开工日期：200×年 11 月

产品名称：甲产品 批量：30 台 完工日期：200×年 12 月 单位：元

月份	摘 要	直接材料	直接人工	制造费用	合 计
11 月	机械加工车间成本	80 400	34 000	5 450	119 850
	装配车间成本		12 200	3 840	16 040
	11 月份成本合计	80 400	46 200	9 290	135 890
	完工 10 台按计划成本转出	−30 000	−20 000	−7 500	−57 500
	11 月末累计成本	50 400	26 200	1 790	78 390
12 月	机械加工车间成本	20 580	10 500	6 250	37 330
	装配车间成本		6 000	7 590	13 590
	12 月份成本合计	20 580	16 500	13 840	50 920
	12 月份完工 20 台转出	−70 980	−42 700	−15 630	−129 310
	完工 30 台累计成本	100 980	62 700	23 130	186 810
	单位成本	3 366.00	2 090.00	771.00	6 227.00

表 11-4

产品成本明细账

批号：2008 开工日期：200×年 12 月

产品名称：乙产品 批量：20 台 完工日期：200×年 12 月 单位：元

月份	摘 要	直接材料	直接人工	制造费用	合 计
12 月	机械加工车间成本	60 400	8 860	4 375	73 635
	装配车间成本		9 500	3 960	13 460
	12 月份合计	60 400	18 360	8 335	87 095
	完工 20 转出	−60 400	−18 360	−8 335	−87 095
	单位成本	3 020.00	918.00	416.75	4 354.75

表 11-5

产品成本明细账

批号：2009　　　　　　开工日期：200×年 12 月

产品名称：丙产品 批量：15台 完工日期：　　年　　月　　　　单位：元

月份	摘　　要	直接材料	直接人工	制造费用	合　　计
12 月	机械加工车间成本	16 900	12 000	3 125	32 025
	装配车间成本		4 500	1 650	6 150
	12 月末累计成本	16 900	16 500	4 775	38 175

第二节　简化的分批法——间接费用累计分配法

在单件小批生产的企业或车间，同一月份内投产的产品批数往往很多，把各项间接费用分配于几十甚至上百批产品上，工作量特大。因此在投产批数较多，而月末未完工产品批数也较多的企业，也可采用一种简化的分批法。

一、简化分批法的特点

简化分批法下，每月发生的人工费用和制造费用等间接费用，不是按月在各批产品之间进行分配的，而是将这些间接费用累计起来，待产品完工时，按照完工产品累计工时的比例，在各批完工产品之间进行分配，所以这种方法被称之为"间接费用累计分批法"。又由于在这种方法下，月末未完工产品的批别，即月末在产品不再分配间接费用，所以这种方法又被称之为"不分批计算在产品成本的分批法"。

间接费用累计分配率的公式如下：

$$间接费用\atop累计分配率= \frac{期初结存全部产品间接费用 + 本月发生全部间接费用}{期初结存全部在产品工时数 + 本月发生全部工时数}$$

$$\begin{array}{r}\text{完工产品批别应} \\ \text{负担的间接费用}\end{array}=\begin{array}{c}\text{该批产品的} \\ \text{累计工时数}\end{array}\times\begin{array}{c}\text{间 接 费 用} \\ \text{累计分配率}\end{array}$$

二、简化分批法的账簿体系

采用这种方法,各批别的产品成本明细账在没有完工以前,只登记直接材料费用以及生产工时,而不必分配登记人工费用和制造费用等间接费用。只有在某批产品完工时,再按上述公式分配人工费用和制造费用,这样,各批产品成本明细账上归集的生产费用则不完整,而需另行设置生产成本二级账,将所有累计的直接材料费用和人工费用、制造费用等间接费用,以及累计的工时都登记在生产成本二级账内。其核算程序及账簿体系见图 11-1。

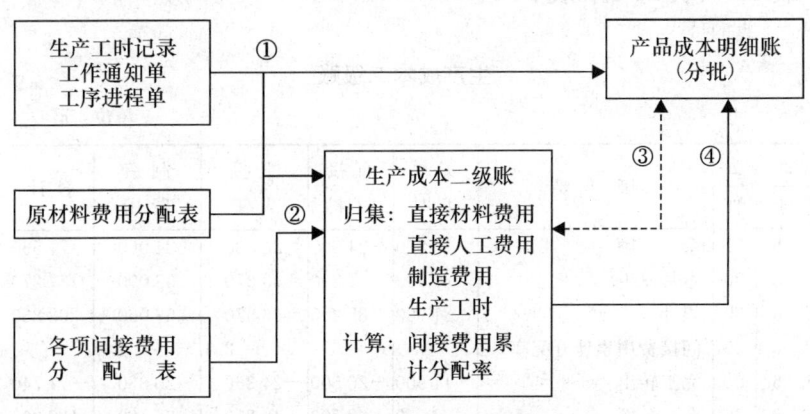

图 11-1 简化分批法程序及账簿体系

说明:

① 根据"原材料费用分配表"和"工作通知单"或"工序进程单"等工时记录,将各批产品耗用的直接材料费用、生产工时等分别记入"生产成本二级账"和各批产品成本明细账。各批生产工人的薪酬记入"生产成本二级账"和按批设置的产品成本明细账。

② 根据间接费用分配表,将人工费用和制造费用等记入"生产成本二级账"。

③ 月终,将"生产成本二级账"中的直接材料费用、生产工时与各批产品成本明细账进行核对。

④ 月终,如有完工批别产品,计算累计分配率,并据此分配人工费用和制造费用等间接费用。

三、简化分批法的举例

假设某厂某车间属小批生产,产品批数多。为了简化核算,采用简化的分批法,即间接费用累计分批法。该厂6月份的产品批号有:

2005批号:甲产品8台,5月份投产,本月完工;

2006批号:乙产品4台,5月份投产,本月尚未完工;

2007批号:丙产品5台,6月份投产,本月尚未完工。

该厂6月份的月初在产品成本和本期生产费用以及实耗工时已归集在"生产成本二级账"和各批产品成本明细账内,见表11-6、表11-7、表11-8和表11-9。

表11-6

生产成本二级账

单位:元

200×年		摘　要	实耗工时	直接材料	直接人工	制造费用	合计
月	日						
5	31	余　额	10 800	24 000	23 500	24 060	71 560
6	30	本月发生	20 900	61 200	43 070	33 000	137 270
6	30	累计	31 700	85 200	66 570	57 060	208 830
6	30	间接费用累计分配率			2.1	1.8	
6	30	完工转出	−11 600	−26 500	−24 360	−20 880	−71 740
6	30	余　额	20 100	58 700	42 210	36 180	137 090

表11-7

产品成本明细账

批号:2005　　　　　　　　开工日期:200×年5月

产品名称:甲产品　批量:8台　完工日期:200×年6月　　　单位:元

200×年		摘　要	实耗工时	直接材料	直接人工	制造费用	合计
月	日						
5	31	本月发生	6 200	15 500			
6	30	本月发生	5 400	11 000			

234

200×年		摘　要	实耗工时	直接材料	直接人工	制造费用	合　计
月	日						
6	30	累计数及间接费用累计分配率	11 600	26 500	2.1	1.8	
6	30	完工 8 台转出	−11 600	−26 500	−24 360	−20 880	−71 740
6	30	单位成本		3 312.50	3 045.00	2 610.00	8 967.50

表 11-8

产品成本明细账

批号：2006　　　　　　　　开工日期：200×年 5 月

产品名称：甲产品 批量：4 台　完工日期：　　　　　　　　单位：元

200×年		摘　要	实耗工时	直接材料	直接人工	制造费用	合　计
月	日						
5	31	本月发生	4 600	8 500			
6	30	本月发生	6 300	5 200			

表 11-9

产品成本明细账

批号：2007　　　　　　　　开工日期：200×年 6 月

产品名称：甲产品 批量：5 台　完工日期：　　　　　　　　单位：元

200×年		摘　要	实耗工时	直接材料	直接人工	制造费用	合　计
月	日						
6	30	本月发生	9 200	45 000			

在生产成本二级账中，各项间接费用累计分配率计算如下：

$$直接人工累计分配率 = \frac{66\ 570}{31\ 700} = 2.1$$

$$制造费用累计分配率 = \frac{57\ 060}{31\ 700} = 1.8$$

在各批产品成本明细账中，对于有完工产品的月份，除了登记直接材料费用和实耗工时,以及各该累计数以外,还应根据生产成本二级账登记各项间接费用累计分配率,计算该批产品负担的间接费用。没有完工产品的月份,则不登记间接费用。因而在各批产品成本明细账中,对月末在产品只反映实耗工时和直接材料费用(在计件工资制下,还可反映直接人工费用)。

四、简化分批法的优缺点

简化分批法下,间接费用在各批产品之间的分配,以及在完工产品和在产品之间的分配,是在有产品完工时,利用间接费用累计分配率一次分配完成的。这不仅简化了间接费用的分配,还可简化对未完工批别产品成本明细账的登记工作,未完工批数越多,核算越简化。

但是在这种方法下,各未完工批别的成本明细账不能完整地反映各批产品在产品的成本。另外,如果各月的间接费用相差很大,还会影响各月产品成本的正确性。比如前几个月的间接费用水平高,本月间接费用水平低,而某批产品本月投产,本月完工,则该批产品就会负担较高的间接费用。如果月末未完工产品的批数不多,则起不到简化的作用,因为绝大多数产品的批别仍然要分配登记各项间接费用,核算工作量减少不多,但计算的正确性却会受到影响。

复 习 题

一、名词解释题

1. 产品成本计算的分批法　　2. 简化的分批法
3. 间接费用累计分配率

二、思考题

1. 单件小批生产的企业有何特点?它适用于哪种成本计算方法?

2. 分批法有些什么特点？试说明分批法的成本计算程序。

3. 简化分配法下,为什么要设置"生产成本"二级账？制造费用的累计分配率如何计算？

三、判断题

1. 分批法适用于单件小批生产的企业或车间。 （　　）

2. 分批法下,产品成本明细账的设置应与生产部门下达的生产令号一致。 （　　）

3. 分批法下,由于成本计算期是不固定的,与生产周期一致。因此在任何情况下,月末不存在完工产品与在产品之间分配费用的问题。 （　　）

4. 分批法下,在批内产品跨月陆续完工出货的情况下,完工产品的成本不论批量大小,都只能按实际成本计算结转。 （　　）

5. 简化的分批法在各该批产品完工以前,生产成本二级账只需登记累计的生产工时和累计的直接费用。 （　　）

6. 简化的分批法下,在各该批产品完工以前,产品成本明细账只需按月登记直接费用。 （　　）

四、单项选择题

1. 分批法是按照(　　)计算产品成本的一种方法。

   A. 产品品种　　　　　　B. 产品工艺过程

   C. 产品批别　　　　　　D. 产品种类

2. 如果一张定单中有几种不同的产品,则其成本明细账按(　　)设置。

   A. 该定单

   B. 该定单下不同的产品

   C. 该定单下各产品的不同步骤

   D. 产品完工的先后顺序

3. 简化的分批法与分批法的区别主要表现在(　　)。

   A. 不分批计算在产品成本

B. 不分批计算完工产品成本

C. 不进行间接费用的分配

D. 不分批核算原材料费用

4. 简化分批法下,其间接费用的分配,是利用间接费用累计分配率,到( )时合并一次完成,因而大大简化了核算工作。

　　A. 月末　　　　　　　　　B. 季末

　　C. 年末　　　　　　　　　D. 产品完工

5. 分批法、简化分批法成本计算期的确定是( )。

　　A. 分批法按生产周期,简化分批法是定期的,即按月进行的

　　B. 分批法按生产周期,简化分批法按月进行的

　　C. 两种方法全部按月进行的,与生产周期不同步

　　D. 两种方法全部是不定期的,按生产周期进行

五、多项选择题

1. 产品成本计算的分批法适用于( )。

　　A. 小批生产　　　　　　　B. 单件生产

　　C. 大批生产　　　　　　　D. 大量生产

　　E. 分批轮番生产同一种产品

2. 分批法下,产品批别可以按( )确定。

　　A. 客户的定单　　　　　　B. 一张定单下不同的产品

　　C. 相同产品的不同定单　　D. 产品的种类

　　E. 按定单分步骤

3. 分批法下,批内产品跨月陆续完工出货,且完工产品数量较少,则先完工产品可( )从产品成本明细账中转出。

　　A. 按计划单位成本

　　B. 按实际单位成本

　　C. 按最近一期相同产品的实际单位成本

　　D. 按在产品单位成本

E. 按定额单位成本

4. 生产成本二级账中月末在产品的各项间接费用的金额,可以根据登记( )。

A. 该二级账月末在产品生产工时分别乘以各该费用累计分配率计算

B. 各该费用的累计数分别减去完工产品的相应费用计算

C. 各批产品成本明细账月末在产品的各该费用分别汇总

D. 各批产品成本明细账月末在产品的生产工时之和乘以各该费用累计分配率计算

E. 月初在产品成本

六、核算题

核算题(一)

1. 目的 练习产品成本计算的分批法。

2. 资料 申新机械厂根据客户定单组织生产,采用分批法计算成本。该厂设有第一和第二两个基本生产车间,所有产品均需由该两个车间生产完成。200×年10月份有关生产情况和成本计算的资料如下。

(1) 生产情况见表11-10。

表11-10

生产情况表

产品批号	产品名称	投产月份	批量(台)	完工产量(台)		本月耗用工时(小时)	
				9月	10月	第一车间	第二车间
901	甲	9	45	25	20	1 500	1 000
902	乙	9	30		30	2 000	1 400
903	丙	9	50		10(出货)	500	700
1001	丁	10	25			1 000	2 020

(2) 月初在产品成本见表11-11。

表 11-11

月初在产品成本

单位:元

产品批号	月份	直接材料	直接人工		制造费用		合计
			一车间	二车间	一车间	二车间	
901	10	14 508	240	212	100	60	15 120
902	10	28 000	1 800	600	330	320	31 050
903	10	1 200	350	300	450	260	2 560

(3) 本月各批产品及车间耗用材料情况:

901 批产品耗用 19 800 元;902 批产品耗用 17 000 元;

903 批产品耗用 16 000 元;1001 批产品耗用 25 000 元;

产品耗用材料在第一车间分次投入,第二车间不再投料。

第一车间机物料消耗 3 800 元;第二车间机物料消耗 2 500 元。

(4) 本月各批产品及车间发生的职工薪酬如下:

第一车间生产工人:8 400 元　第二车间生产工人:7 680 元

管理人员:3 600 元　　　　管理人员:2 400 元

生产工人的职工薪酬按生产工时比例在各批产品之间分配。

(5) 本月生产车间还发生折旧费、办公费等其他制造费用,其中第一车间为 500 元,第二车间为 476 元。制造费用按生产工时在各批产品之间分配。

(6) 该厂完工产品的单位计划成本见表 11-12。

表 11-12

完工产品的单位计划成本

单位:元

产品名称	直接材料	直接人工	制造费用	合计
甲	1 300	56	14	1 370
乙	1 450	115	97	1 662
丙	1 250	96	88	1 434
丁	980	86	66	1 132

跨月陆续完工出货的产品,可按单位计划成本转出。

3. 要求

(1) 编制职工薪酬、制造费用分配表。

(2) 登记产品成本明细账,并计算10月份完工产品总成本和单位成本。

(3) 编制产品完工入库的会计分录。

核算题(二)

1. 目的　练习产品成本计算的简化分批法。

2. 资料　前进机械厂属小批生产企业,产品批数多,但月末未完工产品又很多,因而采用不分批计算在产品成本的分批法计算产品成本。

(1) 10月份该厂产品的批号有:

806批号:甲产品16件,8月12日投产,本月16日完工;

901批号:乙产品20件,9月15日投产,尚未完工;

902批号:丙产品14件,9月17日投产,本月28日完工;

903批号:丁产品10件,9月25日投产,尚未完工;

1001批号:戊产品8件,10月14日投产,尚未完工。

(2) 各批号直接费用与工时如下:

806批号:原材料耗用:8月份48 000元,9月份16 000元,10月份1 600元;生产工时:8月份1 700小时,9月份1 960小时,10月份1 040小时。

901批号:原材料耗用:9月份70 000元;生产工时:9月份2 400小时,10月份3 000小时。

902批号:原材料耗用:9月份12 880元;生产工时:9月份2 800小时,10月份2 400小时。

903批号:原材料耗用:9月份8 600元,10月份2 000元;生产工时:9月份3 600小时,10月份3 200小时。

1001批号:原材料耗用:10月份8 600元;生产工时:4 200

小时。

（3）该厂 8 月份汇总的生产工人工资薪酬为 2 500 元,9 月份为 21 008 元,10 月份为 28 040 元。

（4）该厂 8 月份汇总的制造费用为 1 052 元,9 月份为 13 600 元,10 月份为 14 278 元。

3. 要求

（1）根据上列资料,采用不分批计算在产品成本的分批法,计算各批完工产品的成本,其中 901 批与 902 批产品原材料为生产开始时一次投入。

（2）登记"生产成本"二级账,并将余额与各批产品成本明细账中的月末在产品余额核对相符。

（3）编制结转完工产品成本的会计分录。

第十二章 产品成本计算
的定额法

品种法、分步法和分批法，都是对已经结束的生产过程进行事后的成本计算。为了改变只能在事后提供信息的被动状态，可以采用定额法计算产品成本，以便在生产的过程中控制产品成本。本章对定额法与其他成本计算方法的不同之处作了比较，并着重阐述了定额法的核心——计算与揭示脱离定额差异。定额法不仅是一种产品成本的计算方法，而且是一种对成本进行日常控制的管理方法。

第一节 定额法概述

定额法是以定额成本为目标成本，及时揭示生产费用脱离定额的差异，加强成本控制，并根据定额成本、定额差异和定额变动计算产品实际成本的一种成本管理和成本计算方法。

一、定额法的特点

定额法与前述各种基本的成本计算方法——品种法、分步法、分批法相比较，有以下特点：

1. 需事先制订产品的各项消耗定额、费用定额和定额成本，作为成本控制的目标、成本计算的基础。

2. 在发生生产耗费的当时，就将符合定额的耗费与脱离定额的差异分别进行计量和反映，以加强对生产费用的日常控制。

3. 定额法下,成本计算建立在日常揭示差异的基础之上。月末计算产成品成本时,根据产品的定额成本,加减各种成本差异,调整计算出完工产品的实际成本,可以为成本的定期分析和考核提供依据。

4. 定额法不是一种独立的成本计算方法。无论是归集定额生产费用,还是归集脱离定额的各种差异,只要是计算生产成本,总要有一定的对象。因此,定额法必须与前述品种法、分步法、分批法相结合使用。

定额法是将事前、事中、事后反映和监督融为一体的一种产品成本计算方法和成本管理制度。

二、产品定额成本的制订

要能在生产过程中揭示实际生产费用的节约或浪费,必须先建立起衡量其节约或超支的标准(或"尺度"),即制订定额成本。采用定额法,必须事先制定单位产品的消耗定额、费用定额,并据以计算产品的定额成本。制订产品的定额成本,是对产品成本进行事先控制。各种消耗定额、费用定额,以及产品定额成本,既是对生产耗费进行事中控制的目标,又是计算产品实际成本的基础,也是事后对成本进行分析和考核的依据。

(一)定额成本与计划成本

定额成本与计划成本都是目标成本,即根据预定的目标事先制订的成本。将预计成本与目标管理方法相结合,就是目标成本管理。

计划成本是以计划期内(主要指计划年度)平均消耗定额为依据计算的预计成本,表明计划期内应达到的平均成本水平。

定额成本是以现行消耗定额计算的预计成本,其目的是要保证计划成本的完成。在计划期内,企业通过各项措施有步骤地降低现行定额,以求达到计划中规定的成本水平。

为了便于分析和考核,定额成本的编制方法、成本项目的划分应与计划成本、实际成本保持一致。但是定额成本和计划成本一般不包括废品损失和停工损失。因此,实际发生的废品损失和停工损失,都是超过定额成本的差异。

（二）产品定额成本的制订

产品定额成本可以直接按产品制订,也可以从零件、部件到产品逐项制订、汇总定额成本。

例如,某企业产品定额成本编制程序如图 12-1 所示。

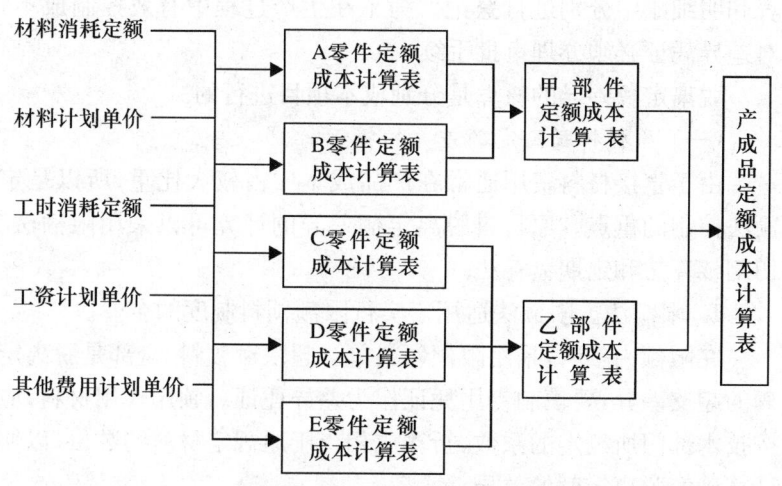

图 12-1 产品定额成本编制程序

在实际工作中,如果产品的零部件很多,定额成本制订和修改的工作量很大,但可以通过电脑计算提高效率。

第二节 定额法下各类差异的揭示

定额法下计算和控制产品成本,需要揭示三类差异:脱离定额差异、材料成本差异、定额变动差异。

一、脱离定额差异的揭示

脱离定额差异是实际生产费用与定额成本的差异,超支、节约分别表现为正、负差异。计算脱离定额差异是定额法的核心。

制订定额成本的目的,就是为了加强对生产耗费的日常控制,计算和汇总脱离定额的差异,及时分析产生差异的原因,明确责任,采取有效措施,减少生产耗费,降低产品成本。定额法下,在实际发生生产费用时,对于符合现行定额的费用和脱离定额的差异,分别编制定额凭证和差异凭证。这两种凭证都要在有关费用分配表和明细账中分别进行登记。为了在生产过程中有效控制成本,对差异凭证必须办理审批手续。

脱离定额差异的核算是分别成本项目进行的。

(一)原材料脱离定额差异的揭示

由于直接材料费用通常在产品成本中占较大比重,所以是定额法控制的重点。原材料脱离定额差异的计算可以采用限额法、切割核算法和定期盘存法。

1. 限额法。限额法适用于实行限额领料制度的企业。

在限额内领料,采用限额领料单。超限额领料,全部是脱离定额的超支差异,要填制专用凭证作为差异凭证。领用代用材料,应按技术部门所测定的系数,折算成相当于原规定材料的数量,以便计算确定脱离定额的差异。

此外,退料单、限额领料单中的原材料余额则反映了脱离定额的节约差异。

但是,上述定额差异凭证揭示的往往是领料差异,不一定是用料差异。有时,限额领料单上规定的领料限额不一定就是原材料的定额耗用量,因为实际投产的数量不一定是限额领料单所列的投产量。限额领料单上记载的实际领料数量也不一定就是原材料的实际耗用量,因为车间内期初、期末可能有已领未用的材料余额,而且两者数量往往不等。所以,采用限额法应注意及时根据车间实际投产量调整领料限额,期末要及时办理退料或假退料手续。

2. 切割核算法。切割核算法适用于需要经过切割才能进一步加工的材料定额差异揭示。

材料进行分割时,可以使用按切割材料批别开设的"材料切割核算单",分别核算材料定额消耗量和脱离定额差异。将切割后的材料数量乘以材料消耗定额,得出切割后材料的定额耗用量,再与实际耗用量(实际领用量减去退料数量)相比较,以确定脱离定额差异。

3. 定期盘存法。上述切割核算法是按批别计算定额差异的。但是在大量连续生产的企业中,往往不能按批别揭示差异,若实行限额领料又有难度,则可采用定期盘存法。其程序如下:

(1) 根据产量凭证和在产品盘存单计算本期实际投产数量,再乘以材料消耗定额计算材料定额消耗量。

$$\frac{本期投}{产数量} = \frac{本期完工}{产品数量} + \frac{期\ 末\ 在}{产品数量} - \frac{期\ 初\ 在}{产品数量}$$

如果原材料不是在生产一开始即全部投入,而是随着生产进度逐步投入,则还要按材料消耗定额计算期初、期末在产品的约当产量,替代上述公式中的期初、期末在产品数量。

(2) 根据领料单、退料单和车间材料盘存单计算材料实际耗用量。

(3) 将本期投产数量的实际消耗量与定额消耗量相比较,以确定原材料脱离定额差异。

定期盘存相隔的时间愈短(如每周),差异的揭示就愈及时;盘存划分的范围愈小(如班组),差异的责任就愈明确。这样,使差异的揭示能有效地发挥日常控制成本的作用。

4. 原材料定额费用和脱离定额差异汇总表的编制。采用上述各种方法所确定的原材料脱离定额差异,是材料消耗量的差异,乘以材料计划单价,就是按计划单价反映的原材料脱离定额的数量差异，它不包括原材料的价格差异（或称材料成本差异）。

$$\begin{aligned}\text{原材料脱} \atop \text{离定额差异}=&{\text{按实际耗用量} \atop \text{计算的计划成本}}-\text{定额成本}=\\&{\text{实 际} \atop \text{耗用量}}\times{\text{材料计} \atop \text{划单价}}-{\text{定 额} \atop \text{耗用量}}\times{\text{材料计} \atop \text{划单价}}=\end{aligned}$$

（实际耗用量—定额耗用量）×材料计划单价

　　无论采用何种方法计算定额差异，都应定期根据上述有关核算资料，按产品成本计算对象汇总编制原材料定额费用和脱离定额差异汇总表，据以登记产品生产成本明细账中直接材料项目的有关专栏，并分析产生差异的原因，及时采取措施控制成本。

　　【例 12-1】　某工业企业生产 A 产品，列示其 8 月份"原材料费用和脱离定额差异汇总表"，见表 12-1。

表 12-1

原材料定额费用和脱离定额差异汇总表

产品名称：A　　　　　　　　　200×年 8 月　　　　　　　　金额单位：元

原材料品 种	计量单位	计划单价	计划价格费用		定额费用		脱离定额差异		差异原因
			实际耗用量	金额	定额耗用量	金额	耗用量	金额	
甲材料	千克	25	5 760	144 000	6 000	150 000	−240	−6 000	（略）
乙材料	千克	10	3 880	38 800	3 600	36 000	+280	+2 800	（略）
辅助材料	千克	4	1 500	6 000	1 285	5 140	+215	+860	（略）
合　计				188 800		191 140		−2 340	

　　领用自制半成品时，定额消耗量、定额费用和脱离定额差异的计算确定方法，与原材料相同。

　　（二）生产工时和生产工人工资脱离定额差异的揭示

　　生产工人工资脱离定额差异的计算，因工资形式的不同而异。

　　采用计件工资形式，按计件工资单价支付的工资属工资定额成本，在计件工资之外所付的奖金、津贴等都属于工资的定额差异，用专设的差异凭证反映。其定额差异的计算与原材料项目类似。

采用计时工资形式,工资的定额差异包括两部分:工时差异和小时工资率差异。

$$\frac{\text{工时}}{\text{差异}} = \frac{\text{实际}}{\text{工时}} \times \frac{\text{计划小时}}{\text{工 资 率}} - \frac{\text{实际完成}}{\text{定额工时}} \times \frac{\text{计划小时}}{\text{工 资 率}} =$$

$$\left(\frac{\text{实际}}{\text{工时}} - \frac{\text{实际完成}}{\text{定额工时}}\right) \times \frac{\text{计划小时}}{\text{工 资 率}}$$

$$\frac{\text{小时工资}}{\text{率 差 异}} = \frac{\text{实际}}{\text{工时}} \times \frac{\text{实际小时}}{\text{工 资 率}} - \frac{\text{实际}}{\text{工时}} \times \frac{\text{计划小时}}{\text{工 资 率}} =$$

$$\frac{\text{实际}}{\text{工时}} \times \left(\frac{\text{实际小时}}{\text{工 资 率}} - \frac{\text{计划小时}}{\text{工 资 率}}\right)$$

$$\frac{\text{工资脱离}}{\text{定额差异}} = \frac{\text{生产工人实}}{\text{际工资总额}} - \frac{\text{工资定}}{\text{额成本}} =$$

$$\frac{\text{实际}}{\text{工时}} \times \frac{\text{实际小时}}{\text{工 资 率}} - \frac{\text{实际完成}}{\text{定额工时}} \times \frac{\text{计划小时}}{\text{工 资 率}}$$

上述公式中计划、实际小时工资率计算如下:

$$\frac{\text{计划小时}}{\text{工 资 率}} = \frac{\text{某车间计划产}}{\text{量的工资预算}} \div \frac{\text{该车间计划产量}}{\text{的定额生产工时}}$$

$$\frac{\text{实际小时}}{\text{工 资 率}} = \frac{\text{该车间生产工人}}{\text{实际工资总额}} \div \frac{\text{该车间实际}}{\text{生 产 工 时}}$$

工资预算与工资定额成本的主要区别在于:前者按计划产量考虑,后者按实际产量计算。

在计时工资形式下,对产品工资费用的日常控制,主要是通过揭示工时差异进行的。及时揭示工时差异,可以有效地监督生产工时的利用情况和工时消耗定额的执行情况。

无论采用何种工资形式,都要按产品成本计算对象汇总反映工资定额成本与脱离定额差异,据以登记产品生产成本明细账的有关专栏。

（三）制造费用脱离定额差异的揭示

$$\frac{\text{制造费用脱}}{\text{离定额差异}} = \frac{\text{制造费用实}}{\text{际 发 生 额}} - \frac{\text{实际完成}}{\text{定额工时}} \times \frac{\text{计划小时制造}}{\text{费用分配率}}$$

由于制造费用的构成内容比较复杂,对于其中能实行单项控制的项目,如领用工具、劳防用品、办公用品等,应尽可能分项制订限额加以控制,其余项目则只能通过定期将实际费用与费用预算相比较进行分析与考核。

制造费用与计时工资一样,都属于间接计入费用,通常难以做到在生产过程中直接接产品及时揭示其脱离定额差异。因此也可以采用简化做法:即根据制造费用实际发生额,按定额工时比例在有关产品之间分配,在完工产品与在产品之间分配,而不采用定额成本加减定额差异的办法计算应负担的实际制造费用。

(四)其他生产费用脱离定额差异的揭示

计入产品成本的废品损失,包括不可修复废品的损失和可修复废品的修复费用,一般全部作为脱离定额差异处理,因为制订产品定额成本时通常不考虑废品损失。

二、材料成本差异的揭示

采用定额成本计算产品成本时,为了便于对产品的材料成本进行日常控制,便于分析和考核材料消耗水平,原材料的日常核算一般按计划成本进行。本节前面所计算的原材料脱离定额差异,仅仅是以计划单价反映消耗数量上的差异,未包括价格因素。因此,还应在月末计算出材料成本差异率后分配应负担的材料成本差异。

$$\text{某产品应负担的} \atop \text{材料成本差异} = \left(\text{该产品原材} \atop \text{料定额成本} \pm \text{原材料脱离} \atop \text{定额差异} \right) \times \text{材料成本} \atop \text{差异率}$$

$$\text{产品原材料} \atop \text{实际成本} = \text{产品原材料} \atop \text{定额成本} \pm \text{原材料脱离} \atop \text{定额差异} \pm \text{应负担的材} \atop \text{料成本差异}$$

【例 12-2】 根据表 12-1,若该厂 8 月份甲材料、乙材料、辅助材料的成本差异分配率分别为 -1%、$+5\%$、-2%,则

$$\text{A产品应分配的} \atop \text{材料成本差异} = (150\ 000 - 6\ 000) \times (-1\%) + (36\ 000 + 2\ 800) \times 5\% +$$

$$(5\ 140 + 860) \times (-2\%) = -1\ 440 + 1\ 940 - 120 =$$

$$+380(\text{元})$$

250

在多步骤生产企业,若采用定额法和逐步结转分步法相结合计算产品成本,为了有利于对各生产步骤进行成本考核和分析,也为了简化和加速各生产步骤的成本计算,半成品的日常核算也可按计划成本或定额成本进行,各生产步骤消耗原材料和半成品的成本差异,均由厂部财会部门汇集与分配,在最终计算产成品实际成本时直接调整。

三、定额变动差异的揭示

定额变动差异是指由于修订消耗定额或生产耗费的计划价格而引起的,按修订后定额计算的定额成本与按原定额计算的定额成本之差额。它是定额本身变动的结果,故简称定额变动。

定额成本的修订一般在年初进行,如有必要,也尽可能在月初进行。定额成本修订的当月投产产品的定额成本,当即以新定额计算,但月初在产品的定额成本,仍按老定额计算。为了统一在新定额的基础上加总定额成本,便于计算完工产品成本,需要对月初按老定额计算的定额成本按新定额进行调整。调整后的定额成本与原定额成本之差额即为定额变动,在定额成本降低时用正数表示,定额成本提高时用负数表示。

需要说明的是,调整定额修订当月月初在产品的定额成本,计算定额变动,只是统一计量基础,并不改变产品成本总额。在定额降低时,同金额减少定额成本和增加定额变动;在定额提高时,同金额增加定额成本和减少定额变动。

定额变动的计算也应分别成本项目进行,其计算公式如下:

$$\text{月初在产品} \atop \text{定额变动差异} = (\text{老定额} - \text{新定额}) \times {\text{月初在产品中定额} \atop \text{变动的零部件数量}}$$

【例 12-3】 某厂 8 月初 A 产品的在产品中有 B、C 零件各 100 个,其中 B 零件从 8 月初起定额从 30 元调整为 25 元,月初在产品定额变动可以计算如下:

月初在产品定额变动差异＝(30－25)×100＝＋500(元)

在零、部件成套生产或零、部件生产的成套性较大的情况下，定额变动也可以按下式计算：

$$月 初 在 产 品 \atop 定额变动差异 = {按老定额计算的 \atop 月初在产品费用} \times (1 - 定额变动系数)$$

$$定额变动系数 = \frac{按新定额计算的单位产品费用}{按老定额计算的单位产品费用}$$

【例 12-4】 假如前例 3 中，A 产品由于 B 零件修订了原材料消耗定额，产品单件原材料费用定额由原来的 100 元降到 95 元。8 月初 A 在产品的原材料定额变动计算如下：

A 产品定额变动系数 $= \dfrac{95}{100} = 0.95$

A 产品月初在产品定额变动差异 $= 10\,000 \times (1 - 0.95) = +500(元)$

第三节 定额法产品实际成本的计算

一、定额法产品实际成本的计算程序

定额法下，产品成本计算程序一般如下：

1. 事先制订产品定额成本。

2. 按产品成本对象设置生产成本明细账，有关专栏内应分设"定额成本"、"定额差异"、"定额变动"等各小栏。

3. 在定额成本修订的当月，应调整月初在产品的定额成本，计算月初定额变动。

4. 分别成本项目，按定额成本和定额差异分项汇总本月发生的生产费用。

5. 分配材料成本差异。

6. 在生产成本明细账中计算生产费用累计数。

7. 生产费用累计数在完工产品和月末在产品之间分配。

在定额法下，由于有现成的定额成本资料，各种差异可按当月完工产品定额成本和月末在产品定额成本的比例分摊。如果差异金额较小,也可完全由完工产品成本负担,月末在产品按定额成本计价。但如果产品生产周期小于一个月,则定额变动不论金额大小,都应由完工产品成本负担。

8. 将本月完工产品的定额成本加减各种差异,调整计算出完工产品的实际成本。

$$\frac{\text{产 成 品}}{\text{实际成本}} = \frac{\text{产 成 品}}{\text{定额成本}} + \frac{\text{定额}}{\text{差异}} + \frac{\text{材料成}}{\text{本差异}} + \frac{\text{定额}}{\text{变动}}$$

二、定额法产品实际成本的计算举例

假定前述[例1]至[例4]中 A 产品是在一个封闭式车间里生产的,不分步计算产品成本。该企业对脱离定额差异按完工产品与月末在产品的定额成本比例进行分配,对材料成本差异和定额变动差异则规定全部由完工产品成本负担。A 产品按定额法编制的某年 8 月份生产成本明细账见表 12-2。

表 12-2 中"月初在产品定额变动"专栏,可编制定额变动差异计算表据以登记。当定额降低时:"定额成本调整"栏用负数填列,即调减按老定额计算的月初在产品定额成本;"定额变动差异"栏用正数填列。当定额提高时:"定额成本调整"栏用正数填列;"定额变动差异"栏用负数填列。两者数额相等,但正负方向总是相反。因为修订定额并不会改变已发生的成本总额。在登记"生产费用累计"专栏的"定额成本"栏时,应根据月初在产品的定额成本、定额成本调整和本月生产费用中的定额成本之代数和进行登记。

表 12-2"本月产成品成本"专栏中的"定额成本"栏,应根据 A 产品的单位定额成本计算表和经验收的产成品入库单所列完工产品数量计算登记。假定 A 产品工时定额为 3.6 小时,每小时的直接人工定额为 5 元,制造费用定额为 12.50 元。8 月初新修订的原材料费用定额为 95 元。A 产品 8 月份完工验收的数量为 2 000

表 12-2

A 产品生产成本明细账

产量：2 000 件 　　　　　　　200×年 8 月 　　　　　　　单位：元

成本项目		直接材料	直接人工	制造费用	废品损失	合　计
月初在产品成本（系上月投产，上月末均未完工）	定额成本	10 000	900	2 250		13 150
	脱离定额差异	333.60	+180	+125		638.60
	材料成本差异	−520				−520
月初在产品定额变动	定额成本调整	−500				−500
	定额变动差异	+500				+500
本月生产费用	定额成本	191 140	36 108	90 270		317 518
	脱离定额差异	−2 340	+2 780.64	+1 725.40	+560	2 726.04
	材料成本差异	+380				+380
生产费用累计	定额成本	200 640	37 008	92 520		330 168
	脱离定额差异	−2 006.40	+2 960.64	+1 850.40	+560	3 364.64
	材料成本差异	−140				−140
	定额变动差异	+500				+500
分配率	脱离定额差异	−1%	+8%	+2%		—
本月产成品成本	定额成本	190 000	36 000	90 000		316 000
	脱离定额差异	−1 900	+2 880	+1 800	+560	+3 340
	材料成本差异	−140				−140
	定额变动差异	+500				+500
	实际成本	188 460	38 880	91 800	560	319 700
月末在产品成本	定额成本	10 640	1 008	2 520		14 168
	脱离定额差异	−106.40	+80.64	+50.40		24.64

件。该月产成品的定额成本计算如下：

直接材料定额成本＝95×2 000＝190 000(元)

直接人工定额成本＝5×3.6×2 000＝36 000(元)

制造费用定额成本＝12.50×3.6×2 000＝90 000(元)

产成品定额成本＝190 000＋36 000＋90 000＝316 000(元)

表 12-2"月末在产品"专栏中的"定额成本"栏,可以根据期末盘存或账面结存的产品各工序在产品数量,以及各项费用定额、工时定额计算登记;也可从生产费用累计数的定额成本中减去本月产成品定额成本,倒挤出月末在产品定额成本。

表 12-2 中完工 A 产品的定额成本为 316 000 元,实际成本为319 700 元。成本超支 3 700 元由以下各种成本差异构成:脱离定额超支差异 3 340 元,说明生产车间成本管理尚有薄弱环节;定额变动超支差异 500 元,系月初修订调低定额所致,这说明车间以前成本控制有效;材料成本节约差异 140 元,属车间耗用材料的价差,这不是车间成本管理的结果,而是材料供应部门的工作成果。具体成本分析还应分别各成本项目进行。

第四节　定额法的优缺点及应用条件

一、定额法的优缺点

定额法将产品成本的定额管理、核算和分析工作有机结合起来了。其主要优点是:在生产过程中就能揭示脱离定额差异,有利于及时分析产生差异的原因,可采取措施,挖掘潜力,节约耗费,加强对产品成本的事中控制。此外,采用定额法计算产品成本,也有利于合理、简便地解决大量大批装配式复杂生产条件下在产品的计价问题。

但是在定额法下,由于要制订定额成本,单独反映定额差异,在定额修订时还要相应调整定额成本,计算定额变动,因而计算工作量较大。如果将会计电算化应用于成本定额管理和成本计算,则可以将会计人员从繁琐的计算工作中解脱出来。定额法的另一个缺点是:对间接制造费用,无法在其发生时就按产品揭示差异,往往只能在月末反映即只能事后反映,而且对差异的揭示也比较笼统,不能有效解决对间接费用的日常控制。

二、定额法的应用条件

定额法与生产类型没有直接关系,无论何种生产类型,只要具备下列条件,都可采用定额法核算生产费用,计算产品成本。

1. 企业的定额管理制度比较健全,定额管理工作的基础较好。

2. 产品生产已经定型,各项消耗定额的资料比较准确、稳定。

一般说来,大量大批生产的机械制造企业比较容易具备上述条件。定额法最早就是适应大量大批装配式复杂生产的成本计算与管理需要而产生的。

复 习 题

一、名词解释题

1. 定额法　　　　　　　2. 定额成本

3. 脱离定额差异　　　　4. 定额变动差异

二、思考题

1. 简述定额法的特点。

2. 简述定额法的优缺点。

3. 简述定额法的适用范围及应用条件。

三、判断题

1. 产品定额成本和计划成本相同之处是:两者均以现行定额作为消耗定额。　　　　　　　　　　　　　　　　　　（　　）

2. 领料差异也就是用料脱离定额差异。　　　　　　（　　）

3. 在定额法下,退料单是一种差异凭证。　　　　　（　　）

4. 原材料脱离定额的差异,是按计划单位成本反映的数量差异。　　　　　　　　　　　　　　　　　　　　　　（　　）

5. 在计算月初在产品定额变动差异时, 若是定额降低的差

异，应从月初在产品定额成本中减去，同时加到累计的产品成本之中。　　　　　　　　　　　　　　　　　　　　（　　）

6. 产品的原材料定额成本与原材料脱离定额差异的代数和，乘以材料成本差异率的结果，是产品所耗原材料应负担的材料成本差异。　　　　　　　　　　　　　　　　　　（　　）

7. 制订定额成本的过程，也是进行成本事前控制的过程。
　　　　　　　　　　　　　　　　　　　　　　　（　　）

8. 在计算月初在产品定额变动差异时，如果属定额提高的差异，应加入月初在产品定额成本，同时减少定额变动差异。（　　）

9. 原材料定额费用和脱离定额差异汇总表可用来代替原材料费用分配表，登记产品成本明细账。　　　　　　　（　　）

10. 在定额法下，各生产步骤所耗原材料和半成品的成本差异，应计入各生产步骤的产品成本。　　　　　　　（　　）

11. 定额成本是以计划期内平均消耗定额为根据计算的产品成本。　　　　　　　　　　　　　　　　　　　　（　　）

四、单项选择题

1. 产品成本计算定额法的特点是（　　　）。

　　A. 对产品成本进行事前控制

　　B. 对成本差异进行日常核算、分析和控制

　　C. 在定额成本的基础上加减各种成本差异，计算产品的
　　　　实际成本，并进行成本的定期分析和考核

　　D. 以上三点都具备

2. 定额成本是按（　　　）制订的成本。

　　A. 现行消耗定额　　　　　B. 计划期平均消耗定额

　　C. 标准消耗定额　　　　　D. 实际消耗定额

3. 某企业 A 产品的部分零件从年初起修订原材料消耗定额，每件产品原材料费用的老定额为 200 元，新定额为 192 元，则 A 产品定额变动系数为（　　　）。

A. 0.04   B. 0.96

C. 0.0417   D. 1.0417

4. 原材料脱离定额差异,是( )。

A. 数量差异   B. 原材料成本差异

C. 价格差异   D. 定额变动差异

5. 产品成本计算的定额法,在适用范围上( )。

A. 只适用于小批单件生产的企业

B. 只适用于大量大批生产的机械制造业

C. 与生产的类型没有直接关系

D. 适用于产品品种、规格繁多的生产企业

6. 计算零件的月初定额变动差异,与( )数量有关。

A. 本月初投产的该零件   B. 月初在产品中的该零件

C. 本月完工的该零件   D. 本月投产的该零件

7. 采用定额法计算产品成本,如果月初在产品定额变动差异是正数,说明( )。

A. 定额降低了   B. 定额提高了

C. 本月实际发生的生产成本增加了

D. 累计的实际生产成本增加了

五、多项选择题

1. 在脱离定额差异的核算中,与原材料脱离定额差异核算方法相同或类似的有( )。

A. 自制半成品   B. 制造费用

C. 计件工资形式下的生产工人工资

D. 计时工资形式下的生产工人工资

2. 核算脱离定额差异,是为了( )。

A. 简化产品成本计算

B. 进行产品成本的日常分析和事中控制

C. 为月末进行产品实际成本计算提供数据

D. 为考核成本管理工作提供数据

3. 在定额法下,在月初修订提高消耗定额以后,可能引起(　　)。

A. 月初在产品定额成本增加

B. 月初在产品定额变动差异减少

C. 月初在产品定额成本及定额变动差异都增加

D. 月初在产品定额成本及定额变动差异都减少

E. 月初在产品成本与本月发生费用之和不变

4. 原材料脱离定额差异的计算方法有(　　)。

A. 限额法　　　　　　B. 计划成本法

C. 系数法　　　　　　D. 定期盘存法

E. 切割核算法

5. 定额法的优点有(　　)。

A. 有利于加强对成本的日常控制

B. 便于对产品成本进行定期分析

C. 有助于提高成本的定额管理工作

D. 减少产品成本计算的工作量

E. 能较全面、简便地解决在产品计价问题

六、核算题

核算题(一)

1. 目的　练习定额法下产品成本中脱离定额差异和材料成本差异的计算。

2. 资料　某厂生产甲产品采用定额法计算产品成本。本月生产甲产品耗用原材料情况如下:

品种	实际耗用量 (千克)	定额耗用量 (千克)	计划单价 (元)	材料成本 差异率
A材料	27 000	25 000	2	−2%
B材料	4 000	5 000	1	−2%

3. 要求 计算本月投产甲产品所发生原材料费用的脱离定额差异和材料成本差异。

核算题(二)

1. 目的 练习定额法下定额变动差异的计算。

2. 资料 某厂采用定额法计算乙产品成本。

(1) 上月末在产品成本中材料定额成本为 125 000 元,脱离定额差异为＋5 000 元。其中 A 零件有 500 只,每只定额成本 50 元,本月初修订的定额成本为 60 元。

(2) 上月末在产品成本中直接人工定额成本为 80 000 元。单位产品工时定额由上月的 4 小时改为 3.8 小时。

(3) 乙产品的生产周期小于 1 个月。

3. 要求 计算乙产品本月完工成本中的材料定额变动差异和直接人工定额变动差异。

核算题(三)

1. 目的 练习定额法下完工产品成本及月末在产品成本的计算。

2. 资料 某厂丙产品采用定额法计算产品成本。本月份原材料费用有关资料见表 12-3。

表 12-3

资 料 表

单位:元

成本项目	月 初 在 产 品		月初在产品定额调整	本 月 发 生		本月完工产品定额成本
	定额成本	脱离定额差异		定额成本	脱离定额差异	
直接材料	45 000	−750	−5 000	135 000	2 500	120 000

本月原材料成本差异率为＋4％。脱离定额差异在完工产品与月末在产品之间按定额成本的比例分配。材料成本差异与定额

变动差异全部由完工产品成本负担。

3. 要求

(1) 计算月末在产品原材料定额成本。

(2) 计算原材料脱离定额差异的分配率。

(3) 计算本月原材料费用应分配的材料成本差异。

(4) 计算本月完工产品应负担的原材料实际成本。

(5) 计算月末在产品应负担的原材料实际成本。

核算题(四)

1. 目的 练习定额法。

2. 资料 某厂生产丁产品,采用定额法计算产品成本。原材料在生产开始时一次投入。

(1) 本年 10 月初在产品成本资料如下(单位:元):

成本项目	定额成本	定额差异	材料成本差异
直接材料	8 000	−232	−370
直接人工	744	+33.2	—
制造费用	1 550	−86	—

(2) 自本年 10 月 1 日起,丁产品原材料消耗定额由 4 千克/件下降为 3.6 千克/件。原材料计划单价仍为 2 元/千克。

(3) 10 月份投产丁产品 11 000 件,实际耗用原材料 39 500 千克。该月材料成本差异分配率为−5%。

(4) 丁产品计划小时工资率为 4.80 元/工时,10 月份实际小时工资率为 5.00 元/工时。该月实际完成定额工时 3 255 小时;实际耗用工时 3 260 小时,其中用于修复废品 60 工时。

(5) 10 月份制造费用预算为 31 000 元,预算完成定额工时 3 100 小时,该月实际发生制造费用 34 000 元。

(6) 该月可修复废品修复费用按实际发生的修复直接人工费计算。

（7）该月完工产成品 10 000 件，月末在产品 2 000 件，材料已全部投足。单件产品工时定额为 0.31 工时，月末在产品已完成定额工时 310 小时。

3. 要求 采用定额法编制完成丁产品生产成本明细账。脱离定额差异与材料成本差异由完工产品与月末在产品共同负担。定额变动差异全部由完工产品成本负担。

第十三章　工业企业成本报表

本章阐述了编制工业企业成本报表在企业内部管理中的重要作用,介绍了工业企业产品成本表、主要产品单位成本表、制造费用明细表、责任成本表和质量成本表等成本报表的用途、结构、内容以及编制方法。在介绍有关成本报表时,特别介绍了按成本性态列示的成本报表,以满足企业内部管理的需要。

第一节　工业企业成本报表的作用和种类

一、工业企业成本报表的作用

工业企业的成本报表是会计报表体系的重要组成部分,它是根据工业企业日常的产品成本核算资料定期编制,用来反映、考核和分析工业企业在一定时期内产品成本水平以及产品成本计划执行结果的报告文件。

在市场经济条件下,尽管国家不再对企业的产品成本进行考核,成本信息作为企业的商业秘密,成本报表既不需要对外报送,也不宜对外公开,但这并不意味着企业不需要编制成本报表。成本会计应完成的任务和提供成本信息的工作是相辅相成的,成本会计的工作结果和企业内部成本管理的工作质量最终都综合地反映在成本报表上,企业内部经营管理者需要借助成本报表所提供的信息来达到成本管理的目的。因此,编制成本报表是企业成本会计工作中的一项重要内容,对成本进行考核、分析、预测、控制,加强企业内部经营管理和增强企业竞争实力等都有着十分重要的意义。

（一）成本报表综合反映了报告期内的产品成本水平

产品成本是企业生产经营活动的一项综合性指标，它反映了工业企业在供应、生产、销售和管理等各方面在生产经营活动中的成果，诸如企业产品产量的增减和产品质量的优劣、企业资源消耗的多少、劳动效率和技术水平的高低、资金周转的快慢以及管理效能的高低等最终都会直接或间接地反映到产品成本中来。利用成本报表的资料，能够及时发现和改进企业在生产、技术、质量、管理等方面存在的问题，寻求降低产品成本的途径，提高企业的经济效益。

（二）通过对成本报表的分析，可以考核和评价各成本中心的业绩

利用成本报表提供的信息，可考核和明确企业生产、技术、质量、管理等有关部门和人员执行成本计划的成绩和责任，总结工作经验，激励先进，鞭策后进，调动广大职工的积极性，确保企业的成本计划全面完成或超额完成。

（三）通过对成本报表的资料进行成本差异分析，可以为例外管理提供线索

利用成本报表的资料进行分析，可以揭示实际成本与计划成本的差异，了解产品成本是节约或是超支，分析差异产生的原因和差异对产品成本升降的影响程度，特别是可重点分析那些属于不正常的、不符合常规的关键性差异对产品成本升降的影响，这就为查明成本升降的主要原因和责任，加强成本控制提供了线索。

（四）成本报表的资料为制订成本计划提供了重要的参考依据

企业制订下期成本计划是在报告年度产品成本实际水平的基础上，结合报告年度成本计划执行的情况，考虑计划年度中可能出现的有利因素和不利因素而制订的。同时，各管理部门还可以根

据成本报表提供的资料,确定产品价格,对未来时期的成本进行预测,为企业制订正确的经营决策,加强成本控制和管理提供重要的参考数据。

二、工业企业成本报表的种类

现行会计制度没有要求企业对外报送或公开成本报表,因此,成本报表作为企业的一种内部管理报表,它的种类、项目、格式和编制方法应由企业根据生产经营的特点和内部管理的要求,自行确定。

成本报表按其所反映的经济内容划分,可以分为产品生产成本表、主要产品单位成本表、间接制造费用明细表、责任成本表和质量成本表。

成本报表按其编制的时间划分,可以分为定期成本报表和不定期成本报表。定期成本报表一般按月、按季、按年编制,根据企业内部管理的特殊要求,也可以按旬、按周、按日乃至按工作班的形式来编制。为了将成本管理中急需解决的问题,及时反馈给有关部门,成本报表也可以不定期编制。

按成本报表编制的范围划分,可以分为全厂成本报表、车间成本报表、班组成本报表或个人成本报表。

第二节　产品生产成本表

产品生产成本表是反映工业企业在一定时期内生产产品而发生的全部生产费用的报表。该表一般按成本项目和产品种类反映。企业根据管理的需要,也可以编制按变动成本和固定成本分类反映成本性态的报表。

一、三种产品生产成本表的作用和结构

(一)按成本项目反映的产品生产成本表

按成本项目汇总反映企业在一定时期内发生的产品生产成本

表,可以反映工业企业在一定时期内全部产品生产成本发生的情况,了解产品成本发生的全貌;可以考核全部产品成本计划的执行结果,了解产品成本升降的情况;可以揭示成本差异,分析成本差异的原因,挖掘降低产品成本的潜力。

该表的基本结构是按成本项目列示产品总成本,并按上年实际数、本年计划数、本月实际数和本年累计实际数分栏反映。

现列示某工业企业 200×年 12 月份按成本项目反映的产品生产成本表,如表 13-1 所示。

表 13-1

产品生产成本表(按成本项目反映)

200×年 12 月　　　　　　　　　　　　　　单位:千元

成 本 项 目	上 年 实 际	本 年 计 划	本 月 实 际	本 年 实 际
直接材料	86 600	82 700	7 100	87 680
直接人工	25 800	25 800	1 700	26 100
制造费用	49 600	41 500	3 028	42 500
产品生产成本	162 000	150 000	11 828	156 280

(二)按成本性态反映的产品生产成本表

为了对成本进行有效的控制,正确制订成本计划,充分发挥成本信息在管理中的作用,对那些管理人员水平较高、内部管理机制较好的企业,在编制产品成本表时,可以按成本性态将变动成本和固定成本分别反映,如表 13-2 所示。

表 13-2

产品生产成本表(按成本性态反映)

200×年 12 月　　　　　　　　　　　　　　单位:千元

成 本 项 目	上年实际成本	本年计划成本	本月实际成本	本年实际成本
变动成本:				
直接材料	86 600	82 700	7 100	87 680

成 本 项 目	上年实际成本	本年计划成本	本月实际成本	本年实际成本
直接人工	25 800	25 800	1 700	26 100
变动制造费用	20 000	17 500	1 028	16 500
小　　计	132 400	126 000	9 828	130 280
固定成本：				
固定制造费用	29 600	24 000	2 000	26 000
产品生产成本	162 000	150 000	11 828	156 280

（三）按产品品种反映的产品生产成本表

按产品种类汇总反映工业企业在一定时期内生产的全部产品的单位成本和总成本，可以考核各种类产品和全部产品成本计划的执行情况，分析各种可比产品成本降低计划的执行结果，促使企业采取有效措施，不断降低产品成本，为进行产品单位成本分析指明方向。

该表由可比产品和不可比产品两部分组成。可比产品是指以前年度正式生产过的产品，具有上年成本资料，应反映上年成本；不可比产品是指以前年度没有正式生产过的产品，没有以前年度的成本资料，所以不反映上年成本。表中分栏列示实际产量、单位成本、本月总成本和全年累计总成本，各栏还分别设置了上年、计划、本月或本年成本数。

现列示某工业企业 200×年 12 月按产品品种反映的产品生产成本表，如表 13-3 所示。

二、产品生产成本表的编制方法

产品生产成本表应根据上年和本年有关产品的生产成本明细账（或成本计算单）以及有关成本的计划资料等编制。按产品品种反映的产品生产成本表中的本月实际总成本合计数和本年累计实际总成本合计数，应与按成本项目反映的产品生产成本表相应栏

表13-3

产品生产成本表(按产品品种反映)

20××年12月

单位：千元

产品名称	计量单位	产量 本月	产量 本年	单位成本 上年实际平均	单位成本 本月 计划	单位成本 本月 实际平均	单位成本 本年 实际平均	本月总成本 按上年实际平均单位成本计算	本月总成本 按本年实际计划单位成本计算	本月总成本 实际	本年累计总成本 按上年实际平均单位成本计算	本年累计总成本 按本年实际计划单位成本计算	本年累计总成本 实际
可比产品合计								11 000	10 200	10 700	136 500	126 600	141 400
甲	件	100	1 200	20	18	21	22	2 000	1 800	2 100	24 000	21 600	26 400
乙	件	200	2 500	45	42	43	46	9 000	8 400	8 600	112 500	105 000	115 000
不可比产品合计								—	1 080	1 128	—	14 400	14 880
丙	台	12	160	—	90	94	93	—	1 080	1 128	—	14 400	14 880
产品生产成本合计								—	11 280	11 828	—	141 000	156 280

的合计数分别核对相符。

第三节　主要产品单位成本表

一、主要产品单位成本表的作用

主要产品单位成本表是反映企业在一定时期内生产的各种主要产品单位成本构成情况以及各项经济指标执行情况的成本报表。该表是按产品种类反映的产品生产成本表中主要产品"单位成本"栏的补充和说明。

通过该表,可以分析各主要产品单位成本计划的执行情况,查明各主要产品单位成本升降的原因;可以将各主要产品单位成本水平与上年实际和历史先进水平进行比较,找出差距,挖掘降低产品成本的潜力;还可以分析和考核各主要产品的主要经济技术指标的执行情况。

二、主要产品单位成本表的结构和编制方法

该表按每种主要产品分别设置,它由表首、基本部分和主要经济技术指标三部分组成。表首列示主要产品的名称、规格、计量单位、销售单价、本月实际产量和本年累计实际产量等;基本部分列示按成本项目反映的单位成本,并分别反映历史先进水平、上年实际平均、本年计划、本月实际和本年累计实际平均的单位成本;主要经济技术指标部分主要列示原材料、主要材料、燃料和动力的消耗量。其基本格式见表13-4。

该表表首部分和基本部分应分别根据产品定价表、产品成本明细账或产成品汇总表有关数字以及成本计划的资料填列;主要技术经济指标部分,应根据企业成本管理的具体需要设计和填列。表中上年实际平均、本年计划、本月实际和本年累计实际平均的生产成本(即单位成本合计数),应与按产品品种反映的产品生产成本表中该种产品相应的单位生产成本核对相符。

表 13-4

主要产品单位成本表

×××工厂　　　　　　　　　　　200×年 12 月

产品名称：甲　　　　　产品销售单价：32 千元

产品规格：×××　　　　本月实际产量：100

计量单位：台　　　　　本年累计实际产量：1 200

成 本 项 目	历史先进水平	上年实际平均	本年计划	本月实际	本年实际平均
直接材料	12	13	11.5	14	13.5
直接人工	3	3	3.5	3.2	4
制造费用	3	4	3	3.8	4.5
生产成本	18	20	18	21	22
主要技术经济指标	用量	用量	用量	用量	用量
1. 主要材料	28 千克	29 千克	30 千克	31 千克	32 千克
2. 燃料					

第四节　制造费用明细表

一、制造费用明细表的作用

制造费用明细表是具体反映工业企业在一定时期内发生的各项制造费用及其构成情况的成本报表。利用该表，可以按费用项目分析制造费用计划的执行情况，分析制造费用超支或节约的原因，从而寻求降低产品成本的方法；还可以分析制造费用的构成及其增减变动的情况，为编制制造费用计划和预测未来的费用水平提供依据。

二、制造费用明细表的结构和编制方法

该表按制造费用各费用项目设置，分别反映各项费用的本年计划数、上年同期实际数、本月实际数和本年累计实际数。该表的基本格式见表 13-5。

表 13-5

制造费用明细表

××工厂   200×年 12 月   单位：千元

费 用 项 目	本年计划数	上年同期实际数	本月实际数	本年累计实际数
职工薪酬	27 000	2 250	1 900	28 040
办公费	2 000	160	150	1 800
折旧费	7 000	580	590	7 240
水电费	2 230	195	158	2 130
运费	500	40	40	480
租赁费	900	85	50	960
劳动保护费	1 200	110	90	1 200
机物料消耗	670	60	50	650
合　计	41 500	3 480	3 028	42 500

　　企业根据管理的需要,也可以将制造费用按成本性态划分为变动成本和固定成本,其格式见表 13-6。

表 13-6

制造费用明细表

××工厂   200×年 12 月   单位：千元

费 用 项 目	本年计划数	上年同期实际数	本月实际数	本年累计实际数
变动制造费用：				
水电费	2 230	195	158	2 130
运费	500	40	40	480
机物料消耗	670	60	50	650
小　计	3 400	295	248	3 260
固定制造费用：				
职工薪酬	27 000	2 250	1 900	28 040

费 用 项 目	本年计划数	上年同期实际数	本月实际数	本年累计实际数
办公费	2 000	160	150	1 800
折旧费	7 000	580	590	7 240
租赁费	900	85	50	960
劳动保护费	1 200	110	90	1 200
小　　计	38 100	3 185	2 780	39 240
合　　计	41 500	3 480	3 028	42 500

表 13-6 中各费用项目的本年计划数应根据本年制造费用计划数填列,上年同期实际数应根据上年同期该表的实际数填列,本月实际数应根据本月各制造费用明细账合计数汇总填列,本年累计实际数应根据本年制造费用明细账累计实际发生额填列。

第五节　责任成本表

一、责任成本表的作用

责任成本表是实行责任成本预算和核算的企业,根据各成本责任中心的日常责任成本核算资料编制,用以反映和考核责任成本预算执行情况的报表,即成本责任中心的业绩报告。利用责任成本表所提供的信息,可以随时了解责任预算的执行情况,及时调节各责任中心的经济活动,达到控制成本的预期目标;利用责任成本表的资料,便于考核各责任中心的业绩,调动职工控制成本的积极性,使责任中心的责、权、利紧密结合;根据责任成本表,还可以分析责任成本预算执行结果,使各成本中心明确对成本实施控制的责任功过,避免产生企业内部经济责任不清的现象。

二、责任成本表的内容

责任成本是指成本责任中心的可控成本。因此,责任成本表的内容取决于各成本中心控制成本的责任范围。责任范围大的成本中心,其业绩报告可以涉及成本的若干项主要内容;责任范围小的成本中心,其业绩报告可能只涉及某项用料、用工标准的执行情况。责任成本表内容的详简程度应服从于各级成本管理人员的信息需求,越低层次的责任成本表越详细,越高层次的责任成本表越概括。

三、责任成本表的结构和编制方法

责任成本表的核心是差异的揭示,这是考核成本中心对责任成本控制实绩的重要标志。成本中心的责任成本表,一般只需按该中心可控成本的明细项目列示其责任预算数、实际数和差异数,表中的指标可用金额、实物或时间量度表示。如果预算数小于实际数,称为"不利差异",表示可控成本的超支,通常在差异后用 U 表示;如果预算数大于实际数,称为"有利差异",表示可控成本的节约,通常在差异后用 F 表示。对于成本中心的不可控成本,在该表中可以有不同处理:不予列示,以突出重点;或作为参考资料列示,.使有关管理机构了解该成本中心一定时期发生消耗的全貌,也便于以责任为对象的成本信息和以产品为对象的成本信息相互印证。

责任成本表应自下而上逐级上报和逐级汇总编制。每一层次的责任成本表,除最基层责任中心只有本身的可控成本外,上一级责任中心都应包括下属责任中心转来的责任成本和本身的可控成本。例如某公司设有一个制造部和一个销售部,制造部由生产经理负责,销售部由销售经理负责。制造部设有机加工、铸造和装配三个车间,各车间分别设有甲、乙、丙三个班组,均为成本中心。产品销售由公司的销售部负责。公司不仅对成本、收入和利润负责,还对投入的全部资产的使用效果负责。这样,各班组编制的责任成本表要报送车间。车间收到所属班组的责任成本表后,加以汇总,再加上本车间的可控成本,如车间管理人员的工资、办公费、修理费等编制车间的责任成本表,并报送制造部门。制造部门汇总各车间的责任成本表,再加上制造部门的可控成本,编制制造部门的责任成本表,并报送总经理。总经理办公室接到所属制造部门、销售部门的责任成本表后,再加上公司总部的可控成本可汇总编制全公司的责任成本表。通过责任成本表的逐级向上汇编,形成了整个企业的连锁责任。该公司200×年12月份四个层次的责任成本表见表 13-7、表 13-8、表 13-9 和表 13-10(乙、丙班组和铸造、装配车间、销售部责任成本表略)。

表 13-7

甲班组责任成本表

200×年12月   单位:千元

项　　　目	预　算　数	实　际　数	差　异　数
直接材料	19 000	19 500	500(U)
直接人工	6 000	5 650	350(F)
返工费用		350	350(U)
可控成本合计	25 000	25 500	500(U)

表 13-8

机加工车间责任成本表

200×年12月   单位:千元

项　　　目	预　算　数	实　际　数	差　异　数
机加工车间管理费	250	280	30(U)
甲班组责任成本	25 000	25 500	500(U)
乙班组责任成本	13 000	12 500	500(F)
丙班组责任成本	1 500	1 250	250(F)
可控成本合计	39 750	39 530	220(F)

表 13-9

制造部责任成本表

200×年 12 月 单位：千元

项　　目	预 算 数	实 际 数	差 异 数
制造部管理费	4 750	4 500	250(F)
机加工车间责任成本	39 750	39 530	220(F)
铸造车间责任成本	7 500	8 500	1 000(U)
装配车间责任成本	10 000	11 500	1 500(U)
可控成本总计	62 000	64 030	2 030(U)

表 13-10

某公司责任成本表

200×年 12 月 单位：千元

项　　目	预 算 数	实 际 数	差 异 数
公司总部管理费	3 000	2 950	50(F)
制造部责任成本	62 000	64 030	2 030(U)
销售部责任成本	25 000	25 500	500(U)
可控成本总计	90 000	92 480	2 480(U)

表 13-7、表 13-8、表 13-9 和表 13-10 中，"预算"栏数据来自各责任中心的责任预算，"实际"栏与"差异"栏应根据各成本中心的责任成本记录填列或分析填列。有关责任成本的计算、责任的转账结算将在第二十章中阐述。

第六节 质量成本表

一、质量成本的内容

质量成本是指企业在生产经营过程中，为了保证和提高产品质量所支出的一切费用以及因未达到预定产品质量标准而产生的一切费用损失,它集中反映了与企业质量管理职能有关的成本全貌。

产品质量成本的内容,主要包括鉴定成本、预防成本和故障成本。

鉴定成本是指为检修和评定产品质量而发生的各种费用,包括产品生产工序检查费、进料检验费、产品检验费和各种检测设备的维修费等。

故障成本即质量成本,它包括外部故障成本和内部故障成本。外部故障成本是指产品出售后由于产品质量问题而发生的损失和支付的费用,如保修费用、索赔费用、申诉受理费用、退换费用和折价费用等。内部故障成本是指产品在出厂以前因质量不合格而发生的损失和处理费用,如因质量事故造成的停工损失、废品损失、不合格品返修费用和返修产品复检费等。

预防成本是指为了维护和保证产品质量,使之达到设计标准而发生的一切费用,即为了使鉴定成本和故障成本保持在最低限度而发生的预防措施费用,如质量管理培训费、工序控制费用、质量改进措施费用、质量控制的技术和管理费用等。

质量成本信息发生在生产经营过程的各个环节中,而在每一环节控制质量成本需要解决的问题又可能涉及许多部门,这就需要确定追踪和控制质量成本的网点,根据质量管理的要求进行内部分工。通常,内部故障成本由生产部门负责,外部故障成本由销售部门负责,鉴定成本由质检部门负责,预防成本由质量管理部门负责,质量总成本由财会部门与质量管理部门共同负责。

二、质量成本表的作用

质量成本表是根据企业质量管理的需要,按照质量成本项目反映企业实际发生的质量成本,考核和评价质量成本控制业绩的成本报表。质量成本表的主要作用在于:

1. 利用质量成本表提供的信息,有利于正确处理产品质量与产品成本、经济效益三者之间的关系。因为产品质量是在设计和加工过程中形成的，不是靠检验出来的。适度地增加预防成本，可能会避免外部和内部故障成本的发生，从而降低产品成本，增加经济效益。但预防成本增加过度，不仅与增加经济效益发生矛盾，而且质量溢出也造成浪费。进行质量成本核算，编制质量成本表，能够为企业管理机构积累相关的信息，有助于正确处理质量成本、产品成本和经济效益三者之间的辩证关系。

2. 利用质量成本表提供的信息，有利于分析质量成本各构成项目之间的内在联系，实现质量成本总体控制最优化。质量成本各构成项目之间存在着既对立又统一的辩证关系。通常，鉴定成本相对比较稳定，而预防成本的增加，必然会使故障成本减少；而预防成本的减少，又会使故障成本增加。质量成本表提供的信息，揭示了质量成本各构成项目之间相互影响和相互制约的内在联系，有利于研究质量成本构成变化的规律性，探求质量成本总体控制的最优化。

3. 根据质量成本表提供的信息，可以提高企业全面质量管理水平。通过对质量成本表的分析，可以了解质量成本计划的执行情况和结果，及时发现企业在质量管理中的薄弱环节，采取有效措施 改善企业的质量监控机制，不断提高企业全面质量管理水平。

4. 利用质量成本表提供的信息，有利于分析和考核质量成本管理的责任，推动企业内部经济责任制执行。而企业内部经济责任制的完善，又有利于促进质量成本的控制。

三、质量成本表的结构和编制方法

质量成本表的结构按质量成本的构成项目来设置，所列示的内容应根据各网点追踪和控制质量成本的具体内容以及对质量管理的分工要求确定。各网点的质量成本表和汇总的质量成本表，都应分别反映质量成本有关项目的预算控制数、实际数和差异数。

质量成本表根据质量成本的日常核算资料进行编制。在进行质量成本核算时,必须做好统计工作,及时、准确地统计因发生废品而损失的材料、工时等,为质量成本核算提供可靠的原始资料。对于显见成本可以用会计方法进行核算,对于并未实际支出的那些隐含成本,如质量事故的停工损失、产品降级损失和产品降价损失等,很难用会计方法来核算,而只能用统计方法计算确定。因此,以会计核算为主、以统计方法为辅,才能全面、正确、及时地反映质量成本。

质量成本的预算控制数应根据计划年度企业制订的质量成本预算控制数逐项填列。

质量成本的实际数一般来源于原始记录和原始凭证。这些原始资料一般有:检验工时报告单、返修单、废品通知单、质量事故减少损失计算表及各种统计台账等。质量成本管理各网点的核算人员,应按分工,负责有关原始资料的收集、登记、汇总,并据以编制质量成本表。

差异数应根据质量成本实际数与预算控制数逐项计算填列,用金额表示的差异应等于实际数减去预算控制数,用百分比表示的差异应等于差异额除以预算控制数。

质量成本表的基本格式举例见表 13-11。

表 13-11

质 量 成 本 表

200×年12月 单位:千元

类别		项　　　目	预算控制数①	实际数②	差　异	
					金　额 ③=②-①	％ ④=⑧÷①
故障成本	内部故障成本	1. 不合格品返修费	60 000	55 000	−5 000	−8.33
		2. 返修产品复检费	1 000	600	−400	−40
		3. 废品损失	24 000	20 000	−4 000	−16.67
		4. 质量事故造成停工损失费用	15 000	11 000	−4 000	−26.67
		5. 降级损失	5 000	5 100	+100	+2
		小　　　计	105 000	91 700	−13 300	−12.67

类别		项　目	预算控制数①	实际数②	差　异	
					金　额③=②－①	%④=⑧÷①
故障成本	外部故障成本	1. 折价损失	11 000	10 000	－1 000	－9.09
		2. 赔偿费用	—	5 000	＋5 000	
		3. 保修费用	35 000	29 000	－6 000	－17.14
		4. "三包"管理费	15 000	14 500	－500	－3.33
		5. 退货损失	8 000	3 000	－5 000	－62.50
		小　　计	69 000	61 500	－7 500	－10.87
鉴定成本		1. 进料检验费	2 000	2 400	＋400	＋20
		2. 工序检查费	25 000	30 000	＋5 000	＋20
		3. 产品检验费	5 000	4 500	－500	－10
		4. 检测手段维护费	7 500	7 000	－500	－6.67
		小　　计	39 500	43 900	＋4 400	＋11.14
预防成本		1. 质量管理培训费	1 600	1 800	＋200	＋12.50
		2. 质量管理活动费	1 400	1 350	－50	－3.57
		3. 质量管理文件制订费	1 500	1 400	－100	－6.67
		4. 质量改进措施费	8 500	7 500	－1 000	－11.76
		小　　计	13 000	12 050	－950	－7.31
质量成本合计			226 500	209 150	－17 350	－7.66
本期产品生产总成本			5 660 000	5 503 950	－156 050	－2.75
质量成本率（百元）			4	3.8	－0.2	－5

复　习　题

一、名词解释

1. 责任成本　　　　　　　2. 质量成本

3. 鉴定成本　　　　　　　4. 预防成本

5. 故障成本

二、思考题

1. 简述工业企业成本报表的主要作用。

2. 工业企业成本报表按其所反映的经济内容划分,可以分为哪几种成本报表?

3. 简述责任成本表的编制方法。

4. 产品质量成本的内容应包括哪几个部分?

5. 简述质量成本表的主要作用。

三、判断题

1. 会计报表按其报送对象可以分为对外报表和对内报表。成本报表属于内部报表,不再对外报送。   (　　)

2. 责任成本表的内容取决于各成本中心的成本范围。(　　)

3. 越低层次的责任成本表越概括,越高层次的责任成本表越详细。   (　　)

4. 责任成本表应自上而下逐级汇总编制。   (　　)

5. 预防成本越多,产品质量越高,经济效益就越好。 (　　)

四、单项选择题

1. 按照《企业会计准则》规定,成本报表是(　　)。

　A. 对外报表

　B. 对内报表(或内部报表)

　C. 既是对外报表,也是对内报表

　D. 对内还是对外,由企业自行决定

2. 产品成本是企业生产经营活动的一项(　　)指标。

　A. 数量   B. 劳动量

　C. 综合性   D. 质量指标

3. 成本中心的责任成本表,一般只需按该中心(　　)的明细项目列示其责任预算数、实际数和差异数。

　A. 产品成本   B. 变动成本

C. 不可控成本　　　　D. 可控成本

4. 预防成本的增加,必然会使故障成本(　　)。

　　A. 减少　　　　B. 增加　　　　C. 不变　　　　D. 不确定

5. 在产品质量成本中,通常情况下(　　)较为稳定。

　　A. 产品成本　　　　　　B. 故障成本

　　C. 预防成本　　　　　　D. 鉴定成本

五、多项选择题

1. 成本报表按其所反映的经济内容划分,主要分为(　　)。

　　A. 质量成本表　　　　　B. 产品生产成本表

　　C. 主要产品单位成本表　D. 管理费用明细表

　　E. 制造费用明细表　　　F. 责任成本表

2. 产品生产成本表一般按(　　)来反映。

　　A. 成本项目　　　　　　B. 产品种类

　　C. 可控成本　　　　　　D. 成本性态

3. 对于成本中心的不可控成本,在责任成本表中可以有(　　)等不同处理。

　　A. 不予列示　　　　　　B. 作为主要资料列示

　　C. 作为参考资料列示　　D. 与可控成本一样予以列示

4. 产品质量成本的内容,主要包括(　　)。

　　A. 产品成本　　　　　　B. 预防成本

　　C. 故障成本　　　　　　D. 鉴定成本

5. 下列(　　)属于预防成本。

　　A. 保修费用　　　　　　B. 工序控制费用

　　C. 质量管理培训费　　　D. 返修产品复检费

六、核算题

核算题(一)

1. 目的　练习产品成本表的编制。

2. 资料　大华厂200×年产品产量及单位成本资料见表13-12。

表 13-12

产品产量及单位成本资料

产品名称	计量单位	实际产量		单 位 成 本(千元)			
		本月	本年累计	上年实际	本年计划	本月实际	本年实际
可比产品甲	台	30	320	70	75	76	80
可比产品乙	台	180	1 710	260	265	263	262
不可比产品丙	件	8	100	—	600	620	650

3. 要求 按产品品种结构编制该厂 200×年产品成本表。

核算题(二)

1. 目的 练习责任成本报表的编制方法。

2. 资料 假定兴达厂制造车间设有 A、B 两个班组,均为成本中心。200×年 10 月份 A、B 两班组发生的可控成本资料见表 13-13。

表 13-13

A、B 两班组可控成本资料

单位:千元

成本项目	A 班 组		B 班 组	
	实 际	差 异	实 际	差 异
直接材料	30 000	900(U)	15 000	620(F)
直接人工	37 000	600(F)	9 000	200(U)
返工费用	8 000	300(U)	9 200	350(U)

制造车间本月份发生的可控成本项目见表 13-14。

表 13-14

车间可控成本资料

单位:千元

成本明细项目	实 际	差 异
管理人员工资	2 500	160(U)
办公费用	1 500	50(U)

成本明细项目	实　　际	差　　异
物料费用	700	80(F)
维修费用	1 200	170(U)

3. 要求　根据上述资料编制制造车间该月份的责任成本报表。

核算题(三)

1. 目的　练习产品质量成本报表的编制。

2. 资料

(1)因生产工作过失,造成不可修复废品甲产品 100 件,每件耗用材料 95 元,每件定额工时为 16 工时,人工费用按每工时 0.9 元计,动力费用按每工时 0.5 元计,废品残值收入 684 元。

(2)乙产品 98 件由于装配质量不高,品质达不到正品标准,只能按次品标准出售,正品售价每件 80 元,次品售价每件 70 元。

(3)因质量原因返修丙产品 200 件,补领料 2 000 元,共耗用 800 工时,人工费用每工时 0.9 元,动力费用每工时 0.5 元。

(4)丁产品 22 件因质量问题客户要求货款折让,按原售价 225 元的八折处理。

(5)甲产品因质量原因停工工时数共 176 工时,按每件产成品定额工时为 16 工时计,即损失甲产品 11 件,每件售价 260 元,共损失 2 860 元。

(6)制造费用有关明细项目:

支付质量文件印刷费 146 元。

支付新产品质量评审的会议费 400 元。

支付工序检验费 655 元。

3. 要求　根据以上资料编制产品质量成本报表。

第十四章　成本分析

本章所介绍的成本分析,仅指成本的事后分析。介绍成本分析的作用与方法,全部商品产品成本计划完成情况的分析,可比产品成本降低任务完成情况的分析以及产品单位成本的分析。同时,在进行成本分析中,还考虑到成本的基本性态,通过分析,揭示产量与成本变动的内在联系。

第一节　成本分析的作用及方法

一、成本分析的作用

成本分析是成本核算和成本控制的继续,它贯穿于成本管理工作的全过程,包括成本事前预测、事中控制和事后分析。本章所介绍的成本分析,仅指成本的事后分析。

成本分析就是利用成本核算资料和其他有关资料,借助一定的方法,查明影响成本升降的各个因素及其相互作用,确定各因素对成本的影响程度,寻找降低成本的潜力,从而提高企业的经济效益。通过成本分析,可以对企业成本计划的执行情况进行有效的控制,并对企业成本计划的执行结果进行评价;通过成本分析,可以揭示存在的问题和差距,促使企业挖掘降低成本的潜力,寻求降低成本的途径和方法;通过成本分析,可以认识和掌握成本变动的规律性,从中总结成本管理的经验和教训,提高企业经营管理水平;通过成本分析,还可以为编制下期成本计划和进行经营决策提供依据。

二、成本分析的方法

成本分析的方法很多，它可以采用会计的方法、统计的方法或数学的方法。但企业采用哪一种分析方法，要根据企业自身的特点、分析的要求和掌握分析资料的情况来决定。在成本分析工作中，通常采用以下的分析方法。

（一）比较分析法

比较分析法又称对比分析法，是成本分析中应用最普遍的分析方法。它主要是通过相互关联的经济指标的对比来确定数量差异，借以了解经济活动的成绩和问题的一种分析方法。在实际分析工作中，由于分析的目的不同，通常进行以下对比：

1. 将本期实际数与本期计划数或定额数对比。通过对比，可以检查成本计划或定额的完成情况，为进一步分析指明方向。但在分析时，必须检查计划或定额本身是否既先进又切实可行，计划或定额太保守或不切实际，都会失去可比的客观基础。

2. 将本期实际数与前期（或历史最好水平）实际数对比。通过对比，可以考察企业成本发展动态和变化趋势，有助于吸取历史经验，改进成本工作。

3. 将本期实际数与国内外同行业先进水平对比。通过对比，可以发现企业与先进水平之间的差距，以便扬长避短，学先进、赶先进和超先进。

但比较分析法只适用于同质指标的数量对比，而且要注意对比指标的可比性，即进行对比的各项指标，在经济内容、计算方法、计价标准、计算期、影响指标形成的客观条件和不同社会条件等方面应具有可比的共同基础。

（二）连环替换分析法

连环替换分析法又称连锁替代法，是因素分析法中最常用的一种方法，它是将某一综合指标分解为若干个相互联系的因素并按顺序分别计算和分析各因素影响程度的一种分析方法。这一方法不仅可以揭示实际数与相关经济指标之间的差异,而且还克服了比较分析法的不足,即能揭示产生差异的因素和各因素对指标的影响程度。

1. 连环替换分析法的计算程序。

(1) 确定分析指标,并确定影响指标变动的各个因素。

(2) 根据各个因素与指标的内在依存关系,如乘除关系、加减关系,安排各项因素的顺序。

(3) 以计划(或基期)指标为基础,按预定的顺序,依次对每一因素的计划(或基期)数替换为实际数。替换过的因素固定在实际数上,未替换过的因素固定在计划(或基期)数上。每次替换后,应将该因素的变动结果与这一因素被替换前的结果进行对比,两者的差额,就是这一因素变动对指标的影响程度,有多少个因素就要替换多少次。

(4) 将各项因素对指标的影响程度数值相加,应等于分析指标实际数与计划(或基期)数的差异总额。

(5) 最后进行分析评价。

2. 连环替换分析法具有几个重要特征。

(1) 计算程序的连环性。在计算某一因素变动对分析指标的影响程度时,总是在前一因素计算的基础上进行的,并采用连环比较的方法确定各因素变化的影响结果。正因为如此,用连环替换分析法计算出来的各因素影响数值之和必然等于指标变动的总差额。

(2) 因素替代的顺序性。各个因素替代顺序要根据各个因素相互依存关系合理排列。不同的替代顺序,虽然不会改变各因素的影响数值之和,但可以改变各个因素的影响数值。因此,各因素替代顺序必须遵循以下原则:先替代数量因素,后替代质量因素;先替代实物量因素、劳动量因素,后替代价值量因素;先替代原始的、主要的因素,后替代派生的、次要的因素;在有除号的关系式中,先替代分子,后替代分母。

（3）计算结果的假定性。采用连环替换分析法所计算的各个因素变动的影响数值，会因替代顺序的不同而有差别，因此，计算结果具有一定程度上的假定和近似性。

【例14-1】 以某企业丙产品的材料成本构成为例，说明连环替换分析法的运用，有关资料见表14-1。

表14-1

材料成本资料表

项　　目	计量单位	计　　划	实　　际	差　　异
产品产量	件	150	180	＋30
材料单耗	千克/件	30	26	－4
材料单价	元/千克	15	18	3
材料总成本	元	67 500	84 240	＋16 740

丙产品实际材料成本比计划超支 16 740 元，影响材料成本变动的因素有产品产量、材料单耗和材料单价三个因素。按照连环替换分析法的替代原则，分析各因素对材料成本变动的影响程度的替代顺序应依次为产量、单耗、单价。分析如下：

总差异＝实际材料总成本－计划材料总成本＝
84 240－67 500＝＋16 740(元)

计划材料总成本＝计划产量×计划单耗×计划单价＝
150×30×15＝67 500(元)

替代第一个因素：实际产量×计划单耗×计划单价＝180×30×15＝81 000(元)

产量变动对材料成本的影响数值：
81 000－67 500＝＋13 500(元)

替代第二个因素：实际产量×实际单耗×计划单价＝180×26×15＝70 200(元)

单耗变动对材料成本的影响数值：

$$70\ 200-81\ 000=-10\ 800(元)$$

替代第三个因素：实际产量×实际单耗×实际单价＝180×26×18＝84 240(元)

单价变动对材料成本的影响数值：

$$84\ 240-70\ 200=+14\ 040(元)$$

三个因素影响数值相加：

$$+13\ 500+(-10\ 800)+14\ 040=+16\ 740(元)$$

从以上分析可以看出，丙产品材料成本超支 16 740 元，主要是由于材料单价提高，使材料总成本增加 14 040 元；产品产量增加，使材料总成本增加 13 500 元；而材料单耗节约，使材料总成本降低 10 800 元。

（三）差额计算分析法

差额计算分析法是连环替换分析法的简化计算方法。它的特点是根据连环替换分析法的基本原理，首先确定某因素的实际数与计划（或基期）数的差额，然后乘以函数关系式中排在该因素前面各个因素的实际数和排在该因素后面各个因素的计划（或基期）数，所得乘积就是该因素变动对分析指标的影响数值。

【例 14-2】 仍以表 14-1 的资料，采用差额计算分析法计算各因素变动对材料成本的影响程度。

$$总差异＝84\ 240-67\ 500=+16\ 740(元)$$
$$计划材料总成本＝150×30×15＝67\ 500(元)$$

由于产量增加使材料总成本增加：

$$(180-150)×30×15＝+13\ 500(元)$$

由于单耗减少使材料总成本降低：

$$180×(26-30)×15＝-10\ 800(元)$$

由于单价提高使材料总成本增加：

$$180 \times 26 \times (18-15) = +14\,040(元)$$

三个因素影响的数值相加：

$$+13\,500 + (-10\,800) + 14\,040 = +16\,740(元)$$

以上结果表明：差额计算分析法与连环替换分析法计算的结果完全相同，但却简化了计算步骤。因此，在实际工作中，普遍采用差额计算分析法。

第二节　成本计划完成情况的分析

一、全部商品产品成本计划完成情况的分析

工业企业全部商品产品包括可比产品和不可比产品，由于不可比产品没有历史成本资料，所以，全部商品产品成本分析，不能将本年实际总成本与上年实际总成本比较，只能将实际总成本同计划总成本对比。

但实际总成本是根据实际产量乘实际单位成本计算的，而计划总成本是根据计划产量乘计划单位成本计算的，总成本的升降不仅受到单位成本变动的影响，而且还受到产量变动的影响。为了使成本对比指标具有可比性，在分析全部商品产品成本计划完成情况时，应剔除产量变动对成本计划完成情况的影响，实际总成本、计划总成本一律按实际产量来计算。

全部商品产品成本计划完成情况的分析，是一种总括性的分析，在实际工作中，根据管理的需要，可按产品类别、成本项目别和成本性态三方面进行分析，分别确定成本的降低额和降低率，其计算公式如下：

成本降低额＝计划总成本－实际总成本＝

$$\Sigma\left(\begin{matrix}实际\\产量\end{matrix} \times \begin{matrix}计划单\\位成本\end{matrix}\right) - \Sigma\left(\begin{matrix}实际\\产量\end{matrix} \times \begin{matrix}实际单\\位成本\end{matrix}\right)$$

$$成本降低率 = \frac{成本降低额}{\sum(实际产量 \times 计划单位成本)} \times 100\%$$

（一）按成本项目类别分析

这种分析是按成本项目汇总全部商品产品的总成本,将实际总成本与计划总成本对比,确定各成本项目的降低额和降低率。

【例 14-3】 某企业 200×年 12 月份全部商品产品成本分析表见表 14-2。

表 14-2

全部商品产品成本分析表

200×年 12 月   单位:千元

成 本 项 目	全部商品产品成本		降 低 指 标	
	计 划	实 际	降 低 额	降 低 率(%)
直接材料	5 190	4 848	+342	+6.59
直接人工	1 038	1 060	-22	-2.12
制造费用	692	732	-40	-5.78
制造成本	6 920	6 640	+280	+4.05

全部商品产品成本计划完成情况:

$$总成本降低额 = 6\,920 - 6\,640 = +280(千元)$$

$$总成本降低率 = \frac{+280}{6\,920} \times 100\% = +4.05\%$$

从表 14-2 中可以看出,总成本降低 280 千元,降低率为 4.05%,主要依靠直接材料项目的降低,而直接人工和间接制造费用项目都是超支的。对此,应进一步对各成本项目进行分析,查明超支和降低的具体原因。

（二）按成本性态分析

这种分析是按成本性态将全部商品产品成本划分为变动成本

和固定成本,并确定变动成本和固定成本的降低额和降低率。

【例 14-4】 某企业 200×年 12 月份全部商品产品成本分析表见表 14-3。

表 14-3

全部商品产品成本分析表

200×年 12 月   单位：千元

成 本 构 成	全部商品产品成本		降 低 指 标	
	计 划	实 际	降 低 额	降低率(%)
变动成本：	6 520	6 220	+300	+4.60
直接材料	5 190	4 848	+342	+6.59
直接人工	1 038	1 060	—22	—2.12
变动制造费用	292	312	—20	—6.85
固定成本：	400	420	—20	—5
固定制造费用	400	420	—20	—5
制造成本	6 920	6 640	+280	+4.05

从表 14-3 中可以看出,企业完成了全部商品产品成本计划降低任务,主要是由变动成本总额降低所造成的。但从变动成本各项目分析,直接工资和变动制造费用分别超支 22 千元和 20 千元,变动成本总额的降低又主要是由直接材料项目降低造成的。而固定成本总额却超支了 20 千元。应进一步分析各成本项目超支和降低的具体原因。

（三）按产品类别分析

这种分析是按产品类别汇总全部商品产品成本,分别确定可比产品、不可比产品和全部商品产品成本的降低额和降低率。

【例 14-5】 某企业 200×年 12 月份全部商品产品成本分析表见表 14-4。

表 14-4

全部商品产品成本分析表

200×年 12 月   单位：千元

产品名称	计量单位	产量		单位成本			总成本			降低指标	
		计划	实际	上年	计划	实际	按上年计算	按计划计算	按实际计算	降低额	降低率（%）
可比产品：							4 920	4 240		+680	+13.82
A 产品	件	200	280	10	9	8	2 800	2 520	2 240	+280	+11.11
B 产品	件	360	400	7	6	5	2 800	2 400	2 000	+400	+16.67
不可比产品：											
C 产品	台	240	200	—	10	12	—	2 000	2 400	−400	−20
全部商品产品							6 920	6 640		+280	+4.05

从表 14-4 分析中看出，全部商品产品实际总成本比计划总成本降低 280 千元，降低率为 4.05%。其中可比产品总成本降低 680 千元，降低率 13.82%，不可比产品总成本超支 400 千元，超支率 20%。虽然总的来说企业完成了产品成本计划降低任务，但在超额完成产品成本计划中却隐藏 C 产品的成本超支，应进一步分析各产品成本计划完成的原因和超支的原因，特别要检查有无人为因素，把应属于可比产品成本负担的成本，挤进了不可比产品成本，以确保产品成本的真实性。

二、可比产品成本降低任务完成情况的分析

在全部商品产品成本中，可比产品成本一般占有很大比重，可比产品成本的分析是成本分析的重点内容。在企业成本计划中，对可比产品不仅规定了计划成本，而且还规定了成本降低任务的指标。可比产品成本降低任务就是成本计划中规定的本年可比产品计划总成本与按计划产量和上年实际单位成本计算的上年实际总成本相比较，确定计划成本的降低额和降低率。可比产品成本降低任务完成情况的分析，就是将可比产品的实际成本与按实际

产量和上年实际单位成本计算的上年实际总成本相比较,确定可比产品实际成本的降低额和降低率,并同计划成本降低额和降低率相比,评定企业完成可比产品成本降低的情况,确定各项因素的影响程度,为挖掘潜力,降低成本指明方向。

在实际工作中,根据管理的需要,一般按传统方法和按成本性态方法对可比产品成本降低任务完成情况进行分析。

（一）按传统方法分析

按传统方法分析就是根据可比产品成本资料,分析可比产品成本降低任务完成情况以及各因素变动的影响程度。

首先,评定可比产品成本降低任务完成情况。

计划成本和实际成本降低指标计算公式如下:

$$计划成本降低额 = \sum \left(\begin{matrix}计划\\产量\end{matrix} \times \begin{matrix}上年实际\\单位成本\end{matrix} \right) - \sum \left(\begin{matrix}计划\\产量\end{matrix} \times \begin{matrix}本年实际\\单位成本\end{matrix} \right)$$

$$计划成本降低率 = \frac{计划成本降低额}{\sum (计划产量 \times 上年实际单位成本)} \times 100\%$$

$$实际成本降低额 = \sum \left(\begin{matrix}实际\\产量\end{matrix} \times \begin{matrix}上年实际\\单位成本\end{matrix} \right) - \sum \left(\begin{matrix}实际\\产量\end{matrix} \times \begin{matrix}本年实际\\单位成本\end{matrix} \right)$$

$$实际成本降低率 = \frac{实际成本降低额}{\sum (实际产量 \times 上年实际单位成本)} \times 100\%$$

【例 14-6】 假定某企业 200×年 12 月份有关可比产品成本资料如表 14-5 和表 14-6 所示。

表 14-5

计划成本资料

单位:千元

可比产品	计划产量(件)	单位成本		总 成 本		降低任务	
		上 年	计 划	上 年	计 划	降低额	降低率
A 产品	20	10	9	200	180	20	10%
B 产品	8	20	16	160	128	32	20%
合 计				360	308	52	14.44%

表 14-6

实际成本资料

单位:千元

可 比 产 品	实际产量(件)	单 位 成 本		总 成 本		降 低 任 务	
		上 年	实 际	上 年	实 际	降低额	降低率
A 产 品	16	10	8.5	160	136	24	15%
B 产 品	12	20	16.5	240	198	42	17.5%
合 计				400	334	66	16.5%

表 14-5 和表 14-6 中有关资料计算如下:

计划成本降低额 $=(20×10+8×20)-(20×9+8×16)=$
52(千元)

计划成本降低率 $=\dfrac{52}{20×10+8×20}×100\%=14.44\%$

实际成本降低额 $=(16×10+12×20)-(16×8.5+12×16.5)=$
66(千元)

实际成本降低率 $=\dfrac{66}{16×10+12×20}×100\%=16.5\%$

评价可比产品降低任务完成情况可以从绝对数和相对数两方面来考察:从绝对数看,该企业可比产品实际成本降低额比计划成本降低额多降低 14 千元(66-52);从相对数看,实际成本降低率比计划成本降低率多降低 2.06%(16.5%-14.44%),说明企业超额完成了可比产品成本降低任务。

其次,还可以进一步分析影响可比产品成本降低任务完成的原因以及影响的程度。影响降低额的因素有产量、品种结构和单位成本,影响降低率的因素有品种结构和单位成本。现分析如下:

1. 产量因素。可比产品成本降低额是根据各种产品的产量、品种结构和单位成本确定的,产量变动必然会直接影响成本降低额,但当产品单位成本和品种结构不变时,意味着各种产品的产量计划完成率相同,在计算成本降低率时,因分子、分母都具有相同的产量增减比例而不变。所以,产量变动不会影响成本降低率。

2. 产品品种结构因素。产品品种结构是指各种产品产量占总产量的比重。实际上,全部可比产品成本降低率是以各种可比产品的个别成本降低率为基础、以各种可比产品的产量比重为权数计算的平均成本降低率。因此,可比产品成本降低率的变动必然受到各种产品产量比重和单位成本的影响。由于各种可比产品成本降低率在一般情况下都有所不同,成本降低幅度大的产品产量在全部可比产品产量的比重比计划提高时,可比产品成本降低率就会随之提高,成本降低额也就增加;反之,成本降低率和成本降低额就会减少。

3. 单位成本因素。可比产品计划成本降低额和实际成本降低额都是以上年单位成本为基础进行对比的。因此,可比产品成本降低任务的完成程度,实际上是各种产品单位成本发生变动造成的。产品实际单位成本比计划多降低或升高,必然会引起成本降低额和降低率升高或减少。产品单位成本的变动与成本降低额和降低率的变动呈相反方向。

各因素变动对成本降低额和降低率影响的计算公式如下:

$$\text{产量变动对成本降低额的影响} = \Sigma\left[\left(\text{实际产量} - \text{计划产量}\right) \times \text{上年实际单位成本}\right] \times \text{计划成本降低率}$$

[例14-6]中:$[(16-20)\times10+(12-8)\times20]\times14.44\%=5.76(千元)$

$$\text{产品品种结构变动对成本降低额的影响} = \Sigma\left[\text{实际产量}\times\left(\text{上年实际单位成本} - \text{计划单位成本}\right)\right] -$$
$$\Sigma\left(\text{实际产量}\times\text{上年实际单位成本}\right)\times\text{计划成本降低率}$$

[例14-6]中:$[16\times(10-9)+12\times(20-16)]-(16\times10+12\times20)\times$
$14.44\%=6.24(千元)$

$$\text{产品品种结构变动对成本降低率的影响} = \frac{\text{品种结构变动对成本降低额的影响数}}{\Sigma(\text{实际产量}\times\text{上年实际单位成本})}\times100\%$$

[例 14-6]中：$\dfrac{6.24}{16\times10+12\times20}\times100\%=1.56\%$

$$\genfrac{}{}{0pt}{}{\text{产品单位成本变动对}}{\text{成本降低额的影响}}=\Sigma\left[\genfrac{}{}{0pt}{}{\text{实际}}{\text{产量}}\times\left(\genfrac{}{}{0pt}{}{\text{计划单}}{\text{位成本}}-\genfrac{}{}{0pt}{}{\text{实际单}}{\text{位成本}}\right)\right]$$

[例 14-6]中：$16\times(9-8.5)+12\times(16-16.5)=2(\text{千元})$

$$\genfrac{}{}{0pt}{}{\text{产品单位成本变动对}}{\text{成本降低率的影响}}=\dfrac{\text{单位成本变动对成本降低额的影响数}}{\Sigma(\text{实际产量}\times\text{上年实际单位成本})}\times100\%$$

[例 14-6]中：$\dfrac{2}{16\times10+12\times20}\times100\%=0.5\%$

（二）按成本性态方法分析

这种分析方法就是将可比产品的单位成本按成本性态划分为单位变动成本和单位固定成本，分析各因素变动对可比产品成本降低任务完成情况的影响程度。可比产品成本降低指标的计算公式如下：

$$\genfrac{}{}{0pt}{}{\text{计划成本}}{\text{降低额}}=\Sigma\left[\left(\genfrac{}{}{0pt}{}{\text{上年单位}}{\text{变动成本}}-\genfrac{}{}{0pt}{}{\text{计划单位}}{\text{变动成本}}\right)\times\genfrac{}{}{0pt}{}{\text{计划}}{\text{产量}}+\right.$$

$$\left.\left(\genfrac{}{}{0pt}{}{\text{上年固定}}{\text{成本总额}}-\genfrac{}{}{0pt}{}{\text{计划固定}}{\text{成本总额}}\right)\right]$$

$$\genfrac{}{}{0pt}{}{\text{计划成本}}{\text{降低率}}=\dfrac{\text{计划成本降低额}}{\Sigma\left(\genfrac{}{}{0pt}{}{\text{上年单位}}{\text{变动成本}}\times\genfrac{}{}{0pt}{}{\text{计划}}{\text{产量}}+\genfrac{}{}{0pt}{}{\text{上年固定}}{\text{成本总额}}\right)}\times100\%$$

$$\genfrac{}{}{0pt}{}{\text{实际成本}}{\text{降低额}}=\Sigma\left[\left(\genfrac{}{}{0pt}{}{\text{上年单位}}{\text{变动成本}}-\genfrac{}{}{0pt}{}{\text{实际单位}}{\text{变动成本}}\right)\times\genfrac{}{}{0pt}{}{\text{实际}}{\text{产量}}+\right.$$

$$\left.\left(\genfrac{}{}{0pt}{}{\text{上年固定}}{\text{成本总额}}-\genfrac{}{}{0pt}{}{\text{实际固定}}{\text{成本总额}}\right)\right]$$

$$\genfrac{}{}{0pt}{}{\text{实际成本}}{\text{降低率}}=\dfrac{\text{实际成本降低额}}{\Sigma\left(\genfrac{}{}{0pt}{}{\text{上年单位}}{\text{变动成本}}\times\genfrac{}{}{0pt}{}{\text{实际}}{\text{产量}}+\genfrac{}{}{0pt}{}{\text{上年固定}}{\text{成本总额}}\right)}\times100\%$$

根据表 14-5 和表 14-6 及有关资料编制成本分析资料如表 14-7 所示，并计算有关指标。

表 14-7

成本分析资料表

单位:千元

可比产品	计量单位	产量		单位变动成本			固定成本总额		
		计划	实际	上年	计划	实际	上年	计划	实际
A 产 品	件	20	16	8	7	6.5	40	40	32
B 产 品	件	8	12	16	12	13.5	32	32	36
合 计							72	72	68

$$\text{计划成本降低额} = (8-7)\times 20 + (16-12)\times 8 = 52(\text{千元})$$

$$\text{计划成本降低率} = \frac{52}{8\times 20 + 40 + 16\times 8 + 32}\times 100\% = 14.44\%$$

$$\text{实际成本降低额} = (8-6.5)\times 16 + (16-13.5)\times 12 + (72-68) = 58(\text{千元})$$

$$\text{实际成本降低率} = \frac{58}{8\times 16 + 40 + 16\times 12 + 32}\times 100\% = 14.8\%$$

从以上分析结果看出,可比产品成本降低额实际比计划多降低 6 千元(58−52),多降低了 0.36%(14.8%−14.44%)。影响降低额和降低率发生变化的因素有:产量、品种结构、单位变动成本和固定成本总额,现分析如下。

1. 产量因素。

$$\text{按实际产量、计划品种、计划单位变动成本、固定成本总额计算的降低额} = \text{产量计划完成}\%\times\sum\left[\left(\text{上年单位变动成本}-\text{计划单位变动成本}\right)\times\text{计划产量} + \left(\text{上年固定成本总额}-\text{计划固定成本总额}\right)\right]$$

$$\text{产量计划完成}\% = \frac{\sum\left[\left(\text{实际产量}\times\text{计划单位变动成本}\right)+\text{计划固定成本总额}\right]}{\sum\left[\left(\text{计划产量}\times\text{计划单位变动成本}\right)+\text{计划固定成本总额}\right]}\times 100\%$$

根据表 14-7 的资料和上述公式,可计算:

$$\frac{\text{产量计划}}{\text{完 成}}\% = \frac{16\times7+12\times12+72}{20\times7+8\times12+72}\times100\% = 106.49\%$$

$$\frac{\text{产量变动对成本}}{\text{降低额的影响}} = \frac{\text{按实际产量、计划品种结构、计划单位}}{\text{变动成本、固定成本总额计算的降低额}} - \frac{\text{计划成本}}{\text{降 低 额}} =$$

$$106.49\% \times [(8-7)\times20+(16-12)\times8] - 52 =$$

$$3.38(千元)$$

$$\frac{\text{产量变动对成本}}{\text{降低率的影响}} = \frac{\text{按实际产量、计划品种结构、计划单位}}{\sum\left[\left(\substack{\text{上年单位}\\\text{变动成本}}\times\substack{\text{计划}\\\text{产量}}\right)\times\substack{\text{产量计划}\\\text{完 成}}\%+\substack{\text{上年固定}\\\text{成本总额}}\right]} \times$$

$$100\% - \frac{\text{计划成本}}{\text{降 低 率}} =$$

$$\frac{106.49\% \times [(8-7)\times20+(16-12)\times8]}{8\times20\times106.49\%+16\times8\times106.49\%+72} \times$$

$$100\% - 14.44\% = 14.62\% - 14.44\% = 0.18\%$$

2. 品种结构因素。

$$\frac{\substack{\text{按实际产量、实际品种结构、}\\\text{计划单位变动成本、固定}\\\text{成本总额计算的降低额}}} = \sum\left[\left(\substack{\text{上年单位}\\\text{变动成本}} - \substack{\text{计划单位}\\\text{变动成本}}\right)\times\right.$$

$$\left.\substack{\text{实际}\\\text{产量}}+\left(\substack{\text{上年固定}\\\text{成本总额}} - \substack{\text{计划固定}\\\text{成本总额}}\right)\right]$$

$$\frac{\text{产品品种结构变动对}}{\text{成本降低额的影响}} = \frac{\text{按实际产量、实际品种结构、计划单位}}{\text{变动成本、固定成本总额计算的降低额}} -$$

$$\frac{\text{按实际产量、计划品种结构、计划单位}}{\text{变动成本、固定成本总额计算的降低额}} =$$

$$(8-7)\times16+(16-12)\times12 - 106.49\%$$

$$[(8-7)\times20+(16-12)\times8]$$

$$64 - 55.38 = 8.62(千元)$$

$$\frac{\substack{\text{产品品种结构}\\\text{变动对成本降}\\\text{低率的影响}}} = \frac{\substack{\text{按实际产量、实际品种结构、计划单位}\\\text{变动成本、固定成本总额计算的降低额}}}{\sum\left(\substack{\text{上年单位}\\\text{变动成本}}\times\substack{\text{实际}\\\text{产量}}+\substack{\text{上年固定}\\\text{成本总额}}\right)} \times100\% -$$

$$\frac{\substack{\text{按实际产量、计划品种结构、计划单位}\\\text{变动成本、固定成本总额计算的降低额}}}{\sum\left[\left(\substack{\text{上年单位}\\\text{变动成本}}\times\substack{\text{计划}\\\text{产量}}\right)\times\substack{\text{产量计划}\\\text{完 成}}\%+\substack{\text{上年固定}\\\text{成本总额}}\right]} \times$$

$$100\% =$$

$$\frac{64}{8\times16+40+16\times12+32}\times100\%-$$

$$\frac{106.49\%\times[(8-7)\times20+(16-12)\times8]}{8\times20\times106.49\%+40+16\times18\times106.49\%+32}\times$$

$$100\%=$$

$$16.32-14.62\%=1.7\%$$

3. 单位变动成本因素。

$$\text{单位产品变动成本变动对成本降低额的影响}=\Sigma\left[\left(\text{计划单位变动成本}-\text{实际单位变动成本}\right)\times\text{实际产量}\right]=$$

$$(7-6.5)\times16+(12-13.5)\times12=$$

$$-10(\text{千元})$$

$$\text{单位产品变动成本变动对成本降低率的影响}=\frac{\text{单位产品变动成本变动对成本降低额的影响数}}{\Sigma\left(\text{上年单位变动成本}\times\text{实际产量}+\text{上年固定成本总额}\right)}\times100\%=$$

$$\frac{-10}{8\times16+40+16\times12+32}\times100\%=$$

$$-2.55\%$$

4. 固定成本因素。

$$\text{固定成本变动对成本降低额的影响}=\Sigma\left(\text{计划固定成本总额}-\text{实际固定成本总额}\right)=$$

$$(40-32)+(32-36)=4(\text{千元})$$

$$\text{固定成本变动对成本降低率的影响}=\text{实际比计划超降率}-\text{产量、品种结构、单位变动成本变动各对成本降低率的影响}=$$

$$(14.8\%-14.44\%)-(0.18\%+1.7\%-2.55\%)=$$

$$1.03\%$$

根据以上两种方法计算各因素变动影响成本降低指标的结果编制对比表,见表14-8。

表 14-8

两种方法分析结果对比表

单位：千元

影　响　因　素	对降低额的影响		对降低率的影响（%）	
	传统方法	成本性态方法	传统方法	成本性态方法
单纯产量变动	5.76	3.38	—	0.18
产品品种结构变动	6.24	8.62	1.56	1.7
单位成本变动	2		0.5	
其中：单位变动成本变动		—10		—2.55
固定成本变动		4		1.03
合　　　计	14	6	2.06	0.36

由表 14-8 中看出，按传统分析方法和按成本性态分析方法，影响成本降低指标的因素和程度是不同的，传统分析方法确定的超降额和超降率，都大于按成本性态分析方法确定的数额。这是因为两种分析方法对成本降低指标的计算方法不同，传统分析方法把因产量变动引起单位固定成本变动对成本降低任务的影响，都归结为单位成本变动的影响，掩盖了成本中两种不同性态构成的区别。因此，传统分析方法不能真正揭示影响总成本变动的因素及影响程度，虚增了成本的降低额和降低率，而成本性态分析方法可以避免这一缺陷。

第三节　产品单位成本分析

一、产品单位成本分析的作用

对企业成本计划完成情况的分析，仅仅是在总体上说明企业成本计划的完成情况，对完成或未完成计划的原因作出综合性的分析，但不能说明每一种产品成本指标的具体完成情况，不能了解影响每种产品成本超支或节约的原因。为了揭示各种产品单位成本以及各成本项目的变动情况,进一步查明成本升降的原因,寻找降低成本的途径和方法,企业还需对各种产品的单位成本进行分析。由于企业生产产品的种类较多,为了突出分析工作的重点,不浪费时间和增加分析的工作量,一般只对一种或几种成本升降较大或在总产量中所占比重较大的主要产品进行分析。

产品单位成本的分析,包括两方面的内容:一是产品单位成本完成情况的分析;二是技术经济指标变动对单位成本影响的分析。本节内容着重介绍技术经济指标变动对单位成本变动的影响。

二、产品成本技术经济指标变动的分析

技术经济指标是指与企业的生产技术特点有着内在联系的经济指标。由于不同企业的生产技术特点不同,因此,用来考核各企业的技术经济指标也各不一样,而且不同的技术经济指标影响单位成本的途径也不一致。下面仅对产品产量变动、产品质量变动、材料消耗量变动和劳动生产率变动对单位成本的影响进行分析。

(一)产量变动对单位成本影响的分析

由于全部产品成本中包含变动费用和固定费用两部分,当产量增加时,单位产品负担的固定费用减少,当产量减少时,单位产品负担的固定费用就增加,而单位产品负担的变动费用是不变动的。根据变动费用和固定费用与产量的依存关系,产量变动对单位成本的影响程度,计算公式如下:

$$\frac{\text{单 位 产 品}}{\text{成本降低额}} = \frac{\text{基期(或计划)单位}}{\text{成本中的固定费用}} \times \left(1 - \frac{1}{1 + \text{产量增长率}}\right)$$

$$\frac{\text{单 位 产 品}}{\text{成本降低率}} = \frac{\text{单位产品成本降低额}}{\text{基期(或计划)产品单位成本}} \times 100\% =$$

$$\left(1 - \frac{1}{1 + \text{产量增长率}}\right) \times \frac{\text{基期(或计划)固定费用}}{\text{占单位产品成本的比重}}$$

【例 14-7】 某产品有关资料如表 14-9 所示。

表 14-9

某产品成本资料表

单位：千元

成本构成	产量（件）		单位成本		总成本	
	计 划	实 际	计 划	实 际	计 划	实 际
变动费用			18	18	1 728	2 160
固定费用			10	8	960	960
单 位 成 本	96	120	28	26	2 688	3 120

$$单位产品成本降低额 = 10 \times \left(1 - \frac{1}{1 + \frac{120 - 96}{96} \times 100\%}\right) = 2（千元）$$

$$单位产品成本降低率 = \frac{2}{28} \times 100\% = 7.14\%$$

以上分析结果表明：产量从 96 件增加到 120 件，产量增长 25%，使单位成本降低 2 千元，这实际上是由于产量增加而单位固定费用相对节约所造成的。

（二）产品质量变动对单位成本影响的分析

产品质量的指标一般有反映本身质量和反映生产工作质量两大类，前者用等级产品表示，后者用合格品率、返修率和废品率表示。产品质量对单位成本的影响，可以从不同角度分析，下面仅以废品率和等级系数指标为例说明。

1. 废品率变动对单位成本的影响。废品率是指废品数量占全部产品总产量的比重。在生产一定数量的产品下，废品越少，合格品就越多。但废品的数量不计算产量，而废品的损失却要由合格产品的成本负担，单位合格产品的成本随合格品数量的增加而降低。因此，废品率越高，产品的单位成本也就越高，降低废品率也是降低产品成本的一条途径。

废品率的变动对单位成本的影响，计算公式如下：

$$\begin{array}{l}单位产品\\成本降低额\end{array}=\begin{array}{l}基期(或计划)单位\\成本中的废品损失\end{array}\times\left(1-\cfrac{\begin{array}{c}实\ \ 际\\废品率\end{array}\times\begin{array}{c}基期(或计划)\\合\ 格\ 品\ 率\end{array}}{\begin{array}{c}基期(或计\\划)废品率\end{array}\times\begin{array}{c}实际合\\格品率\end{array}}\right)$$

$$\begin{array}{l}单位产品\\成本降低率\end{array}=\cfrac{单位产品成本降低额}{基期(或计划)单位产品成本}\times100\%=$$

$$\begin{array}{l}基期(或\ 计\ 划)\\单\ 位\ 成本中废\\品损失所占比重\end{array}\times\left(1-\cfrac{\begin{array}{c}实\ \ 际\\废品率\end{array}\times\begin{array}{c}基期(或计划)\\合\ 格\ 品\ 率\end{array}}{\begin{array}{c}基期(或计\\划)废品率\end{array}\times\begin{array}{c}实际合\\格品率\end{array}}\right)$$

【例 14-8】 计划单位成本中废品损失 250 元,报告期因提高工作质量,使废品率由 5％下降到 4％,降低了 20％,废品损失额也相应减少 20％,报告期单位成本中废品损失由 250 元降低到 200 元[250×(1－20％)]。随着废品率降低,合格品率由 95％上升到 96％,合格品产量增长了 1.05％(1％÷95％)。原来每件产品负担 200 元废品损失,如果考虑产量增长因素的话,则为1.0105件产品负担 200 元废品损失,每件产品负担的废品损失又从 200元降低到 197.92 元(200÷1.0105)。假定计划单位成本为 3 000元,则:

$$\begin{array}{l}单位产品\\成本降低额\end{array}=250\times\left(1-\cfrac{4\%\times95\%}{5\%\times96\%}\right)=52.08(元)$$

$$\begin{array}{l}单位产品\\成本降低率\end{array}=\cfrac{52.08}{3\ 000}\times100\%=1.74\%$$

2. 等级系数变动对单位成本的影响。等级系数是各等级产量折合成一等品的产量占折合前总产量的比重。等级系数越高,说明等级产品质量越好。但不同等级的产品耗用的材料、加工过程是相同的,单位成本是一致的。所以,分析等级系数对单位成本的影响,是指质量的变动引起等级系数发生变动,在平均单位成本不变的情况下,折合为一级品产量的单位成本相应发生变动的数额。

【例 14-9】 某企业等级产品有关资料如表 14-10 所示。

表 14-10

产品等级资料表

产品等级	计量单位	折合率	产　　量		折合一等品产量		计划单位成本
			计划	实际	计划	实际	
一等品	件	1	100	120	100	120	80
二等品	件	0.8	60	50	48	40	.80
合　计			160	170	148	160	—

$$计划等级系数 = \frac{148}{160} \times 100\% = 92.5\%$$

$$实际等级系数 = \frac{160}{170} \times 100\% = 94.12\%$$

实际等级系数由 92.5% 提高到 94.12%，说明产品质量提高，这样折合为一等品的单位成本就会下降，计算公式如下：

$$单位产品成本降低额 = \frac{折合一等品}{计划单位成本} \times \left(1 - \frac{计划等级系数}{实际等级系数}\right) =$$

$$\frac{160 \times 80}{148} \times \left(1 - \frac{92.5\%}{94.12\%}\right) =$$

$$1.49(元)$$

$$单位产品成本降低率 = 1 - \frac{计划等级系数}{实际等级系数} =$$

$$1 - \frac{92.5\%}{94.12\%} = 1.72\%$$

（三）劳动生产率变动对单位成本影响的分析

劳动生产率提高意味着单位产品所消耗的工时减少，但劳动生产率的增长往往伴随着工资率的增长，会使单位产品的工资费用增加。因此，只有劳动生产率的增长速度超过工资率增长速度时，才使产品成本降低。劳动生产率变动对单位产品成本的影响速度，计算公式如下：

$$\text{单位产品} \atop \text{成本降低额} = \left(1 - \frac{1+\text{平均工资增长率}}{1+\text{劳动生产率增长率}}\right) \times \text{基期（或计划）单} \atop \text{位产品的工资成本}$$

$$\text{单位产品} \atop \text{成本降低率} = \frac{\text{单位产品成本降低额}}{\text{基期（或计划）单位成本}} \times 100\% =$$

$$\left(1 - \frac{1+\text{平均工资增长率}}{1+\text{劳动生产率增长率}}\right) \times$$

$$\text{基期（或计划）生产工人工} \atop \text{资占单位产品成本的比重}$$

$$\text{其中：} \atop \text{劳动生产} \atop \text{率增长率} = \frac{\text{单位产品基期（或 — 单位产品实} \atop \text{计划）工时消耗 \quad 际工时消耗}}{\text{单位产品实际工时消耗}} \times 100\%$$

$$\text{平均工资} \atop \text{增 长 率} = \frac{\text{实际平均小 — 基期（或计划）} \atop \text{时 工 资 率 \quad 平均小时工资率}}{\text{基期（或计划）平均小时工资率}} \times 100\%$$

【例 14-10】 某产品成本分析资料如表 14-11 所示。

表 14-11

某产品成本分析资料表

指　　标	本 年 计 划	本 年 实 际
单位产品工时消耗（工时）	960	800
小时平均工资率（元/工时）	3	3.3
单位产品工资成本（元）	2 880	2 640
单位产品成本	8 600	7 860

$$\text{劳动生产率增长率} = \frac{960-800}{800} \times 100\% = 20\%$$

$$\text{平均工资增长率} = \frac{3.3-3}{3} \times 100\% = 10\%$$

$$\text{单位产品成本降低额} = 2\,880 \times \left(1 - \frac{1+10\%}{1+20\%}\right) = 240\,(\text{元})$$

$$\text{单位产品成本降低率} = \frac{240}{8\,600} \times 100\% = 2.79\%$$

（四）材料消耗量变动对单位成本影响的分析

降低材料消耗量必然使单位成本中的材料成本降低。企业降

低材料消耗量一般采用的措施,以及它们对单位成本的影响分析如下:

1. 降低材料单耗。单位产品材料成本是根据单位产品的材料消耗量乘以材料单价来计算的。在材料单价不变的情况下,降低材料单位消耗量与降低材料成本成正比例关系,降低材料单位消耗量对单位成本影响的计算公式如下:

$$\genfrac{}{}{0pt}{}{单位产品}{成本降低额} = \genfrac{}{}{0pt}{}{基期(或计划)单位}{产品的材料费用} \times \genfrac{}{}{0pt}{}{材料单耗}{平均降低率}$$

$$\genfrac{}{}{0pt}{}{单位产品}{成本降低率} = \frac{单位产品成本降低额}{基期(或计划)单位产品成本} \times 100\% =$$

$$\genfrac{}{}{0pt}{}{基期(或计划)材料费用}{占单位产品成本的比重} \times \genfrac{}{}{0pt}{}{材 料 单 耗}{平均降低率}$$

其中:$\genfrac{}{}{0pt}{}{材 料 单 耗}{平均降低率} = \left[1 - \frac{\sum(某材料实际单耗 \times 实际产量)}{\sum(某材料单耗定额 \times 实际产量)} \right] \times 100\%$

【例 14-11】 某产品基年单位成本 3 800 元,其中材料费用 2 600 元。该产品耗用材料单耗定额 340 千克,报告期采取合理的套裁措施,单位产品材料实际耗用量为 323 千克。该产品由于降低材料消耗用量影响的单位成本节约额和降低率为:

$$单位产品成本降低额 = 2\,600 \times \left(1 - \frac{323}{340} \right) \times 100\% = 130(元)$$

$$单位产品成本降低率 = \frac{130}{3\,800} \times 100\% = 3.42\%$$

2. 提高材料利用率。材料利用率是指材料投入量与产出产品重量之间的比例关系。投入生产的材料,经过一系列的处理和加工过程,会产生边、角、废料和各种损耗,损耗愈少,即投入同样多的材料可生产出更多的产品,使单位产品负担的材料成本减少。提高材料利用率与产品的材料成本成反比,它对单位产品成本的影响计算公式如下:

$$\genfrac{}{}{0pt}{}{单位产品}{成本降低额} = \genfrac{}{}{0pt}{}{基期(或计划)单}{位成本材料费用} \times \left[1 - \frac{基期(或计划)材料利用率}{实际材料利用率} \right.$$

$$\text{单位产品} \atop \text{成本降低率} = \frac{\text{单位产品成本降低额}}{\text{基期(或计划)单位产品成本}} \times 100\% =$$

$$\left[1 - \frac{\text{基期(或计划)材料利用率}}{\text{实际材料利用率}} \right] \times$$

$$\text{基期(或计划)材料成本} \atop \text{占单位产品成本的比重}$$

其中：$\text{材料利用率} = \dfrac{\text{实际利用材料重量}}{\text{投入材料重量}} \times 100\%$

【例 14-12】 某产品有关成本资料如表 14-12 所示。

表 14-12

某产品成本分析资料

指 标	上 年 实 际	本 年 实 际
投入材料量(千克)	60 000	60 000
实际利用量(千克)	51 000	57 000
产量(件)	750	800
材料利用率(%)	85	95
材料单价(元)	6	6
材料总成本(元)	360 000	360 000
单位产品材料成本(元)	480	450
单位产品成本(元)	600	560

$$\text{单位产品} \atop \text{成本降低额} = 480 \times \left(1 - \frac{85\%}{955} \right) = 50.53 (\text{元})$$

$$\text{单位产品} \atop \text{成本降低率} = \left(1 - \frac{85\%}{955} \right) \times \frac{480}{600} = 8.42\%$$

3. 原材料综合利用。原材料综合利用是指在利用原材料生产出产品以后，把生产过程中形成的边、角、余料和准备废弃的废料利用起来生产副产品。

原材料综合利用对单位成本的影响，是指对主产品而言的，同样的材料成本因分配到主产品和副产品两部分成本中，必然会使主产品单位成本降低。其对主产品单位成本的影响程度，根据副产品成本计算方法的不同,有两种计算方法。

(1) 副产品单独计算成本。有些副产品在产品分离后,要经过一定的加工处理过程,需要追加一定数量的加工费用,副产品和主产品一样单独计算产品成本。在这种情况下,原材料总耗用量不增加,但因为由副产品分摊了一部分材料费用,会减少主产品负担的材料成本。计算公式如下:

$$\text{单位主产品原材料费用降低额} = \text{基期(或计划)单位主产品材料费用} \times \left(1 - \text{综合利用后主产品材料分配率}\right)$$

综合利用后主产品材料分配率是指综合利用前材料费用全部由主产品负担,分配率为1,综合利用后主产品负担材料费用的比例如为 3/4,则分配率为 75%。

对于加工费用,因生产副产品,加工费用总额应有所增加,增加后的加工费用,应在主产品与副产品之间按一定分配率进行分配。分摊后主产品加工费用降低额计算公式如下:

$$\text{单位主产品加工费用降低额} = \frac{\text{综合利用前加工费用总额}}{\text{综合利用前主产品产量}} -$$

$$\frac{\text{综合利用前加工费用总额} \times \left(1 + \text{加工费用增长率}\right) \times \text{综合利用后主产品加工费用分配率}}{\text{综合利用后主产品产量}}$$

原材料综合利用对单位成本影响的计算公式如下:

$$\text{单位产品成本降低额} = \text{单位主产品材料成本降低额} + \text{单位主产品加工费用降低额}$$

$$\text{单位产品成本降低率} = \frac{\text{单位产品成本降低额}}{\text{基期(或计划)产品单位成本}} \times 100\%$$

当然,在原材料综合利用时,当追加的费用达到一定程度时,就可能出现主产品单位成本不但不能降低反而升高的情况。因此,应注意追加加工费用的界限,使材料综合利用在技术上可行,在经济上是合算的。

（2）副产品只计算应负担的材料费用。这种情况是指副产品价值较低，加工过程较简单，副产品只负担材料成本，不负担加工费用。原材料综合利用对主产品单位产品的影响计算公式如下：

$$\text{单位产品} \atop \text{成本降低额} = \frac{\text{单位副产品材料成本} \times \text{副产品数量}}{\text{主产品数量}}$$

$$\text{单位产品} \atop \text{成本降低率} = \frac{\text{单位产品成本降低额}}{\text{基期（或计划）产品单位成本}} \times 100\%$$

4. 合理采用代用材料。在保证产品质量的前提下，合理地用廉价材料代替昂贵材料，用普通材料代替进口材料，对不同品种和规格的材料，按科学的比例配料等，不仅能扩大材料的来源，而且还能节约材料成本。采用代用材料不仅直接影响材料费用，有时还会影响产品的加工费用。它对产品单位成本的影响计算公式如下：

$$\text{单位产品} \atop \text{成本降低额} = \text{采用代用材料后单} \atop \text{位材料成本降低额} + \text{采用代用材料后} \atop \text{加工费用节约额}$$

$$\text{单位产品} \atop \text{成本降低率} = \frac{\text{单位产品成本降低额}}{\text{材料代用前产品单位成本}} \times 100\% =$$

$$\text{代用前材料费用占} \atop \text{单位产品成本的比重} \times \text{代用后材料} \atop \text{成本降低率}$$

其中：$\text{采用代用材料后单} \atop \text{位材料成本降低额} = \left(\text{单位产品代用} \atop \text{前材料耗用量} \times \text{材料} \atop \text{单价} \right) -$

$$\left(\text{单位产品代用} \atop \text{后材料耗用量} \times \text{材料} \atop \text{单价} \right)$$

$$\text{代用后材料} \atop \text{成本降低率} = \left(1 - \frac{\text{代用后材料成本}}{\text{代用前材料成本}} \right) \times 100\%$$

【例 14-13】 某产品单位材料成本为 700 元，每件耗用甲材料 70 千克，每千克 10 元。现以乙材料代用，每件耗用 90 千克，每千克 7 元，则：

$$\text{单位产品成本降低额}=(70\times10)-(90\times7)=70(\text{元})$$

$$\text{单位产品成本降低率}=\frac{70}{700}\times100\%=10\%$$

5. 改进产品设计,减轻产品重量。在保证和提高产品功能的前提下,改进产品设计,以简化产品结构,缩小产品体积,减轻产品重量,可以减少构成产品实体的材料消耗量,节约材料费用。减轻产品重量与降低单位产品材料成本成正比例。计算公式如下:

$$\text{单位产品成本降低额}=\text{产品重量改变前相关的材料成本}\times\text{产品重量降低率}$$

$$\text{单位产品成本降低率}=\frac{\text{单位产品成本降低额}}{\text{产品重量改变前的单位成本}}\times100\%=$$

$$\text{产品重量改变前相关的材料成本占单位成本的比重}\times\text{产品重量降低率}$$

【例 14-14】 某产品基年单位产品成本为 3 000 元,其中材料成本占 60%。报告期改进产品设计,使产品重量由原来的 40 千克减少到 32 千克,因降低产品材料重量对单位成本的影响计算公式如下:

$$\text{单位产品成本降低额}=3\,000\times60\%\times\left(1-\frac{32}{40}\right)\times100\%=360(\text{元})$$

$$\text{单位产品成本降低率}=\frac{360}{3\,000}\times100\%=12\%$$

复 习 题

一、名词解释

1. 成本分析　　　　　2. 连环替换分析法

3. 技术经济指标　　　4. 等级系数

5. 材料利用率

二、思考题

1. 简述工业企业成本分析的主要作用。

2. 简述连环替换分析法的计算程序。

3. 在可比产品成本降低指标影响因素的分析中,单纯产量变动为什么只影响成本降低额,不影响成本降低率?

4. 为什么产品品种结构变动会影响可比产品成本降低指标?

5. 按传统分析方法和按成本性态分析方法,对成本降低指标的影响因素及影响程度为什么是不相同的?

三、判断题

1. 比较分析法只适用于同质指标的数量对比。　　（　　）

2. 用连环替换分析法分析各因素对指标的影响值,采用不同替代顺序,其计算结果总是相同的。　　（　　）

3. 影响可比产品成本降低率指标变动的因素有产品产量、产品品种结构和产品单位成本。　　（　　）

4. 可比产品成本可能会出现这样的情况:各种产品均完成了成本降低率计划,但却没有完成总的成本降低率计划。　　（　　）

5. 不管采用传统方法分析还是采用成本性态方法分析,产品产量变动都会影响可比产品成本降低率。　　（　　）

四、单项选择题

1. 差额计算分析法是(　　)的简化计算方法。

　　A. 比较分析法　　　　B. 综合分析法

　　C. 连环替换分析法　　D. 因素分析法

2. 劳动生产率的增长速度(　　)工资率增长速度时,才会使产品成本降低。

　　A. 等于　　　　　　　B. 超过

　　C. 小于　　　　　　　D. 等于或大于

3. 若按传统方法分析,影响可比产品成本降低率的因素有(　　)。

A. 产品产量

B. 产品单位成本

C. 产品单位变动成本

D. 产品销量

4. 传统分析方法把因产量变动引起单位固定成本变动对成本降低任务的影响,都归结为( )变动的影响。

A. 变动成本　　　　　B. 品种结构

C. 单位成本　　　　　D. 劳动生产率

5. 反映产品本身质量的指标,一般用( )表示。

A. 等级产品　　　　　B. 合格品率

C. 劳动生产率　　　　D. 废品率

五、多项选择题

1. 成本报表常用的分析方法有( )。

A. 比较分析法　　　　B. 比率分析法

C. 差额计算法　　　　D. 连环替换法

2. 影响可比产品成本降低额变动的因素有( )。

A. 产品产量　　　　　B. 产品售价

C. 产品品种结构　　　D. 产品单位成本

3. 影响可比产品成本降低率变动的因素有( )。

A. 产品产量　　　　　B. 产品单位成本

C. 产品售价　　　　　D. 产品品种结构

4. 反映生产工作质量的指标常用的有( )。

A. 合格品率　　　　　B. 劳动生产率

C. 废品率　　　　　　D. 返修率

5. 连环替换分析法具有( )的特点。

A. 计算方法的简化性

B. 计算程序的连环性

C. 因素替换的顺序性

D. 计算结果的假定性

六、核算题

核算题(一)

1. 目的 练习产品成本降低任务完成情况的分析。

2. 资料 振华工厂200×年度有关成本资料如表14-13所示。

表14-13

有关成本资料表

产品名称	产量（件）			单位变动成本(元)			固定成本总额(元)		
	上年	计划	实际	上年	计划	实际	上年	计划	实际
可比产品：							1 060 000	1 060 000	1 070 000
A产品	4 000	5 200	5 000	300	260	284	520 000	520 000	510 000
B产品	3 000	4 500	5 000	100	90	95	540 000	540 000	560 000
不可比产品：									
C产品	—	1 000	900	—	325	375	—	110 000	106 200
全部商品产品合计								1 170 000	1 176 200

3. 要求

(1) 分析全部商品产品成本计划的完成情况。

(2) 按传统方法分析可比产品成本降低任务完成情况,并分析各项因素的影响程度。

(3) 按成本性态方法分析可比产品成本降低任务完成情况,并分析各项因素的影响程度。

核算题(二)

1. 目的 练习分析材料利用率变动对单位成本的影响。

2. 资料 劲业工厂A产品材料成本有关资料如表14-14所示。

表 14-14

A 产品材料成本资料表

项　　　目	计　　划	实　　际
投入材料重量(千克)	80 000	84 000
实际利用的原材料重量(千克)	64 000	69 720
产量(件)	1 100	1 200
材料单价(元/千克)	5.5	5.5
材料总成本(元)	440 000	462 000
单位产品材料成本(元)	400	385
单位产品成本(元)	748	740

3. 要求

(1) 计算 A 产品材料利用率变动程度。

(2) 分析由于材料利用率变动对单位成本的影响。

核算题(三)

1. 目的　练习分析产量变动对单位产品的影响。

2. 资料　兴业工厂甲产品有关成本资料如表 14-15 所示。

表 14-15

甲产品有关成本资料表

成本项目	产　量　(台)		单　位　成　本 (元)	
	计　划	实　际	计　　划	实　际
变动成本			560	572
固定成本			520	520
单位成本	800	860	1 080	1 192

3. 要求　分析产量变动对单位成本的影响。

核算题(四)

1. 目的　练习分析质量变动对单位成本的影响。

2. 资料　申光工厂丙产品有关成本资料如表 14-16 所示。

表 14-16

丙产品有关成本资料表

产品等级	折合系数	产量（吨）		计划单位成本(元)
		计划	实际	
一 等 品	1	600	880	50
二 等 品	0.9	800	720	50
三 等 品	0.6	100	80	50
合 计		1 500	1 680	

3. 要求　分析由于产品质量变动对单位成本的影响。

核算题(五)

1. 目的　练习分析劳动生产率变动对单位成本的影响。

2. 资料　美艺工厂丁产品有关成本资料如表 14-17 所示。

表 14-17

丁产品有关成本资料表

项　目	计　划	实　际
单位产品工时消耗（小时）	240	200
小时平均工资率(元/小时)	2	2.2
单位产品工资成本(元)	480	440
单位产品成本(元)	1 860	1 820

3. 要求　分析由于劳动生产率和小时工资率的变动对单位成本的影响。

第十五章 商业企业成本核算

商业企业成本核算的内容,包括商品采购成本、销售成本和商品流通费用的核算。本章根据商业企业经营业务特点和管理要求,对批发企业和零售企业商品采购和销售成本的核算进行介绍,特别是对实际工作中运用较为广泛的毛利率法和售价金额核算法作为重点介绍,并且分别加以举例说明。

第一节 批发企业商品采购和销售成本的核算

一、批发企业商品采购和销售成本核算的特点

批发企业是指将从生产企业或其他企业购进的商品销售给其他商业企业继续流通或者销售给其他生产企业进一步加工的企业。批发企业每次商品购销往往成批量进行,金额较大,而且商品储存数量也较大。

库存商品核算方法一般有两种:一种是按成本核算;另一种是按售价核算。库存商品按售价核算,需要具备一定条件,主要包括:① 商品购进以后能及时确定其售价,以便及时按售价入账;② 同一种商品在同一时间的售价要统一;③ 商品售价要比较稳定,不能经常变动,以便提供有关的可比信息。批发企业一般不具备这些条件,因此批发企业库存商品采用进价核算。

由于批发企业商品经营活动具有自身的特点,企业为了加强对库存商品实物的管理,保护商品的安全、完整及正确计算成本,

库存商品的核算方法采用数量成本核算法。数量成本核算法下，库存商品明细账按商品种类、名称、规格等设置，并根据有关凭证进行登记。商品验收入库后，根据收货单等有关凭证及时登记入库数量和成本。销售商品时，根据发货单等有关凭证及时登记销售数量，已销商品的成本采用适当方法计算并登记，并随时结出结存数量。

库存商品采用数量成本核算时，"库存商品"账户的借贷方及其余额均按成本反映。商品验收入库后，按其成本借记该账户，商品销售时，按其成本贷记该账户，该科目期末余额，表示期末结存商品成本。

二、批发企业商品采购成本的核算

商业企业在采购商品过程中除了商品的进价外，还要发生与商品采购有关的进货费用，如运杂费。进货费用中扣除允许抵扣增值税应计入购进商品采购成本。按规定可以作为进项税额抵扣的增值税，不包括在采购成本中。企业购入商品时，根据增值税专用发票上列示的价款及计入采购成本的进货费用，借记"库存商品"账户；根据专用发票上注明的增值税额，借记"应交税费——应交增值税（进项税额）"账户；根据应付或实付的金额，贷记"应付账款"、"应付票据"、"银行存款"等账户。如果购入的商品尚未验收入库，则先通过"在途物资"账户，待商品验收入库时，再转入"库存商品"账户。

【例 15-1】 某批发企业 200×年 7 月 12 日购进 A 商品一批，收到的增值税专用发票上列示价款 90 000 元和增值税额 15 300 元，运输公司开具的运费发票金额为 1 200 元，款项未付，开出经银行承兑的商业汇票一张，票面额为 106 500 元，商品已验收入库。根据供货单位的增值税专用发票、运输发票和银行承兑汇票，编制会计分录如下（假定运费金额按 10％ 的扣除率计算进项税额准予扣除）：

借：库存商品　　　　　　　　　　　　　　　　　91 080

　　应交税费——应交增值税（进项税额）

　　　　　　（15 300＋1 200×10％）　　　　　　15 420

　贷：应付票据　　　　　　　　　　　　　　　　106 500

三、批发企业商品销售成本的核算

　　商品销售成本是指已销商品的成本。由于同一种商品购入的时间和地点不同，各批已销商品的成本也往往不同，因此必须根据商品经营情况和管理要求等，采用一定的方法正确计算商品销售成本。商品销售成本可供选择的计算方法主要有先进先出法、加权平均法、移动加权平均法、个别计价法和毛利率法等六种方法，但方法一经确定，为了保证会计信息可比，不能随意变更。其中先进先出法、加权平均法、移动加权平均法和个别计价法可以比照工业企业材料发出的核算，下面主要介绍毛利率法。

　　毛利率法就是根据本期商品销售收入乘以上季度实际毛利率（或本季度计划毛利率），匡算出本期已销商品毛利额，再据以计算本期商品销售成本。其计算公式如下：

$$\text{上季度实际(或本季度计划)毛利率} = \frac{\text{上季度实际(或本季度计划)已销商品毛利额}}{\text{上季度实际(或本季度计划)商品销售收入}} \times 100\% =$$

$$\frac{\text{上季度实际(或本季度计划)商品销售收入} - \text{上季度实际(或本季度计划)已销商品进价成本}}{\text{上季度实际(或本季度计划)商品销售收入}} \times 100\%$$

$$\text{本月已销商品毛利额} = \text{本月商品销售收入} \times \text{上季度实际(或本季度计划)毛利率}$$

$$\text{本月商品销售成本} = \text{本月商品销售收入} - \text{本月已销商品毛利额} =$$

$$\text{本月商品销售收入} \times \left(1 - \text{上季度实际或本季度计划毛利率}\right)$$

　　一般来说，商业企业同类商品毛利率大致相同，而各类商品的毛利率相差较大,为了简化计算工作,比较正确地计算商品销售成本,可先按商品类别计算出各类商品销售成本,再汇总计算全部商品销售成本。采用这种方法,还应按商品类别增设"库存商品"和"主营业务收入"二级账,以便于计算各类商品的实际毛利率和销售成本。对于库存商品明细账平时只记数量,不记金额。

【例 15-2】 某批发企业第三季度甲类商品销售收入为 1 200 000元,其销售成本为 900 000 元;10 月份该类商品销售收入为450 000元。该类商品 10 月份商品销售成本计算如下:

$$甲类商品第三季度毛利率 = \frac{1\ 200\ 000 - 900\ 000}{1\ 200\ 000} = 25\%$$

10 月份甲类商品销售成本 = 450 000×(1−25%)=337 500(元)

将计算出的商品销售成本从"库存商品"账户转入"主营业务成本"账户,其会计分录如下:

借:主营业务成本   337 500
    贷:库存商品   337 500

毛利率法下,由于本月毛利额是根据上季度实际毛利率或本季度计划毛利率匡算的,因而计算结果反映的并非是实际成本。为了提高每一季度商品销售成本计算的正确性,每季度末应采用前述五种方法之中的一种,在库存商品明细账中计算出该季度已销商品的实际成本,用该季度商品实际销售成本减去前两个月已结转的匡算成本,得出该季度第三个月应结转的销售成本,以调整前两个月的销售成本。

【例 15-3】 某批发企业某类商品 7 月份销售收入为 760 000元,8 月份销售收入为 680 000 元,该类商品第二季度实际毛利率为 26.5%,第三季度末,采用先进先出进价法,按商品品种逐一计算并汇总得出该类商品第三季度实际销售成本为 1 600 000 元。

7月份已结转的商品销售成本＝760 000×(1－26.5％)＝
$$558\ 600(元)$$

8月份已结转的商品销售成本＝680 000×(1－26.5％)＝
$$499\ 800(元)$$

9月份应结转的商品销售成本＝1 600 000－(558 600＋499 800)＝
$$541\ 600(元)$$

毛利率法下,商品销售成本是按商品类别综合计算的,不是按商品品种、规格分别计算的,因而简化了成本计算工作。但如果各月毛利率水平相差比较大,或者计划毛利率不够准确,各月成本计算的正确性会受到影响。

第二节 零售企业商品采购和销售成本的核算

一、零售企业的售价金额核算法

零售企业是指从批发企业或生产企业购进商品,销售给个人或集体消费者消费的企业。零售企业是商品流通的最终环节,其购销活动的特点与批发企业不同,因此,零售企业商品采购和销售成本核算,要适应其商品购销活动的特点和经营管理要求。零售企业商品购销活动的主要特点是:商品品种和规格繁多,库存数量不大,销售数量零星,金额较小,购销活动频繁,购销关系不稳定。如果按照商品品种、规格设置明细账进行数量金额式明细核算,核算工作量很大。根据零售企业购销活动的特点和经营管理的要求,零售企业除鲜活商品外,一般宜采用售价金额核算法。

售价金额核算法的主要内容有:

1. 建立实物负责制。零售企业采用售价金额核算法,库存商品明细账只记金额,不记数量,因此不利于加强库存商品实物的管理。为了避免这一缺陷,需要按照经营和保管商品的品种类别,划分若干不同的营业柜组,对其所经营的全部商品的数量、质量负责。

2. 库存商品按售价金额入账。库存商品总账按照售价金额登记,按售价金额总括反映库存商品的增减变化及其结果。库存商品明细账按营业柜组设置,并用售价金额控制营业柜组所经营和保管的商品。这里的售价是指含增值税的售价。

3. 设置"商品进销差价"账户。零售企业库存商品采用售价金额核算时,应设置"商品进销差价"账户,该账户是"库存商品"账户的调整账户,用来核算含税的售价与成本之间的差额。该账户贷方登记由于购入、加工收回以及销售退回等增加的库存商品售价大于成本之间的差额,该账户借方登记已销商品应分配的进销差价。该账户贷方余额为结存商品售价大于成本的差额。该账户明细账的设置应与库存商品明细账的设置一致,按营业柜组设置并进行明细核算。

4. 加强实地盘点制度。每月应对库存商品进行盘点,将各营业柜组所经营的各种商品盘存数量分别乘以各该商品售价的积数总和与账面核对相符,以考核各营业柜组岗位责任制执行情况和加强对库存商品实物的管理。

5. 建立健全各业务环节手续制度,明确经济责任,加强管理。零售企业要建立健全商品购进、销售、调价、盘点、升溢、损耗等各项业务手续制度,并填制有关的业务凭证加强物价管理、商品管理和销货款管理。

总之,售价金额核算法是在建立实物负责制的基础上,利用商品售价金额来控制库存商品的数量,是将商品核算和商品管理结合起来的一种方法。

二、零售企业商品采购成本的核算

零售企业商品采购成本与批发企业一样,包括进价和进货费用,按规定可以作为进项税额抵扣的增值税,不包括在采购成本中。

企业购入商品时,由各营业柜组根据供货单位的发货单所列品种、规格、数量和单价进行验收,填制"收货单"。"收货单"中不仅应填列商品品种、规格、数量和成本,还应填列商品的售价以及进销差价,以便对商品的售价和进销差价分别核算。商品验收入库后,会计部门按商品的售价借记"库存商品"账户,按增值税专用发票上的税额,借记"应交税费——应交增值税(进项税额)"账户;根据应付或实付的金额贷记"应付账款"、"应付票据"、"银行存款"等账户,按商品售价大于成本的差额贷记"商品进销差价"账户。

【例 15-4】 某零售企业 200×年 6 月 10 日向本市某批发企业购入某种商品 100 件,对方开具的增值税专用发票上列示价款10 000元和增值税额 1 700 元。该批商品售价金额为 13 000 元,其进销差价共为 3 000 元。货款已开出支票付讫,商品已验收入库。根据供货单位的专用发票和本企业的支票存根,编制会计分录如下:

借:库存商品	13 000
应交税费——应交增值税(进项税额)	1 700
贷:银行存款	11 700
商品进销差价	3 000

三、零售企业商品销售成本的核算

采用售价金额核算法的零售企业,在商品销售后按售价借记"主营业务成本"账户,贷记"库存商品"账户。为了简化核算工作,平时不随商品的销售随时计算和结转已销商品进销差价,购进商品的进销差价平时在"商品进销差价"账户中归集。由于"主营业务成本"账户,平时反映不出已销商品进价成本,因而平时账面上也就反映不出销售商品实现的毛利。为了正确反映商品销售成果以及期末结存商品的实际成本,每月月末需将全部商品进销差价在已销商品和结存商品之间分配,将已销商品应分配的进销差价月末一次转入"主营业务成本"账户的贷方,这样,"主营业务成本"账户按售价反映的借方发生额减去其贷方反映的应分配进销差价,就得出按进价反映的主营业务成本。已销商品应分配的进销差价即是销售商品实现的毛利。

已销商品应分配的进销差价计算如下。

1. 计算商品进销差价率。商品进销差价率可以按照全部商品的存、销比例计算,也可以按照各柜组或各类商品的存、销比例计算,前者称综合平均差价率,后者称分类差价率。采用分类差价率比采用综合平均差价率缩小了计算范围,计算结果比较准确,运用较为普遍。商品进销差价率的计算公式如下:

$$\text{进销差价率} = \frac{\text{月末分配前的"商品进销差价"账户余额}}{\text{月末"库存商品"账户余额} + \text{月末"受托代销商品"账户余额} + \text{本月"主营业务收入"账户贷方发生额}} \times 100\%$$

上列公式中的"商品进销差价"、"库存商品"、"受托代销商品"、"主营业务收入"等账户金额均为含增值税的金额。在采用综合平均差价率计算法下,可从有关总账账户记录取得,在采用分类差价率计算法下,可从有关明细账户记录取得。

2. 计算本月已销商品应分配的进销差价。

$$\text{本月已销商品应分配的进销差价} = \text{本月"主营业务收入"账户贷方发生额} \times \text{商品进销差价率}$$

【例 15-5】 假定某零售企业 200×年 5 月 31 日"库存商品"、"主营业务收入"和"商品进销差价"账户的有关资料见表 15-1。

表 15-1

有关账户资料表

单位:元

柜 组	"库存商品"月末余额	"主营业务收入"本月发生额	"商品进销差价"月末余额
针织柜	14 500	68 000	8 250
百货柜	21 800	102 000	17 332
食品柜	7 600	28 000	4 272
合 计	43 900	198 000	29 854

根据上述资料,计算各柜组差价率及各柜组已销商品应分摊的进销差价见表 15-2。

表 15-2

商品进销差价计算表

200×年 5 月　　　　　　　　　　　　　　　　　　单位:元

柜　组	月末分配前"商品进销差价"账户余额 (1)	月末"库存商品"账户余额 (2)	本月"主营业务收入"账户贷方发生额 (3)	进销差价率 (4)= $\frac{(1)}{(2)+(3)}$ ×100%	已销商品进销差价 (5)=(3)× (4)	库存商品结存进销差价 (6)=(1)- (5)
针织柜	8 250	14 500	68 000	10%	6 800	1 450
百货柜	17 332	21 800	102 000	14%	14 280	3 052
食品柜	4 272	7 600	28 000	12%	3 360	912
合　计	29 854	43 900	198 000		24 440	5 414

根据表 15-2 的计算结果,编制会计分录如下:

借:商品进销差价——针织柜　　　　　　　　　6 800
　　　　　　　　——百货柜　　　　　　　　　14 280
　　　　　　　　——食品柜　　　　　　　　　3 360
　　贷:主营业务成本——针织柜　　　　　　　　　6 800
　　　　　　　　　——百货柜　　　　　　　　　14 280
　　　　　　　　　——食品柜　　　　　　　　　3 360

已销商品分配进销差价后,商品销售成本调整为按成本反映的主营业务成本 173 560 元(198 000-24 440)。

为了正确核算主营业务成本与经营成果,在年终决算前应对商品进销差价进行核实并调整。核实和调整商品进销差价的具体做法是:

(1)各柜组对全部商品进行盘点,根据每种商品的实存数量,分别乘以该种商品的单位成本和售价,计算出每种结存商品的成本和售价金额,并汇总计算出全部结存商品的成本和售价金额,再进一步计算出全部结存商品的进销差价。其计算公式如下：

$$结存商品成本＝\sum（各种商品实存数量×各该商品单位成本）$$

$$结存商品售价金额＝\sum（各种商品实存数量×各该商品售价）$$

$$结存商品进销差价＝结存商品售价金额－结存商品成本$$

（2）调整商品进销差价。将核实得出的结存商品进销差价与调整前"商品进销差价"账户余额作比较，如果前者大于后者，说明以前月份多转了商品进销差价，少算了销售成本，虚增了毛利，应予以调整，借记"主营业务成本"账户，贷记"商品进销差价"账户；如果前者小于后者，说明以前月份少转了商品进销差价，多计了商品销售成本，应借记"商品进销差价"账户，贷记"主营业务成本"账户。

【例 15-6】 某零售企业年末进行库存商品盘点，按成本计算的结存商品总金额为 786 000 元，按售价计算的结存商品总额为 1 060 000 元，"商品进销差价"账户余额为 258 600 元。

$$结存商品进销差价＝1 060 000－786 000＝274 000（元）$$

$$应调整的商品进销差价＝274 000－258 600＝15 400（元）$$

应编制的调整分录如下：

借：主营业务成本　　　　　　　　　　　　　　　15 400

　贷：商品进销差价　　　　　　　　　　　　　　　15 400

以上介绍的核实已销商品进销差价的方法称为盘存商品进销差价计算法。

复 习 题

一、名词解释题

1. 毛利率法　　　　　　　　2. 售价金额核算法

二、思考题

1. 简述批发企业与零售企业库存商品核算方法有何区别？为什么？

2. 简述毛利率法的优缺点及其适用范围。

3. 售价金额核算法的主要内容是什么?

4. 在售价金额核算法下,商品销售成本如何计算?

三、判断题

1. 商品流通企业为销售而购进的各种商品,均按成本借记"库存商品"账户。　　　　　　　　　　　　　　　　　　（　　）

2. 毛利率法不是按商品的品种计算已销商品的成本,而是按商品的类别综合计算已销商品的成本。　　　　　　　（　　）

3. 零售企业商品的进销差价是随着商品的销售随时计算并转入"主营业务成本"账户的贷方。　　　　　　　　　（　　）

4. 年末,如果核实的结存商品进销差价金额大于"商品进销差价"账户账面余额,应按差额借记"商品进销差价"账户,贷记"主营业务成本"账户。　　　　　　　　　　　　　　　　（　　）

5. 批发企业库存商品明细账按商品的品种、规格设置;采用售价金额核算法核算库存商品的零售企业,其库存商品明细账按柜组设置。　　　　　　　　　　　　　　　　　　　（　　）

6. 分类差价率适用于平时各月月末计算已销商品应分摊的进销差价,盘存商品进销差价计算法适用于年末核实调整商品进销差价。　　　　　　　　　　　　　　　　　　　（　　）

四、单项选择题

1. 在实际工作中,批发企业库存商品的核算方法应采用（　　）。

　　A. 数量金额核算法　　　　B. 成本核算法

　　C. 数量售价金额核算法　　D. 数量成本核算法

2. 商业企业的销售费用包括（　　）。

　　A. 储存费用、财务费用和营业费用

　　B. 采购费用、储存费用和营业费用

　　C. 采购费用和营业费用

D. 包装费用和送货费用

3. 商业批发企业的毛利率法,适用于计算( )已销商品的进价成本。

A. 各个月份　　　　　　B. 季末月份

C. 1～11月份　　　　　　D. 每季度前两个月份

4. 某批发企业第三季度 A 类商品销售收入为 200 000 元,其已销商品的成本为 146 000 元;10 月份该类商品销售收入为 76 000 元。采用毛利率法计算的 10 月份已销商品的成本为( )元。

A. 20 520　　　　　　　B. 55 480

C. 54 000　　　　　　　D. 22 000

5. 某采用售价金额核算库存商品的零售企业,购进甲种商品 500 件,每件成本 20 元,每件售价 30 元,款项已开出支票付讫,其会计分录是( )。

A. 借:库存商品　　　　　　　　　　　15 000

　　贷:银行存款　　　　　　　　　　10 000

　　　　商品进销差价　　　　　　　　5 000

B. 借:库存商品　　　　　　　　　　　10 000

　　贷:应付票据　　　　　　　　　　10 000

C. 借:库存商品　　　　　　　　　　　10 000

　　贷:银行存款　　　　　　　　　　10 000

D. 借:库存商品　　　　　　　　　　　15 000

　　贷:银行存款　　　　　　　　　　15 000

6. 零售企业商品进销差价率的计算公式为:( )。

A. $进销差价率 = \dfrac{本月商品进销差价合计}{本月购进商品金额 + 本月主营业务收入} \times 100\%$

B. $进销差价率 = \dfrac{月末商品进销差价余额}{月末结存商品金额 + 本月主营业务收入} \times 100\%$

C. $\text{进\quad销}\atop\text{差价率}$ $=\dfrac{\text{月末分配前的商品进销差价}}{\text{本月购进}\atop\text{商品金额}+\text{本月主营}\atop\text{业务收入}}\times100\%$

D. $\text{进\quad销}\atop\text{差价率}$ $=\dfrac{\text{月末分配前的商品进销差价}}{\text{月末结存}\atop\text{商品金额}+\text{本月主营}\atop\text{业务收入}}\times100\%$

7. 结转已销商品应分摊的商品进销差价时,应借记( )账户,贷记"主营业务成本"账户。

　　A."在途物资"　　　　　　　B."库存商品"

　　C."商品进销差价"

　　D."库存商品"或"商品进销差价"

五、多项选择题

1. 按售价进行库存商品的核算,需要具备的条件有( )。

　　A. 需要提供各种库存商品的进价金额

　　B. 商品购进以后能够及时确定售价

　　C. 同一种商品在同一时间的售价要统一

　　D. 商品售价要比较稳定

2. 采用数量成本核算法核算库存商品的企业,其已销商品成本可以采用( )计算。

　　A. 移动加权平均法　　　　B. 个别计价法

　　C. 进销差价率法　　　　　D. 先进先出法

3. 在"库存商品"账户核算的商品包括( )。

　　A. 存放在仓库的代其他单位保管的商品

　　B. 陈列展览商品

　　C. 委托其他单位代管、代销商品

　　D. 寄放在外库的商品

4. 零售企业采用售价金额核算法核算时,其库存商品明细账( )。

　　A. 不记数量,只记金额　　B. 按柜组设置

C. 按售价登记购进金额和销售金额

D. 月末调整登记进销差价

5. 零售企业采用售价金额核算法核算时,已销商品应分摊的进销差价是根据(　　)计算的。

A. 本月主营业务收入 B. 本季度主营业务收入

C. 进销差价率 D. 本季度计划毛利率

6. 商品进销差价率可以按(　　)计算。

A. 商品品种、规格 B. 全部商品

C. 柜组 D. 商品类别

六、核算题

核算题(一)

1. 目的　练习商品批发企业已销商品成本的毛利率法。

2. 资料　某批发企业采用毛利率法计算商品销售成本,该企业第一季度甲类商品计划毛利率为 21.8%。1 月初该类"库存商品"账户余额为 30 000 元。1 月份购入该类商品的成本为 70 000 元,商品销售收入为 100 000 元;2 月份购入该类商品的成本为 80 000 元,商品销售收入为 110 000 元;3 月份购入该类商品的成本为 75 000 元,商品销售收入为 90 000 元。3 月末对商品进行盘点,按个别法确定该类"库存商品"账户余额为 25 000 元。

3. 要求　采用毛利率法计算并结转 3 月份甲类商品销售成本。

核算题(二)

1. 目的　练习商品零售企业已销商品成本的计算。

2. 资料　某零售企业乙类商品 3 月初"库存商品"账户月初余额为 10 000 元,"商品进销差价"账户月初余额为 1 960 元。本月购进该类商品,其成本为 39 000 元,售价金额为 48 800 元。本月该类商品销售收入为 42 000 元。

3. 要求　计算乙类商品 3 月份的进销差价率及已销商品成本。

第十六章 施工企业成本核算

施工企业的成本核算与施工活动的特点、施工合同成本与收入的确认方法有着密切关系。本章在介绍施工企业成本核算时，着重说明如何通过合同来规范施工企业成本计算对象的确定；强调施工企业的成本核算，包括账户、工程合同台账及成本项目的设置，必须考虑怎样满足工程施工管理需要，为其提供信息。本章有关内容根据《建造合同》具体会计准则的要求编写，对工程施工的有关账务处理配合完工百分比法作了改进。

第一节 施工活动及成本核算的特点

一、施工活动的特点

施工企业是指从事建筑安装工程施工活动的企业。建筑工程主要包括房屋、建筑物、设备基础等的建筑工程，管道、输电线路、通讯导线等的敷设工程，上下水道工程，道路工程，铁路工程，桥梁工程，隧道工程，水利工程，矿井开凿、钻井工程，各种特殊炉的砌筑工程等。安装工程主要是指生产、动力、起重、运输、传动、医疗、实验等各种需要安装设备的装配、装置工程。

施工企业施工活动的对象都是不动产，与工业企业的生产活动不同，其特点主要是：

1. 单件性（或多样性）。每一工程几乎都有其独特的形式、结构与质量要求，与客户分别订立合同，需要单独的设计图纸和方案，采用不同的施工方法和施工组织。各项工程很少完全相同。

2. 流动性。施工企业在不同工地、地区进行区域性流动施工。由于施工建造的地点不同，会受到地形、地质、水文、交通、材料资源等各种条件的影响。

3. 长期性。由于工程规模一般都较大，因而建造合同的开工日期与完工日期通常分属于不同的会计年度，施工周期长，有的甚至长达数年。施工进度受到气候条件及工程特点的影响，各月完成的工作量难以均衡。

二、施工成本核算的特点

施工活动的特点决定了其成本核算的特点。

（一）成本计算对象的确定

施工工程项目的单件性（或多样性）、流动性，决定了其成本计算方法类似于工业企业产品生产成本计算的分批法（或称定单法）。施工企业应根据施工工程项目的地点、用途、结构、施工组织、工程价款结算办法等因素，确定成本计算对象。由于施工企业或建筑承包商承接每一建设施工项目都必须签订建造合同（或施工合同），建造合同甲方——建设单位（或客户）通常总是事先按合同编制工程预算，建造合同乙方——施工单位（或建筑承包商）也总是按合同规定的工程价款、结算方式、进度与甲方结算工程价款的，因而建造合同与工程成本计算对象有着密切的关系。建造合同，是指为建造一项资产或者在设计、技术、功能、最终用途等方面密切相关的数项资产而订立的合同。

1. 以单项合同为施工成本计算对象。一般情况下，施工企业应以所签订的单项合同为施工工程成本计算对象，通常也就是以每一独立编制的设计概（预）算或每一独立的施工图预算所列单项工程为成本计算对象。这样，不仅有利于分析工程概（预）算和施工合同的完成情况，也有利于准确核算施工合同的成本与损益。

2. 对合同分立确定施工成本计算对象。如果一项施工合同包括建造数项资产，并同时具备下列条件，可将该项合同分解，建造每项资产分立为单项合同处理：

（1）每项资产均有独立的建造计划，包括独立的施工图预算。

（2）施工企业或建造承包商与客户就每项资产单独进行谈判，双方能接受或拒绝与每项资产有关的合同条款。

（3）建造每项资产的收入与成本均可单独辨认，例如每项资产均有单独的造价和预算成本。

对该项施工合同作分立处理，也就是将每项资产作为一个成本计算对象，单独核算其成本与收入，有利于准确计算建造每项资产的损益。

3. 对合同合并确定施工成本计算对象。如果一组施工合同同时具备下列条件，可将该组合同合并作为一个成本计算对象：

（1）该组合同按一揽子交易签订。

（2）该组合同同时或依次履行。

（3）该组合同中各项合同密切相关，每项合同的完工程度直接关系到整个建设项目的完工进度和价款结算。

由于在同一地点同时施工或依次施工，施工企业对工程施工队伍、工程用料、施工质量与进度实行统一管理。将符合上述条件的一组合同合并作为一个成本计算对象处理，有利于工程管理和简化核算。

（二）合同成本按完工进度分期确认及账务处理

施工工程项目的长期性，又使其成本计算、账务处理与制造业产品成本核算方法相比有所不同。

由于施工周期较长，通常要跨越一个会计年度，一般情况下，不能等到合同工程完工才结算收入与成本，所以，按照权责发生制原则与配比原则，可采用完工百分比法，及时反映各年的合同收入、成本及利润。完工百分比法是根据合同完工进度确认合同收入和合同成本的方法，其关键是如何确定合同完工进度。

在分期确认施工合同成本和损益的情况下，为了反映施工企业履行某项合同发生的全部成本与损益,在账户设置与账务处理方面应考虑提供累积的成本与损益资料,即一方面于各期末按合同完工进度确认成本和收入,满足分期计算损益的需要;另一方面又应当在有关账户中按合同分别累积自开工以来发生的实际工程施工成本、已确认的毛利,便于进行合同成本、损益的分析与控制,使会计核算所提供信息进一步满足管理所需。

第二节　工程施工成本的核算

一、施工企业成本核算的基本要求

1. 做好施工企业成本核算的各项基础工作。应根据施工企业特点,建立施工材料、施工设备的收发、领退、转移、报废、清查制度以及用工记录、机械工作台时记录,还应做好工程作业量及工程进度的有关统计工作,及时制订与修改料、工、费等各项消耗定额,完善各种计量检测设施,严格计量检验制度。只有这样,才有可能使成本核算所提供的信息真实、可靠。

2. 合理划清各种成本界限,准确计算施工合同成本。要准确计算施工合同成本,必须注意划清下列成本界限:

（1）应当划清不同成本核算对象之间成本的界限。在施工活动中,直接费用应于发生时直接计入施工合同成本,间接费用应于期末按系统、合理的方法分摊计入施工合同成本。

（2）应当划清未完合同成本与已完合同成本的界限。对于完成施工合同后处置残余材料物资的收益,由于所处置材料物资在领用时已计入该项目工程施工成本,因而处置收益应冲减有关成本。

（3）应当划清当期成本与下期成本的界限。施工企业在履行施工合同中发生的工程成本,实际上是形成工程形象进度的工程实体和工作量所耗用的直接成本和间接成本,不应当包括与合同未来活动相关的成本。例如,施工中尚未安装、使用或消耗的材料成本,由于这些材料尚未形成工程实体,因此仍属于材料占用的资金,而非"工程在产品"所占用的资金。又如,在分包工程的工作量完成之前预付给分包单位的款项,虽然是总承包商的一项资金支出,但尚未形成相应的工作量,性质上仍属于结算中形成的债权。

（4）应当划清施工成本与期间费用的界限。施工企业行政管理部门为组织和管理生产经营活动所发生的管理费用,施工企业筹集生产经营所需资金而发生的财务费用,均不得计入施工成本。

对于签订合同而发生的有关差旅费、投标费等,由于投标结果具有不确定性,为了简化核算,也出于谨慎性考虑,一般应在发生时直接确认为管理费用。

3. 建立工程项目台账,为管理提供所需资料。由于工程施工具有规模大、工期长的特点,工程施工有关明细账无法反映工程项目的综合信息,为了做到对各工程项目的基本情况心中有数,及时向管理决策部门提供所需信息,施工企业还应按单项合同建立工程项目台账。其基本内容包括:

（1）工程项目名称、建设单位名称、合同规定的工程开工与完工日期。

（2）工程合同总价、合同变更调整金额、索赔款、奖励款。

（3）预计工程总成本、累计已发生成本及完成合同尚需发生的成本。

（4）本年和累计的已在利润表中确认的合同收入、合同成本、毛利及毛利率。

（5）本年和累计的已获工程合同甲方签证确认的工作量、已办理结算的工程价款。

（6）实际收到的工程价款,包括预收备料款和已收工程进度款等。

（7）该工程项目应收账款或预收账款余额。

（8）工程合同决算价。

二、工程施工成本项目及其核算内容

施工企业的生产过程，既是建筑产品的形成过程，又是建设资金的耗费过程。施工企业在一定时期内产生的生产耗费的货币表现构成施工费用，将施工费用按建筑产品（或施工合同）对象化，就形成工程施工成本（或合同成本）。将工程施工成本按经济用途分类，就形成工程施工成本项目。

施工企业的工程施工成本项目主要有：

1. 人工费，指直接从事工程施工的工人的工资、奖金、职工福利费、工资性质的津贴和劳动保护费等。

2. 材料费，指施工过程中耗用的构成工程实体的原材料、辅助材料、构配件、零件、半成品的费用和周转材料的摊销及租赁费等。

3. 机械使用费，指施工过程中使用自有施工机械所发生的机械使用费、租用外单位施工机械的租赁费，以及施工机械安装、拆卸费和进出场费等。

4. 其他直接费，是指不包括在上述人工费、材料费、机械使用费等项目中的现场施工直接耗用的水、电、风、气等费用，以及有关的设计与技术援助费、施工现场材料的二次搬运费、临时设施摊销费、生产工具用具使用费、检验试验费、工程定位复测费、场地清理费等。

5. 间接费用，指企业下属的各施工单位（如工程处、施工队、项目管理部、工区等）为组织和管理施工生产活动所发生的各项支出，包括施工单位管理人员工资、奖金、职工福利费、劳动保护费、物料消耗、固定资产折旧费及修理费、低值易耗品摊销、取暖费、水电费、办公费、差旅费、财产保险费、工程保修费、排污费等。

三、施工企业成本核算的账户设置及流程

（一）账户设置及基本账务处理

施工企业工程成本核算主要应设置"工程施工"、"机械作业"、

"辅助生产"、"主营业务成本"(或"工程结算成本")等账户。

1."工程施工"账户:核算企业进行建筑工程和设备安装工程施工所发生的实际成本。但一般不包括被安装设备本身的价值。施工过程中发生各项费用支出时,借记本账户;结转已完工程成本计入本期损益时,贷记本账户。期末余额,反映未完工程的成本。

本账户按前述成本计算对象(主要为单项合同)设置明细账户,按规定的成本项目(如人工费、材料费、机械使用费、其他直接费、间接费用等)分设专栏进行明细核算。

2."机械作业"账户:核算企业及其内部独立核算的施工单位、机械站和运输队使用自有施工机械和运输设备进行机械作业(包括机械化施工和运输作业等)所发生的各项费用。发生机械作业支出时,借记本账户;结转分配计入各受益对象(即各工程项目或合同)成本时,贷记本账户。期末无余额。

"机械作业"账户以施工机械或运输设备的种类作为成本计算对象设置明细账户,一般对大型机械按单机或机组设置,对小型机械按类别设置。成本项目一般有人工费、燃料及动力费、折旧及修理费、其他直接费、间接费用等。

3."辅助生产"账户:核算企业非独立核算的辅助生产部门为工程施工、机械作业、固定资产及临时设施等在建工程生产材料、工具等和提供劳务所发生的各项费用。发生辅助生产费用支出时,借记本账户;按受益对象分配或结转完工材料、工具等成本时,贷记本账户。期末借方余额表示在产品或未完作业、劳务的成本。

4."主营业务成本"(或"工程结算成本")账户:核算施工企业已确认计入本期损益的合同成本。对于已确认计入损益的合同成本,借记本账户;期末结算损益转入"本年利润"账户时,贷记本账户。期末无余额。

施工企业成本核算基本业务账务处理流程见图 16-1。

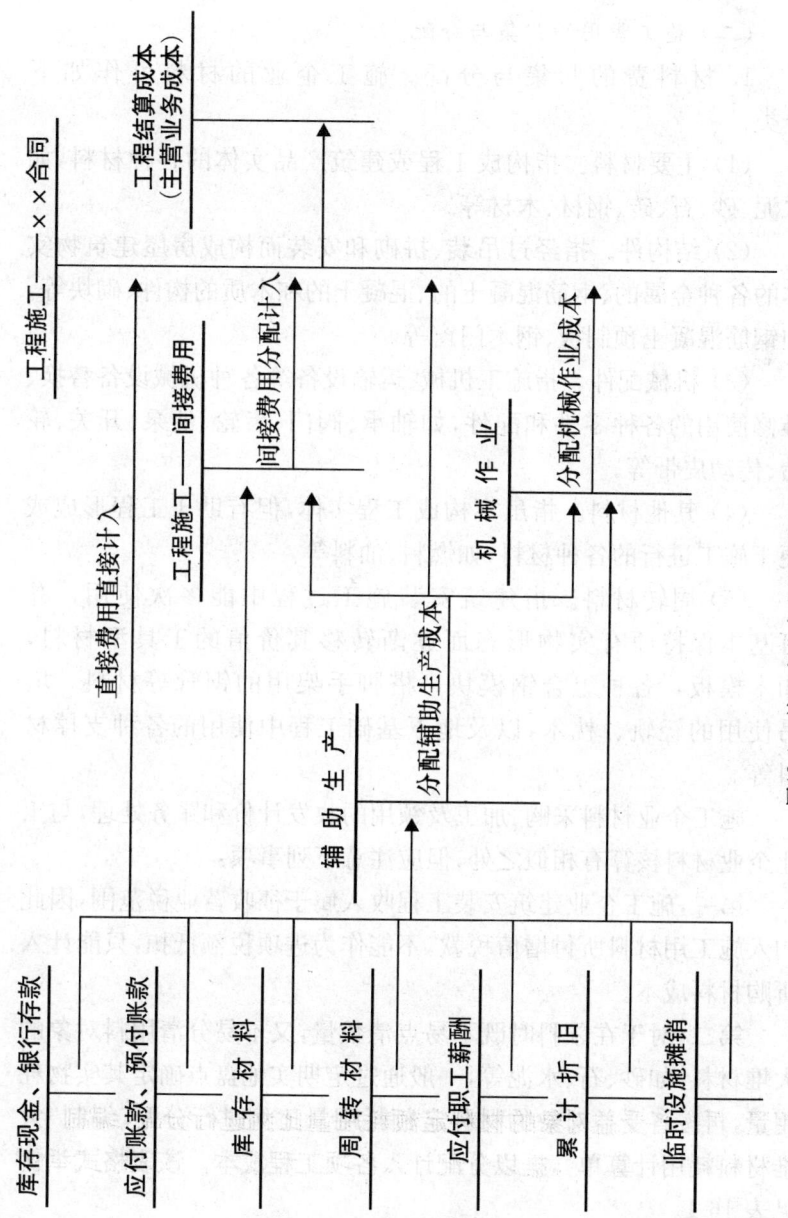

图16-1 施工企业成本核算账务处理程序

（二）施工费用的归集与分配

1. 材料费的归集与分配。施工企业的材料可作如下分类。

（1）主要材料。指构成工程或建筑产品实体的各种材料，如水泥、砂、石、砖、钢材、木材等。

（2）结构件。指经过吊装、拼砌和安装而构成房屋建筑物实体的各种金属的、钢筋混凝土的、混凝土的和木质的构件、砌块等，如钢筋混凝土预制板、钢木门窗等。

（3）机械配件。指施工机械、运输设备等各种机械设备替换、维修使用的各种零件和配件，如轴承、阀门、齿轮、油泵、开关、轮胎、传动皮带等。

（4）其他材料。指虽不构成工程实体，但有助于工程形成或便于施工进行的各种材料，如燃料、油料等。

（5）周转材料。指建筑安装施工过程中能多次使用，并可基本保持原有实物形态而逐渐转移其价值的工具型材料，如木模板，各种组合钢模块，搭脚手架用的钢管等材料，塔吊使用的轻轨、枕木，以及地下基础工程中使用的各种支撑材料等。

施工企业材料采购、加工及领用的收发计价和账务处理，与工业企业材料核算有相似之处，但应注意下列事项：

第一，施工企业建筑安装工程收入属于征收营业税范围，因此购入施工用材料所付增值税款，不能作为进项税额抵扣，只能计入所购材料成本。

第二，对于在领料时既不易点清数量，又不易分清用料对象的大堆材料，如砂、石、水泥等，一般通过定期实地盘点确定其实物耗用量，再按各受益对象的材料定额耗用量比例进行分配，编制"大堆材料耗用计算单"，据以分配计入各项工程成本。该表格式举例见表 16-1。

表 16-1

大堆材料耗用计算单

200×年 8 月

材料名称及规格	计量单位	期初盘存量	本期进场量	本期调出量	期末盘存量	本期实际用量
中粗砂	吨	30	452		50	432
瓜片石	吨	25	110		20	115
碎石	吨	40	588		30	598

材料名称及规格	中 粗 砂	瓜 片 石	碎 石
单位价格（加权平均）	45 元/吨	80 元/吨	55 元/吨

工程编号及名称	定额耗用量	分配率	实际耗用量	金额（元）	定额耗用量	分配率	实际耗用量	金额（元）	定额耗用量	分配率	实际耗用量	金额（元）
立华公寓（9809）	350		336	15 120	75		86.25	6 900	450		468	25 740
立华车库（9808）	100		96	4 320	25		28.75	2 300	125		130	7 150
合　　计	450	0.96	432	19 440	100	1.15	115	9 200	575	1.04	598	32 890

第三，对于周转材料，可根据具体情况采用不同的摊销方法：易腐、易糟的周转材料，于领用时一次计入成本、费用；其他周转材料按预计使用期限（或预计使用次数）分期（或分次）摊入成本、费用；还可根据实际完成的实物工作量和预算定额规定的周转材料消耗定额，计算各期摊销额。

采用分期或分次摊销法时，可在"周转材料"账户下设置"在库周转材料"、"在用周转材料"和"周转材料摊销"三个明细账户。领用时，按实际或计划成本，借记"周转材料——在用周转材料"账户，贷记"周转材料——在库周转材料"账户。根据所计算的各期摊销额，借记"工程施工"账户，贷记"周转材料——周转材料摊销"账户。

各月末,财会部门根据审核无误的领料单、限额领料单、退料单、大堆材料耗用计算表、周转材料摊销计算表等原始凭证编制"材料费用分配表",其格式举例见表 16-2。

表 16-2

材料费用分配表

200×年 8 月 单位:元

应借账户 \ 材料类别	主要材料					结构件	其他材料	库存材料合计	周转材料摊销
	钢材	水泥	黄砂	石料	小计				
工程施工——立华公寓	307 440	92 800	15 120	32 640	448 000	69 000	26 000	543 000	16 950
工程施工——立华车库	61 530	30 700	4 320	9 450	106 000	7 000	20 650	133 650	5 600
工程施工——间接费用							25 000	25 000	
辅助生产							49 000	49 000	
机械作业							16 000	16 000	
管理费用							81 000	81 000	
合　　计	368 970	123 500	19 440	42 090	554 000	76 000	217 650	847 650	22 550

根据表 16-2 编制材料费用分配的会计分录如下:

借:工程施工——立华公寓(材料费)　　　　559 950

　　　　——立华车库(材料费)　　　　139 250

　　　　——间接费用　　　　25 000

　　辅助生产　　　　49 000

　　机械作业　　　　16 000

　　管理费用　　　　81 000

　贷:库存材料　　　　847 650

　　周转材料——周转材料摊销　　　　22 550

2. 人工费的归集与分配。施工企业的人工费按职工的工作部门和服务对象进行分配。

（1）对于直接从事工程施工的建筑安装工人工资费用，借记"工程施工——××合同"账户的"人工费"成本项目。

（2）对于企业下属各施工单位管理人员的工资费用，先借记"工程施工——间接费用"账户，月末分配记入"工程施工——××合同"账户的"间接费用"成本项目。

（3）对于非独立核算的辅助生产部门工人人工资费用，先借记"辅助生产"账户，月末按受益对象分配记入"机械作业"、"工程施工"账户，或计入辅助生产部门的产品成本，以后领用时转入领用对象的成本。

（4）对于机械设备的操作员、驾驶员以及机械设备的管理人员的工资费用，先记入"机械作业"账户，月末分配记入"工程施工——××合同"账户的"机械使用费"成本项目。

（5）对于施工企业行政管理人员，如建筑安装公司的总公司行政管理人员的工资费用，记入"管理费用"账户。

在实行计件工资制情况下，或实行计时工资制但建筑安装工人单独从事某项合同施工的情况下，应当将所发生建筑安装工人的人工费直接计入该项合同成本。

在实行计时工资制情况下，对于无法直接计入有关合同成本的人工费，可按实用工日数为标准进行分配。

各月末，财会部门根据各施工队、项目管理部、机械站、运输队等单位的"施工任务单"、"用工记录"以及"工资结算汇总表"等资料，编制"工资费用分配表"，并据以编制有关会计分录。该表格式举例见表16-3。

3. 机械使用费的归集与分配。施工机械使用费包括为完成建筑安装工程使用各种租入的和自有的施工机械发生的各项费用。

表 16-3

薪酬费用分配表

200×年 8 月　　　　　　　　　　　单位：元

应借账户 ＼ 应贷账户	应 付 职 工 薪 酬				合　计
	工日数	分配率	金　额	社会保险等	
工程施工——立华公寓	1 750	30	52 500	7 350	59 850
——立华车库	250	30	7 500	1 050	8 550
小　　计	2 000	30	60 000	8 400	68 400
工程施工——间接费用			8 000	1 120	9 120
机械作业			16 000	2 240	18 240
辅助生产			7 000	980	7 980
管理费用			25 000	3 500	28 500
合　　计			116 000	16 240	132 240

（1）租入机械使用费的核算。使用租入机械可根据机械租赁结算单，直接将租赁费记入"工程施工——××合同"账户的"机械使用费"成本项目，不必通过"机械作业"账户进行核算。

（2）自有机械使用费的核算。使用自有机械应通过"机械作业"账户进行核算。自有机械在施工中进行机械作业发生的各项费用，如机械操作人员的工资，机械运转所消耗的电力及燃料，机械耗用的润滑油及零部件，机械的折旧费及修理费，机械搬运、安装及拆卸费，为有关机械设备缴纳的养路费及牌照税，管理和组织机械作业所发生的各种费用等，都应通过"机械作业"账户归集。月末按一定标准分配计入各受益对象的成本。

机械使用费可按各项工程所使用的机械台时（台班）数或完成工作量的比例进行分配：

$$\begin{aligned}\text{某项工程应分配}\atop\text{的 机 械 使 用 费} = \sum\Big[&\frac{\text{某台（类）机械使用费发生额}}{\text{该台（类）机械完成工作量合计}}\times\\&\frac{\text{该项工程使用该台（类）}}{\text{机械完成的工作量}}\Big]\end{aligned}$$

在实务中也可按计划分配率分配机械使用费,然后根据机械使用费实际发生额占按计划分配率分配金额的百分比进行调整。

为了考核分析施工机械的使用效率和正确分配计算机械使用费,机械操作人员应按日填写机械使用记录,期末由机械管理部门汇总编制"机械使用月报"。财会部门根据"机械作业"明细账和"机械使用月报",编制"机械使用费分配表",并据以进行账务处理。该表格式举例见表 16-4。

表 16-4

机械使用费分配表

200×年 8 月　　　　　　　　　　　　　　　　　金额单位:元

机械类别或名称	混凝土搅拌机		塔式起重机		卡　车		合　计
单位工作量成本	20 元/m³		1 600 元/台班		0.40 吨公里		
工程编号名称	搅拌量	金额	台班	金额	吨公里	金额	
立华公寓(9809)	760	15 200	20	32 000	47 500	19 000	66 200
立华车库(9808)	260	5 200			12 500	5 000	10 200
合　计	1 020	20 400	20	32 000	60 000	24 000	76 400

根据表 16-4 编制分配机械使用费的会计分录如下:

借:工程施工——立华公寓(机械使用费)　　　　66 200

　　　　——立华车库(机械使用费)　　　　　10 200

　贷:机械作业　　　　　　　　　　　　　　　　76 400

4. 其他直接费用的分配。其他直接费用可根据有关凭证直接记入"工程施工——××合同"账户的"其他直接费"成本项目。对于若干项工程共同耗用的其他直接费用,如临时设施摊销费、场地清理费、因场地狭小等特殊情况而发生的材料二次搬运费等,可按该项费用的预算比例或定额耗用量等标准进行分配,计入各合同项目的成本。

临时设施是指建筑施工企业为保证建筑安装工程施工和管理的正常进行而建造的各种简易设施，如现场临时作业棚、工具棚、化灰池，临时给排水、供电、供热等管线，临时搭建的职工宿舍等。其建造成本应通过"临时设施"账户进行核算，并按临时设施种类和使用部门进行明细核算。各种临时设施的成本应根据使用年限和服务对象合理确定分摊金额，按月摊销，借记"工程施工"账户，贷记"临时设施摊销"账户。出售、拆除、报废的临时设施，通过"固定资产清理"账户核算。盘盈、盈亏的临时设施，比照固定资产盘盈盘亏进行处理。

假定某施工企业200×年8月份临时设施摊销见表16-5。

表16-5

临时设施摊销表

200×年8月 单位：元

摊销金额 工程项目	工 具 棚		职工宿舍等设施		摊销金额 合 计
	预算比例	金 额	预算比例	金 额	
立华公寓	87.5%	1 750	87.5%	12 250	14 000
立华车库	12.5%	250	12.5%	1 750	2 000
合 计	100%	2 000	100%	14 000	16 000

根据表16-5，编制有关会计分录如下：

借：工程施工——立华公寓（其他直接费） 14 000
　　　　　　——立华车库（其他直接费） 2 000
　　贷：临时设施摊销 16 000

5. 间接费用的归集与分配。间接费用往往是若干项工程共同发生的费用，发生时可先在"工程施工——间接费用"账户归集。月末按有关工程人工费或直接费用的比例分配，记入"工程施工——××合同"账户的"间接费用"成本项目。各工程的直接费用是指前述1～4项的内容。

$$间接费用分配率 = \frac{本月发生的施工间接费用}{各工程发生的人工费(或直接费用)合计}$$

$$\begin{array}{l}某工程应分配 \\ 间\ 接\ 费\ 用\end{array} = \begin{array}{l}间接费用 \\ 分\ 配\ 率\end{array} \times \begin{array}{l}该项工程本月实际发生的 \\ 人\ 工\ 费\ (或\ 直\ 接\ 费\ 用)\end{array}$$

在实务中,间接费用分配可在期末通过编制"施工间接费用分配表"进行,该表格式见表 16-6(间接费用明细账略)。

表 16-6

施工间接费用分配表

200×年 8 月 单位:元

分配对象(工程项目)	分配标准(直接费用合计)	分配率	间接费用分配额
立华公寓	700 000	0.12	84 000
立华车库	160 000	0.12	19 200
合　　计	860 000		103 200

根据表 16-6,编制施工间接费用分配的会计分录如下:

借:工程施工——立华公寓(间接费用) 84 000

　　　　——立华车库(间接费用) 19 200

　　贷:工程施工——间接费用 103 200

(三)已完工程和未完施工成本的计算

作为成本计算对象的单项合同工程全部完工后,称为竣工工程。尚未竣工,但已完成预算定额规定的一定组成部分的分部分项工程,称为已完工程。虽已投入工料进行施工,但尚未完成预算定额所规定工序的分部分项工程,称为未完施工或未完工程。

为了分期确定损益,在有未完工程的情况下,需要将按照成本计算对象归集的施工费用,在已完工程和未完工程之间划分。

$$\begin{array}{l}本期已完 \\ 工程成本\end{array} = \begin{array}{l}期初未完 \\ 施工成本\end{array} + \begin{array}{l}本期施工 \\ 费\ \ \ 用\end{array} - \begin{array}{l}期末未完 \\ 施工成本\end{array}$$

在上式中可见,计算本期已完工程成本的关键,是期末未完施工成本的确定。实务中常用的确定方法有:

1. 未完施工成本按预算成本计价。

$$\begin{matrix}期末未完\\施工成本\end{matrix}=\begin{matrix}实地盘点确定的未完施\\工的已完各工序工作量\end{matrix}\times\begin{matrix}各该工序\\预算单价\end{matrix}$$

2. 未完施工与已完工程按预算成本比例划分成本。

$$\begin{matrix}期末未完\\施工成本\end{matrix}=\begin{matrix}期末未完施\\工预算成本\end{matrix}\times\frac{\begin{matrix}期初未完施\\工实际成本\end{matrix}+\begin{matrix}本期施\\工费用\end{matrix}}{\begin{matrix}本期已完工\\程预算成本\end{matrix}+\begin{matrix}期末未完施\\工预算成本\end{matrix}}$$

（四）竣工工程成本决算

单项合同完成后，应进行竣工工程的成本决算，以便考核工程预算的执行情况，分析工程成本的升降原因，为同类工程管理积累成本资料，也为今后工程投标与合同谈判提供依据。竣工工程成本决算表格式举例见表 16-7。

表 16-7

竣工工程成本决算表

单位：元

建设单位：滨江房产开发公司　　工程编号、名称：立华车库（2008）　　建筑面积：400m²

工程造价：112 万元

计划施工期限　开工：200×年 2 月　竣工：200×年 12 月　　实际施工期限　开工：200×年 2 月 5 日　竣工：200×年 12 月 28 日

成　本　项　目	预算成本	实际成本	降低额	降低率（%）
人工费	100 000	108 200	−8 200	−8.2
材料费	700 000	704 000	−4 000	−0.6
机械使用费	90 000	106 000	−16 000	−17.8
其他直接费	28 000	25 000	3 000	10.7
间接费用	82 000	94 800	−12 800	−15.6
工程成本合计	1 000 000	1 038 000	−38 000	−3.8

四、《建造合同》准则有关工程施工账务处理的特点

新颁布的《企业会计准则——建造合同》，与现行施工企业会计制度相比较，关于工程施工方面的账务处理有以下特点：扩充现

行"工程施工"账户核算内容,使其既能反映实际发生的成本,又能反映已确认的毛利,而且平时按完工百分比法确认合同收入与成本时并不结转冲销;增设"工程结算"账户,作为"工程施工"的备抵账户,反映向客户办理工程价款结算的情况。两账户具体运用如下:

1. "工程施工"账户:核算实际发生的合同成本和已确认的合同毛利。实际发生的合同成本和确认的合同毛利借记本账户,确认的合同亏损贷记本账户。合同完成后,本账户与"工程结算"账户对冲结平。某项合同完成前,"工程施工"账户一直保留该项合同有关数据。

"工程施工"账户除了按施工合同设置二级明细账户外,还应在每项合同下再分设"成本"和"毛利"两个三级明细账户。

2. "工程结算"账户:核算根据合同完工进度已向客户开出工程价款结算账单办理结算的价款。已向客户办理结算的工程款项贷记本账户。本账户是"工程施工"的备抵账户。合同完成后,本账户与"工程施工"账户对冲结平。

按财政部颁布的《企业会计准则——建造合同》的规定进行核算,能提供更加有用的信息:"工程施工"账户余额可反映累计发生的合同成本与累计确认的合同毛利;"工程结算"账户余额可反映已向客户办理结算的工程价款。"在建合同工程累计已发生的成本和累计已确认的毛利(或亏损)"与"在建合同工程已办理结算的价款金额",在资产负债表中应以相抵后的差额反映。若前者大于后者,其差额反映在建合同工程已完工但尚未办理结算的款项,属施工企业应向客户收取的款项,应在资产负债表中作为一项流动资产列示;若后者大于前者,其差额反映在建合同工程尚未完工但已办理结算的款项,属施工企业超过完工进度多结算的款项,应在资产负债表中作为一项流动负债列示。

有关工程施工和工程结算的基本账务处理程序见图 16-2。

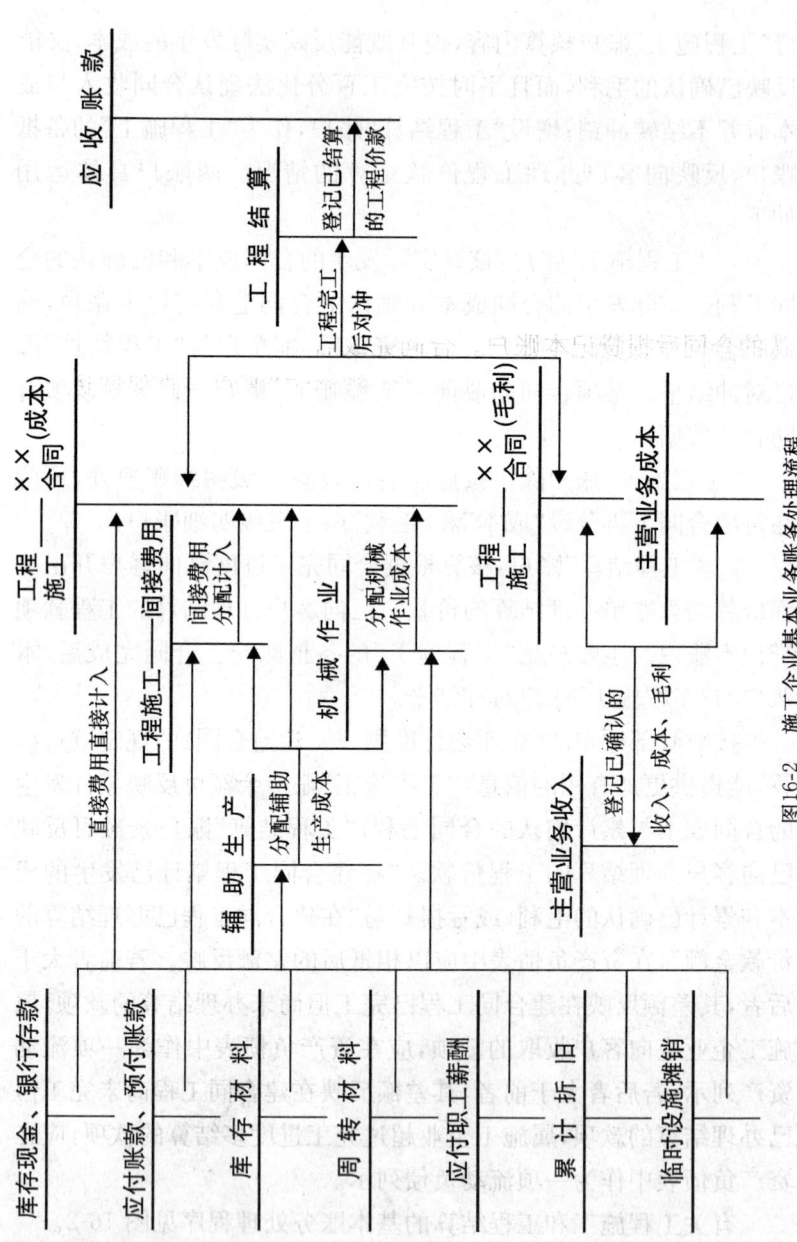

图16-2 施工企业基本业务账务处理流程

图 16-2 所列账务处理是紧密配合工程施工长期性的特点和按完工百分比法确认合同收入与成本的需要而设计的。

五、完工百分比法下合同完工进度的确定

完工百分比法是根据合同完工进度确认合同收入和成本的方法。该方法能提供有关合同进度及本期业绩的有用信息，体现了权责发生制和配比原则的精神。

对于按照固定的合同价确定工程价款的建造合同，采用完工百分比法确认合同收入和成本的前提是，该项建造合同的结果能够可靠地估计。如果同时具备下列四个条件，则认为固定造价合同的结果能够可靠地估计：

1. 合同总收入能够可靠地计量。

2. 与合同相关的经济利益能够流入企业。

3. 在资产负债表日合同完工进度和为完成合同尚需发生的成本能够可靠地确定。

4. 为完成合同已经发生的合同成本能够清楚地区分和可靠地计量，以便实际合同成本能够与以前的预计成本相比较。

采用完工百分比法确认合同收入和合同成本的关键，是合同完工进度的确定。合同完工进度的确定主要有下列两种方法：

第一种，根据累计实际发生的合同成本占合同预计总成本的比例确定合同完工进度。这是一种投入衡量法。

$$合同完工进度 = \frac{累计实际发生的合同成本}{合同预计总成本} \times 100\%$$

上述方法是确定合同完工进度的常用方法。但采用这一方法需要可靠地确定合同预计总成本，并在施工的不同会计期间，对完成合同尚需发生的成本进行预计和调整。施工企业只有建立了完善的内部成本核算制度和有效的内部成本、财务预算及报告制度，才可能科学、合理地估计完成合同尚需发生的成本。

此外，累计实际发生的合同成本不应包括：① 与合同未来活

动相关的合同成本,例如施工中尚未安装、使用或消耗的材料成本;② 在分包工程的工作量完成之前预付给分包单位的款项。

例如,某施工企业承接甲工程,工期 3 年,该工程的预计总成本为 4 000 万元。第一年,该企业"工程施工——甲工程"账户的实际发生额为 1 360 万元。第二年,"工程施工——甲工程"账户的实际发生额为 2 050 万元,其中有 92 万元材料已领用并运达施工现场,但尚未投入使用;年末预计为完成合同尚需发生成本 790 万元。合同完工进度计算如下:

$$第一年合同完工进度 = \frac{1\ 360}{4\ 000} \times 100\% = 34\%$$

$$第二年合同完工进度 = \frac{1\ 360 + 2\ 050 - 92}{1\ 360 + 2\ 050 + 790} \times 100\% = 79\%$$

第二种,根据已完成的合同工作量占合同预计总工作量的比例确定合同完工进度。这是一种产出衡量法。

$$合同完工进度 = \frac{已经完成的合同工作量}{合同预计总工作量} \times 100\%$$

上述方法适用于合同工作量容易确定的施工工程,如道路工程、盾构推进、土石方挖掘、砌筑工程等。

采用以上方法所计算的完工进度实际上是累计完工进度。根据完工进度计量和确认当期收入和成本的计算公式如下:

$$当期确认的合同收入 = \left(合同总收入 \times 完工进度\right) - 以前会计年度累计已确认的收入$$

$$当期确认的合同毛利 = \left(合同总收入 - 合同预计总成本\right) \times 完工进度 - 以前会计年度累计已确认的毛利$$

$$当期确认的合同成本 = 当期确认的合同收入 - 当期确认的合同毛利 - 以前会计年度预计损失准备$$

复 习 题

一、名词解释题

1. 周转材料　　　　　　　　2. 临时设施摊销

3. 完工百分比法　　　　4. 建造合同(或施工合同)

二、思考题

1. 简述施工企业施工活动的特点及其对成本计算的影响。

2. 施工企业的成本计算对象应如何确定？

3. 施工企业成本核算应做好哪些基础工作？

4. 施工企业成本项目与工业企业成本项目相比有何特点？

5. 试说明施工企业成本核算的基本程序。

6. 完工百分比法下如何确定合同完工进度？

三、判断题

1. 施工企业成本计算方法与定单法相类似,每一项施工合同都作为也只作为一个成本计算对象。　　　　　　　　　(　　)

2. 完成施工合同后处置残余材料的收益,应计入合同收入。
　　　　　　　　　　　　　　　　　　　　　　　　(　　)

3. 为签订合同而发生的招投标费,应计入有关合同成本。
　　　　　　　　　　　　　　　　　　　　　　　　(　　)

4. 租入施工机械的租赁费,必须通过"机械作业"账户核算。
　　　　　　　　　　　　　　　　　　　　　　　　(　　)

5. 施工企业各项目管理部门管理人员的工资费用,应借记"工程施工——间接费用"账户。　　　　　　　　　　　　(　　)

6. 施工企业的临时设施报废,应通过"固定资产清理"账户核算。　　　　　　　　　　　　　　　　　　　　　　　　(　　)

7. 完工百分比法的合同完工进度,是指累计的完工进度。
　　　　　　　　　　　　　　　　　　　　　　　　(　　)

8. "工程结算"账户是"工程施工"的调整账户,其借方余额反映已向客户办理结算的工程价款。　　　　　　　　　　(　　)

四、单项选择题

1. 下列各项内容中,不能计入工程施工成本的是(　　)。

　　A. 周转材料摊销费

B. 购入施工材料所付增值税额

C. 施工队管理人员工资

D. 筹集生产经营资金所发生的费用

2. 在计算合同完工进度时,不应计入累计实际发生的合同成本的是(　　)。

A. 根据分包工程进度支付的分包工程进度款

B. 在分包工程的工作量完成之前预付给分包单位的款项

C. 临时设施摊销费

D. 施工现场材料二次搬运费

3. 施工企业下属项目管理部门自管固定资产的折旧费,最终应计入"工程施工"的(　　)成本项目。

A. 机械使用费　　　　　　　B. 间接费用

C. 其他直接费　　　　　　　D. 折旧及修理费

4. 完成施工合同后处置残余材料的收益应(　　)。

A. 作为营业外收入　　　　　B. 作为其他业务利润

C. 冲减合同成本　　　　　　D. 作为合同收入

五、多项选择题

1. 工程施工成本项目主要包括(　　)。

A. 人工费　　　　　　　　　B. 材料费

C. 间接费用　　　　　　　　D. 机械使用费

E. 其他直接费

2. 分配工程施工中发生的间接费用,常用的方法是按各工程的(　　)比例进行分配。

A. 人工费　　　　　　　　　B. 材料费

C. 机械使用费　　　　　　　D. 其他直接费

E. 上述四项直接费用之和

3. 工程施工的"机械使用费"成本项目包括(　　)等内容。

A. 租用外单位施工机械的租赁费

B. 使用自有运输设备所发生的费用

C. 混凝土搅拌机安装费　　　D. 盾构拆卸费

E. 施工机械进出场费

4. 施工企业核算施工合同成本的账户有(　　　)。

A. "工程施工"　　　　　　B. "工程结算"

C. "机械作业"　　　　　　D. "辅助生产"

E. "其他业务支出"

六、核算题

1. 目的　练习施工企业的成本核算。

2. 资料　某施工企业与客户签订两项建造合同：2007 厂房建筑工程和 2008 职工公寓建筑工程。200×年 12 月份有关成本计算资料如下：

(1) 月初累计实际成本资料如表 16-8 所示。

表 16-8

月初累计实际成本资料

单位：元

成本项目 \ 工程项目	材料费	人工费	机械使用费	其他直接费	间接费用	合　计
2007 厂房	5 730 480	830 300	686 000	433 720	408 750	8 089 250
2008 公寓	1 692 330	173 910	188 640	130 660	120 180	2 305 720

(2) 该月有关材料费及人工费汇总如表 16-9 所示。

表 16-9

材料费及人工费汇总表

单位：元

用　途	库存材料	周转材料摊销	应付工资	社会保险费
2007 厂房	558 220	2 100	35 000	4 900
2008 公寓	690 000	16 900	65 000	9 100
机械作业	41 000		18 000	2 520
项目管理部	55 000		7 000	980

（3）该月计提折旧费 77 000 元,其中施工机械折旧费 51 000 元,项目管理部使用固定资产折旧费 26 000 元。

（4）该月用银行存款支付下列费用：

支付施工机械养路费、牌照税 860 元。

支付 2007 厂房工程材料二次搬运费 1 280 元。

支付向外单位租用施工机械的该月租赁费 3 700 元。

支付施工机械进场运输费 920 元。

项目管理部经理报销差旅费 1 050 元。

（5）该月各工程耗用施工机械台时数（为简化核算,不分机械类别）：

2007 厂房　720 台时　　2008 公寓　1 640 台时

（6）合同完工情况如表 16-10 所示。

表 16-10

合同完工情况表

单位：表

项　　目	预计合同总成本	该年末预计尚需发生成本
2007 厂房	8 650 000	0（该年末竣工）
2008 公寓	6 600 000	3 559 500

（7）该施工企业施工间接费用按各工程直接费用的比例分配。

3. 要求

（1）计算 2007 厂房工程竣工成本（按成本项目反映）。

（2）计算该年末 2008 公寓工程的合同完工进度。

第十七章　交通运输企业成本核算

交通运输业成本核算与制造业成本核算比较起来,有共同点,也有不同点。相同的地方都是先要对发生的成本费用进行归集,并按成本计算对象进行分配,然后计算出各成本计算对象的总成本和单位成本。由于交通运输业在生产经营上与制造业不同,因此其成本核算也存在较大的差异。本章就对几个主要的交通运输行业(汽车、内河、海运等行业)的成本核算的特点、成本核算的程序与方法作介绍。

第一节　交通运输业及其成本核算的特点

一、交通运输业的性质与特点

交通运输企业是指从事运送旅客和货物等经营活动的物质生产企业,如从事公路、水路运输的企业。

交通运输业同制造业一样都属物质生产部门。制造业是人们借助劳动工具对劳动对象进行加工,使之发生变化从而满足社会及市场的需要。而交通运输业的生产活动是运用交通工具使人或货物发生空间移动的一个物质生产部门。与其他行业的企业相比,主要具有以下特点。

1. 运输业的产品是旅客或货物的位移。旅客和货物的位置转移不但与数量有关,还与距离有关,因此采用运送数量与距离相结合的人公里(海里),吨公里(海里)等复合单位作为计量单位。

2. 运输业不产生新的实物形态的产品。它的劳动对象不是原材料、燃料等，而是它所运输的旅客或货物，其劳动对象不因运输生产活动而改变其物质形态。

3. 运输业的生产过程与销售过程是一致的。

4. 运输业的生产地点流动分散，人多地广。

二、交通运输业成本核算的特点

交通运输业的性质和特点决定了其成本计算的特点，归纳起来有如下几点。

1. 交通运输业的成本计算对象是旅客或货物的周转量。由于交通运输业的生产过程不产生新的物质产品，只是旅客或货物的位移，因此其成本计算对象是这种位移的量，并且对于这种位移量的计量，往往采用复合单位。

2. 在运输过程中消耗的各种材料、燃料等不构成产品实体，这种费用的发生大多与运输工具相关，据此构成运输成本。

3. 交通运输业的生产过程和销售过程是一致的，交通运输成本无生产成本与销售成本之分。

4. 交通运输周期一般较短（除远洋运输），在期末未完成的运输工作量较少，一般不存在将营运费用划分为本期营运成本和下期营运成本的问题，即没有在产品成本。

5. 运输生产有时采用客货混载的运输方式。这主要是为了充分利用运输工具的载重能力和空间。由于运输成本有时具有联合成本的性质，在分别计算旅客运输成本和货物运输成本时，要将共同发生的营运费用进行适当分配。

第二节 交通运输成本的核算

交通运输有公路运输、铁路运输、水上运输、航空运输等方式，本节主要介绍汽车运输成本及水上运输成本核算。

一、汽车运输成本核算

（一）汽车运输企业成本核算的特点

1. 成本计算对象。汽车运输的成本计算对象是客车和货车运输业务，即按客车运输业务、货车运输业务分别计算分类运输成本。有拖带挂车的，不单独核算挂车成本，其所发生的费用，随主车计入各运输成本。客车兼营货运的，或货车兼营客运的，一般以主要运输业务作为成本计算对象。为了考核同类车型成本和大、中、小型车辆的经济效益，还可进一步计算主要车型成本。汽车运输企业还要考核客货综合运输成本，但客货综合运输成本是客货分类运输成本额的汇总，并不需要另行单独计算。

2. 成本计算单位。客车运输成本计算单位是元/千人千米；货车运输成本计算单位是元/千吨千米；客货车综合成本的计算单位是元/千换算吨千米，即将客车完成的周转量按 1 吨千米等于 10 人千米的比例换算为货车完成的周转量，然后合并计算客货车综合成本；客车运货，将货物周转量由吨千米转换为人千米；货车载客，将旅客周转量由人千米换算为吨千米，换算比例为 1 吨千米等于 10 人千米。

3. 成本计算期。汽车运输成本按月、季、年计算。

4. 成本项目。汽车运输成本项目分为车辆费用和营运间接费用。车辆费用是指营运车辆从事运输生产所发生的各项费用，包括司助人员的职工薪酬，燃料、轮胎、维护费、修理费，折旧费、养路费，运输管理费，事故费等。营运间接费是指在营运过程中发生的不能直接计入成本核算对象的各种费用，包括站、队人员的工资及福利费、办公费、水电费、差旅费、劳动保护费、折旧费等。

5. 账户设置。交通运输企业成本核算设置的"运输支出"账户，类似工业企业的"生产成本"账户；"间接营运费用"账户类似工业企业的"制造费用"账户；"辅助营运费用"账户类似工业企业的

"生产成本——辅助生产成本"明细账户。

（二）职工薪酬的归集与分配

每月发生的工资支出应先在"应付职工薪酬"账户归集,然后再按人员类别分别计入有关的成本中去,工资分配时应编制职工薪酬分配表,格式见表17-1。

表17-1

职工薪酬分配表

单位:元

应　借　账　户	工资奖金	社会保险等	合　　计
一、运输支出			
1. 客运	25 500	3 570	29 070
2. 货运	13 400	1 876	15 276
小　　计	38 900	5 446	44 346
二、营运间接费用	5 400	756	6 156
三、辅助营运费用(机修车间)	12 400	1 736	14 136
四、管理费用	6 000	840	6 840
合　　计	62 700	8 778	71 478

根据表17-1作会计分录如下:

借:运输支出——客运　　　　　　　　　29 070
　　　　　　　——货运　　　　　　　　　15 276
　　营运间接费用　　　　　　　　　　　　6 156
　　辅助营运费用　　　　　　　　　　　14 136
　　管理费用　　　　　　　　　　　　　　6 840
　　贷:应付职工薪酬　　　　　　　　　71 478

（三）燃料费用的归集和分配

燃料的实际耗用数的计算因企业车存燃料管理方式不同而

异。目前有两种管理方法：① 实行满油箱制车存燃料管理。在这种方法下,营运车辆在投入运输生产时,由车队根据油箱容积填制领油凭证到油库加满油箱,作为车存燃料。车存燃料只是燃料保管地的转移,仍属库存燃料的一部分,而不能作为燃料消耗。以后每次加油时加满油箱,车辆当月的加油数就是消耗数。② 实行盘存制车存燃料管理。在这种方法下,车辆投入运输生产前,也需加满油箱,形成车存燃料,日常根据耗用量进行加油,月底对车存燃料进行盘点,按下列公式确定实际消耗数：

$$本月实际耗用数 = 月初车存燃料数 + 本月领用数 - 月末车存燃料盘存数$$

月末,企业根据燃料领用凭证编制"燃料消耗分配表",按不同的用途分别记入各账户。"燃料消耗分配表"格式举例见表17-2。

表17-2

燃料消耗分配表

单位：元

应 借 账 户	汽　　油		柴　　油		合 计
	计划成本	成本差异2%	计划成本	成本差异1.5%	
一、运输支出					
1. 客运	102 500	2 050	46 000	690	151 240
2. 货运	134 400	2 688	110 800	1 662	249 550
小　计	236 900	4 738	156 800	2 352	400 790
二、营运间接费用	11 000	220			11 220
三、辅助营运费用	5 300	106	3 800	57	9 263
四、管理费用	3 400	68			3 468
合　计	256 600	5 132	160 600	2 409	424 741

根据表17-2作会计分录如下：

借：营运支出——客运	151 240
——货运	249 550
营运间接费用	11 220
辅助营运费用	9 263
管理费用	3 468
贷：原材料燃料	417 200
材料成本差异	7 541

（四）轮胎费用的归集和分配

轮胎是汽车运输企业消耗量最大的一种汽车部件。轮胎分为外胎、内胎和垫带三部分。内胎和垫带视作材料存货，在"材料"账户内核算，并按实际领用数直接计入成本，领用时借记"运输支出"等账户，贷记"原材料"账户。而外胎费用的核算则通过"低值易耗品"账户，其费用计入成本，一般可采用按行驶胎千米预提或在领用时一次计入运输成本两种方法。

1. 按行驶胎千米提取。这是月终按照轮胎实际行驶里程和规定的胎千米提取额计算轮胎费用的方法。计算时要对轮胎实际行驶里程加以调整，主要是外胎报废时，实际行驶胎千米与计划行驶胎千米有差额，这个差额即为报废胎超（或亏）里程，这样本月应计提的轮胎费用为：

$$\text{本月应计千胎} \atop \text{千米提取额} = \left(\text{本月行驶} \atop \text{千胎千米} + \text{本月报废亏} \atop \text{驶千胎千米} - \text{本月报废超} \atop \text{驶千胎千米} \right) \times \text{千胎千米} \atop \text{提 取 额}$$

根据提取额借记"运输支出"等账户，贷记"其他应付款——预提轮胎费用"账户。另外按计划成本核算时，本期领用轮胎的成本差异直接记入"运输支出"账户。

2. 一次摊销法。采用这种方法，领用轮胎时，其成本一次全部计入运输成本，借记"运输支出"账户，贷记"低值易耗品"账户。

例如，某企业轮胎费用的核算，运输业务采用按行驶胎千米提取,其他部门采用一次摊销法。月末企业编制"轮胎领用、费用提取计算分配表",格式举例见表 17-3。

表 17-3

轮胎领用、费用提取计算分配表

单位：元

应 借 账 户	轮 胎 领 用			费 用 提 取		
	计划价格	成本差异1%	合 计	本月提取基数（胎千米）	千胎千米提取额	提取额
一、运输支出						
1. 客运	13 400	134	13 534	2 190 476	10.5	23 000
2. 货运	21 100	211	21 311	1 485 714	10.5	16 000
小 计	34 500	345	34 845	3 676 190		39 000
二、间接营运费用	5 900	59	5 959			
三、辅助营运费用	4 800	48	4 848			
四、管理费用	2 500	25	2 525			
合 计	47 700	477	48 177	3 676 190		39 000

根据表 17-3 作会计分录如下：

（1）领用轮胎：

借：运输支出——客运	134
——货运	211
其他应付款——预提轮胎费用	34 500
间接营运费用	5 959
辅助营运费用	4 848
管理费用	2 525
贷：低值易耗品	47 700
材料成本差异	477

（2）预提轮胎费用：

借：运输支出——客运　　　　　　　　　　23 000

　　　　　　　——货运　　　　　　　　　　16 000

　　贷：其他应付款——预提轮胎费用　　　　39 000

（五）折旧费用的归集与分配

汽车运输企业运输车辆按工作量计提折旧，即按营运车辆的行驶里程计提折旧。另外按外胎成本的两种不同摊销方法，车辆的折旧额计算也有所不同，采用预提轮胎费用方法的，折旧额应扣除外胎价值。采用一次摊销法的，外胎价值应计入折旧额中。其计算公式如下：

$$\frac{千车千米}{折\ 旧\ 额}=\frac{车辆原价\times(1-净残值率)}{预计行驶总里程\div1\ 000}$$

本月折旧提取额＝千车公里折旧额×实际行驶千车公里

车辆折旧应按不同车型分别计算，月终编制"固定资产折旧费用分配表"，格式见表17-4。

表 17-4

折旧费用分配表

单位：元

应借账户		本　月　计　提　折　旧					合　计
		客车	货车	非营运车	机器设备	房屋建筑物	
运输支出	客车	45 000					45 000
	货车		76 000				76 000
	小计	45 000	76 000				121 000
营运间接费用				5 800		25 500	31 300
辅助营运费用				7 200	36 000	12 000	55 200
管理费用				11 000		85 000	96 000
合　　　计		45 000	76 000	24 000	36 000	122 500	303 500

根据表17-4作会计分录如下：

借：运输支出——客运　　　　　　　　　　　45 000
　　　　　　——货运　　　　　　　　　　　76 000
　　营运间接费用　　　　　　　　　　　　　31 300
　　辅助营运费用　　　　　　　　　　　　　55 200
　　管理费用　　　　　　　　　　　　　　　96 000
　　贷：累计折旧　　　　　　　　　　　　　　　303 500

（六）保养费用的归集和分配

汽车的保养，一般由车队的保修班进行。保养领用的材料、低值易耗品可以根据"材料、低值易耗品发出汇总表"直接计入有关成本费用。如由企业修理车间进行，发生的保养费先在"辅助营运费用"账户归集，月终按受益对象进行分配。

（七）修理费用的归集和分配

车辆修理可由专门的维修厂进行，也可由本企业的修理车间进行。

【例 17-1】　本月以银行存款支付修理费用，客运 15 000 元，货运 11 000 元。

借：运输支出——客运　　　　　　　　　　　15 000
　　　　　　——货运　　　　　　　　　　　11 000
　　贷：银行存款　　　　　　　　　　　　　　　26 000

（八）养路费的归集与分配

汽车运输企业交纳的养路费是由企业按客货收入的一定比例计算的。在没有客车带货或货车带客的情况下，可直接按照客运、货运收入各自乘以规定的养路费率计算。如有兼营的情况下，则将客运、货运收入换算成客车、货车的收入，然后才能将养路费计入客车、货车分类成本。换算公式如下：

$$\text{客车收入}=\left(\begin{array}{c}\text{客运平均}\\\text{单位收入}\end{array}\times\begin{array}{c}\text{客车旅客}\\\text{周 转 量}\end{array}\right)+\left(\begin{array}{c}\text{货运平均}\\\text{单位收入}\end{array}\times\begin{array}{c}\text{客车货物}\\\text{周 转 量}\end{array}\right)$$

$$\text{货车收入}=\left(\begin{array}{c}\text{货运平均}\\\text{单位收入}\end{array}\times\begin{array}{c}\text{货车货物}\\\text{周 转 量}\end{array}\right)+\left(\begin{array}{c}\text{客运平均}\\\text{单位收入}\end{array}\times\begin{array}{c}\text{货车旅客}\\\text{周 转 量}\end{array}\right)$$

月末编制"营运车辆养路费计算表",并据以计入各有关成本。

【例17-2】 某企业200×年×月营运车辆养路费计算表见表17-5。

表17-5

营运车辆养路费计算表

项　　目	客　车	货　车	合　计
一、旅客周转量(千人千米)	11 000	600	11 600
货物周转量(千吨千米)		2 300	2 300
客货周转量合计(千换算吨千米)	1 100	2 360	3 460
二、客运收入(平均单位收入110元)	1 210 000	66 000	1 276 000
货运收入(平均单位收入750元)		1 725 000	1 725 000
客货收入合计(元)	1 210 000	1 791 000	3 001 000
三、养路费率(%)	20	20	
四、应交养路费(元)	242 000	358 200	600 200

根据表17-5作会计分录如下：

借：运输支出——客运　　　　　　　　　242 000

　　　　　　——货运　　　　　　　　　358 200

贷：其他应付款——应付养路费　　　　　600 200

（九）其他费用的归集与分配

其他费用如果是通过银行转账或现金支付的,则根据付款凭证直接计入有关的运输成本。如果是从企业仓库内领用的,则根据材料、配件、低值易耗品发出凭证汇总表中各有关成本计算对象领用的金额计入成本。

（十）辅助营运费用的归集与分配

汽车运输企业的辅助营运费用,主要是指为本企业车辆、装卸机械进行保修作业而设置的保修场或车间在供应劳务和生产产品

（如工具、备件的生产）时所发生的辅助生产费用。

发生的辅助营运费用，按领料凭证、职工薪酬计算表等有关凭证，借记"辅助营运费用"账户，贷记"材料"、"应付职工薪酬"等账户。月终按受益部门将辅助营运费用分配至各有关成本计算对象。

【例 17-3】 某运输企业 200×年×月归集的辅助营运费用为 85 500 元，发生修理工时共计 15 000 小时，其中客车 7 000 小时，货车 8 000 小时，则分配率如下：

$$分配率=\frac{85\ 500}{7\ 000+8\ 000}=5.7$$

客车修理负担费用＝7 000×5.7＝39 900（元）

货车修理负担费用＝8 000×5.7＝45 600（元）

作会计分录如下：

借：运输支出——客运   39 900

    ——货运   45 600

贷：辅助营运费用   85 500

（十一）营运间接费用的归集和分配

根据各种费用分配表及有关付款凭证，将发生的各种营运间接费用归集在"营运间接费用"账户的借方，月终要按实际发生额，在各成本计算对象之间进行分配。分配方法一般按照营运车日比例进行。分配计算公式如下：

$$每车日间接费用分配额=\frac{营运间接费用总额}{营运车日总数}$$

客（货）运分配金额＝客（货）车日数×每车日间接费用分配额

【例 17-4】 某运输企业 200×年 7 月归集的营运间接费用为 156 147 元，本月客车营运数为 150 辆，货车营运数为 195 辆。则：

客车营运车日数＝150×31＝4 650（车日）

货车营运车日数＝195×31＝6 045（车日）

$$每车日间接\atop 费用分配额 = \frac{156\ 147}{4\ 650 + 6\ 045} = 14.6$$

$$客运分配金额 = 4\ 650 \times 14.6 = 67\ 890(元)$$

$$货运分配金额 = 6\ 045 \times 14.6 = 88\ 257(元)$$

根据上述分配金额作会计分录如下：

借：运输支出——客运   67 890

     ——货运   88 257

 货：营运间接费用   156 147

（十二）汽车运输成本计算

车辆费用、营运间接费用通过归集与分配计入各成本计算对象，将按各成本计算对象设置的成本（运输支出）明细账上归集的费用，汇总编制"汽车运输成本计算表"。根据前面的举例，编制成本计算表见表17-6。

表17-6

汽车运输成本计算表

200×年×月   单位：元

项　　目	本　月　实　际　数			本年累计数		
	合　　计	客　运	货　运	合计	客运	货运
一、车辆费用						
1. 职工薪酬	44 346	29 070	15 276	（略）	（略）	（略）
2. 燃料	400 790	151 240	249 550			
3. 轮胎	39 345	23 134	16 211			
4. 维护	85 500	39 900	45 600			
5. 修理	26 000	15 000	11 000			
6. 折旧	121 000	45 000	76 000			
7. 养路费	600 200	242 000	358 200			

项　目	本　月　实　际　数			本年累计数		
	合　计	客　运	货　运	合计	客运	货运
8. 其他	5 016	2 766	2 250			
二、营运间接费用	156 147	67 890	88 257			
三、运输总成本	1 478 344	616 000	862 344			
四、周转量	3 460 （千换算吨千米）	11 000 （千人千米）	2 360 （千吨千米）			
五、单位成本	427.27	56.00	365.40			

表 17-6 中有关计算如下：

$$\text{客运单位成本}（\text{元/千人千米}） = \frac{\text{客运总成本（元）}}{\text{客运周转量（千人千米）}} = \frac{616\,000}{11\,000} = 56.00\ \text{元/千人千米}$$

$$\text{货运单位成本}（\text{元/千吨千米}） = \frac{\text{货运总成本（元）}}{\text{货运周转量（千吨千米）}} = \frac{862\,344}{2\,360} = 365.40\ \text{元/千吨千米}$$

$$\text{客货运换算单位成本}（\text{元/千换算吨千米}） = \frac{\text{客货运综合总成本（元）}}{\text{客货运换算周转量（千换算吨千米）}} = \frac{1\,478\,344}{3\,460} =$$

427.27 元/千换算吨千米

二、内河运输成本核算

内河运输企业的船舶航行于江河航线上，往来于江河港口之间，负责运送旅客和货物的运输业务。其特点是：内河运输的船舶较小，并且主要以拖驳运输为主；航线短，航次时间不长；内河运输有的航道可以终年通航，有的由于季节性枯水、冬季封冻而断航。

（一）成本计算对象

内河运输企业的成本计算对象分别情况而定。① 运输综合成本：以企业旅客、货物综合运输业务为成本计算对象；② 运输种类成本：分别以货运、客运业务为成本计算对象；③ 船舶类型成本：分别以不同类型的船舶运输业务为成本计算对象；④ 航线成本:分别以不同航线的运输业务为成本计算对象。

（二）成本计算单位

内河运输的成本计算单位分别是:客运是千人千米,货运是千吨千米,运输综合成本计算单位为千换算吨千米。客运、货运周转量换算比例为一个铺位人千米或三个座位人千米等于一个吨千米。

（三）成本计算期

内河运输企业以月、季、年为成本计算期。

（四）成本项目

1. 船舶费用。指运输船舶在航行中发生的直接费用,包括船员的职工薪酬,燃料、润料、物料费,航养费,过闸费,外付港口费,折旧费,船舶修理费,事故损失费等。

2. 船舶维修费用。指由封冻、枯水等非通航期的企业在非通航期发生应由通航期运输成本负担的船舶维护费用。

3. 营运间接费用。指不能直接计入成本计算对象的各种间接费用,包括企业自营港埠所发生的各项费用,营运生产管理人员的职工薪酬、折旧费、办公费、水电费、劳动保护费、差旅费等。

（五）船舶费用的归集与分配

内河运输企业的船舶费用,先按船舶类型归集,船舶类型有:客轮、客货轮、货轮、油轮、拖轮、驳船等。根据有关的原始凭证和费用分配表,借记"运输支出——××船舶类型"账户,贷记"应付职工薪酬"、"原材料"等账户,同时将其计入按船舶类型设置的船舶费用明细账。然后将上述按船舶类型归集的费用,再按运输种类进行分配,分别由客运、货运、油运、排运等运输种类负担。

客货轮船舶费用的分配方法,可按客货核算的客位定额人天和载货定额吨天比例,以一个铺位人天或三个座位人天等于一吨天计算。分配举例见表17-7。

表 17-7

客货轮船舶费用分配表

200×年 7 月

项　　目	单　位	数　　量
客货轮船舶费用	元	209 880
客货轮营运人天（定额铺位）	千人天	90
客货轮营运人天（定额座位）	千人天	210
客货轮营运吨天（定额载货吨）	千吨天	60
总换算吨天	千换算吨天	220
千换算吨天费用	元	954
应分配给客运	元	152 640
应分配给货运	元	57 240

根据表 17-7 作会计分录如下：

　　借：运输支出——客运　　　　　　　　　152 640

　　　　　　——货运　　　　　　　　　　 57 240

　　贷：运输支出——客货轮　　　　　　　　209 880

　　拖轮的船舶费用通常按使用拖轮马力天比例分配，由拖驳客运、拖驳货运、拖驳油运等成本负担。各拖驳运输种类成本负担的拖轮船舶费用，加上各自的驳船船舶费用，就是各拖驳运输种类的船舶费用总额。举例见表 17-8。

表 17-8

拖驳、驳船船舶费用分配表

单位：元

运输种类	拖轮船舶费用			驳　船船舶费用	船　舶费用合计
	千马力天	每千马力天船舶费用	金　额		
拖驳客运	130	158	20 540	34 000	54 540
拖驳货运	2 478	158	391 524	250 476	642 000
拖驳油运	1 100	158	173 800	210 200	384 000
合　　计	3 708		585 864	494 676	1 080 540

根据上述分配作会计分录如下：

借：运输支出——拖驳客运　　　　　　　54 540
　　　　　　——拖驳货运　　　　　　　642 000
　　　　　　——拖驳油运　　　　　　　384 000
　　贷：运输支出——拖轮　　　　　　　585 864
　　　　　　——驳船　　　　　　　494 676

（六）船舶维护费用的归集和分配

船舶维护费用在"船舶维护费用"明细账上归集。该费用的分配可按船舶维护费的全年预算数和全年计划通航期天数计算计划分配率，据以在各月分配。计算公式如下：

$$计划分配率 = \frac{船舶维护费用全年预算数}{全年计划通航天数}$$

$$通航期某月应负担船舶维护费用 = 该月份通航天数 \times 计划分配率$$

企业将通航期每月运输成本应负担的船舶维护费用再按各运输种类船舶费用的比例分配，编制"船舶维修费用分配表"，据此计入各运输种类成本，借记"运输支出"账户，贷记"船舶维护费用"账户。年度终了，企业应将全年船舶维护费用的实际发生数与分配数的差额，调整当年运输成本。

（七）营运间接费用的归集和分配

企业要按费用项目设置"营运间接费用"明细账，企业根据有关凭证和费用汇总表将日常营运间接费用归入"营运间接费用"账户。月末应将该费用按照运输种类的船舶费用比例进行分配，借记"运输支出"账户，贷记"营运间接费用"账户。

（八）成本计算

内河运输企业各运输种类负担的船舶费用、船舶维护费用和营运间接费用之和即为各运输种类的总成本。各运输种类的总成本除以各自完成的业务周转量，即为运输种类的单位成本。

内河运输企业编制的运输成本计算表如表17-9。

表 17-9

内河运输成本计算表

200×年×月　　　　　　　　　　　　　　　　单位：元

项　目	本　年 计划数	本　年 累计数	本　月　实　际　数		
			合　计	客　运	货　运
一、船舶费用					
1. 职工薪酬			2 510 000	1 850 000	660 000
2. 燃料			1 709 250	959 250	750 000
3. 润料			181 000	97 000	84 000
4. 物料			62 000	34 000	28 000
5. 外付港口费	（略）	（略）	114 000	55 000	59 000
6. 折旧			1 150 000	670 000	480 000
7. 修理费			600 000	360 000	240 000
8. 事故损失			74 000		74 000
9. 其他			224 000	140 000	84 000
二、船舶维护费					
三、营运间接费			740 000	480 000	260 000
四、运输总成本			7 364 250	4 645 250	2 719 000
五、周转量（千换算吨公里）			109 030	54 650	54 380
六、单位成本（元/千换算吨公里）			67.54	85.00	50.00

三、沿海运输成本核算

（一）沿海运输成本计算的特点

沿海运输是海运企业船舶在近海航线上航行，往来于国内各沿海港口之间，直接运送旅客和货物的运输业务。沿海运输的航线比较固定，与内河运输相比，运输距离较长，而与远洋运输相比，则航次时间较短，一般数日即可往返一次。

1. 成本计算对象。沿海运输企业的成本计算对象是客运、货运业务。为了便于进行成本管理,还应分别以旅客运输、货物运输、航线、航次、船舶类型和单船作为成本计算对象。显然单船成本是基础,计算了单船成本就可以据以计算客运成本、货运成本、航线成本和船舶类型成本,而航次成本则是单船成本的进一步分解。

2. 成本计算单位。客运成本的计算单位是千人海里,货运成本的计算单位是千吨海里。客、货运综合成本的计算单位是千换算吨海里,一个吨海里等于一个铺位人海里或三个座位人海里。

3. 成本计算期。一般以月、季、年为成本计算期。

4. 成本项目。

(1)船舶航行费用。是指运输船舶从事运输工作所发生的各项费用,内容包括船员的职工薪酬,燃料、润料、材料费,船舶折旧费,修理费用,港口费,事故损失费,集装箱固定费用等。

(2)营运间接费用。是指不能直接计入成本计算对象的各种间接费用,包括营运管理人员的职工薪酬、折旧费、办公费、水电费、劳动保护费、差旅费等。

(二)沿海运输成本的计算方法

1. 船舶航行费用的归集和分配。为了计算各分类成本,如客运成本、货运成本、单船成本、船舶类型成本和航线成本,则按单船在"运输支出"账户下设船舶费用明细账,所发生的各项费用的归集与内河运输成本计算相类似。按单船归集船舶航行费用后,月末应根据成本计算的要求,将其分配到各成本计算对象上去。

2. 营运间接费用的归集和分配。企业在日常根据各种费用汇总表等原始凭证,将营运间接费用在"营运间接费用"明细账上进行归集,月末按船舶航行费用的比例分配计入各成本计算对象。

3. 计算沿海运输成本。船舶航行费用与营运间接费用之和，即为运输总成本。各种单位成本的计算方法如下：

$$客运单位成本 = \frac{客运成本}{客运周转量（千人海里）}$$

$$货运单位成本 = \frac{货运成本}{客运周转量（千吨海里）}$$

$$客货综合单位成本 = \frac{运输总成本}{客货运综合周转量（千换算吨海里）}$$

四、远洋运输成本核算

远洋运输是指利用船舶在海洋上进行国际旅客和货物运输的一种运输方式。远洋运输具有船舶吨位大、航线不固定、运输距离远和航次时间长的特点。

（一）成本计算的特点

1. 成本计算对象。远洋运输以客、货运业务作为成本计算对象。但为了正确计算成本，通常分别按航次计算成本。船舶航次时间，是指上一航次最终港卸空船载起，至本航次最终港卸空船载止的时间。航次有单程航次和往复航次。单程航次是指船舶在两港或多港间进行单程运输；往复航次是指船舶在两港或多港间进行往返运输。

2. 成本计算单位。客运是千人海里，货运是千吨海里。客、货综合成本的计算单位是千换算吨海里。

3. 成本计算期。远洋运输企业因船舶大、航线长，一般以航次时间为成本计算期。

远洋运输企业只计算报告期内已完航次的成本，而将期末未完航次的运输费用转入下期。报告期已完成航次的运输成本计算公式如下：

$$报告期已完航次成本 = 本期运输费用 + 期初未完航次成本 - 期末未完航次成本$$

4. 成本项目。

（1）航次运行费用。这是指船舶在运行过程中发生的直接费用，包括燃料、港口及运河费、货物费、中转费、垫舱材料费、速遣费、客运费、事故损失费、航次其他费用等。

（2）船舶固定费用。这是指为保持船舶适航状态所发生的经常性维持费用，包括工资及福利费、船舶折旧费、机物料消耗、修理费等。

（3）集装箱固定费用。这是指企业所发生的集装箱固定费用，包括集装箱的保管费、折旧费、修理费、保险费、租赁费、底盘车费以及其他费用等。

（4）营运间接费用。这是指为营运作业所发生的不能直接计入成本计算对象的各种间接费用，包括船队管理人员的职工薪酬费、设备折旧费、办公费、水电费、劳动保护费、差旅费等。

（二）远洋运输成本的计算

1. 船舶运行费用的归集。按单船分航次在"运输支出"账户下设置"船舶航次费用"明细账，发生的各项费用直接计入各有关明细项目栏次中，以一个航次作为一个成本计算期。

2. 船舶固定费用的归集和分配。该项目按单船设明细账进行归集，然后按一定的标准，如按各船已完航次和未完航次的营运天数，在各航次之间分配，记入"船舶航次费用"明细账，借记"运输支出——××轮×航次"账户，贷记"船舶固定费用"账户。

3. 集装箱固定费用的归集和分配。该项费用按集装箱类型设明细账进行归集，其归集与分配的方法同船舶固定费用。分配时借记"运输支出——××轮×航次"账户，贷记"集装箱固定费用"账户。

4. 营运间接费用的归集和分配。设置"营运间接费用"明细账归集该项费用，月末按一定标准在各船各航次之间进行分配，记入"船舶航次费用"明细账，借记"运输支出——××轮×船"等账户,贷记"营运间接费用"账户。

上述船舶固定费用、集装箱固定费用、营运间接费用的分配,可按下列分配标准选择:

(1) 船舶数;

(2) 船舶吨位数;

(3) 营运吨天数;

(4) 各船定员人数。

5. 计算远洋运输成本。航次终了,根据船舶航次明细账计算本航次的运输总成本和单位成本。"船舶航次明细账"各项费用之和,即为该航次的运输总成本,总成本除以周转量即为单位成本。

$$\frac{\text{航次运输}}{\text{单位成本}} = \frac{\text{航次运输总成本}}{\text{周转量(千换算吨海里)}}$$

远洋运输企业在报告期内船舶已完航次成本之和,就是该期的远洋运输总成本。未完航次所发生的船舶运行费用和分配的其他费用,为未完航次成本,转入下期计算。

复 习 题

一、名词解释题

营运间接费用

二、思考题

1. 交通运输业成本计算有何特点?

2. 不同的运输企业其营运间接费用是如何分配的?

三、判断题

1. 交通运输业的性质是属于物质生产部门。　　　　(　　)

2. 交通运输业的运输成本即为销售成本。　　　　　(　　)

3. 汽车运输企业旅客周转量和货物周转量的换算比例是 100

人公里等于1吨公里。 （　）

4. 汽车运输企业消耗的外胎、内胎和垫带,都应贷记"轮胎"账户。 （　）

5. 汽车运输企业汽车外胎采用预提轮胎费用方法的,计算折旧额时,应从车辆原价中扣除外胎价值。 （　）

6. 内河运输企业中,各拖驳运输种类成本负担的拖轮船舶费用,加上各自的驳船船舶费用,即为各拖驳运输种类的船舶费用总额。 （　）

7. 沿海运输企业与远洋运输企业其成本计算期是一致的,即都是按月、季、年为成本计算期。 （　）

8. 船舶航行费用加上营运间接费用,即构成沿海运输总成本。 （　）

9. 远洋运输企业只计算报告期内已完成航次的成本,期末未完成航次的运输费用转入下期。 （　）

四、单项选择题

1. 交通运输企业的成本计算单位一般采用(　　)。
   A. 速度单位　　　　　　B. 复合单位
   C. 重量单位　　　　　　D. 货币单位

2. 汽车运输成本按(　　)计算。
   A. 月　　　　　　　　　B. 季
   C. 年　　　　　　　　　D. 月、季、年

3. 汽车运输企业,汽车司机及其助手的工资及福利费应记入的账户是(　　)。
   A. "运输支出"
   B. "辅助营运费用"
   C. "营运间接费用"
   D. "管理费用"

4. 内河运输成本中船舶维修费用是指(　　)。

A. 封冻、枯水期船舶维护费用

B. 任何时期船舶维护费用

C. 船舶的大修理费用

D. 船舶的中小修理费用

5. 沿海运输企业发生的船舶航行费用一般先按（　　）归集，然后再分配到各成本计算对象。

A. 航线　　　　　　　　B. 航次

C. 船舶类型　　　　　　D. 单船

6. 在远洋运输企业里，航次运输单位成本的单位是（　　）。

A. 海里　　　　　　　　B. 千人海里

C. 千吨海里　　　　　　D. 千换算吨海里

五、多项选择题

1. 汽车运输企业外胎费用核算可能涉及的账户有（　　）。

A. "材料"　　　　　　　B. "轮胎"

C. "其他应付款"　　　　D. "管理费用"

E. "主营业务成本"

2. 内河运输企业成本计算对象可能有（　　）。

A. 客货综合运输业务

B. 货运运输业务和客运运输业务

C. 船舶类型运输业务

D. 航线运输业务

E. 航次运输业务

3. 沿海运输成本计算单位主要有（　　）。

A. 千人海里　　　　　　B. 吨海里

C. 千吨海里　　　　　　D. 千换算吨海里

E. 千人

4. 下列费用中，应直接记入远洋运输企业的航次运行费用有（　　）。

A. 船舶折旧费 B. 港口及运河费

C. 在船船员的薪酬 D. 事故损失

E. 燃料

六、核算题

1. 目的 练习汽车运输企业的成本计算。

2. 资料 众欣汽车运输公司 20××年 8 月份发生的有关成本费用如下。

(1)职工薪酬见表 17-10。

表 17-10

职工薪酬资料表

部 门 及 人 员	工 资	社会保险费
客车司乘人员	40.000	5 600
货运司机	26 000	3 640
修理车间人员	14 000	1 960
车队人员	8 000	1 120
公司行政人员	28 000	3 920

(2)该企业实行满油箱制车存燃料管理,本月实际领用的燃料数量为:客运汽车领用汽油 18 吨(每吨折合 1 388 升),货运汽车领用柴油 16 吨(每吨折合 1 176 升),公司办公领用汽油 400 升,车队交通车领用汽油 500 升,修理车间领用 300 升汽油。汽油每升单价 2.20 元,柴油每升单价 1.80 元。

(3)本月客车运输领用内胎及垫带 10 200 元,外胎 22 000 元(本月应摊外胎成本 5 400 元);货运汽车领用内胎及垫带 7 500 元,外胎 19 500 元(本月应分摊外胎成本 4 800 元)。

(4)本月的折旧费、养路费、事故损失及其他费用(养路费、事故损失及其他费用均以银行存款支付)见表 17-11。

表 17-11

费用明细资料表

部　　门	折旧费	养路费	事故损失	其他费用
客车	75 000	10 500	12 000	5 388.70
货车	54 000	8 300	45 000	9 410.70
修理车间	10 400			4 600
车队	5 000	1 200		3 978
行政部门	28 000	2 000		8 800

（5）本月以银行存款支付修理费用共计 16 400 元,其中客车修理费 10 400 元,货车修理费 6 000 元。

（6）本月修理车间共提供修理作业 10 000 小时,其中客车5 000 小时,货车 3 500 小时,行政管理部门 1 500 小时。

（7）本月客车运输车辆为 85 辆,货车为 55 辆。营运间接费用按营运车日比例分配。

（8）本月周转量为客车 800(千人公里),货车 1 700(千吨公里)。

3. 要求

（1）根据上述资料编制会计分录。

（2）根据上述资料分别计算客运、货运的总成本及单位成本,编制汽车运输成本计算表。

第十八章 成本预测

预测是 20 世纪中期在西方国家发展起来的一门学科。成本预测是经济预测的一种，是加强成本事前管理的重要手段。随着数学方法在经济领域的广泛应用，成本预测的手段也越来越多。本章主要介绍了成本预测的意义，成本预测的一般程序，并对成本预测的两种方法：本量利分析法与投入产出法进行较为详细的介绍。

第一节 成本预测的意义、程序及方法

一、成本预测的意义

预测是指运用科学的方法对事物发展的趋势进行预计和推测。其基本特点是：根据过去和现在预计未来，根据已知推测未知。

成本预测是在认真分析研究企业内在和外在条件变化的基础上，对未来一定时期产品成本水平进行的预计和测算，是企业经济预测的重要组成部分。市场经济的发展，使企业的生存和发展充满了危机。为了求得生存和发展，在市场经济中增强竞争能力，企业应加强经济预测，预测企业产品的销售价格、销售数量、发展方向、市场潜力，以及企业的目标利润和成本水平等，以使企业少担风险，少受损失。成本预测应当着眼于未来，在对影响企业成本升降的各种因素、条件和历史、现状及其发展趋势，以及可能采取的各种降低成本措施进行调查研究、分析预测的基础上，合理地规划

出未来一定时期的成本水平和目标利润。这是选择和实现最优成本方案的重要步骤。能否实现预期的目标利润,在产品价格、税率一定的情况下,关键在于成本水平的高低。成本和利润互为消长,成本低则利润高;反之,成本高则利润低。如果实际成本超出计划,则目标利润无法实现。因此必须对影响成本高低的各种因素进行科学分析,作出成本预测,规划好计划期间的生产耗费,为确定目标成本、进行成本决策提供依据。成本预测是确定目标成本和选择达到目标成本最佳途径的重要手段。

二、成本预测的程序

1. 初步确定成本预测的目标。成本预测的目标,就是根据企业未来一定时期生产经营的总目标所提出的成本目标。

2. 初步预测可达到的成本水平。预测在目前的情况下,成本可能达到的水平,找出实现目标成本的差距。

3. 寻找各种降低成本的方案。找出差距之后,要千方百计寻求降低成本、达到成本目标的途径,努力提高企业的经济效益。

4. 正式确定成本目标。选取最优成本方案,预计实施后的成本水平,然后正式确定成本目标。

成本预测程序用图 18-1 表示。

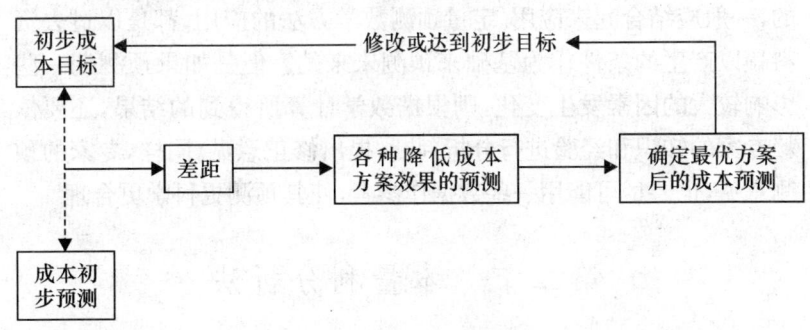

图 18-1 成本预测程序图

上述预测程序,必须经过反复多次,并且对初步成本目标不断修改完善,才能最终确定正式成本目标,并按此目标来进行成本管理。

三、成本预测的一般方法

成本预测既需要成本管理人员掌握一定的技术,也需要具有丰富实践经验和敏锐的观察判断能力。成本预测的一般方法包括定性预测和定量预测两大方法。

成本的定性预测主要是由熟悉情况和业务的专业人员根据专业知识和实践经验,对产品成本的发展趋势,以及可能达到的水平进行分析、判断,提出预测意见。由于定性预测主要依靠专业人员的素质和判断能力,因而这种方法必须建立在对企业成本耗费历史资料、现状及影响因素深刻了解的基础之上。

成本的定量预测方法,是利用过去比较完备的历史资料以及成本与影响因素之间的数量关系,通过建立一定的数学模型来推测、计算未来成本的可能结果。所谓数学模型是指在某些假定条件下,把影响经济活动的、相互制约、相互依存的几个主要因素,按一定的数量关系结合起来,借以描述某种经济活动变化规律的一组数学关系式。

定性预测与定量预测方法并不是相互排斥,而是可以相互补充的,一般应结合起来应用。定量预测数学方法的应用,都是以过去资料赖以产生的条件作为基础来预测未来的。但是如果预测期一些影响较大的因素发生变化,则根据数学计算所得到的结果,还要依赖专家的知识和经验进行分析判断,提出修正意见。同样,专家的预测意见,也要尽可能用一些数据作参考,使其预测更科学更合理。

第二节　本量利分析法

一、本量利分析法的意义

本量利分析的全称是成本—数量—利润分析,也可称为损益平衡分析或保本分析。它是一种用来研究售价、数量、成本的变动对利润影响程度的方法。由于成本、数量与利润三者之间存在着内在的联系，人们可以通过其中一个变量的变化来预测其他两个变量的变化。本量利分析可以为企业预测未来的经营水平、规划经营目标、进行经营决策。本章只说明本量利分析的基本内容和如何运用本量利分析进行成本预测，至于其他内容，在《管理会计》中有详细介绍。

二、成本性态

要了解本量利分析的方法，首先需要了解成本的性态，它是进行本量利分析的前提条件和基础。那什么是成本性态呢？由于在业务量（产量、销量等）发生变动的情况下，组成成本总额的各种成本费用项目发生变动的情况是各不相同的，有些保持不变，有些则随着业务量的增减而增减。这种成本与业务量之间的依存关系被称为成本性态。在生产经营活动过程中，这种依存关系是客观存在的。既然客观上存在着这种依存关系，那么我们就有可能按照成本性态，将成本划分为变动成本、固定成本和半变动成本三类。

凡是成本额是随着业务量的增减而成正比例变动的称为变动成本。例如那些直接用于产品生产的原材料、辅助材料、燃料和动力、外加工费用、计件工资形式下的生产工人的工资以及工艺过程中不可避免的损失等。变动成本的总额是随着业务量的增减而增减，而且这种增减的幅度是同比例的。但是针对每一单位产品的变动成本而言，则是不变的。

【例 18-1】 某企业生产某产品，当产量是 1 000 件时，变动成本总额是 10 000 元；当产量增加到 2 000 件时，变动成本总额也相应增加到 20 000 元。用图 18-2 表示上述产量与变动成本的关系。

凡是成本额不随业务量的增减而变动的称为固定成本。如按直线法提取的折旧，管理人员、技术人员的工资，租赁费、保险费等。固定成本的特点是，其成本总额不会随业务量的增减而变动，

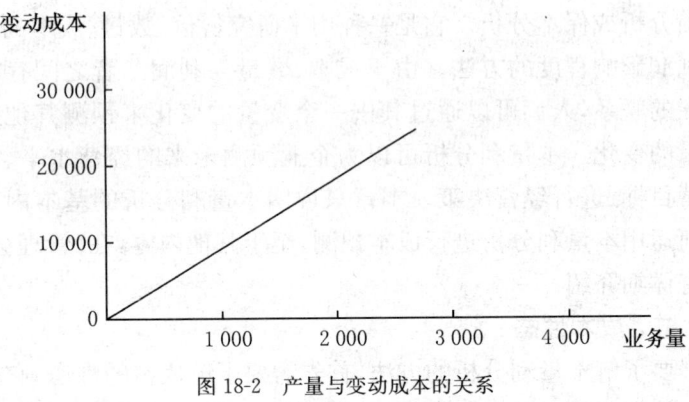

图 18-2 产量与变动成本的关系

但是针对每一单位产品的固定成本而言,则随着业务量的增减发生相反方向的变动。

【例 18-2】 某企业生产某种产品,当产量为 2 000 件时,固定成本为 10 000 元;但产量增加到 2 500 件时,固定成本总额仍为 10 000 元。而每一单位的固定成本却从原来的 5 元降到了 4 元,用图 18-3 表示上述产量与固定成本的关系。

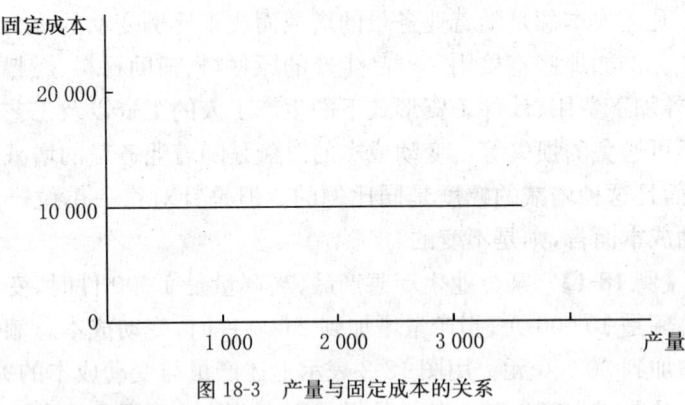

图 18-3 产量与固定成本的关系

变动成本总额加上固定成本总额就等于产品总成本,可用下列公式表示:

$$y=a+bx$$

其中：$y=$ 总成本

$\quad a=$ 固定成本总额

$\quad b=$ 单位变动成本

$\quad x=$ 业务量

上述成本特性的基本模式反映了成本与数量的关系,可用图18-4 表示。

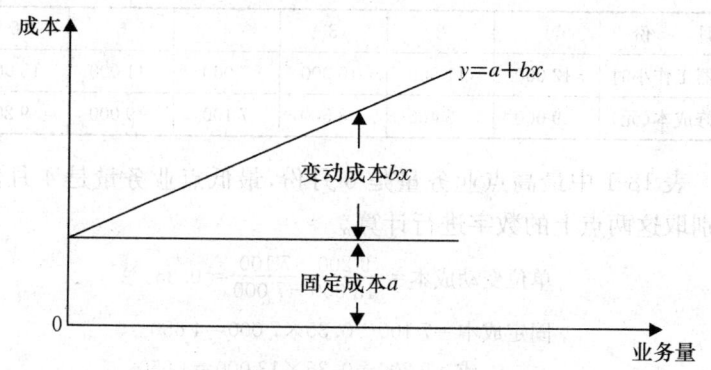

图 18-4   成本与数量的关系

凡是成本额随业务量变动,但其变动幅度不成正比例的称为半变动成本,如辅助工人的工资、机器设备的维修费用等。半变动成本的特点是,与变动成本相似也会随着业务量的增减而发生变动,但这种变动的幅度不是同步的。另外,由于其变动方式的不同,又可分为三种形式:混合式、阶梯形式和曲线式半变动成本。半变动成本大部分是混合成本,即由变动和固定两部分组成。半变动成本可用一定的方式进行分解,分解方法有许多,这里主要介绍高低点法。

高低点法就是取某一时期中最高业务量和最低业务量这两点下的成本进行对比,然后把成本分解为变动成本和固定成本的一种方法。

$$\text{单位变动成本}(b) = \frac{\text{最高点最低点之间的成本差异数}}{\text{最高点最低点之间的业务量差异数}}$$

$$\text{固定成本}(a) = \frac{\text{最高(或最低)点业务量}}{\text{下的总成本}(y)} - b \times \frac{\text{最高(或最低)}}{\text{点的业务量}(x)}$$

【例 18-3】 假定某企业上半年度各月实际发生的机器工作小时和维修成本资料如表 18-1 所示。

表 18-1

某厂某年上半年度机器工作小时及维修成本

月　　份	1	2	3	4	5	6
机器工作小时	12 000	11 500	10 000	7 000	11 000	13 000
维修成本(元)	9 000	8 400	8 500	7 100	9 000	9 200

表 18-1 中最高点业务量是 6 月份,最低点业务量是 4 月份,分别取这两点上的数字进行计算。

$$\text{单位变动成本} = \frac{9\,200 - 7\,100}{13\,000 - 7\,000} = 0.35$$

$$\text{固定成本} = 7\,100 - 0.35 \times 7\,000 = 4\,650$$

$$\text{或} = 9\,200 - 0.35 \times 13\,000 = 4\,650$$

三、保本分析

本量利三者之间的关系一般可用方程式表示如下:

$$\text{销售收入} - \text{变动成本} = \text{固定成本} + \text{利润}$$

如果从数量角度来考察此方程式,则可改写成:

$$\text{销售数量} \times (\text{单价} - \text{单位变动成本}) = \text{固定成本} + \text{利润}$$

设:$m=$利润

$p=$单位售价

$x=$销售数量

$b=$单位变动成本

$a=$固定成本

则上述公式如下:

$$x(p-b)=a+m$$

从方程式的左边来看,单价与单位变动成本之差,称为单位边际贡献,销售数量乘上单位边际贡献就是企业能够获取的总边际贡献。再从方程式的右边来看,是固定成本和利润之和。显然,在保本的情况下,总边际贡献恰好仅能弥补固定成本支出。这时候的方程式如下:

$$保本点销售量=\frac{固定成本}{单位边际贡献}$$

设:保本点销售量为 V

则:

$$V=\frac{a}{p-b}$$

将保本点销售量计算公式的两边同时乘上单位销售价格,就得到了以销售金额表示的保本点计算公式如下:

$$保本点销售量×单位售价=\frac{固定成本×单位售价}{单位边际贡献}$$

$$保本点销售金额=固定成本÷\frac{单位边际贡献}{单位售价}$$

设:保本点销售金额为 s

$$s=a÷\frac{(p-b)}{p}$$

上式中的 $\frac{p-b}{p}$ 即单位边际贡献与单位售价之比就是边际利润率,它表示了每一元售价所能提供的边际贡献。

【例 18-4】 某玩具厂制造新产品电动小汽车,据设计部门的有关资料计算,每辆电动小汽车的变动成本为 50 元;为制造电动小汽车需要设置一条生产线;分配固定成本 100 000 元,电动小汽车的销售单价为 100 元。试计算该厂生产电动小汽车的保本点销售量和销售金额。

$$保本点销售量=\frac{100\ 000}{100-50}=2\ 000(辆)$$

$$保本点销售额=100\ 000\div\frac{(100-50)}{100}=200\ 000(元)$$

四、本量利分析的图解法

本量利分析也可以在掌握有关资料的情况下采用绘制保本点图示的方法进行。绘制图表的具体方法及步骤如下：

1. 先画出直角坐标系平面图，以横轴表示销售量，以纵轴表示销售收入和成本金额。

2. 在图上画出反映销售收入随销售量增加而增加情况下的直线，此直线的方程式为 $s=px$，即销售收入是销售量的一次函数。

3. 在图上画出销售总成本随销售量增加而增加情况下的直线，此直线的方程式为 $y=a+bx$，即销售成本也是销售量的一次函数。

4. 销售收入线和销售成本线相交于一点，在这点上收入等于支出，利润为零，故称为保本点。在保本点左面介于收入线与成本线之间的区域是亏损区；在保本点右面介于收入线与成本线之间的区域是盈利区；收入线与成本线之间的直线距离就是损益数额。

以［例18-4］为例，绘制保本点图如图18-5。

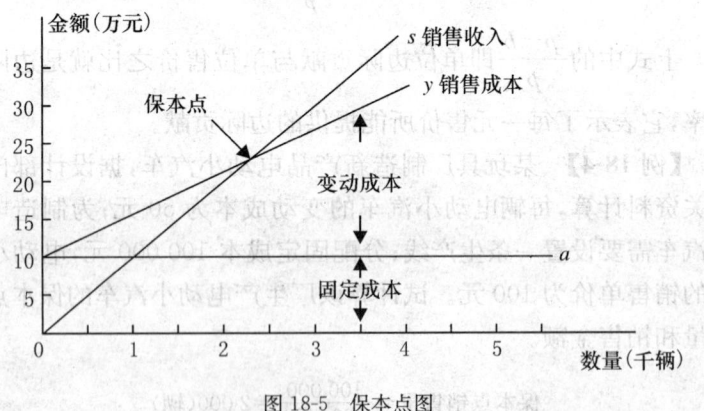

图18-5　保本点图

五、利用本量利分析预测成本

当销售量一旦确定后,企业想要获取更多的目标利润,在不允许提高销售单价的情况下,唯一的途径就是通过控制成本来达到目标利润。目标成本的控制分固定成本和变动成本控制两部分。需要说明的是,我们在计算固定成本控制数时是假定变动成本按原来水平情况存在。同样的,在计算变动成本控制数时,是假定固定成本按原来水平情况存在。这样做的目的,是为了分别考察固定成本和变动成本的控制情况。

固定成本控制数计算公式如下:

$$固定成本控制数=数量×单位边际贡献-目标利润$$

变动成本控制数计算公式如下:

$$单位变动成本控制数=单价-\frac{固定成本+目标利润}{数量}$$

【例 18-5】 以[例 18-4]为例,该企业确定生产电动小汽车4 000辆,要求达到的目标利润为 150 000 元,则在固定成本不变的情况下,单位变动成本应为:

$$b=100-\frac{100\,000+150\,000}{4\,000}=37.50(元)$$

由此可见,生产 4 000 辆电动小汽车要达到目标利润 150 000元,在固定成本为 100 000 元时,单位变动成本应从原来的 50 元降到 37.50 元。如果该产品单位变动成本最多只能降低 1.50 元,则目标固定成本应为:

$$a=4\,000×(100-48.5)-150\,000=56\,000(元)$$

由此可见,固定成本必须比原来降低 44 000 元。

第三节 投入产出法

投入产出法最先是被用来进行国民经济综合平衡的。它是以国民经济最终产品为计算目标,将各部门投入的消耗和产品产出之间的数量关系用表格形式列出来,使其保持一定的平衡状态。投入产出法不仅可用于国民经济的综合平衡,也可用于对企业经济活动的科学管理。企业在生产经营过程中,一方面要生产出产品,同时又要消耗各种原材料、燃料、人工等,因此生产过程也是一个投入产出的过程。生产过程中每一步骤、每个阶段,又有各自的投入产出。原材料、零部件、上道工序的半成品,都可以是下道工序的投入物,各工序、各阶段的投入与产出必须保持适当的内在联系,所以我们可以利用投入产出法来预测成本。

一、投入产出分析的基本结构

(一)投入产出表

投入产出表见表 18-2。

表 18-2

投 入 产 出 表

产出		投 入			最终产品	总产出量
		1	2	3		
	1	x_{11}	x_{12}	x_{13}	c_1	x_1
	2	x_{21}	x_{22}	x_{23}	c_2	x_2
	3	x_{31}	x_{32}	x_{33}	c_3	x_3

表 18-2 中,总产出量与最终产品之间的关系如下:

$$\begin{cases} x_1 - x_{11} - x_{12} - x_{13} = c_1 \\ x_2 - x_{21} - x_{22} - x_{23} = c_2 \\ x_3 - x_{31} - x_{32} - x_{33} = c_3 \end{cases} \tag{1}$$

(二)直接消耗系数的计算

设 a_{ij} 代表第 i 个消耗部门每生产一个单位产品所消耗的第 j 个生产部门的产品数量,则:

$$a_{ij} = \frac{x_{ij}}{x_j} \tag{2}$$

具体计算如以下各式所示：

$$a_{11} = \frac{x_{11}}{x_1} \qquad a_{12} = \frac{x_{12}}{x_2} \qquad a_{13} = \frac{x_{13}}{x_3}$$

$$a_{21} = \frac{x_{21}}{x_1} \qquad a_{22} = \frac{x_{22}}{x_2} \qquad a_{23} = \frac{x_{23}}{x_3}$$

$$a_{31} = \frac{x_{31}}{x_1} \qquad a_{32} = \frac{x_{32}}{x_2} \qquad a_{33} = \frac{x_{33}}{x_3}$$

（三）确定总产出量与最终产品之间的关系

以（2）式代入（1）式得：

$$\begin{cases} x_1 - a_{11}x_1 - a_{12}x_2 - a_{13}x_3 = c_1 \\ x_2 - a_{21}x_1 - a_{22}x_2 - a_{23}x_3 = c_2 \\ x_3 - a_{31}x_1 - a_{32}x_2 - a_{33}x_3 = c_3 \end{cases} \tag{3}$$

（3）式或可改写为：

$$\begin{cases} (1-a_{11})x_1 - a_{12}x_2 - a_{13}x_3 = c_1 \\ -a_{21}x_1 + (1-a_{22})x_2 - a_{23}x_3 = c_2 \\ -a_{31}x_1 + a_{32}x_2 + (1-a_{33})x_3 = c_3 \end{cases} \tag{4}$$

设存在矩阵：

$$\boldsymbol{A} = \begin{bmatrix} a_{11} & a_{12} & a_{13} \\ a_{21} & a_{22} & a_{23} \\ a_{31} & a_{32} & a_{33} \end{bmatrix}, \qquad \boldsymbol{x} = \begin{bmatrix} x_1 \\ x_2 \\ x_3 \end{bmatrix}$$

$$\boldsymbol{I} = \begin{bmatrix} 1 & 0 & 0 \\ 0 & 1 & 0 \\ 0 & 0 & 1 \end{bmatrix}, \qquad \boldsymbol{C} = \begin{bmatrix} c_1 \\ c_2 \\ c_3 \end{bmatrix}$$

则（4）式可以写成：

$$(I-A)X = C \tag{5}$$

利用矩阵运算，有：

$$X = (I-A)^{-1}C \tag{6}$$

这里，$(I-A)^{-1}$是一个很重要的指标，称为"完全消耗系数"。

有了安全消耗系数,既可从最终产品出发,确定各部门的总产出量;也可从总产出量出发,确定其最终产品的数量。而总产出量与最终产品的关系,实质上就是投入与产出的关系。

二、投入产出法在成本预测中的运用

某钢铁企业以炉料与生铁为原材料,生产出钢锭,钢锭一部分作为商品产品对外出售,一部分用于轧钢,生产出钢材。

1. 编制投入产出表,见表18-3。

表18-3

金属材料投入产出表

单位:万吨

			投		入		商品量	总产量 (产出合计)
			炉料	生铁	钢 锭	钢 材		
			1	2	3	4	5	6
产出	炉料	1			26.1			26.1
	生铁	2			117.45			117.45
	钢锭	3				110.5	20	130.5
	钢材	4					85	85
投入合计					143.55	110.5	105	359.05

2. 计算直接消耗系数。为了分析各阶段产品之间的生产技术联系,将各阶段的投入数除以该阶段的产出总量,便得到单位产品的消耗定额,即直接消耗系数。经计算列表如表18-4所示。

表18-4

直接消耗系数表

		炉 料	生 铁	钢 锭	钢 材
		1	2	3	4
炉料	1			0.2	
生铁	2			0.9	
钢锭	3				1.3
钢材	4				

3. 预测生产消耗总量和产品成本。根据表 18-3、表 18-4 列出矩阵，求 $(I-A)^{-1}$ 指标。

A 矩阵为：

$$\begin{bmatrix} 0 & 0 & 0.2 & 0 \\ 0 & 0 & 0.9 & 0 \\ 0 & 0 & 0 & 1.3 \\ 0 & 0 & 0 & 0 \end{bmatrix}$$

则 $(I-A)$ 矩阵为：

$$\begin{bmatrix} 1 & 0 & 0 & 0 \\ 0 & 1 & 0 & 0 \\ 0 & 0 & 1 & 0 \\ 0 & 0 & 0 & 1 \end{bmatrix} - \begin{bmatrix} 0 & 0 & 0.2 & 0 \\ 0 & 0 & 0.9 & 0 \\ 0 & 0 & 0 & 1.3 \\ 0 & 0 & 0 & 0 \end{bmatrix} = \begin{bmatrix} 1 & 0 & -0.2 & 0 \\ 0 & 1 & -0.9 & 0 \\ 0 & 0 & 1 & -1.3 \\ 0 & 0 & 0 & 1 \end{bmatrix}$$

求 $(I-A)^{-1}$ 矩阵如下：

$$\left[\begin{array}{cccc|cccc} 1 & 0 & -0.2 & 0 & 1 & 0 & 0 & 0 \\ 0 & 1 & -0.9 & 0 & 0 & 1 & 0 & 0 \\ 0 & 0 & 1 & -1.3 & 0 & 0 & 1 & 0 \\ 0 & 0 & 0 & 1 & 0 & 0 & 0 & 1 \end{array}\right] \sim \left[\begin{array}{cccc|cccc} 1 & 0 & -0.2 & 0 & 1 & 0 & 0 & 0 \\ 0 & 1 & -0.9 & 0 & 0 & 1 & 0 & 0 \\ 0 & 0 & 1 & 0 & 0 & 0 & 1 & 1.3 \\ 0 & 0 & 0 & 1 & 0 & 0 & 0 & 1 \end{array}\right]$$

$$\sim \left[\begin{array}{cccc|cccc} 1 & 0 & -0.2 & 0 & 1 & 0 & 0 & 0 \\ 0 & 1 & 0 & 0 & 0 & 1 & 0.9 & 1.17 \\ 0 & 0 & 1 & 0 & 0 & 0 & 1 & 1.3 \\ 0 & 0 & 0 & 1 & 0 & 0 & 0 & 1 \end{array}\right]$$

$$\sim \left[\begin{array}{cccc|cccc} 1 & 0 & 0 & 0 & 1 & 0 & 0.2 & 0.26 \\ 0 & 1 & 0 & 0 & 0 & 1 & 0.9 & 1.17 \\ 0 & 0 & 1 & 0 & 0 & 0 & 1 & 1.3 \\ 0 & 0 & 0 & 1 & 0 & 0 & 0 & 1 \end{array}\right]$$

由此得到：

$$(I-A)^{-1} = \begin{bmatrix} 1 & 0 & 0.2 & 0.26 \\ 0 & 1 & 0.9 & 1.17 \\ 0 & 0 & 1 & 1.3 \\ 0 & 0 & 0 & 1 \end{bmatrix}$$

假定钢锭计划增加 30 万吨,钢材增加 15 万吨,即 C_3 为 50,C_4 为 100,则代入 $(I-A)^{-1}$ 式,可求得为保证完成商品产量计划,在现有的生产条件下,各种产品的总产量为:

$$x = \begin{bmatrix} 1 & 0 & 0.2 & 0.26 \\ 0 & 1 & 0.9 & 1.17 \\ 0 & 0 & 1 & 1.3 \\ 0 & 0 & 0 & 1 \end{bmatrix} \times \begin{bmatrix} 0 \\ 0 \\ 50 \\ 100 \end{bmatrix} = \begin{bmatrix} 36 \\ 162 \\ 180 \\ 100 \end{bmatrix}$$

以上计算结果,炉料总产量为 36 万吨,生铁总产量为 162 万吨,钢锭总产量为 180 万吨,钢材总产量为 100 万吨。

将求得的总产量 x_j 和消耗系数 a_{ij} 代入 $a_{ij} = \dfrac{x_{ij}}{x_j}$ 式,则 $x_{ij} = a_{ij}x_j$,即可求得各阶段原材料与半成品的消耗量。计算结果见表 18-5。

表 18-5

金属材料投入产出表

单位: 万吨

		投		入		商品量	总产量 (产出合计)
		炉料	生铁	钢 锭	钢 材		
产出	炉料			36			36
	生铁			162			162
	钢锭				130	50	180
	钢材					100	100
合 计				198	130	150	478

从以上计算可以看出，要生产 50 万吨钢锭、100 万吨钢材的商品量，运用投入产出法可以测算：第一，炉料的需要量为 36 万吨，生铁的需要量为 162 万吨；第二，在保证商品量的情况下，各步骤产品的总产量分别为钢锭 180 万吨，钢材 100 万吨；第三，炉料 36 万吨用于钢锭生产，生铁 162 万吨也用于钢锭生产，钢锭 180 万吨，其 130 万吨用于钢材生产，另 50 万吨作商品产品对外出售。从投入角度看，也就是各步骤对原材料、半成品的消耗，这些消耗的数据对于成本预测是非常重要的，有了这些消耗数据，我们就可以测算原材料的消耗成本、各步骤半成品的成本。

复 习 题

一、名词解释题

1. 成本预测　　　　　2. 本量利分析法

3. 高低点法　　　　　4. 保本分析

5. 投入产出法

二、思考题

1. 简述成本预测的程序。

2. 什么是成本的定量预测方法和定性预测方法？

3. 如何计算保本点销售量？

4. 什么是单位边际贡献？它具有什么特殊意义？

5. 如何利用本量利分析法来预测成本？

6. 如何利用投入产出法来预测成本？

三、判断题

1. 在相关范围内，固定成本总额和单位变动成本均具有不变性。　　　　　　　　　　　　　　　　　　　（　　）

2. 某产品的单价大小于单位变动成本时，其保本点总是可以

确定的。   (   )

3. 本量利分析是企业不盈不亏,利润为零情况下的数量关系分析。   (   )

4. 投入产出法分析成本,是利用投入产出平衡的原理,预测在一定的产量下需消耗的原材料及自制半成品的水平。 (   )

四、单项选择题

1. 在相关范围内,单位变动成本(   )。

    A. 随业务量增加而增加

    B. 随业务量增加而减少

    C. 不随业务量发生增减变动

    D. 在不同的产量水平各不相同

2. 销售收入减去变动成本后的差额称为(   )。

    A. 固定成本   B. 销售毛利

    C. 边际贡献   D. 单位边际贡献

3. 其他条件不变,单价提高,则保本点(   )。

    A. 提高   B. 不变

    C. 下降   D. A、B、C 都有可能

4. 某企业只生产销售一种产品,该产品单位售价 8 元,单位变动成本 5 元,年固定成本为 30 000 元。则保本额为(   )元。

    A. 10 000   B. 30 000

    C. 50 000   D. 80 000

5. 有了(   )指标,就可从最终产品出发,确定各部门的总产出量,或从总产出量出发,确定其最终产品的数量。

    A. 直接消耗系数   B. 安全消耗系数

    C. 投入量   D. 产出量

五、多项选择题

1. 在生产单一品种的条件下,影响保本点的因素包括(   )。

A. 固定成本 B. 单价

C. 单位变动成本 D. 销售量

E. 销售额

2. 在其他因素不变时,单位变动成本变动产生的影响有(　　)。

A. 引起单位边际贡献反方向变动

B. 引起单位边际贡献同方向变动

C. 引起保本点同方向变动

D. 引起保本点反方向变动

E. 引起销售额同方向变动

六、核算题

核算题(一)

1. 目的　利用本量利分析法预测成本。

2. 资料　某企业生产 A 产品,市场价为每台 300 元,年销售量可达 5 000 台;去年单位变动成本为 150 元,去年固定成本为 300 000 元;固定成本今年上升 5%;今年目标利润为 500 000 元。

3. 要求

(1) 用本量利分析法预测单位变动成本。

(2) 如果单位变动成本只能下降 5%,则今年固定成本比去年应下降多少?

核算题(二)

1. 目的　练习利用投入产出法预测成本。

2. 资料　某企业在生产中,原材料有 60% 投入第一车间,其余 40% 形成仓库储备。第一车间生产的半成品,其中 80% 转移到第二车间继续加工,其余 20% 为期末在产品。第二车间生产的产品中 10% 为废品,70% 为产成品,其余 20% 为期末在产品,其关系如表 18-6 所示。

表 18-6

投入产出关系表

投 入 产 出	原材料	第一车间	第二车间	废品	产成品
原材料	0.4	0.6			
第一车间		0.2	0.8		
第二车间			0.2	0.1	0.7

3. 要求

（1）分别计算原材料中，一车间在产品中、二车间在产品中应成为废品和产成品的比例。

（2）如果目前该厂原材料库存为 560 000 元，一车间在产品为 340 000 元，二车间在产品为 150 000 元，试预测最终能生产出多少产成品？造成多少废品？

第十九章 成本控制

管理者为了控制成本,需作出两项决策:一为有关支付价格的决策;一为有关使用数量的决策。在保证产品品质的基础上,管理者期盼支付价格最低,耗用的资源数量最少。

一个管理人员应如何控制其支付价格及资源使用数量呢?他可以亲身考核其每一项交易、操作过程。但是这样的亲身考核,对管理者的时间运用显然并不经济。解决这一问题,应该是运用"标准成本控制"。

第一节 标准成本的意义及制订

一、标准成本及其种类

标准成本控制早在 20 世纪 20 年代为配合泰罗制的实施,已开始引进到会计中来,成为成本会计的一个组成部分。要实现成本的控制,关键不在事后如何确定产品的实际成本,而在于围绕各个责任中心,善于把成本的事前计划、日常控制和最终产品成本的确定有机地结合起来。标准成本控制的应用,有助于这一目标的实现。

标准成本控制,包括标准成本、差异分析和差异处理三个有机组成部分。标准成本控制的业务流程见图 19-1。

标准成本是通过精确的调整、分析与技术测定而制订的,用来评价实际成本、衡量工作效率的一种预计成本。

标准成本按其制订所根据的生产技术和经营管理水平,分为

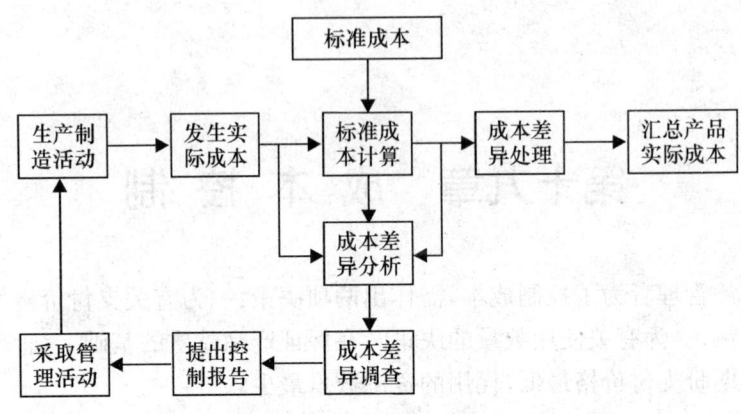

图 19-1　标准成本控制业务流程

以下几种：

1.基本的标准成本。这种标准成本一经制订，多年保持不变，它可以使各个时期的成本以同一标准为基础进行比较。但随着时间的推移，它不能反映现在应达到的标准，成为一种过去的标准，所以在实际工作中很少采用。

2.理想的标准成本。它是以现有生产技术和经营管理处于最佳状态为基础所确定的标准成本，这种标准很难成为现实，不能作为考核的依据。

3.正常的标准成本。它是根据已经达到的生产技术水平，以有效经营条件为基础所确定的标准成本，这种标准在实际工作中得到广泛的应用。

正常的标准成本是根据已经达到的生产技术水平，以有效经营条件和基础，考虑到下期一般情况下应该发生的消耗量、预计价格和预计生产经营能力利用程度制订出来的标准成本。

制订这种标准成本时，把生产经营活动中一般不可避免的损失和低效率已经考虑进去了，它要比理想标准成本低，但高于历史平均水平，比较切合下期的实际情况。要达到这种标准成本有一定的难度，但它不像理想标准成本完美无缺，高不可攀，而是只要经过努力是可以达到的一种标准。

二、标准成本的制订

产品的标准成本,是由产品的直接材料、直接人工和制造费用组成的。它的基本形式是以"数量"标准乘以"价格"标准,分别根据直接材料、直接人工的标准用量,材料价格标准,人工工资率标准和制造费用分配率标准进行具体计算的。其中"数量"标准主要由工程技术部门研究确定,"价格"标准由会计部门会同有关责任部门研究确定。

(一)直接材料的标准成本

制订直接材料的标准成本,要先确定单位产品的用料标准和材料的标准单价。

单位产品用料标准的确定,主要应根据已达到的生产技术水平,以正常经营条件为基础,同时还考虑到在目前技术条件下生产中不可避免的损耗而制订的。如果同一种产品耗用多种材料,应分别制订标准。

材料的标准单价,相当于材料的计划单价,它包括材料的买价和运杂费等,应分别制订标准。

$$\frac{直接材料}{标准成本} = \frac{单位产品的}{用料标准} \times \frac{材料的}{标准单价}$$

(二)直接人工的标准成本

制订直接人工的标准成本,要确定单位产品的标准工时和每一工时直接人工的价格标准(即标准工资率)。

工时标准,通常是在现有条件下生产单位产品需用的人工时间,包括对产品直接加工的时间、必要的间歇和停工时间、不可避免的产生废品所用的时间。

标准工资率,为每一标准工时应分配的工资,其计算公式如下:

$$\frac{小时标准}{工\ \ 资\ \ 率} = \frac{预计直接人工工资总额}{标准产量下直接人工标准工时总额}$$

直接人工的标准成本则可按下列公式计算：

$$\begin{matrix}直接人工\\标准成本\end{matrix} = \begin{matrix}单位产品的\\标 准 工 时\end{matrix} \times \begin{matrix}小时标准\\工 资 率\end{matrix}$$

（三）制造费用的标准成本

1. 变动制造费用标准成本。变动制造费用的标准成本，一般是以直接人工的工时标准（或机器工作小时标准）乘上每一工时变动制造费用的标准分配率求得。每一小时变动制造费用标准分配率，可用下列公式计算：

$$\begin{matrix}变动制造费\\用 分 配 率\end{matrix} = \frac{变动制造费用预算数}{标准产量下直接人工(机器工时)标准工时总额}$$

$$\begin{matrix}变动制造费\\用标准成本\end{matrix} = \begin{matrix}单位产品直接\\人工的标准工时\end{matrix} \times \begin{matrix}单 位 变 动 制 造\\费 用 的 标 准 分 配 率\end{matrix}$$

2. 固定制造费用标准成本。固定制造费用的标准成本，则是以直接人工的工时标准（或机器工作小时标准）乘上每一工时固定制造费用的标准分配率求得。每一工时固定制造费用分配率，按下列公式计算：

$$\begin{matrix}固 定 制 造\\费用分配率\end{matrix} = \frac{固定制造费用预算总额}{标准产量下直接人工(机器工时)标准工时总额}$$

$$\begin{matrix}固定制造费\\用标准成本\end{matrix} = \begin{matrix}单位产品直接\\人工标准工时\end{matrix} \times \begin{matrix}固定制造费\\用 分 配 率\end{matrix}$$

按上述方法确定的直接材料、直接人工和制造费用的标准成本按产品加以汇总，就可确定有关产品完整的标准成本。

第二节　标准成本控制制度

标准成本控制，是指以正常的标准成本为基础，与实际发生的成本进行比较，把成本的实际发生额区分为标准成本和成本差异两部分，对成本差异进行分析控制。成本差异是因实际成本脱离预定"目标"而向人们发出的一种信号,以此为线索进行分析研究,具体掌握差异形成的原因和责任,并据以采取相应的措施及时消除生产经营中各种不正常的、低效能的因素,就能避免各种"不利"差异的重新出现,实现对成本的有效控制。而期末把标准成本和差异重新结合,最终又可确定产品的实际成本。所以,标准成本控制法并不是一种单纯的成本计算方法,其主要特点,在于它能把成本事前的计划、日常的控制和最终产品成本的确定有机地结合起来,因此是加强成本管理、全面提高经济效益的重要工具。

一、成本差异的种类

标准成本是产品的目标成本。但在经济活动中,往往由于种种原因,使得实际发生的成本数额与预订的标准成本会发生偏离或差额,这种差额就叫成本差异。当实际成本超过标准成本时,成本差异表现为正数,叫做逆差;反之为负数,称作顺差。

产品制造成本差异一般有以下几种,见图 19-2。

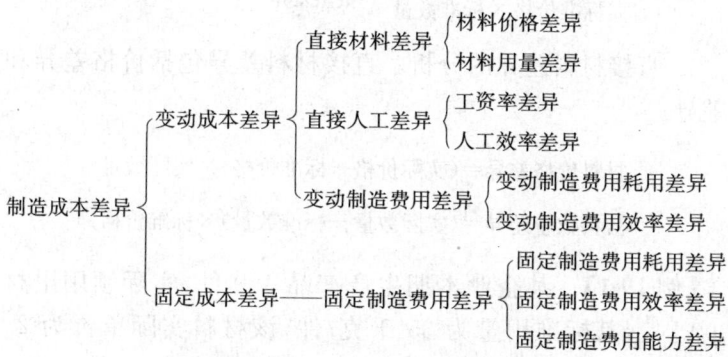

图 19-2　产品制造成本差异的种类

二、标准成本差异分析

（一）变动成本差异的分析

由于标准成本是根据标准用量和标准价格计算的,而实际成本是根据实际用量和实际价格计算的。因此成本差异可以概括为"标准用量×标准价格"和"实际用量×实际价格"之差。

成本差异＝实际成本－标准成本＝

实际价格×实际数量－标准价格×标准数量＝

实际价格×实际数量－标准价格×实际数量＋

标准价格×实际数量－标准价格×标准数量＝

（实际价格－标准价格）×实际数量＋标准价格×

（实际数量－标准数量）＝

价格差异＋数量差异

有关数据之间的关系如下：

(1) 实际价格×实际数量 ⎤
　　　　　　　　　　　 ⎬ (1)－(2) 价格差异 ⎤
(2) 标准价格×实际数量 ⎦　　　　　　　　　 ⎬ (1)－(3) 变动成本总差异
　　　　　　　　　　　 ⎤ (2)－(3) 数量差异 ⎦
(3) 标准价格×标准数量 ⎦

1. 直接材料差异的分析。直接材料差异包括价格差异和数量差异。

材料价格差异＝（实际价格－标准价格）×实际数量

材料数量差异＝（实际数量－标准数量）×标准价格

【例 19-1】　某企业本期生产产品 100 件，实际领用甲材料 4 000 千克，其标准用量为 35 千克/件，该材料实际单价为 2.20 元，其标准价格为 2 元/千克。

材料价格差异＝4 000×(2.2－2)＝800(元)　（不利差异）

材料数量差异＝2×(4 000－100×35)＝1 000(元)　（不利差异）

直接材料成本差异＝800＋1 000＝1 800(元)　（不利差异）

价格差异和数量差异的关系可用图 19-3 所示。

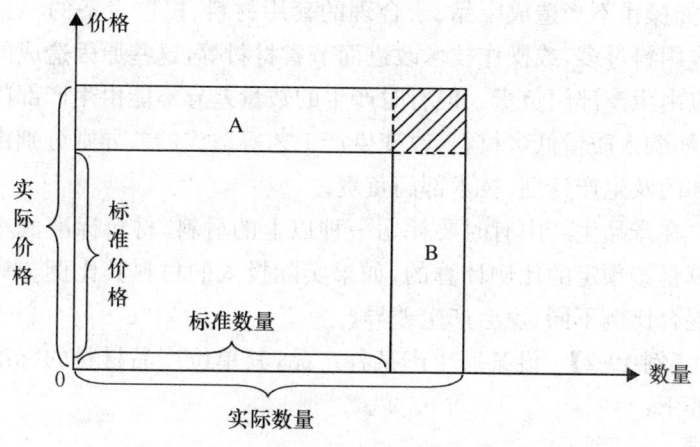

图 19-3　材料价格差异和数量差异的关系

图 19-3 表示,材料的耗用如果按标准用量计算,价格差异只会发生 700 元[3 500×(2.2－2)],系图中 A 部分。如果耗用的材料价格按标准价格计算,数量差异只会发生 1 000 元[2×(4 000－3 500)],系图中 B 部分。两种差异均未计及部分,就是图 19-3 的阴影部分,实质上属于价格差异与数量差异两个因素共同作用的结果。在实际工作中把阴影部分的差异列入价格差异,是为了便于计算和有利于成本控制。因为价格差异大多是由外部原因造成的,而数量差异则多为企业内部原因造成的,应成为内部控制的重点。

材料价格差异是在采购过程中形成的,与生产部门无关,而与采购部门有关,如未按经济批量订货、舍近求远采购、采用不适当的运输方式、未能及时订货造成紧急订货的额外采购成本等,这些都应由采购部门负责。但是市场价格的变动,则不应由采购部门负责。

材料数量差异是在材料耗用过程中形成的,一般情况下,它反映生产部门的成本控制业绩。材料数量差异形成的具体原因有很多，如操作不当造成废品、未合理的套用材料、机器设备的不正常造成用料过多，或操作技术改进而节省材料等，这些原因造成的差异应由生产部门负责。但有时产生的数量差异不能由生产部门负责，如购入质量低劣材料、改变生产工艺等造成的差异则分别由采购部门及生产计划、技术部门负责。

在产品生产中有时要耗用一种以上的材料，材料标准成本的计算是按预定的比例计算的，如果实际投入的材料其比例与计划的混合比例不同，也会产生差异。

【例 19-2】 设某厂生产某种产品，其单位产品材料的标准成本如下：

材料名称	标准用量（千克）	标准价格（元）	标准成本（元）
甲	0.6	3	1.80
乙	0.6	6	3.60
合　计	1.2		5.40

本月生产产品实际投料甲材料 400 千克，乙材料 300 千克，生产出 500 千克产品。

在这里材料的数量差异由两方面造成，一方面是由投料的混合比例改变而形成的，这种差异通常被称为材料结构差异；另一方面是实际混合材料投入后的产出量与预定的混合材料的产出量的差异，这种差异通常称为材料产出差异。

材料数量差异＝∑［标准单价×（实际用量－标准用量）］＝

材料结构差异＋材料产出差异

材料结构差异＝实际用量×$\left(\begin{array}{c}\text{以实际混合比例计}\\\text{算的平均标准单价}\end{array}-\begin{array}{c}\text{以预定混合比例}\\\text{计算的平均单价}\end{array}\right)$

材料产出差异＝$\begin{array}{c}\text{单位产品耗用}\\\text{材料的标准成本}\end{array}$×（标准产量－实际产量）

其中：
$$标准产量 = \frac{材料实际用量}{单位产品的材料用量标准}$$

[例 19-2]计算：

按标准价格实际用量计算的成本＝400×3＋300×6＝3 000(元)

计入产品的标准成本　　　　　＝500×5.4　　＝2 700(元)

材料数量差异　　　　　　　　　　　　　　＋300(不利差异)

分析：按计划预定的投料比例,材料每千克的平均单价为 4.50 元 $\left(\frac{5.40}{1.2}\right)$,按实际的投料比例,材料每千克的平均单价为 4.286 元 $\left(\frac{400 \times 3 + 300 \times 6}{400 + 300}\right)$。

材料结构差异＝(400＋300)×(4.286－4.50)＝－150(元)　(有利差异)

材料产出差异＝5.40× $\left(\frac{400 + 300}{1.2} - 500\right)$ ＝＋450(元)　(不利差异)

材料数量差异合计－150＋450＝＋300(元)　(不利差异)

上述结构差异(由投料比例改变而形成的差异)是通过每千克平均单价的变动而显现出来的。而材料产出差异是通过一定量的投料所得到的产品产出量的差异而表现出来的。上例中,单位产品材料的标准用量为 1.2 千克,本期共投料 700 千克,产出产品为 583.33 千克 $\left(\frac{700}{1.2}\right)$,而实际产出 500 千克,也就是少生产出产品 83.33 千克。按标准成本计算,每千克产品原应负担材料成本 5.40 元,但少产出 83.33 千克其负担的成本 450 元(83.33×5.40)就要"转嫁"到其余产品成本上,因而使它增加材料成本 450 元。

2. 直接人工差异的分析。人工的"价格"差异通常为工资率差异,其计算公式如下：

工资率差异＝(实际工资率－标准工资率)×实际工时

工资率差异的形成,一般主要是由生产中升级或降级使用不同工资等级的工人所引起的。

人工的"数量"差异通常称为效率差异。因为,完成一定的工作量用的工时少,生产效率就高;用的工时多,生产效率就低。因此一般而言,所用工时的数量还是其生产效率高低的具体表现。其计算公式如下:

人工效率差异＝标准工资率×(实际工时－标准工时)

【例 19-3】 某企业生产产品 100 件,实际耗用工时 5 000 工时,平均每件 50 工时,实际工资总额为 75 000 元,平均每小时 15元。如果标准工资率为 14 元,单位产品的工时耗用标准为 51工时:

工资率差异＝5 000×(15－14)＝5 000(元) (不利差异)

人工效率差异＝14×(5 000－100×51)＝－1 400(元) (有利差异)

直接人工成本差异＝5 000－1 400＝3 600(元) (不利差异)

工资率差异形成的原因,主要是在具体安排工作时,工人升级或降级使用、工资率调整、奖励制度未达到预期的效果等,一般来说,这些原因造成的差异应由安排工人工作的主管人员负责,但差异的具体原因也会涉及生产部门或其他部门。

人工效率差异的形成原因,主要是低级工被安排做高级工的活,造成实际工时超过标准工时;工人劳动积极性低;机器设备故障多;作业计划安排不合理等,这些原因造成的差异一般由生产部门负责。但是由于工艺过程的变更、材料质量的不稳定等造成延长工时,则应由其他有关部门负责。

有时一种产品的生产往往需要由不同工资等级的工人来完成,而不同工资等级的工资率是不同的。人工结构差异反映一定量的总工时中不同工人完成的工时所占比重的变动。

【例 19-4】 假定某企业预计完成产量需要标准工时总数中,

不同等级工人所占的比重如表19-1所示。

表19-1

标准工时资料表

等 级	工 时	小时工资率	工资总额（元）
1级工	3 000	4	12 000
2级工	3 000	5	15 000
合 计	6 000		27 000

$$标准平均工资率 = \frac{27\,000}{6\,000} = 4.5(元/工时)$$

该企业实际完成情况如表19-2所示。

表19-2

实际工时资料表

等 级	工 时	小时工资率	工资总额（元）
1级工	3 000	4	12 000
2级工	2 900	5	14 500
	5 900		26 500

分析：实际工资额　　　26 500 元

标准工资额　　　<u>27 000 元</u>

　　　　　　　　　　−500 元

结构差异＝26 500−5 900×4.5＝−50　（有利差异）

效率差异＝4.5×（5 900−6 000）＝<u>−450</u>　（有利差异）

　　　　　　　　　　　　−500　（有利差异）

3. 变动制造费用差异。变动制造费用差异包括变动制造费用耗用差异和变动制造费用效率差异两部分。前者是指实际的分配率与标准的分配率之间的差异，俗称"价差"；后者是按生产实际耗用工时计算的变动制造费用与按标准工时计算的变动制造费用的差异,俗称"量差"。

变动制造费用耗用差异＝(实际分配率－标准分配率)×实际工时

变动制造费用效率差异＝(实际工时－标准工时)×标准分配率

【例 19-5】 设某厂某车间变动制造费用预算如表 19-3 所示。

表 19-3

变动制造费用预算表

变动制造费用	每小时耗费	机 器 小 时		
		4 000	4 500	5 000
间接人工(元)	0.10	400	450	500
润滑材料(元)	0.20	800	900	1 000
合计(元)		1 200	1 350	1 500

该车间预算月份全月正常工作应完成机器小时 5 000 工时,应完成产量 2 500 件,预算执行结果如下:

(1)实际完成机器小时　　　　4 200 小时

(2)实际完成产量　　　　2 000 件

(3)实际发生费用:间接人工　　524 元

润滑材料　　820 元

1 344 元

分析:实际完成产量的标准机器小时＝2 000×2＝4 000(小时)

标准分配率＝$\dfrac{1\,200}{4\,000}$＝0.30(元/件)

$$实际分配率 = \frac{1344}{4\,200} = 0.32(元/件)$$

变动制造费用耗用差异＝4 200×(0.32－0.30)＝84(元) （不利差异）

变动制造费用效率差异＝0.30×(4 200－4 000)＝60(元) （不利差异）

变动制造费用差异＝84＋60＝144(元) （不利差异）

变动制造费用耗用差异,实则上是实际制造费用支出总额小于或大于在实际产量和实际工时下的制造费用预算数。部门经理有责任将实际费用支出保持在预算的可容许的限度内。

变动制造费用效率差异,是由于实际工时脱离了标准,多用工时导致的费用增加,因此其形成原因与人工效率差异相同。

（二）固定成本差异的分析

产品制造成本中的固定成本主要指固定制造费用。固定制造费用差异指一定产量上标准制造费用与实际制造费用之间的差额,包括预算差异、能力差异和效率差异。

1. 预算差异。预算差异是实际发生额同预算数之差,其计算公式如下：

$$\begin{matrix}固定制造费用\\预算(或耗用)差异\end{matrix} = \left(\begin{matrix}实\ 际\\分配率\end{matrix} \times \begin{matrix}实际\\工时\end{matrix}\right) - \left(\begin{matrix}标\ 准\\分配率\end{matrix} \times \begin{matrix}预算\\工时\end{matrix}\right) =$$

实际数－预算数

2. 能力差异。按预定应完成的生产能力即标准产量下的标准工时与实际完成生产能力即实际工时之差,为生产能力利用差异,其计算公式如下：

$$\begin{matrix}固定制造费\\用能力差异\end{matrix} = 标准分配率 \times (标准产量标准工时 - 实际产量实际工时)$$

3. 效率差异。制造产品实际耗用时间与标准限定时间形成的差异称为效率差异。其计算公式如下：

$$\begin{matrix}固定资产\\效率差异\end{matrix} = 标准分配率 \times (实际产量实际工时 - 实际产量标准工时)$$

411

【例 19-6】 某企业某车间固定制造费用预算数为 7 350 元，实际发生数为 7 540 元,预算月份全月正常工作应完成机器小时 5 000 小时,应完成产量 2 500 件。预算执行情况如下:

(1) 实际完成机器小时 4 200 小时;

(2) 实际完成产量 2 000 件。

分析:

$$标准分配率 = \frac{7\ 350}{5\ 000} = 1.47(元/小时)$$

固定制造费用预算(或耗用)差异＝7 540－7 350＝190(元)　(不利差异)

固定制造费用能力差异＝1.47×(5 000－4 200)＝
1 176(元)　(不利差异)

$$固定制造费用效力差异 = 1.47 \times \left(4\ 200 - 2\ 000 \times \frac{5\ 000}{2\ 500} \right) =$$
294(元)　(不利差异)

固定制造费用差异＝190＋1 176＋294＝1 660(元)

从[例 19-6]中,我们可以看到实际固定制造费用脱离所达到的活动水平上的固定制造费用预算为 190 元(7 540－7 350);预定应完成机器小时 5 000 小时,实际只完成机器小时 4 200 小时,现有生产能力没有充分利用,形成生产能力闲置损失,即能力差异为 1 176 元(7 350－6 174);生产 2 000 件产量实际完成机器小时 4 200 小时,而生产 2 000 件产量预定完成机器小时是 4 000 小时,则形成效率差异为 294 元(6 174－5 880)。

第三节　成本差异的账务处理

一、标准成本制度下账户的设置

在标准成本制度下,凡记入"原材料"、"生产成本"、"产成品"等账户的借方和贷方的金额,都应是标准成本。根据各种成本差异的名称设置专门的成本差异账户,如"材料价格差异"、"材料用量差异"、"人工效率差异"、"工资率差异"、"变动制造费用效率差异"、"变动制造费用耗用差异"、"固定制造费用预算差异"、"固定制造费用能力差异"、"固定制造费用效率差异"等账户,以便日常用来控制和考核各种成本指标。在各个成本差异账户内,借方登记超支差异,贷方登记节约差异。

产品完工时,按标准成本,借记"产成品"账户,贷记"生产成本"账户。产品销售结转产品销售成本时,按标准成本借记"产品销售成本"账户,贷记"产成品"账户。至于各种成本差异,如期末差异金额不大,可全部作为期间成本于期末一次转入"产品销售成本"账户。如果差异金额较大,或库存产品较多时,原则上应将差异按比例分配记入"生产成本"账户和"产成品"、"产品销售成本"账户,即差异应在在产品、库存产成品和已销产品之间进行分配,将存货成本由标准成本调整为实际成本。

二、成本差异账务处理的举例

某厂生产一种产品,其标准成本如下:

直接材料成本标准用量 8 千克,标准价格 4 元/千克;

直接人工成本每件产品 6 小时,每小时工资率 10 元/工时;

变动制造费用每件产品 6 小时,每小时分配率 8 元/工时;

固定制造费用预算总额为 5 040 元;

预计产量 420 件。

$$固定制造费用标准分配率 = \frac{5\,040}{420 \times 6} = 2(元)$$

实际成本资料如下:

耗用材料 3 120 千克,每千克 4.40 元;耗用工时 2 600 工时,小时工资率为 10.20 元;变动制造费用分配率 7.60 元;固定制造费用 5 200 元;实际产量 400 件。

(一)差异分析

1. 材料成本差异。

実际数量×实际单价　　　实际数量×标准单价　　　标准数量×标准单价
3 120×4.40＝　　　　　　3 120×4＝　　　　　　　400×8×4＝
13 728(元)　　　　　　　 12 480(元)　　　　　　　12 800(元)

材料价格差异1 248(元)(超支)　　　材料数量差异－320(元)(节约)

材料成本差异928(元)(超支)

2. 直接人工差异。

实际工时×实际工资率　　实际工时×标准工资率　　标准工时×标准工资率
2 600×10.2＝　　　　　　 2 600×10＝　　　　　　　400×6×10＝
26 520　　　　　　　　　　26 000　　　　　　　　　 24 000

工资率差异520(元)(超支)　　　人工效率差异2 000(元)(超支)

直接人工差异2 520(元)(超支)

3. 变动制造费用差异。

实际工时×实际变动分配率　　实际工时×标准变动分配率　　标准工时×标准变动分配率

2 600×7.60＝　　　　　　　 2 600×8＝　　　　　　　　400×6×8＝
19 760(元)　　　　　　　　　20 800(元)　　　　　　　　19 200(元)

变动制造费用耗用
差异－1 040(元)(节约)　　　变动制造费用效率差异1 600(元)(超支)

变动制造费用差异560(元)(超支)

4. 固定制造费用差异。

实际数　　　　预算数　　　实际工时×固定制造费用标准分配率　　标准工时×固定制造费用标准分配率

5 200(元)　　 5 040(元)　　2 600×2＝5 200(元)　　400×6×2＝4 800(元)

固定制造费用预算差异160(元)(超支)　　固定制造费用能力差异－160(元)(节约)　　固定制费用效率差异400(元)(超支)

固定制造费用差异400(元)(超支)

（二）账务处理

1. 生产中耗用材料成本（材料价格差异在购入时反映，分录略）。

借：生产成本	12 800
贷：原材料	12 480
材料用量差异	320

2. 生产中耗用人工成本。

借：生产成本	24 000
工资率差异	520
人工效率差异	2 000
贷：应付职工薪酬	26 520

3. 实际支付变动制造费用。

借：变动制造费用	19 760
贷：银行存款	19 760

4. 生产中耗用变动制造费用成本。

借：生产成本	19 200
变动制造费用效率差异	1 600
贷：变动制造费用	19 760
变动制造费用耗用差异	1 040

5. 实际支付固定制造费用。

借：固定制造费用	5 200
贷：银行存款	5 200

6. 生产中耗用固定制造费用成本。

借：生产成本	4 800
固定制造费用预算差异	160
固定制造费用效率差异	400
贷：固定制造费用	5 200
固定制造费用能力差异	160

7. 假定无期初期末在产品,本月投产产品全部完工,结转产品成本。

产成品标准成本:

$$直接材料成本＝400×8×4＝12\ 800(元)$$

$$直接人工成本＝400×6×10＝24\ 000(元)$$

$$变动制造费用＝400×6×8＝19\ 200(元)$$

$$固定制造费用＝400×6×2＝4\ 800(元)$$

$$合计\ 60\ 800(元)$$

借:产成品		60 800
贷:生产成本		60 800

8. 假定本月完工产品全部销售,结转销售成本与成本差异。

借:产品销售成本		65 208
材料用量差异		320
变动制造费用耗用差异		1 040
固定制造费用能力差异		160
贷:产成品		60 800
材料价格差异		1 248
工资率差异		520
人工效率差异		2 000
变动制造费用效率差异		1 600
固定制造费用预算差异		160
固定制造费用效率差异		400

复 习 题

一、名词解释题

1. 标准成本　　　　　　　　2. 变动成本差异

3. 固定成本差异

二、思考题

1. 标准成本有哪些种类？成本控制应采用哪种标准成本？为什么？

2. 如何制订标准成本？试简要加以说明。

3. 材料数量差异、材料价格差异如何计算？

4. 人工效率差异、工资率差异如何计算？

5. 什么是固定制造费用耗用差异、效率差异、能力差异？如何计算？

三、判断题

1. 成本控制的直接结果就是降低成本，因此是经营管理工作的核心。　　　　　　　　　　　　　　　　　　　（　　　）

2. 用量差异等于实际价格与用量差的乘积。　　（　　　）

3. 有利差异是实际成本低于标准成本形成的节约额，因此，总是越大越好。　　　　　　　　　　　　　　　　　（　　　）

4. 各种成本差异在月末只要一次转入"产品销售成本"账户，全部由已售产品成本负担。　　　　　　　　　　　（　　　）

四、单项选择题

1. 在实际工作中广泛应用的最切实可行的标准成本种类是（　　　）。

　　A. 理想标准成本　　　　B. 正常标准成本

　　C. 平均标准成本　　　　C. 基本标准成本

2. 一定期间生产一定产品时由于直接人工、直接材料或变动制造费用的实际价格偏离相关的标准成本而形成的差异称作（　　　）。

　　A. 成本差异　　　　　　B. 纯差异

　　C. 用量差异　　　　　　D. 价格差异

3. 对成本差异的控制重点在于（　　　）。

A. 可控差异　　　　B. 不可控差异

C. 有利差异　　　　D. 不利差异

4. 以下关于固定制造费用效率差异的计算公式中,正确的是( )。

A. 固定制造费用实际数－固定制造费用预算数

B. 标准分配率×(实际产量实际工时－实际产量标准工时)

C. 标准分配率×(标准产量实际工时－实际产量标准工时)

D. 实际分配率×(实际产量实际工时－实际产量标准工时)

五、多项选择题

1. 下列项目中,属于价格差异的有( )。

A. 人工效率差异　　B. 材料价格差异

C. 工资率差异　　　D. 变动制造费用耗用差异

E. 材料数量差异

2. 下列项目中属于数量差异的有( )。

A. 人工效率差异　　B. 材料价格差异

C. 工资率差异　　　D. 变动制造费用耗用差异

E. 材料数量差异

3. 标准成本系统包括( )等组成部分。

A. 标准成本制订　　B. 成本差异计算分析

C. 成本差异账务处理　D. 产品成本计算方法的选择

E. 发出存货的计价方法

4. 如果期末各种成本差异金额较大,库存产品较多时,差异应在( )之间进行分配。

A. 库存材料　　　　B. 期末在制品

C. 库存产成品　　　D. 已售产品

E. 期初在制品

六、核算题

核算题(一)

1. 目的　练习变动成本差异的计算与处理。

2. 资料　某企业只生产一种产品。预计月生产能力标准总工时为 14 000 小时。单位产品标准成本资料如下：

直接材料(40 千克，单价 3.00 元)	120 元
直接人工(20 小时，小时工资率 6.00 元)	120 元
变动制造费用(20 小时，每小时 4 元)	80 元
标准成本	320 元

实际发生的成本数据如下(当月生产 600 件)：

直接材料(24 500 千克，单价 2.90 元)	71 050 元
直接人工(15 000 小时，小时工资率 6.50 元)	97 500 元
变动制造费用	67 500 元
合　计	236 050 元

3. 要求　对发生的差异进行计算，并作结转差异的会计处理(差异全部由产品销售成本负担)。

核算题(二)

1. 目的　练习固定成本差异的计算与处理。

2. 资料　某公司预算固定制造费用 40 800 元，实际固定制造费用 48 000 元；预算工时为 6 800 小时，实际工时为 6 000 小时；预计完成产量 3 400 件，实际完成产量 3 000 件。

3. 要求　对发生的差异进行分析并作结转差异的会计分录(差异全部由产品销售成本负担)。

第二十章　成　本　考　核

对企业员工控制成本的实绩进行恰当的评价和奖惩,能够激励他们在自己责权范围内按预定目标控制成本,实现权、责、利相结合。要达到这一目的,责任成本制是一种行之有效的制度。本章阐述了实行责任成本制的意义及其内容,并对责任成本制度与标准成本制度,责任成本与产品成本分别作了比较。本章还说明了计算责任成本的两个关键问题:划分可控成本与不可控成本;进行责任成本的追溯和转账。

第一节　责任成本制度

一、建立责任成本制度的目的与原则

责任成本制度是在企业内部划分成本责任层次,建立成本中心,按照责任归属积累和报告成本信息,根据对经营决策总目标进行分解而形成的责任预算,考核成本、控制业绩的一种企业内部控制制度。它是现代分权管理模式的产物。

(一)建立责任成本制度的主要目的

1. 有利于贯彻经济责任制,激发企业员工对成本控制的责任感。建立责任成本制度,把按成本划分的经济责任层层落实到分厂、部门、车间、班组以至个人,将成本信息处理、工作实绩考核均与各有关的成本中心紧密联系,可以增强各个成本中心的责任感,促使他们在自己的责权范围内对成本行使控制权。

2. 便于企业管理机构对各个成本中心的业绩进行考核。建立责任制度,各个成本中心对控制成本都有明确的责任权限,对于不该管和不能控制的则无需负责,便于企业管理机构对各个成本中心的工作实绩进行评价和确定奖惩,能有效改变成本管理中职责不清、功过难分的"大锅饭"现象,充分调动企业员工管理成本的积极性,以取得较好的成本控制效果。

3. 有利于统一各个成本中心与整个企业的成本管理目标。建立责任成本制度,将目标成本层层分解为各个成本中心的责任指标,并据以考核它们控制成本的实绩,能够促使各成本中心为保证实现企业总体奋斗目标而协调工作,避免各成本中心为局部利益损害企业总体利益和其他责任中心的利益。

(二)建立责任成本制度的原则

鉴于上述目的,建立责任成本制度主要应遵循:责任主体原则、目标一致原则、可控性原则、激励原则、反馈原则。

二、责任成本制度的主要内容

责任成本制度主要包括下列主要内容:

1. 划分责任层次,建立成本中心,明确各中心的成本责任和权限。成本(费用)中心是发生成本并能对成本(费用)行使控制权的区域,也是可以评估其成本(费用)管理业绩的组织机构。成本中心是一种承担单一责任的责任中心,其特点是只对生产经营过程中投入的成本或费用负责。如本书第一章所述,成本责任层次的划分和成本中心的建立,应该与企业的组织结构、产品形成的工艺流程相适应,使生产成本在发生的各个环节、各个层次都处于受控状态,使生产成本的控制不存在责任空白区域。

2. 对总体目标成本进行责任分解,编制各成本中心的责任预算。企业为了保证完成所制订的目标成本,必须将目标成本按照成本中心的责任权限进行分解,为各成本中心编制责任预算。责任预算是考核成本中心责任行为的依据,也是成本中心自我控制的标准。编制责任预算和按照责任预算控制成本中心的行为过程，也是对成本实施事前和事中的控制，是实现企业目标的保证。编制责任预算，除了应注意考核标准的先进性、可行性以外，还必须考虑协调性和可计量性。所谓协调性，是指所制订的责任预算能使各成本中心为实现企业共同目标和谐地工作，而不应使局部的目标损害企业总体目标。所谓可计量性，是指责任预算的实际执行情况，要能比较准确、及时地计量和报告。各成本中心责任预算的内容也因各自的责权范围不同而异。大范围的成本中心，如工厂、车间等，其责任预算的内容可能包括产品若干主要成本项目的内容；而小范围的成本中心，如工段、班组等，其责任预算的内容则可能仅涉及单个成本项目甚至其中某个明细项目的内容。但不论怎样，对各成本中心所考核的都是它们各自责权范围内能够控制的成本。

目标成本分解为各成本中心的责任指标时，应将所有成本项目按成本习性分为变动成本和固定成本两大类，根据构成成本的具体内容、影响成本的各种因素及其联系、形成成本的生产过程，组合运用项目分解、因素分解、过程分解等多种方法，把每一项成本指标落实到相关的责任主体。

3. 建立责任预算执行情况的监控系统，考核成本中心业绩。企业应根据内部成本管理的需要、企业的组织形式、生产类型的特点等具体情况，建立以成本中心为对象的责任控制信息系统。责任成本制度要求以成本中心为对象，组织成本信息的日常记录、计算、积累和报告工作，使围绕成本中心进行的一整套会计处理工作，成为监控责任预算执行情况的跟踪系统，以便及时掌握预算执行情况。

成本中心的业绩考核，主要通过定期编制业绩报告，对比责任成本的实际数与预算数进行的。根据考核情况对各成本中心作相应奖罚，将责、权、利相结合。

4. 分析执行责任预算的偏差及其原因, 及时采取措施控制成本。成本管理职能机构和成本中心应该经常分析责任预算的执行情况, 对偏离预定目标的差异进行责任分析, 查明原因, 采取有针对性的改进措施, 以达到按预定目标控制成本的目的。为了提高工作效率, 应实行例外管理原则, 重点剖析那些不符合常规的关键性差异(这类差异称为"例外"), 找出问题症结所在, 迅速采取措施调节有关成本中心的经济活动, 从而实现以效绩评价为中心的目标管理。

三、责任成本制度和标准成本制度

目标成本是企业在成本管理方面总的奋斗目标。按目标成本实行成本管理必须依赖于有效的方法和制度。标准成本制度通过及时揭示实际成本偏离预定标准的差异, 对产品的实际成本进行日常控制。及时反馈各成本项目不同性质的差异, 可增强生产经营者对成本的敏感性, 也为迅速采取措施、消除不利因素提供了线索。责任成本制度则通过目标成本的责任分解和落实, 对成本中心控制成本的业绩予以考核。按责任归属反馈执行预算的差异, 可增强生产经营者对成本的责任感, 也为评价他们控制成本的实绩和实施奖惩提供了依据。责任成本制度和标准成本制度在成本管理中的作用有所不同, 但两者都需要用一定的标准揭示差异, 而且标准成本制度用以揭示差异的某些标准, 例如, 耗用材料标准、耗用工时标准, 也可以作为评价特定生产者(或单位)控制成本功过责任的尺度。对于按这类两者共用的标准揭示差异的计算、分析和账务处理, 责任成本制度可以向标准成本制度"借道"而行。

但是, 责任成本制度与标准成本制度的作用有所不同, 也影响两者用以揭示差异的标准有所区别。标准成本制度采用的标准并不强求必须为特定的成本中心专门设计。所以, 当标准本身又是若干特定标准汇集的复合体系(如标准固定制造费用分配率)时,产品实际成本与此类标准之间的差异,对成本中心来说,既包括可控因素,又包括不可控因素,不能直接用于评价和考核成本中心的实绩。责任成本制度所采用的标准是责任者从事某项工作耗费水平的标准,是一种经济责任标准,必须是专门为特定成本中心所设计的,才能据以揭示实际发生的责任成本与责任预算之间的差异,即成本中心的可控差异,也才能据以考核各个成本中心控制成本的责任功过。由此可见,实行责任成本制度与控制成本不但不相违背,而且强化了生产经营者的成本责任,更能促成生产经营者完成预定的目标。

第二节 责任成本的计算与考核

一、责任成本与产品成本的区别

适应成本内部管理需要而产生的各种成本概念,泛称管理成本。其中,为了按责任归属考核成本中心控制成本的业绩,以激励成本责任者的积极性而产生的责任成本概念,是管理成本的核心。责任成本是以成本中心为对象进行归集的成本。

责任成本与产品成本的区别主要有以下三个方面:

1. 成本计算对象不同。传统的产品成本以产品作为成本计算对象,即以产品为成本承担的客体;而责任成本以成本中心作为成本计算对象。

2. 成本计算的原则不同。产品成本的计算原则是"谁受益,谁承担";而责任成本的计算原则是"谁负责,谁承担",即以可控性作为归集成本的原则。

3. 成本计算的目的不同。计算产品成本主要用以确定产品生产发生耗费的补偿和企业利润,并为制订产品价格提供依据;而计算责任成本主要用以分析考核企业员工控制成本的业绩,为贯彻企业内部经济责任制服务。

从理论上讲,在全厂范围和某个一定时期内,产品总成本与各级成本中心的责任成本总和应该相等。但这意味着企业必须拥有完全的独立自主经营权,意味着由于企业外部的责任所造成的损失一定能够得到全部赔偿,意味着企业外部环境中不存在企业管理机构难以预见的变化等。在实际工作中通常难以完全符合上述条件,因而造成产品总成本与责任成本总和往往不等。

二、划分可控成本与不可控成本

为了计算责任成本,必须先将成本按已确定的经济责权分管范围分为可控成本和不可控成本。划分可控成本和不可控成本,是计算责任成本的先决条件。可控成本一般应同时符合下列三个条件:

(1) 成本中心能在事先预计此种耗费的性质和数额。

(2) 成本中心能在事中控制并调节此种耗费。

(3) 成本中心能在事后准确计量此种耗费。

以上三个条件都具备,为可控成本;否则为不可控成本。

可控与不可控是相对于特定的成本中心和特定的时期而言的。同一项成本或费用,在某个成本中心不可控,在另一成本中心则可控;在较低的层次不可控,在较高的层次则可控;在某个时期内不可控,从更长时期看则属可控;在某项管理权下放前属不可控,在取得其自主权后则属可控。例如,租入生产设备的租赁费,对于使用租入设备的生产班组或个人来说,是不可控成本,而对于有权决定设备购置和租赁的部门经理而言,就不是不可控的。又如,动力消耗对于单独装有电表计量的生产车间属可控成本,而对于没有单独电表的生产车间,按实际电费总额和定额耗电量所摊派的电费则属不可控成本。成本的可控性总是与一定条件相联系的,不能离开具体条件一概而论。

三、责任成本的追溯和转移

责任成本的日常会计处理原则是以成本中心为对象汇集其可

控成本。责任成本核算的关键,是进行责任成本的追溯,从而必须进行责任成本的转移。成本中心之间有关责任成本相互转账结算的经济业务,主要有以下三种类型:

1. 由于受到其他成本中心工作质量的影响,造成与责任预算产生差异。应对这部分差异进行责任追溯,按责任归属结转给有关的成本中心。例如,金工车间在零件加工过程中发生的不可修复废品,经查明系铸造质量问题导致毛坯不合格所造成,应将这部分废品的损失(包括材料价值和在本车间的加工费用),结转给铸造车间,作为铸造车间的责任成本。此类责任成本常常在成本发生地不显示,而在开始加工后转移到下道工序、另一车间继续加工时才显示。因此,应对各成本中心经济责任的范围和确认作出明确规定,这有利于责任成本的转账结算。

2. 连续加工式生产企业采用逐步结转分步法计算产品成本时,半成品的实际成本跟随其实物在加工步骤间转移,往往将半成品生产单位的成本责任转嫁给耗用单位,这样会削弱双方控制成本的责任感和积极性。为了剔除加工步骤间成本水平波动的相互影响,各加工步骤为下一步骤提供半成品时,应按照所产半成品的标准成本、定额成本等内部转移价格,结转给下一步骤的生产成本明细账。

3. 辅助生产车间、服务部门等提供的劳务,按实际成本结转,也往往导致提供劳务单位、部门的成本责任转嫁给耗用劳务的单位、部门。为了有利于划分有关成本中心的成本责任,一般可按"应分摊的固定成本+使用的变动成本"结转计入使用劳务单位或部门的责任成本,其中,应分摊的固定成本根据固定成本预算按正常需用量预先确定固定比例进行分摊,使用的变动成本=实际耗用量×每单位劳务量的预计变动成本。对第三种类型的责任成本结算举例说明如下:

假定某厂机修车间200×年初编制的费用预算规定:月固定

成本为 18 000 元,月正常维修工作量计 5 000 工时(为甲、乙两个基本生产车间分别维修 3 000 工时和 2 000 工时),每维修工时的变动成本为 4.50 元。1 月份实际发生的维修工作量为 5 000 工时(为甲、乙车间分别维修 3 000 工时和 2 000 工时),2 月份实际发生的维修工作量为 4 800 工时(为甲、乙车间分别维修 3 000 工时和 1 800 工时)。该厂该年 1 月份和 2 月份实际发生的维修成本(包括固定成本和变动成本)见表 20-1。

表 20-1

机修车间发生的固定成本与变动成本

单位: 元

月份	固 定 成 本			变 动 成 本			合 计		
	预算	实际	差异	预算	实际	差异	预算	实际	差异
1	18 000	17 640	360 (有利)	22 500	23 310	810 (不利)	40 500	40 950	450 (不利)
2	18 000	18 540	540 (不利)	21 600	22 500	900 (不利)	39 600	41 040	1 440 (不利)

如果按照机修车间实际发生的维修成本总额和维修工时总量摊派,分配结果见表 20-2。

表 20-2

机修车间维修成本的分配

月份	实际维修成本(元)	实际维修工时	分配率	分给甲车间的维修成本		分给乙车间的维修成本	
				耗用维修工时	分配金额(元)	耗用维修工时	分配金额(元)
1	40 950	5 000	8.19	3 000	24 570	2 000	16 380
2	41 040	4 800	8.55	3 000	25 650	1 800	15 390

从表 20-2 中可以看到,虽然甲车间在 1 月份和 2 月份耗用维修劳务的数量相等,但分摊的维修成本却不同。采用上述分配方法,分给耗用劳务单位的维修成本,不仅取决于它们耗用劳务的数量,而且还取决于机修车间控制成本的工作实绩和其他单位耗用劳务的数量。因此,采用这种方法所分摊的维修成本,对于耗用维修劳务的单位而言,属于不可控成本。

如果改变分配方法,按照"应分摊的固定成本＋实际耗用量×每单位劳务量的变动成本"进行分配,则分配结果见表 20-3。

表 20-3

机修车间维修成本的分配

单位:元

月份	甲车间所负担的维修成本			乙车间所负担的维修成本		
	固定成本	变动成本	合　计	固定成本	变动成本	合　计
1	10 800	13 500	24 300	7 200	9 000	16 200
2	10 800	13 500	24 300	7 200	8 100	15 300

从表 20-3 中,我们可以看到甲车间 1 月份应分摊的固定成本为 10 800 元,是根据月固定成本预算 18 000 元,以及按甲车间对维修服务的正常需要量预先确定的固定比例 60％(3 000 维修工时/5 000 维修工时)所计算求得;变动成本 13 500 元,是根据甲车间 1 月份实际耗用的维修工时 3 000 和预计的每维修工时变动成本 4.50 元所计算求得。我们还可以看到,甲车间 1 月份和 2 月份所负担的维修成本,由于耗用维修劳务量相同而相等,没有受到机修车间本身成本超支、节约的影响,也未受到乙车间耗用维修劳务数量变动的影响。耗用维修劳务的甲、乙车间所负担的维修成本中,固定成本由其对维修劳务的正常需要量所决定。变动成本则由其各月实际耗用的维修劳务数量所决定。采用这种分配方法,

对于耗用劳务的单位而言,所负担的劳务成本主要取决于本身对劳务的需求,基本属于可控成本。

至于机修车间实际成本脱离预算的差异,可以作为考核其成本水平的依据,并上报厂部集中处理。需要说明的是,在表 20-1 中所揭示的成本差异,不一定都是机修车间的可控差异,因为表 20-1 中所归属的成本是按维修劳务为对象归集的劳务成本,而不是按机修车间的成本责任为对象归集的责任成本。

由此可见,选择适当的方法在有关的成本中心之间分配间接成本,尽可能使成本中心负担的成本由自己的工作情况所决定,有利于划分经济责任,合理评价和考核各成本中心的工作实绩。

四、对成本中心的业绩考核

对成本中心业绩考核的重点是责任成本。任何成本中心的责任成本必须是该中心的可控成本。每个成本中心在计划期开始前编制的责任预算,平时对责任成本实际发生数额的记录,以及所编制的工作实绩报告,都以该成本中心的可控成本为限。一个成本中心的责任成本,应包括该成本中心本身归集的可控成本,由其他成本中心按责任归属转来的应由该中心负责的成本,以及下属各成本中心的责任成本。假如某企业的成本中心共设置班组、车间、分厂三个责任层次,则其责任成本的逐级汇总计算如下:

$$班组责任成本 = \frac{可控直接}{材料成本} + \frac{可控直接}{人工成本} + \frac{可控间}{接成本}$$

$$车间责任成本 = \sum 各班组责任成本 + 车间可控间接成本$$

$$分厂责任成本 = \sum 各车间责任成本 + 分厂可控间接成本$$

各成本中心应定期编制业绩报告,据以对其进行业绩考核与评价。考核的重要依据是责任预算。将责任成本的实际发生数与预算数比较,其差异反映成本中心对责任预算的执行情况,是显示成本中心工作成果优良劣差的重要标志。在对成本中心进行考核时,如果预算产量与实际产量不一致时,应按弹性预算的方法首先调整预算指标。

关于各成本中心业绩报告的编制,本书已在第十三章第五节中介绍,这里不再重复。

复 习 题

一、名词解释题

1. 责任成本制度
2. 责任成本
3. 成本(费用)中心
4. 可控成本

二、思考题

1. 简述建立责任成本制度的目的和内容。

2. 什么是成本中心? 为何要建立成本中心?

3. 责任成本制度与标准成本制度用以揭示差异的标准有何联系与区别?

4. 请说明责任成本与产品成本的主要区别。

5. 何谓可控成本? 何谓不可控成本? 如何划分可控成本与不可控成本?

6. 如何在有关成本中心之间进行责任成本的转账结算?

7. 怎样对成本中心进行业绩考核?

三、判断题

1. 责任成本是按承担的客体即产品来计算的成本。 (   )

2. 就某一时期来说,企业的产品总成本与责任成本总和不一定相等。 (   )

3. 维修成本对于生产车间来讲,属于可控成本。 (   )

4. 对车间而言是不可控的成本,对下属班组一定是不可控的。 (   )

5. 各成本中心相互之间提供产品或劳务,以及成本中心责任成本转账,一般以实际成本作为内部转移价格。 (   )

6. 成本中心的负责人应对其管辖区内发生的一切成本费用负责。（　　）

7. 为了计算责任成本,必须将成本按可控性进行划分。(　　)

8. 对成本中心而言,可控成本即变动成本,不可控成本即固定成本。（　　）

9. 成本中心发生的直接成本都是可控成本。　　（　　）

10. 低层次成本中心的可控成本一定是其所属较高层次成本中心的可控成本。（　　）

四、单项选择题

1. 各成本中心相互转移产品或劳务时,其内部转移价格的制订最好采用(　　)。

　　A. 实际成本

　　B. 实际成本加成

　　C. 标准成本(或定额成本)

　　D. 标准成本加成

2. 成本中心控制和考核的主要内容是(　　)。

　　A. 产品成本　　　　　　B. 预算成本

　　C. 标准成本　　　　　　D. 责任成本

3. 成本中心的业绩考评是以(　　)作为考核依据的。

　　A. 责任执行结果　　　　B. 责任成本

　　C. 责任预算　　　　　　D. 可控成本

4. 建立责任成本制度,必须考虑成本的(　　)。

　　A. 可控性　　　　　　　B. 相关性

　　C. 可避免性　　　　　　D. 可延缓性

五、多项选择题

1. 责任成本制度的主要内容有(　　)。

　　A. 编制责任预算　　　　B. 设置成本中心

　　C. 建立跟踪系统　　　　D. 考核评价业绩

E. 进行责任分析

2. 建立责任成本制度的原则一般包括(   )。

   A. 可控性原则　　　　B. 激励原则

   C. 目标一致原则　　　D. 反馈原则

   E. 责任主体原则

3. 对成本中心而言,可控成本应同时具备的条件为(   )。

   A. 成本总额随业务量变化而成正比例变化

   B. 成本总额是固定不变的

   C. 责任中心有办法知道将发生什么性质的耗费

   D. 责任中心有办法计量它的耗费

   E. 责任中心有办法控制并调节它的耗费

4. 责任成本与产品成本的主要区别在于(   )。

   A. 成本计算对象不同　B. 成本计算目的不同

   C. 成本计算结果不同　D. 成本计算的原始凭证不同

   E. 成本计算原则不同

六、核算题

1. 目的　　练习间接成本在有关成本中心之间的分配。

2. 资料　　某厂建立责任成本制,下设甲生产车间、乙生产车间、丙机修组、丁车队等成本中心。丙机修组为甲、乙、丁单位提供修理劳务,丁车队为甲、乙、丙单位提供运输劳务。

(1)劳务成本预算:

根据当年成本预算:丙机修组月固定成本为 5 000 元,单位劳务变动成本为 6 元/工时;丁车队月固定成本为 3 000 元,单位劳务变动成本为 0.50 元/吨千米。

(2)劳务实际成本:

该年 9 月份丙机修组提供修理劳务的实际成本为 20 600 元,丁车队提供运输劳务的实际成本为 7 750 元。

(3)各成本中心对劳务的正常需要量和实际耗用量见表

20-4。

表 20-4

有关劳务成本资料表

成本中心	机修劳务（工时）		运输劳务（吨千米）	
	月正常需要量	9 月份实际耗用量	月正常需要量	9 月份实际耗用量
甲生产车间	1 200	1 200	4 500	4 600
乙生产车间	800	820	4 000	3 800
丙机修组	—	—	1 500	1 400
丁车队	500	550	—	—
合　　计	2 500	2 570	10 000	9 800

3. 要求　根据上述资料,在各有关成本中心之间合理分配机修劳务成本、运输劳务成本。

第二十一章 作业成本法

作业成本法是适应新技术革命的要求，与适时制生产管理系统、全面质量管理体系相辅相成、配合运用的一种成本会计系统。它通过分析成本动因，在资源消耗与最终产出之间架起一座桥梁，以便提供更准确的成本信息，为从根本上降低成本指明方向。本章对作业成本法的产生背景、基本概念、方法特点、操作流程、评价及适用等多方面作了介绍。

第一节 作业成本法及其产生

一、适时制及成本会计改革

随着高科技尤其是计算机技术的飞速发展及其在生产中的广泛运用，一种新的企业管理思想——适时制应运而生。所谓适时制，是指以必要的劳动，确保在必要的时间内，按必要的数量，生产提供必要的产品，以期达到杜绝浪费、降低成本和提高企业经济效益目的的一种生产管理系统。

适时制以需求拉动生产，企业只根据客户的定单组织生产，后一道生产工序对前一道生产工序提出需求，以此类推，直到第一道生产工序对原材料提出需求。这种强调紧密协调配合的生产管理系统，结合实施全面质量管理，使得企业在供、产、销各环节实现"零存货"成为可能。这一特点使各期发生的产品生产费用与各期完工产品成本趋于一致（基本一致）。

在适时制下，生产布局以制造单元式布局替代传统的分车间部门或生产步骤布局。其布局的特点是：在一定时期内，每一单元只生产一种产品或性质相近的多种产品。这一特点使生产费用的可归属性大大增强。由于产品的全部工序是在一个单元里完成的，在传统成本会计中被认为是间接费用的折旧费、修理费等，在适时制下都是构成产品成本的直接费用。

此外，高新技术的发展及其在生产中的运用，以及适时制生产管理系统本身的需要，使产品构成发生重大变化。生产及其管理的自动化、电脑化，使得直接人工成本所占比重大大下降，制造费用中固定资产租金及折旧费、管理人员工资等所占比重大大提高，其构成内容也变得较为复杂。这一特点使产品成本计算与控制的重点向制造费用转移，制造费用的分配对产品成本信息的影响变得至关重要。

综上所述，由于各种先进制造技术和适时制生产系统的广泛运用，使产品成本与期间成本趋于一致，使产品成本的可归属性大大增强，也使产品成本的构成发生较大变化。传统的成本会计系统（包括制造成本法、变动成本法、责任成本制度、标准成本制度等）受到了冲击。

传统成本会计中，间接费用的分配标准一般采用直接人工小时或机器小时，这种分配标准在产品品种少而间接费用数额不大的情况下比较适用。在现代化生产中，制造费用在产品成本中所占比重大幅度上升，其构成内容也趋于复杂化，而直接人工费用由于生产自动化、电脑化而显著降低。这样，较高的间接制造费用通过按直接人工单一标准分配，由低劳动密集型向中高劳动密集型产品转移，造成不同产品之间成本的严重歪曲。面临间接制造费用在产品总成本中的比重越来越增大，其内容越加复杂化，以及产品品种呈现多样的趋势，如果仍以单一标准分配制造费用，必然导致成本信息严重失真，从而引起成本控制失效，经营决策失误。

传统的成本性态的划分是以成本与产量之间的依存关系为依据的，但当间接费用金额较大，且构成内容复杂时，这种划分使投入与产出之间的关系模糊。大多数间接费用与产量多少无关，而与一系列其他的成本动因相关，如顾客数、供应商数、服务次数、检验小时、订购次数等。例如，生产计划制订费用的成本动因，是需要制订计划的生产批次而不是产量。若仍然以成本与产量之间的依存关系作为唯一依据，划分变动成本与固定成本，将占总成本比重日益增加的固定成本都按发生期间归集处理，不能为控制成本提供良策，这样，既削弱了成本控制，又影响了决策的科学性。这就迫使理论界反思变动成本法的理论基础——成本性态，拓宽成本性态分析范围。

传统的预算制度和标准成本制度是以差异分析为基础的，强调对耗费差异和效率差异的计量和控制。但由于费用项目高度概括，费用分配基础过于单一，从而导致差异也过于浓缩，往往涉及几个部门或几种作业，责任难以界定。这就使预算编制与费用分析不能为成本考核提供有用的信息，成本会计业绩报告的作用被大大削弱了。

传统的责任中心主要是依据组织机构的职能、权限、目标和任务来划分的，并据此进行责任预算、责任控制和责任考核。由于职能和权限的局限性，忽视了对许多不可控间接费用的控制，突出地表现在：忽视了对分布在不同职能部门却又相互联系的同质费用的责任归属，使许多能够得到控制的成本游离于成本控制之外，不利于将更多的费用纳入责任管理，而且也不利于规范责任、权限和利益之间的关系。

为适应新技术革命和适时制的要求，自 20 世纪 80 年代中期以来，西方发达国家的学术界和实务界积极研究和推行一种新的成本会计系统——作业成本法（Activity Based Costing，简称 ABC）或称作业成本系统（Activity Based Costing System，简称

ABCS）。

二、作业成本法的有关概念

作业成本法是一种以"成本驱动因素"理论为基本依据，根据企业生产经营过程中发生和形成的资源耗费、作业和最终产出的关系、作业链和价值链的关系，对成本发生的动因加以分析，以作业为基础计算和控制成本的一种成本核算方法和成本管理制度。作业成本法涉及下列基本概念：作业和作业链；与作业链相关的价值链；与作业相关的成本动因。

（一）作业和作业链

詹姆斯·A·布林逊（James A. Brimson）在《作业会计》（Activity Accounting）一书中认为：作业是企业为提供一定量的产品或劳务所消耗的人力、技术、原材料、方法和环境等的集合体。

企业的作业有不同的分类方法。通常可分为成本目标作业和维持性作业。

成本目标作业：使产品或顾客受益的作业。此类作业可进一步划分为：使单位产品受益的作业，如机器的动力作业；使一批产品受益的作业，如对各批产品的机器准备、材料处理、定单处理、产品检验等作业；使某一生产经营过程受益的作业，如材料计划、材料采购等作业；为特定顾客服务的作业，如向顾客提供技术服务等作业。

维持性作业（也称服务性作业）：使某个部门或机构受益的作业，即支持整个企业组织的作业，如行政管理、会计处理、秘书工作等。

现代企业实际上就是一个为了满足顾客需要而建立的、一系列前后有序的作业集合体，被称为"作业链"。

（二）与作业链相关的价值链

在一系列作业的集合体——作业链上，存在这样一种关系：资源→作业→产品,即作业耗用资源,产品耗用作业。每完成一项作业就消耗一定量的资源,同时又有一定价值量的产出转移到下一项作业。照此逐步结转,直至最后形成产品交送顾客。作业的转移同时伴随着价值的转移,最终产品是一系列作业的结果,同时也表现为全部有关作业的价值集合。因此,作业链的形成过程,也就是价值链的形成过程。

对价值链的分析,可以从产品生产环节一直追查到产品设计环节,其目的在于发现和消除对价值链无所贡献的作业。并非所有作业都能增加转移给顾客的价值。从这一角度出发,作业可分为增值作业和不增值作业。例如存货的储存保管、次品修复等作业,均属不增值作业,都是资源的浪费。若能消除这些不增值作业或将其压缩到最低限度,就能更有效地利用资源,逐步实现存货管理、质量管理的目标——"零存货"、"零缺陷"。可见,对价值链进行分析,可以为企业改善成本管理指明方向,是企业挖掘降低成本潜力,加强全面质量管理,减少资源浪费的有效途径。

（三）与作业相关的成本动因

成本动因也称成本驱动因素。它是引起费用变动的因素,也是影响成本结构的决定因素。在作业成本法中成本动因有两种表现形式:

1. 分配资源成本的动因。作业消耗资源,资源消耗量与作业量之间的关系称为资源动因。资源动因作为一种分配基础,它是将资源耗费分配到作业成本库的标准,反映了作业对有关资源的耗费情况。通过分析资源动因,促使企业合理配置资源,寻求降低作业成本的途径。

2. 分配作业成本的动因。产品消耗作业,作业消耗量与最终产出之间的关系称为作业动因。它是将作业成本分配到产品或劳务的标准。作业动因也是资源消耗与最终产品相沟通的中介。通过分析作业动因,可帮助企业发现和减少不增值的作业,寻求降低整体成本的途径。

第二节 作业成本法的特点及成本计算程序

一、作业成本法的特点

与传统的成本计算方法相比较,作业成本法计算产品成本有如下特点:

1. 以作业为成本计算的中心。作业成本法下,首先要确认从事了哪些作业,根据作业对资源的耗费归集各种作业所发生的成本,然后根据产品对作业的需求量,计算出耗费作业的产品成本。作业成本法扩大了成本计算面,把成本计算的重心转移到耗费资源的作业成本上,有利于提高成本分析的清晰度,发现和消除对企业经济效益无贡献的耗费。

2. 设置成本库归集成本。成本库是指可用同一成本动因来解释其成本变动的同质成本集合体。例如,一个生产车间所发生的动力费用、准备调整费用、检验费用等受不同的成本驱动因素影响,应分别设置成本库进行归集。又如,检验费用,也可再按材料检验、在产品检验和产成品检验分设若干个成本库归集。不同质的制造费用,通过不同的成本库归集,有利于发现和分析成本升降的原因,有的放矢地进行成本控制。

3. 按多标准分配成本。将不同质的费用设立不同的成本库进行归集,也有利于按引起费用发生的成本动因进行分配。例如,动力费用与产品产量有关,可选择与产品产量有关的成本动因,如机器小时作为分配基础;产品检验费用与检验数量有关,可按检验数量进行分配;准备调整费用与产品准备次数有关,可按准备次数进行分配。按多标准分配不同质的制造费用,能够为成本控制提供更准确的信息。

在作业成本法下,分配间接费用的基础,除了财务方面的指标外,大量的是非财务方面的指标,如材料订购次数、质量检验数量等。

二、作业成本法计算成本的程序

1. 作业分析。作业分析,是指分析生产产品和提供劳务服务所发生的各项活动,将同质的活动确认为作业项目(或作业中心)的过程。作业分析的目的,就是将企业的生产经营活动分解或集合为一个个计算成本和评价效果的基本单位——作业,描述有关资源是如何被消耗的,说明各项作业的投入和产出。作业项目不一定正好与企业的传统职能部门相一致。有时候,一项作业是跨部门进行的;但有时候,一个部门就完成若干项作业。作业分析可以通过编制作业流程图来完成。

2. 确定资源动因,建立作业成本库。根据作业对资源的耗费,按作业项目记录和归集费用,建立作业成本库。

3. 确定作业动因,分配作业成本。确定作业动因,根据产品或劳务消耗特定作业的数量,将作业成本分配到各成本目标(产品或劳务)中。

4. 计算汇总各成本目标的成本。试举一简例说明作业成本法下产品成本的计算。

某工厂生产甲、乙两种产品。甲产品由零件 A 和 B 各一件构成,乙产品由零件 C 和 D 各一件构成。甲产品按大批量稳定生产,乙产品按客户定单小批量生产。该厂对产品生产所消耗的直接材料、直接人工直接计入有关产品成本。还为产品生产提供材料采购、材料准备、起动准备、设备维修、质量检验等服务。该厂对间接制造费用分设成本库,然后按作业动因进行分配。有关核算程序如图 21-1 所示。

(1) 该厂制造费用有关资源耗费及成本动因资料,见表21-1。

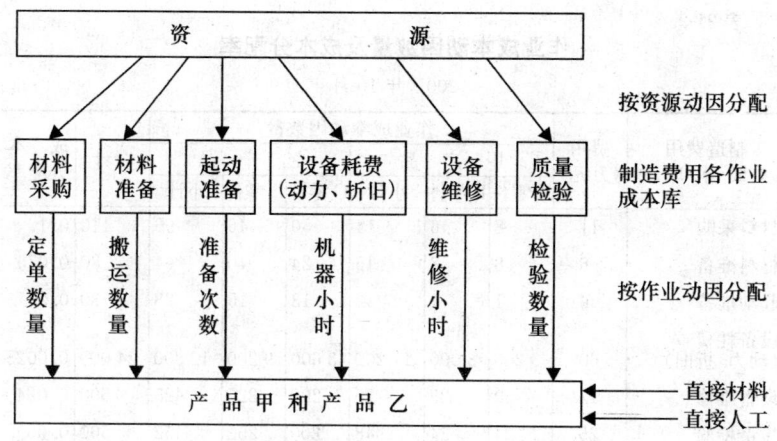

图 21-1　某厂作业成本核算模型

表 21-1

制造费用各项作业资源耗费及成本动因

200×年 10 月

作　业　项　目	资源耗费（万元）	作业成本动因
材料采购	11	定单数量
材料准备	6	材料搬运数量
起动准备	6	准备次数
设备耗费（动力、折旧）	60	机器小时
设备维修	12	维修小时
质量检验	25	检验数量
合　　　计	120	

（2）制造费用各成本库作业成本动因数量及成本分配率，见表 21-2。

表 21-2

作业成本动因数量及成本分配率

200×年 10 月

制造费用成本库	费用（万元）	作业成本动因数量						合计	成本分配率
		甲 产 品			乙 产 品				
		A零件	B零件	小计	C零件	D零件	小计		
材料采购	11	8	6	14	50	46	96	110	0.1
材料准备	6	8	8	16	24	40	64	80	0.075
起动准备	6	1	1	2	13	15	28	30	0.2
设备耗费（动力、折旧）	60	3 200	8 000	11 200	3 600	9 200	12 800	24 000	0.0025
设备维修	12	50	25	75	200	225	425	500	0.024
质量检验	25	24	24	48	200	252	452	500	0.05

（3）作业成本分配计算，见表 21-3。

表 21-3

作业成本分配表

200×年 10 月

项 目	材料采购	材料准备	起动准备	设备耗费（动力、折旧）	设备维修	质量检验	成本合计（万元）
零件 A							
作业动因数量	8	8	1	3 200	50	24	—
分配率	0.1	0.075	0.2	0.0025	0.024	0.05	—
成本合计(万元)	0.8	0.6	0.2	8	1.2	1.2	12
零件 B							
作业动因数量	6	8	1	8 000	25	24	—
分配率	0.1	0.075	0.2	0.0025	0.024	0.05	—
成本合计(万元)	0.6	0.6	0.2	20	0.6	1.2	23.2
零件 C							
作业动因数量	50	24	13	3 600	200	200	—
分配率	0.1	0.075	0.2	0.0025	0.024	0.05	—
成本合计(万元)	5	1.8	2.6	9	4.8	10	33.2
零件 D							
作业动因数量	46	40	15	9 200	225	252	—
分配率	0.1	0.075	0.2	0.0025	0.024	0.05	—
成本合计(万元)	4.6	3	3	23	5.4	12.6	51.6

（4）产品成本汇总，见表 21-4。表中直接材料和直接人工是按产品直接归集的。

表 21-4

产品成本汇总表

200×年10月 单位：万元

产　　品	直接材料	直接人工	制　造　费　用		总　成　本
甲产品	18.4	6.4	35.2	A 零件　12	60
				B 零件　23.2	
乙产品	43.7	21.5	84.8	C 零件　33.2	150
				D 零件　51.6	
合　计	62.1	27.9	120		210

若按传统的成本计算方法，制造费用采用单一标准如机器小时分配，则甲、乙产品应分配制造费用如下：

$$\frac{120}{24\ 000}=0.005（万元/机器小时）$$

甲产品应分配制造费用＝0.005×11 200＝56（万元）

乙产品应分配制造费用＝0.005×12 800＝64（万元）

而按作业成本法分配结果，甲产品应分配制造费用 35.2 万元，乙产品应分配制造费用 84.8 万元。

通过上述对比可以发现：按传统成本计算方法分配制造费用，尽管乙产品是按客户定单组织加工的，生产工艺较复杂，但由于甲、乙产品该期所用机器工时基本相近，故所负担的制造费用也相差无几。而实际上制造费用中许多费用的发生及变动与机器小时无关，如全部按机器小时分配，会导致产品成本信息失真。按作业成本计算方法，将制造费用与隐藏其后的推动力即成本动因相联系，采用多标准分配，才能比较客观地反映各产品对制造费用的真实消耗。

第三节 作业成本法的评价及适用

一、对作业成本法的评价

（一）可以提供相对准确的成本信息

作业成本法缩小了传统的制造费用分配范围，从按生产部门统一分配改为按费用性质分设若干个成本库，按其成本动因分别进行分配，提高了成本的可归属性，可以为成本管理提供相对准确的产品或劳务成本信息。

（二）扩展了成本性态的概念，提高了经营决策的科学性

作业成本法试图用成本动因来解释成本性态，将成本划分为三类：

1. 短期变动成本，即传统意义上的变动成本，随产品产量或业务量成比例变动，以产量基础作为成本动因。

2. 长期变动成本，往往随作业量变动而变动，且变动所需时间较长。例如设备起动准备费用，随准备次数变动而变动。对此类成本应以非产量基础作为成本动因。

3. 长期固定成本，在既定的时期内，既不随产量也不随作业量变动而变动。

考虑作业成本动因进行性态分析，使成本信息配合长期战略分析，能为定价决策、生产决策、开发新产品决策等提供有用信息。

（三）有利于改善预算控制和业绩评价

作业成本法对成本的控制落实到每一项作业。按作业编制预算，把以差异分析为基础的变动预算转向以成本动因为基础的变动预算，可以解决传统预算编制中责任不清、预算标准欠合理的问题，使预算真正成为控制成本的重要工具。

作业成本法的实施，使责任成本与生产成本的结合成为可能。一项作业实质上就是一个责任中心，而作业成本就是一种责任成

本。与传统的以内部单位或部门作为责任中心相比,作业属于一种动态的责任中心,各责任中心相互连接,形成作业链,将作业成本分配到最终产出,就形成了产品或劳务的生产成本。计算和分析作业成本能够明确成本责任,变过去许多不可控的制造费用为可控成本,有利于成本控制的考核和业绩评价。作业是联系投入与产出的桥梁,资源通过作业形成产出的价值,以作业为责任中心,才能有效控制资源消耗,才能实现过程成本控制。

（四）为设计开发新产品和改进产品结构指明方向

作业成本法以作业为中心,能够揭示资源的实际利用和需要利用之间的差距,发现不增值的无效作业,以便对成本进行追根溯源,从产品的设计环节开始控制成本,为从根本上减少直至消除资源浪费、降低成本提供信息服务。

作业成本法的产生及应用,为成本会计注入了新的活力。

但作业成本法在实际应用时,还存在一些问题需要注意或有待解决。例如,对成本与作业之间的关系,往往假定是单纯的线性关系,可能忽略其复杂性,影响成本信息的准确性与相关性。又如,采用作业成本法需要分析大量资料,从而导致核算和管理成本大幅度增加。再如,产品生产工艺越复杂,作业分析和确定成本动因的难度也越高。根据成本效益原则,不分主次为每一项作业都选择成本动因是不明智也是不现实的,需要对若干作业进行组合。而有时为了便于操作,又可能需要对某项主要作业进行分解,否则会影响作业成本法本身的运用效果。

二、作业成本法的适用

作业成本法一般适用于下列情况:

（1）生产启动化程度较高;

（2）制造费用占成本比例较高;

（3）作业种类较多;

（4）会计电算化程度较高。

此外,作业成本法还可适用于制造业以外的行业,如银行、商店等。提供服务与生产产品一样,也会有与业务量非相关的较多间接费用发生,通过作业成本动因分析,使这些费用与服务相联系,既能提供所需的成本信息,又能有效提高资源的利用率,进行效益控制。

复 习 题

一、名词解释题

1. 作业成本法   2. 作业

3. 成本动因

二、思考题

1. 简述作业成本法产生的历史背景。

2. 与传统的成本计算方法相比,作业成本法有哪些特点?

3. 简述作业成本法计算成本的一般程序。

4. 试对作业成本法作评价。

三、判断题

1. 在作业成本法下,分配间接费用的基础,可以是财务方面的指标,也可以是非财务方面的指标,如定单张数、检验次数等。

( )

2. 在进行作业分析时,作业项目应与企业传统的职能部门保持一致。( )

3. 采用作业成本法分配制造费用,与采用传统的成本计算方法分配制造费用,结果应该相等。( )

4. 一项作业实质上是一个动态的责任中心,作业成本就是一种责任成本。( )

5. 用成本动因来解释成本性态,可将成本划分为短期变动成本、长期变动成本和长期固定成本。( )

四、单项选择题

1. 在作业成本法下,分配作业成本的标准是(　　)。

A. 机器工时　　　　　　B. 资源动因

C. 生产工人工资　　　　D. 作业动因

2. 机器动力作业属于(　　)。

A. 成本目标作业　　　　B. 不增值作业

C. 维持性作业　　　　　D. 服务性作业

五、多项选择题

1. 与传统的成本计算方法相比,作业成本法计算产品成本有(　　)等特点。

A. 以作业为成本计算的中心

B. 按多标准分配成本

C. 设置成本库归集成本

D. 不需要确定产品成本计算对象

2. 一般来说,作业成本法比较适用于(　　)等情况。

A. 会计电算化程度较高

B. 作业种类较多

C. 制造费用占成本比重较高

D. 生产自动化程度较高

六、核算题

1. 目的　练习采用作业成本法计算产品成本。

2. 资料　某厂生产甲、乙、丙、丁四种产品。有关产量、成本资料如表 21-5 所示。

3. 要求

(1)采用作业成本法计算各产品总成本和单位成本。

(2)采用传统的成本计算方法计算各产品总成本和单位成本(制造费用按机器工时比例分配)。

(3)比较两种方法计算结果的差异,并分析其原因。

表 21-5

有关产量、成本资料表

金额单位：元

产品名称		甲产品	乙产品	丙产品	丁产品	合计
年产量（件）		100	500	200	400	1 200
单位直接材料		8	4	20	5	—
单位直接人工		2	2	4	1	—
单位机器工时		4	2	2.5	1.5	—
1. 材料处理	搬动次数	1	2	5	2	10
	金额					4 000
2. 起动准备	准备次数	1	3	10	2	16
	金额					2 800
3. 折旧、维修	机器工时	400	1 000	500	600	2 500
	金额					15 000
4. 动力	机器工时	400	1 000	500	600	2 500
	金额					2 000
5. 质量检验	检验数量	6	4	50	20	80
	金额					1 200
1~5 项制造费用合计						25 000

复习题参考答案

（名词解释题、思考题略）

第一章　总　　论

三、判断题

1. √　2. √　3. ×　4. ×　5. ×

四、单项选择题

1. D　2. B　3. B　4. A　5. D

五、多项选择题

1. ACD　2. ABCDE　3. ABCDE　4. ABCDE

第二章　工业企业成本核算概述

三、判断题

1. ×　2. ×　3. ×　4. ×　5. ×

四、单项选择题

1. C　2. A　3. C　4. A

五、多项选择题

1. BDE　2. ACDE　3. ABCDE　4. BC　5. ABCD

第三章　工业企业要素费用的核算

三、判断题

1. ×　2. ×　3. ×　4. ×　5. ×　6. √　7. ×　8. √

9. ×　10. ×　11. √　12. √　13. ×　14. ×　15. ×

16. × 　17. √ 　18. ×

四、单项选择题

1. C 　2. C 　3. A 　4. A 　5. C 　6. D 　7. D 　8. D 　9. B
10. D 　11. C 　12. D

五、多项选择题

1. ABC 　2. BCDE 　3. ABE 　4. ACD 　5. ABCDE
6. ABCE

六、核算题

核算题（一）　　存货账面余额：143 900 元；影响金额：
500 元

核算题（二）　　甲产品耗用：174 600 元；乙产品耗用：
43 650 元

核算题（三）　　1 月份：17 000 元；2 月份：17 056 元；3 月
份：13 200 元

核算题（四）　　甲产品应负担：16 500 元；乙产品应负担：
19 500 元；丙产品应负担：12 000 元

核算题（五）　　A 产品应负担薪酬费用分别为 324 000 元、
153 900 元；B 产品应负担薪酬费用分别为 216 000 元、
102 600 元

核算题（六）　　年限法：372 000 元；工作量法：465 000 元；年
数总和法：620 000 元；双倍余额递减法：800 000 元

年限法：372 000 元；工作量法：325 500 元；年数总和法：
248 000 元；双倍余额递减法：146 000 元

第四章　辅助生产费用的核算

三、判断题

1. × 　2. √ 　3. × 　4. × 　5. √ 　6. √ 　7. ×

四、单项选择题

1. C 2. D 3. A 4. D 5. C 6. A 7. B

五、多项选择题

1. BCD 2. ABD 3. BCD 4. ACD

六、核算题

核算题（一）　运输车间和供汽车间的实际单位成本分别为0.3267元、0.5167元

核算题（二）　供水车间和供电车间的成本差异分别为：＋600元、－450元

核算题（三）　① 运输车间和供汽车间分配率分别为：2.73、4.80；② 供汽车间和运输车间分配率分别为：3.60、3.45；③ 运输车间和供汽车间对外分配率分别为：2.82、4.65；④ 运输车间和供汽车间成本差异分别为：＋250元、－600元；⑤ 运输车间和供汽车间单位成本分别为：2.816327元、4.656122元

第五章　制造费用的核算

三、判断题

1. √ 2. × 3. × 4. × 5. × 6. √

四、单项选择题

1. B 2. C 3. B 4. C 5. B 6. C

五、多项选择题

1. ABC 2. ABCD 3. ABCD 4. ABCD 5. AC 6. ABCD

六、核算题

甲产品、乙产品和丙产品负担的制造费用分别为：12 360元、9 504元、21 456元

第六章　废品损失和停工损失的核算

三、判断题

1. ×　2. ×　3. ×　4. ✓　5. ×　6. ×　7. ×　8. ×
9. ✓　10. ×

四、单项选择题

1. A　2. D　3. C　4. C　5. D　6. C　7. C

五、多项选择题

1. ABC　2. ABD　3. BCD　4. AD

六、核算题

核算题（一）　　废品净损失：5 390 元

核算题（二）　　废品净损失：6 930 元

第七章　生产费用在完工产品与 在产品之间的分配

三、判断题

1. ×　2. ×　3. ✓　4. ×　5. ✓　6. ✓　7. ✓　8. ×
9. ×

四、单项选择题

1. A　2. D　3. C　4. D　5. A　6. B　7. A　8. A　9. A

五、多项选择题

1. ABD　2. ABCE　3. ACD　4. ABD　5. ABCDE
6. ABD　7. AC

六、核算题

核算题（一）　　完工产品成本：163 200 元；月末在产品成

本：40 000 元

核算题(二)　　定额成本法完工产品成本 127 389.60 元；月末在产品成本：22 944 元；定额比例法完工产品成本：125 809.60 元；月末在产品成本：24 524 元

核算题(三)　　完工产品成本：157 800 元；月末在产品成本：70 610 元

核算题(四)　　完工产品成本：325 150 元；月末在产品成本：89 674.65 元

第八章　产品成本计算方法概述

三、判断题
1. √　2. √　3. ×　4. √　5. ×　6. √　7. ×　8. ×　9. ×　10. ×　11. ×

四、单项选择题
1. C　2. A　3. A　4. D

五、多项选择题
1. ABC　2. ABCD　3. ACD　4. ABC

六、核算题
① 营业利润：80 000 元,0 元,－80 000 元；存货：360 000 元,280 000 元,200 000 元；② 营业利润：40 000 元,80 000 元,120 000 元；存货：160 000 元,120 000 元,80 000 元

第九章　产品成本计算的品种法

三、判断题
1. ×　2. √　3. √　4. √　5. ×　6. √　7. √　8. √

四、单项选择题

1. C 2. D 3. C 4. D 5. B 6. B 7. B 8. C

五、多项选择题

1. ABC 2. BD 3. ABCD 4. ABCD 5. AC 6. BC
7. BC

六、核算题

核算题（一） ① 工资分配率：0.96；制造费用分配率：1.2；② 甲完工产品成本：23 460 元；甲在产品成本：11 976 元；乙完工产品成本：15 760 元；乙在产品成本：9 150 元；③ 丙完工产品成本：4 180 元；丙在产品成本：1 640 元

核算题（二） A：18 336 元，229.20 元；B：21 672 元，180.60 元；C：14 220 元，237.00 元

核算题（三） 甲：46 620 元，19 692 元；乙：77 700 元，26 790 元；丙：45 584 元，16 896 元

核算题（四） ① 工资费用分配率：5.4；制造费用分配率：6.2；② 甲产品总成本：279 400 元，单位成本：55.88 元；乙产品总成本：14 600 元，单位成本：3.65 元

第十章 产品成本计算的分步法

三、判断题

1. × 2. √ 3. × 4. × 5. × 6. × 7. √ 8. ×

四、单项选择题

1. D 2. A 3. B 4. B 5. C 6. B 7. C 8. D

五、多项选择题

1. ACD 2. CD 3. BCD 4. ABC 5. ABCD 6. ABC
7. AB

六、核算题

核算题（一）　　完工半成品甲总成本：18 500 元；完工产成品 A 总成本：32 032.80 元

核算题（二）　　产成品 A 总成本：32 032.80 元

核算题（三）　　第一次还原率：18；第二次还原率：15

核算题（四）　　完工半成品乙总成本：38 970 元；完工产成品 B 总成本：89 808 元

核算题（五）

第一步骤约当产量　直接材料：19 300 件；直接人工及制造费用：17 940 件

第二步骤约当产量　直接人工及制造费用：14 550 件

第三步骤约当产量　直接人工及制造费用：10 120 件

核算题（六）　　第一步骤：300 800 元,355 200 元；第二步骤：244 800 元,302 940 元；第三步骤：104 000 元,39 000 元

第十一章　产品成本计算的分批法

三、判断题

1. √　2. √　3. ×　4. ×　5. ×　6. ×

四、单项选择题

1. C　2. B　3. A　4. D　5. D

五、多项选择题

1. ABE　2. ABC　3. ACE　4. ABD

六、核算题

核算题（一）　　甲产品单位成本：1 702.44 元；乙产品单位成本：1 938 元

核算题（二）　　直接人工分配率：1.96；制造费用分配率：1.1；甲产品单位成本：4 998.88 元；丙产品单位成本：2 056.57 元

第十二章　产品成本计算的定额法

三、判断题

1. ×　2. ×　3. √　4. √　5. √　6. √　7. √　8. √
9. √　10. ×　11. ×

四、单项选择题

1. D　2. A　3. B　4. A　5. C　6. B　7. A

五、多项选择题

1. AC　2. BCD　3. ABE　4. ADE　5. ABCE

六、核算题

核算题（一）　　原材料定额差异：＋3 000 元；材料成本差异：－1 160 元

核算题（二）　　材料定额变动差异：－5 000 元；直接人工定额变动差异：＋4 000 元

核算题（三）　　月末在产品原材料定额成本：55 000 元；原材料脱离定额差异分配率：1%；应分配的材料成本差异：5 500元；完工产品原材料实际成本：131 700 元；月末在产品原材料实际成本：55 550 元

核算题（四）　　产成品总成本：116 632 元（117 880 元，＋1 552 元，－3 600 元，＋800 元）

月末在产品成本：18 357.20 元（18 988 元，＋89.2 元，－720元）

第十三章　工业企业成本报表

三、判断题

1. √　2. ×　3. ×　4. ×　5. ×

四、单项选择题

1. B 2. C 3. D 4. A 5. D

五、多项选择题

1. ABCEF 2. ABD 3. AC 4. BCD 5. BC

六、核算题

核算题(一)　　本月累计可比产品总成本:按上年 48 900 元;按计划 49 950 元;按本月 49 620 元

本年累计可比产品总成本:按上年 464 400 元;按计划 474 500 元;按本年 471 000 元

核算题(二)　　制造车间责任成本合计:预算 113 270 元;实际 114 100 元;差异 830(U)

核算题(三)　　预防成本:546 元;鉴定成本:655 元;故障成本:19 006 元;合计 20 207 元

第十四章　成 本 分 析

三、判断题

1. √ 2. × 3. × 4. √ 5. ×

四、单项选择题

1. C 2. B 3. B 4. C 5. A

五、多项选择题

1. ACD 2. ACD 3. BD 4. ACD 5. BCD

六、核算题

核算题(一)　　① －167 200 元;－5.16%;② 计划降低 679 000 元,19.42%;实际降低 585 000 元,16.48%;产量变动 10 487.88 元;品种结构变动 10 590 元,0.298%;单位成本变动 －115 000 元,－3.24%;③ 计划降低 253 000 元,8.24%;实际降低 95 000 元,3.1%;产量变动－632.50 元，－0.01%;结构变动

－2 367.50 元，－0.06％；单位变动成本变动－145 000 元，－4.74％；固定成本变动－10 000 元，－0.9％

核算题（二）　　① 计划：80％；实际：83％；② 降低额：14.46 元；降低率：1.93％

核算题（三）　　增长率：7.5％；降低额：36.28 元；降低率：3.36％

核算题（四）　　降低额：1.05 元；降低率：1.93％

核算题（五）　　降低额：40 元；降低率：2.15％

第十五章　商业企业成本核算

三、判断题
1. ✕　2. ✓　3. ✕　4. ✕　5. ✓　6. ✓

四、单项选择题
1. D　2. B　3. D　4. B　5. A　6. D　7. C

五、多项选择题
1. BCD　2. ABD　3. BCD　4. ABC　5. AC　6. BCD

六、核算题
核算题（一）　　甲类商品销售成本：65 780 元

核算题（二）　　乙类商品销售成本：33 600 元

第十六章　施工企业成本核算

三、判断题
1. ✕　2. ✕　3. ✕　4. ✕　5. ✓　6. ✓　7. ✓　8. ✕

四、单项选择题
1. D　2. B　3. B　4. C

五、多项选择题

1. ABCDE 2. AE 3. ABCDE 4. ACD

六、核算题

2001 工厂：8 765 000 元；2002 公寓：47.5％

第十七章 交通运输业成本核算

三、判断题

1. √ 2. √ 3. × 4. × 5. √ 6. √ 7. × 8. √
9. √

四、单项选择题

1. B 2. D 3. A 4. A 5. D 6. D

五、多项选择题

1. BCD 2. ABCD 3. ACD 4. BDE

六、核算题

运输总成本：客运 257 648 元；货运 217 600 元

单位成本：客运 322.06 元；货运 128.00 元

第十八章 成 本 预 测

三、判断题

1. × 2. × 3. × 4. √

四、单项选择题

1. C 2. C 3. C 4. D 5. B

五、多项选择题

1. ABC 2. AC

六、核算题

核算题（一） 单位变动成本：137 元；固定成本：287 500

元；比去年下降：4.17％

核算题（二）　产成品成本：918 750 元；废品损失：131 250 元

第十九章　成本控制

三、判断题

1. √　2. ×　3. ×　4. ×

四、单项选择题

1. B　2. D　3. A　4. B

五、多项选择题

1. BC　2. ADE　3. ABC　4. BCD

六、核算题

核算题（一）　直接材料价格差异：－2 450 元；直接材料用量差异：1 500 元；直接人工工资率差异：7 500 元；直接人工效率差异：18 000 元；变动制造费用耗用量差异：7 500 元；变动制造费用效率差异：12 000 元

核算题（二）　固定制造费用预算差异：7 200 元；固定制造费用能力差异：4 800 元；固定制造费用效率差异：0

第二十章　成本考核

三、判断题

1. ×　2. √　3. ×　4. √　5. ×　6. ×　7. √　8. ×　9. ×　10. √

四、单项选择题

1. C　2. D　3. C　4. A

五、多项选择题

1. ABCDE　2. ABCDE　3. CDE　4. ABE

六、核算题

机修劳务分配：甲 9 600 元；乙 6 520 元；丁 4 300 元

运输劳务分配：甲 3 650 元；乙 3 100 元；丙 1 150 元

第二十一章　作业成本法

三、判断题

1. √　2. ×　3. ×　4. √　5. √

四、单项选择题

1. D　2. A

五、多项选择题

1. ABC　2. ABCD

六、核算题

作业成本法分配率：

材料处理：400；起动准备：175；折旧维修：6；动力：0.80；质量检验：15

传统成本计算方法分配率：10

成本计算如下表。

单位：元

方　　法		甲产品	乙产品	丙产品	丁产品	合　计
作业成本法	总成本	4 385	11 185	12 700	7 930	36 200
	单位成本	43.85	22.37	63.50	19.83	—
传统成本计算法	总成本	5 000	13 000	9 800	8 400	36 200
	单位成本	50	26	49	21	—

教学课件索取单

敬爱的老师:

感谢您使用我们的教材。为了方便教学,本书配有相关的教学课件。如果您需要,请您填写下面表格中的相关信息,并以电子邮件的形式发到我社,我们在核对您的信息后,会免费向您提供教学课件。

我们的联系方式:

地址:上海市中山西路 2230 号 1 号楼 1505 室

邮编:200235

立信会计出版社　　　　　电话:(021)64411101

电子邮件:hongmeichun@sina.com

教材名称			教材主编	
姓　　名		性别	身份证号	
学　　校		院系		教 研 室
学校地址				邮　　编
职　　务		职称		办公电话
E-mail		手机		宅　　电
通信地址				邮　　编
教材用量		册	委托订购单位	

您对本书的意见和建议是: